Ott/Wendlandt

# Grundzüge des Wirtschaftsrechts

Das moderne Industrieunternehmen

**Betriebswirtschaftliche Fachbücher für Hochschule und Praxis**

Herausgegeben von

Werner Zimmermann

Siegfried Höwelmann

Grundzüge des Wirtschaftsrechts

Organisation und Finanzierung

Arbeitsorganisation – Planung, Steuerung, Überwachung

Erfolgs- und Kostenrechnung

Planungsrechnung

Lager- und Materialwirtschaft

Marketing

Volkswirtschaftslehre

Volkswirtschaftspolitik

Rudolf Ott
Manfred Wendlandt

# Grundzüge des Wirtschaftsrechts

2., verbesserte Auflage

Mit 7 Bildern

Friedr. Vieweg + Sohn · Braunschweig

Verlagsredaktion: *Alfred Schubert*

ISBN 3 528 14101 8

1972



Satz: Friedr. Vieweg + Sohn
Offsetdruck: E. Hunold, Braunschweig
Buchbinder: W. Langelüddecke, Braunschweig
Printed in Germany-West

## Vorwort der Herausgeber

Im Zuge der ständigen Mechanisierung und Automatisierung der Fertigungsprozesse und dem damit verbundenen rapide ansteigenden Kapitalbedarf mußten die früher vorwiegend handwerklich organisierten Betriebe dem Industriebetrieb mehr und mehr weichen.

Dieser Industrialisierungsprozeß ist noch nicht abgeschlossen, denn gerade im Hinblick auf die ständig wachsende Konkurrenz auf dem Markt der Europäischen Wirtschaftsgemeinschaft wird die Tendenz, mehrere Klein- und Mittelbetriebe zu größeren Industrieunternehmen zusammenzuschließen, noch verstärkt.

Diese, in Bezug auf frühere Jahrzehnte, veränderte Situation wird auch bei der Ausbildung von Ingenieuren berücksichtigt, indem die Vermittlung betriebswirtschaftlicher Kenntnisse und Methoden nicht mehr nur am Rande erfolgt, sondern zu einem Kernpunkt der Ausbildung geworden ist. Dies zeigt sich insbesondere in der Einrichtung einer neuen, den traditionellen Studiengebieten gleichgestellten Fachrichtung „Wirtschaft und Betriebstechnik" an Fachhochschulen und Akademien in der Bundesrepublik sowie der Schaffung eines neuen Ingenieurtypes, des „Wirtschafts-Ingenieurs".

Es erscheint deshalb angebracht, die Eigenheiten der industriellen Unternehmung in Organisation und Finanzierung, Planung, Steuerung und Überwachung des Produktionsprozesses, Planungsrechnung, Erfolgs- und Kostenrechnung, Absatz und Marktwirtschaft, Materialwirtschaft und der relevanten Rechtsvorschriften in einer besonders für den Ingenieur und Betriebswirt konzipierten Buchreihe „Das moderne Industrieunternehmen" darzulegen.

Die einzelnen Bände der Buchreihe sind in erster Linie als Lehr- und Fachbücher für Studenten der Ingenieur- und Wirtschaftsakademien geschaffen. Es konnten Autoren gewonnen werden, die in langjähriger Tätigkeit als Führungskräfte in Wirtschaft und Industrie und als Dozenten an Hochschulen und Akademien Erfahrungen in den einzelnen Fachgebieten sammeln konnten und es verstehen, dem Studenten wie auch dem in der Praxis stehenden Ingenieur und Betriebswirt einen Einblick in die arbeits- und betriebswirtschaftlichen Probleme des Industrieunternehmens zu verschaffen.

Aufbauend auf dem letzten Stand der Forschung wird bei straffer Stoffgliederung in den Einzelbänden in übersichtlicher und praxisnaher Darstellung über Grundlagen, neueste Erkenntnisse und Verfahren der Betriebswirtschaft des modernen Industrieunternehmens berichtet.

Der vorliegende Band gibt dem Leser Einblick in die wirtschaftlich bedeutsamen Gebiete des Rechts. Bewußt ist die Darstellung so gewählt worden, daß Verständnis und Teilnahme geweckt werden. Diesem Zweck dienen auch die zahlreichen Beispiele, mit denen schwierigere Rechtsfragen auch juristisch nicht geschulten Lesern verständlich gemacht werden können.

*Prof. Siegfried Höwelmann*
Fachhochschule Reutlingen/Württ.

*Dr.-Ing. Werner Zimmermann*
Fachhochschule Siegen/Westf.

## Vorwort der Autoren

Das Lehrbuch bringt einen Überblick über wirtschaftlich bedeutende Gebiete des Rechts. In erster Linie ist es für den Gebrauch an Ingenieurakademien und Fachhochschulen gedacht. Es ist aber auch für alle, die an rechtlichen Fragen allgemeiner und grundsätzlicher Art interessiert sind, eine gute Einführung in dieses Stoffgebiet, da es keine besonderen Vorkenntnisse voraussetzt.

In diesem Buch werden bedeutende Teile des Bürgerlichen Gesetzbuches, des Handels- und Gesellschaftsrechts, des Kredit- und Zahlungsverkehrs, des Prozeßrechts, des Arbeitsrechts, des Versicherungswesens, des Steuerrechts und des gewerblichen Rechtsschutzes dargestellt.

Leichtverständliche Beispiele verdeutlichen den Stoff, zeigen aber auch die Verbindung zwischen allgemeingültiger Aussage und den Anwendungsbereichen des betrieblichen und privaten Lebens. Zahlreiche Verweise stellen die sachliche Beziehung zwischen den einzelnen Kapiteln oder Abschnitten her. Einen Schlüssel zum Inhalt des Buches gibt außerdem das ausführliche Sachwortverzeichnis. Die Aufgaben im Anhang des Buches dienen dazu, dem Lernenden eine Festigung und Kontrolle des Aufgenommenen zu ermöglichen. Zur Vertiefung des behandelten Stoffes wird auf die im Anhang angegebene Literatur verwiesen. Für die rechtlichen Tatbestände ist die Situation im Frühjahr 1972 maßgebend.

Herrn Dr.-Ing. W. Zimmermann, Siegen, und Herrn Prof. S. Höwelmann, Reutlingen, sagen wir für ihre wertvolle Mitarbeit verbindlichen Dank. Gleichzeitig bitten Verlag, Herausgeber und Verfasser die Leser, durch ihre Kritik an der Verbesserung der nächsten Auflage mitzuarbeiten. Wir sind für jeden Hinweis dankbar.

*Dr. Rudolf Ott, Manfred Wendlandt*

## Abkürzungen

| | |
|---|---|
| Abs. | Absatz |
| AG | Aktiengesellschaft |
| AktG | Aktiengesetz |
| AO | Abgabenordnung |
| ArbGG | Arbeitsgerichtsgesetz |
| ArbNErfindG | Gesetz über Arbeitnehmererfindungen |
| Art. | Artikel |
| AVAVG | Gesetz über Arbeitsvermittlung und Arbeitslosenversicherung |
| AVG | Angestelltenversicherungsgesetz |
| AZO | Arbeitszeitordnung |
| BetrVG | Betriebsverfassungsgesetz |
| BFH | Bundesfinanzhof |
| BGB | Bürgerliches Gesetzbuch |
| BGH | Bundesgerichtshof |
| eGmbH | Eingetragene Genossenschaft mit beschränkter Haftpflicht |
| eGmuH | Eingetragene Genossenschaft mit unbeschränkter Haftpflicht |
| ErgAbgG | Ergänzungsabgabegesetz |
| EStG | Einkommensteuergesetz |
| EWG | Europäische Wirtschaftsgemeinschaft |
| GebrMG | Gebrauchsmustergesetz |
| GenG | Gesetz betreffend die Erwerbs- und Wirtschaftsgenossenschaften |
| GeschmMG | Geschmacksmustergesetz |
| GewStG | Gewerbesteuergesetz |
| GG | Grundgesetz für die Bundesrepublik Deutschland |
| GmbH | Gesellschaft mit beschränkter Haftung |
| GmbHG | Gesetz betreffend die Gesellschaften mit beschränkter Haftung |
| GO | Gewerbeordnung |
| GWB | Gesetz gegen Wettbewerbsbeschränkungen |
| HandwO | Handwerksordnung |
| HGB | Handelsgesetzbuch |
| JASchG | Gesetz zum Schutz der arbeitenden Jugend (Jugendarbeitsschutzgesetz) |
| KG | Kommanditgesellschaft |
| KGaA | Kommanditgesellschaft auf Aktien |
| KO | Konkursordnung |
| KSchG | Kündigungsschutzgesetz |
| LZB | Landeszentralbank |
| MuSchG | Mutterschutzgesetz |
| OHG | Offene Handelsgesellschaft |
| PatG | Patentgesetz |
| RVO | Reichsversicherungsordnung |
| StGB | Strafgesetzbuch |
| StPO | Strafprozeßordnung |
| UrhG | Urheberrechtsgesetz |
| UStG | Umsatzsteuergesetz |
| UWG | Gesetz gegen den unlauteren Wettbewerb |
| VerglO | Vergleichsordnung |
| VO | Verordnung |
| VOB | Verdingungsordnung für Bauleistungen |
| VVG | Versicherungsvertragsgesetz |
| WG | Wechselgesetz |
| WZG | Warenzeichengesetz |
| ZPO | Zivilprozeßordnung |

## Inhaltsverzeichnis

## K. Gewerblicher Rechtsschutz



## Anhang

# A. Einführung

## 1. Rechtsbegriff

Unter Recht versteht man das Recht im objektiven Sinne und das Recht im subjektiven Sinne.

### a) Recht im objektiven Sinne

Als Recht im objektiven Sinne bezeichnet man die Gesamtheit aller Vorschriften, die auf bestimmten Rechtsgebieten (z.B. „Recht des Bürgerlichen Gesetzbuches", „Arbeitsrecht") gelten und die das Zusammenleben der Menschen regeln.

Ein Mensch, der allein auf einer Insel wohnt, braucht kein Recht. Erst das Zusammenleben der Menschen macht das Vorhandensein einer Rechtsordnung, an die sich alle zu halten haben, notwendig.

Außer den Rechtsvorschriften, deren Beachtung allgemein erzwungen werden kann, gibt es noch andere Regeln für das menschliche Zusammenleben.

Religiöse Vorschriften, z.B. die Zehn Gebote, sind im säkularisierten (verweltlichten) Staat kein Recht im objektiven Sinne, sondern moralische Verpflichtungen[1]), d.h. Moralgebote des einzelnen Bürgers. Für den einzelnen gelten vielfach unterschiedliche Grundsätze der Sittlichkeit[1]). Beispielsweise hält mancher Einbrecher den Einbruchdiebstahl nicht für unmoralisch. Wenn bei allen Staatsbürgern die Moralgebote gleich verpflichtend stark wären, könnte auf viele Rechtsvorschriften verzichtet werden. Allgemein stimmen aber Recht und Sittlichkeit überein.

*Beispiel:* Von den meisten Menschen wird ein Diebstahl fremden Gutes als unmoralisch angesehen, auch wenn sie gar nicht wissen, daß ausgerechnet im § 242 des Strafgesetzbuches für denjenigen, der „eine fremde bewegliche Sache einem anderen in der Absicht wegnimmt, dieselbe sich rechtswidrig zuzueignen" eine Freiheitsstrafe angedroht ist.

Es gibt aber auch Fälle, bei denen Recht und die allgemeine Moralauffassung nicht übereinstimmen.

*Beispiel:* Es gibt Menschen, die sehen falsche Angaben gegenüber dem Finanzamt, um dadurch Steuern zu „sparen", nicht als unmoralischen Diebstahl am gemeinschaftlichen Eigentum, wie z.B. einen Einbruchdiebstahl bei einer staatlichen Kasse, sondern als „Kavaliersdelikt" an.

---

[1]) Unter Sittlichkeit (Moral) versteht man die Gesinnung, die innere Einstellung des Menschen zu den Erscheinungen des Lebens.

Im allgemeinen ist natürlich die Gesetzgebung bemüht, das Recht den allgemeinen Moralgrundsätzen anzugleichen. Die Rechtsordnung sollte natürlich nicht alle Moralvorschriften aufnehmen wollen, sondern sich auf einem ethischen Minimum gründen.

Die Sitte bezieht sich im Gegensatz zur Sittlichkeit auf das äußerliche Verhalten der Menschen. („Man" tut dies oder jenes so.) Unser Leben wird weitgehend durch die Sitte, z.B. durch Anstandsregeln, bestimmt, auch wenn das Handeln nicht immer moralisch oder praktisch begründbar ist.

*Beispiel:* Obwohl heute kaum ein Herr noch seine Dame mit einem mitgeführten Degen zu verteidigen hat, geht allgemein immer noch die Dame rechts vom Herrn.

In Rechtsvorschriften wird gelegentlich der Begriff Sitte gebraucht, obwohl eigentlich Sittlichkeit gemeint ist.

*Beispiel:* Wenn das BGB von einem Verstoß gegen die guten Sitten spricht (§ 138), ist nicht etwa daran gedacht, daß jemand Fisch mit dem Messer schneidet oder sonst eine Anstandsregel verletzt, sondern z.B. an Wucher.

### b) Recht im subjektiven Sinne

Während man unter Recht im objektiven Sinne die gegebene Rechtsordnung auffaßt, ist unter Recht im subjektiven Sinne die Befugnis, die man hat und die sich aus dem objektiven Recht unmittelbar ergibt, zu verstehen. Man hat das Recht, etwas zu tun, zu unterlassen, zu verbieten oder zu fordern. Man spricht also besser von Rechten.

Jeder Staatsbürger hat grundsätzlich bestimmte Rechte.

*Beispiel:* Grundrechte gemäß Art. 1 . . . 19 des Grundgesetzes, z.B. Schutz der Menschenwürde, persönliche Freiheit, Gleichheit vor dem Gesetz, Glaubens-, Gewissens- und Bekenntnisfreiheit, Recht auf freie Meinungsäußerung, Versammlungsfreiheit, Vereinsfreiheit, Freizügigkeit, freie Berufswahl, Unverletzlichkeit der Wohnung, Schutz des Eigentums, Eingabe- und Beschwerderecht.

Darüber hinaus kann man noch besondere Rechte haben.

*Beispiele:* Beim Kaufvertrag erwächst dem Käufer das Recht auf Übergabe der Kaufsache, dem Verkäufer auf Bezahlung. – Beim Mietvertrag hat der Mieter das Recht, die Mietsache zu gebrauchen, der Vermieter hat Anspruch auf den Mietzins. – Der Inhaber eines Patentes hat das Recht, seine Erfindung wirtschaftlich zu nutzen.

Die Rechte im subjektiven Sinne werden durch das Recht im objektiven Sinne, also durch die Rechtsordnung, geschützt.

Man sagt, die Gerichte sprechen Recht und versteht unter der Rechtsprechung die Auslegung des vorhandenen objektiven Rechts auf den konkreten Fall.

**Rechtsbegriff**

- Recht im subjektiven Sinne (Befugnis die man hat)
- Recht im objektiven Sinne (Rechtsordnung, die gegeben ist [gesetztes Recht] oder Gewohnheitsrecht)

**Regeln für das menschliche Zusammenleben**

- Recht im objektiven Sinne
- Sittlichkeit (Moral) (Gesinnung)
- Sitte (äußere Gepflogenheit)

## 2. Gliederung des Rechts

Das gesamte Recht im objektiven Sinne kann man in Privatrecht und öffentliches Recht einteilen.

Das *Privatrecht* beruht auf der Gleichberechtigung aller Rechtsträger. Es regelt die Rechtsbeziehungen zwischen diesen, d.h. die privaten Angelegenheiten des einzelnen. Natürlich kann auch der Staat privatrechtlich tätig werden, z.B. beim Verkauf eines Grundstückes, bei der Einstellung eines Arbeiters oder Angestellten.

Das öffentliche Recht beruht auf der Über- und Unterordnung. Es regelt die Rechtsverhältnisse zwischen Staat, Gemeinden, Gemeindeverbänden usw. untereinander und zum einzelnen Bürger.

**Recht**

- **Privatrecht** (regelt die Rechtsbeziehungen der Rechtsträger)
  - bürgerliches Recht (z.B. BGB, Ehegesetz)
  - Wirtschaftsrecht (z.B. HGB, AktG, GmbHGes., Wechselgesetz, Scheckgesetz, Gewerbeordnung)
  - Arbeitsrecht (z.T.)
  - Versicherungsrecht
  - Urheberrecht (z.B. Patentges.)
  - Binnenschiffahrtsrecht
- **öffentliches Recht** (regelt die öffentlichen Angelegenheiten)
  - **materielles öffentliches Recht**
    - Staatsrecht (z.B. Grundgesetz)
    - Verwaltungsrecht
    - Steuerrecht
    - Strafrecht
    - Kirchenrecht
    - Völkerrecht
    - Arbeitsrecht (z.T.)
  - **Verfahrensrecht**
    - Zivilprozeßrecht (z.B. ZPO, Konkursordnung)
    - Strafprozeßrecht
    - Arbeitsgerichtsbarkeit
    - Freiwillige Gerichtsbarkeit
    - Verwaltungsgerichtsbarkeit
    - u.a.

*Beispiele* für Privatrecht:
A. fügt durch Fahrlässigkeit dem B einen Schaden zu. – C. mietet von D. eine Wohnung. – E. wird vom Unternehmer F. als Angestellter eingestellt.

*Beispiele* für öffentliches Recht:
Der Staatsanwalt erhebt gegen A. Anklage wegen fahrlässiger Körperverletzung. – Die Bauordnungsbehörde lehnt das Baugesuch des B. ab. – C. wird zum Wehrdienst einberufen.

Eine andere Einteilung des Rechts ist die in *zwingendes Recht* und *nachgiebiges Recht.* Beim Vorliegen zwingender Rechtsvorschriften (z.B. Recht der Eheschließung) ist eine andere Gestaltung durch Vereinbarung nicht möglich. Nachgiebige Rechtsnormen (z.B. Kaufvertragsrecht) gelten grundsätzlich nur für den Fall, daß keine andere Vereinbarung getroffen wurde.

## 3. Rechtsnormen

Die geltenden Rechtsvorschriften können eine verschiedene Form haben. Man unterscheidet das geschriebene Recht (Satzungsrecht) und das Gewohnheitsrecht.

### a) Satzungsrecht

Der weitaus größte Teil des Rechts ist Satzungsrecht (gesetztes Recht), also geschriebenes Recht bzw. Gesetz im weiteren Sinne. Man unterscheidet hierbei:

1. Gesetze
2. Rechtsverordnungen
3. Autonome Satzungen

*Gesetze*
Gesetze werden grundsätzlich durch die gesetzgebende Körperschaft (Legislative) erlassen (Bundestag, Landtag).

Bundesgesetze werden allgemein vom Bundestag beschlossen, dem Bundesrat zugeleitet, nach dessen Zustimmung vom Bundespräsidenten unterschrieben und im Bundesgesetzblatt veröffentlicht (vgl. Art. 70 . . . 82 GG).

Die beiden wichtigsten Gesetze des Privatrechts, das Bürgerliche Gesetzbuch (BGB) und das Handelsgesetzbuch (HGB, Sonderrecht des Kaufmanns) sind folgendermaßen gegliedert:

Bürgerliches Gesetzbuch vom 18.8.1896 (oft geändert)

| | |
|---|---|
| Erstes Buch: | Allgemeiner Teil (§§ 1 . . . 240) |
| Zweites Buch: | Recht der Schuldverhältnisse (§§ 241 . . . 853) |
| Drittes Buch: | Sachenrecht (§§ 854 . . . 1296) |
| Viertes Buch: | Familienrecht (§§ 1297 . . . 1921) |
| Fünftes Buch: | Erbrecht (§§ 1922 . . . 2385) |

Handelsgesetzbuch vom 10.5.1897 (oft geändert)

| | |
|---|---|
| Erstes Buch: | Handelsstand (§§ 1 . . . 104) |
| Zweites Buch: | Handelsgesellschaften und stille Gesellschaft (§§ 105 . . . 342) |
| Drittes Buch: | Handelsgeschäfte (§§ 343 . . . 460) |
| Viertes Buch: | Seehandel (§§ 474 . . . 905) |

*Rechtsverordnungen*

Rechtsverordnungen stehen im Rang unter den Gesetzen. Sie werden allgemein durch die Regierung erlassen (vgl. Art. 80 GG), sofern ein Gesetz eine ausdrückliche Ermächtigung hierzu gibt. Rechtsverordnungen enthalten z.B. die Regelung von Einzelheiten, während im Gesetz nur die Grundzüge festgehalten werden.

*Beispiel:* Das Straßenverkehrsgesetz ist ein Gesetz, die Straßenverkehrsordnung und die Straßenverkehrszulassungsordnung sind Rechtsverordnungen.

*Autonome Satzungen*

Unter autonomen Satzungen versteht man die Selbstgesetzgebung der Körperschaften des öffentlichen Rechts.

*Beispiele:* Eine Stadtgemeinde erläßt eine Schulordnung für eine Fachschule, die Berufsgenossenschaft der Feinmechanik und Elektrotechnik erläßt eine Unfallverhütungsvorschrift.

Für die Beteiligten sind autonome Satzungen wie Gesetze und Rechtsverordnungen geltendes Recht.

### b) Gewohnheitsrecht

Auch das nichtgeschriebene, also nichtgesetzte Recht, ist geltendes Recht. Zur Bildung von Gewohnheitsrecht kommt es, wenn während eines längeren Zeitraumes ein bestimmtes Verhalten von den beteiligten Volkskreisen als Recht empfunden wird. Das Gewohnheitsrecht spielt heute lediglich bei der Rechtsbildung durch Gerichtsgebrauch eine Rolle.

*Beispiele:* Ein Kraftfahrer gilt bei einem Blutalkoholgehalt von 1,3 v.T. nach der Rechtsprechung des Bundesgerichtshofes als absolut fahruntüchtig. – Die Bestimmung des § 31 BGB, nach der eine juristische Person für den Schaden haftet, den ein Organ in Ausübung seiner Verrichtungen einem Dritten zufügt, ist gewohnheitsrechtlich dahin erweitert, daß auch die OHG, obwohl keine juristische Person, für den durch ihre Gesellschafter verursachten Schaden haftet.

Keine Rechtsnormen sind Verkehrssitte und Handelsbräuche, sie können aber für die Rechtsauslegung bedeutsam sein. Auch „Allgemeine Geschäftsbedingungen", wie sie in vielen Branchen bestehen und sonstige Vertragsgrundlagen, wie z.B. die „Verdingungsordnung für Bauleistungen" (VOB), sind keine eigentlichen Rechtsnormen, haben aber in ihrer praktischen Anwendung gesetzesähnliche Bedeutung.

Auch Verwaltungsverordnungen (Verwaltungsvorschriften), z.B. Lohnsteuerrichtlinien, sind keine für den Staatsbürger bindenden Rechtsnormen. Sie binden nur die Behörden, an die sie gerichtet sind.

## 4. Personen des Rechts – Rechtsfähigkeit (§§ 1 . . . 89 BGB)

Im allgemeinen Sprachgebrauch versteht man unter Personen nur Menschen. Aber nicht nur Menschen können Eigentum haben oder steuerpflichtig sein, sondern auch Aktiengesellschaften oder Vermögensmassen (sog. Stiftungen). Daher faßt das Recht den Begriff der Person weiter und versteht darunter alle *Träger von Rechten und Pflichten.* Sie sind alle *rechtsfähig.* Bei den Personen unterscheidet man daher natürliche und juristische Personen.

*Natürliche Personen* sind alle lebenden Menschen von der Vollendung der Geburt bis zum Tode. Sie sind rechtsfähig und können Träger von Rechten und Pflichten sein.

*Beispiel:* Ein Säugling erbt das Unternehmen des Vaters. Er ist Eigentümer und muß auch Steuern zahlen. Natürlich kann er nicht selbständig die Rechte und Pflichten ausüben, sondern bedarf eines Vertreters.

Ein noch nicht geborenes Kind (Leibesfrucht) ist noch nicht rechtsfähig. In bestimmten Fällen kann aber eine der Rechtsfähigkeit ähnliche Stellung eintreten.

*Beispiel:* „Wer zur Zeit des Erbfalles noch nicht lebte, aber bereits erzeugt war, gilt als vor dem Erbfall geboren" (§ 1923, II BGB).

*Juristische Personen* – sie werden auch als Körperschaften und Anstalten[1]) bezeichnet – sind im Gegensatz zu den natürlichen Personen keine Lebewesen im biologischen Sinne. Auch sie sind rechtsfähig und können daher Träger von Rechten und Pflichten sein.

Man unterscheidet bei den juristischen Personen Körperschaften bzw. Anstalten des öffentlichen und solche des privaten Rechts.

Die Rechtsverhältnisse der *Körperschaften* bzw. *Anstalten des öffentlichen Rechts* werden nach dem öffentlichen Recht geregelt. Sie haben gewisse Macht- oder Hoheitsbefugnisse.

*Beispiele:* Bundesrepublik Deutschland, Bundesländer, Gemeinden, Sozialversicherungsträger (z.B. Ortskrankenkassen, Berufsgenossenschaften), Kirchen, Innungen.

*Körperschaften des privaten Rechts* haben keine Hoheitsbefugnisse.

*Beispiele:* eingetragener Verein (e.V.), Aktiengesellschaft (AG), Gesellschaft mit beschränkter Haftung (GmbH), Genossenschaften, rechtlich selbständige Stiftungen (Anstalten).

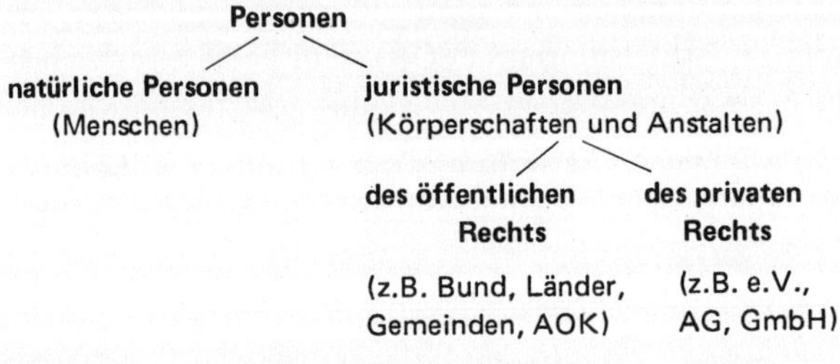


[1]) Körperschaft ist die Zusammenfassung von Personen oder Mitgliedern zu einer Gemeinschaft. Anstalten beruhen auf der Selbständigkeit eines einem bestimmten Zweck gewidmeten Vermögens, z.B. einer Universität.

## 5. Geschäftsfähigkeit

Während jeder lebende Mensch rechtsfähig ist, also Träger von Rechten und Pflichten sein kann, ist durchaus nicht jeder Mensch in der Lage, selbständig seine Angelegenheiten zu regeln.

Nur derjenige, der sich durch Verträge rechtswirksam binden kann, ist auch geschäftsfähig.

Bezüglich der Geschäftsfähigkeit teilt das deutsche Recht die Menschen in drei Gruppen ein:

1. geschäftsunfähige Personen
2. beschränkt geschäftsfähige Personen
3. voll geschäftsfähige Personen

*Geschäftsunfähig* sind gem. § 104 BGB:

1. Kinder unter 7 Jahren
2. dauernd geisteskranke Personen
3. wegen Geisteskrankheit entmündigte Personen

Wer wegen Geisteskrankheit entmündigt ist, ist somit geschäftsunfähig auch dann, wenn er gelegentlich seine vollen geistigen Fähigkeiten besitzt.

Alle Willenserklärungen geschäftsunfähiger Personen sind nichtig (§ 105 BGB).

*Beispiel:* Zwei sechsjährige Kinder tauschen Spielzeug. Der Tausch ist vollkommen ungültig.

Nur die gesetzlichen Vertreter (Eltern, Vormünder) können für geschäftsunfähige Personen rechtswirksam handeln.

*Beschränkt geschäftsfähig* sind:

1. Personen zwischen 7 und 21 Jahren[1]) (Minderjährige) (§ 106 BGB)
2. wegen Geistesschwäche, Trunksucht oder Verschwendung entmündigte oder unter vorläufige Vormundschaft gestellte Personen (§ 114 BGB)

Diese Personen können allein nur solche Rechtsgeschäfte tätigen, die ihnen lediglich rechtliche Vorteile bringen, also allgemein Geschenke annehmen (§ 107 BGB).

Für alle sonstigen Rechtsgeschäfte Minderjähriger ist grundsätzlich die Einwilligung (vorherige Zustimmung) des gesetzlichen Vertreters (wenn beide Elternteile leben, allgemein Vater und Mutter) erforderlich (§ 107 BGB).

Für bestimmte schwerwiegende Rechtsgeschäfte genügt nicht die Zustimmung der Eltern, sondern ist außerdem die Genehmigung des Vormundschaftsgerichts erforderlich (§§ 1643, 1821, 1822 BGB).

*Beispiele:* Verfügungen über Grundstücke, Eingehung von Wechselverbindlichkeiten, Kreditaufnahme, Übernahme einer Bürgschaft.

---

[1]) Mit einer Herabsetzung des Volljährigkeitsalters auf 18 Jahre ist zu rechnen

Wenn der gesetzliche Vertreter ein Vormund ist, bedürfen zusätzlich noch weitere Rechtsgeschäfte der Genehmigung des Vormundschaftsgerichtes, z.B. der Abschluß eines Lehrvertrages.

Ohne Einwilligung des gesetzlichen Vertreters geschlossene Verträge sind schwebend unwirksam, d.h. genehmigt nachträglich der gesetzliche Vertreter den Vertrag, ist dieser von Anfang an wirksam, genehmigt er ihn nicht, ist er von Anfang an unwirksam.

*Beispiel:* der 19jährige A kauft sich ohne Wissen seiner Eltern auf Teilzahlung ein Moped. Die Wirksamkeit des Kaufvertrages hängt von der Genehmigung durch die Eltern (des gesetzlichen Vertreters) ab.

Wenn ein Minderjähriger ohne Einwilligung des gesetzlichen Vertreters einen Vertrag schließt und „die vertragsmäßige Leistung mit Mitteln bewirkt, die ihm vom gesetzlichen Vertreter zu diesem Zweck oder zur freien Verfügung" überlassen wurden, ist der Vertrag von Anfang an gültig (Taschengeldparagraph, § 110 BGB).

*Beispiel:* Einem 19jährigen Arbeiter gestatten die Eltern, von seinem Lohn wöchentlich 10.– DM frei zu verwenden. Nachdem er einige Wochen sparte, kauft er sich ohne Wissen seiner Eltern ein gebrauchtes Fahrrad zu 50,– DM und bezahlt dieses bar. Der Kaufvertrag ist gültig.

Der sogenannte Taschengeldparagraph stellt keine Ausnahme von der Regel dar, daß Minderjährige die Zustimmung des gesetzlichen Vertreters für Rechtsgeschäfte benötigen, sondern ist sozusagen eine Generalzustimmung. Eine ähnliche Allgemeinzustimmung ist die Ermächtigung für den Minderjährigen, in Dienst oder Arbeit zu treten, nicht aber einen Lehrvertrag abzuschließen. Der Minderjährige darf dann selbständig das Arbeitsverhältnis eingehen, den Lohn in Empfang nehmen, ja erforderlichenfalls selbständig einklagen, das Arbeitsverhältnis kündigen, einen neuen Arbeitsvertrag schließen usw. (§ 113 BGB). Natürlich kann die Ermächtigung auch wieder zurückgenommen oder eingeschränkt werden. Falls eine Arbeitsaufnahmeermächtigung nur für einen einzelnen Fall erteilt wurde, gilt sie im Zweifel als allgemeine Ermächtigung zur Eingehung von Arbeitsverhältnissen derselben Art (§ 113, IV BGB).

Auch kann der gesetzliche Vertreter mit Genehmigung des Vormundschaftsgerichts den Minderjährigen zum selbständigen Betrieb eines Erwerbsgeschäftes ermächtigen. Dann darf der Minderjährige die üblichen Rechtsgeschäfte im Rahmen des Betriebes tätigen (§ 112 BGB).

*Voll geschäftsfähig* sind:

1. nicht entmündigte Volljährige (ab 21 Jahre)
2. für volljährig erklärte Minderjährige

Minderjährige können durch das Vormundschaftsgericht für volljährig erklärt werden, wenn sie mindestens 18 Jahre alt sind, sie selbst und allgemein auch die Eltern einverstanden sind und die Volljährigkeitserklärung das „Beste des Minderjährigen befördert" (§§ 3 . . . 5 BGB).

Da gem. § 1 des Ehegesetzes bei einem 18 . . . 21jährigen Mann Voraussetzung für die Bewilligung einer vorzeitigen Eheschließung die Volljährigkeitserklärung ist, beantragen hauptsächlich junge angehende Ehemänner die Volljährigkeitserklärung.

In der DDR ist man bereits mit 18 Jahren volljährig. Wer mit 18 Jahren in die BRD kam, ist somit auch hier voll geschäftsfähig. Auch Ausländer, die nach ihrem Recht volljährig sind, gelten hier als volljährig, auch wenn sie unter 21 Jahre alt sind (Art. 7 Einführungsgesetz zum BGB).

## 6. Sachen

Sachen sind körperliche Gegenstände (§ 90 BGB), also begrenzte oder begrenzbare Stücke der den Menschen umgebenden Natur. Sie können fest, flüssig oder gasförmig sein.

Keine Sachen sind lebende Menschen und ungetrennte Teile von ihnen. Beispielsweise ist ein Zopf erst nach dem Abschneiden eine Sache. Auch Energieformen, wie Wärme und elektrischer Strom, sind keine Sachen, ebenso Rechte, Namen, Sachgesamtheiten, z.B. das Vermögen.

Bei den Sachen unterscheidet man *Grundstücke* (Immobilien, das sind Teile der Erdoberfläche mit allem, was mit dem Boden fest verbunden ist) und *bewegliche Sachen* (Mobilien, das sind alle sonstigen Sachen).

Die beweglichen Sachen kann man in *vertretbare Sachen* – sie lassen sich nach Zahl, Maß oder Gewicht bestimmen (§ 91 BGB) – und *nicht vertretbare Sachen* einteilen.

*Beispiel:* Schrauben sind vertretbare Sachen, ein bestimmtes Rennpferd ist eine nicht vertretbare Sache.

Auch Geld ist eine vertretbare Sache.

*Wesentliche Bestandteile* einer Sache können nicht voneinander getrennt werden, ohne daß der eine oder andere zerstört oder in seinem Wesen verändert wird. Sie gehören rechtlich zusammen (§ 93 BGB).

*Beispiele:* Klinge des Taschenmessers, Absätze der Schuhe.

Zu den wesentlichen Bestandteilen eines Grundstücks gehören alle mit dem Grund und Boden fest verbundenen Sachen, insbesondere Gebäude (einschließlich allem, was zur Herstellung des Gebäudes eingefügt wurde) und Pflanzen (z.B. Obstbäume) (§ 94 BGB).

Eine transportable Garage ist natürlich kein wesentlicher Bestandteil des Grundstücks.

Zubehör sind bewegliche Sachen, die dem wirtschaftlichen Zweck der Hauptsache zu dienen bestimmt sind (§§ 97, 98 BGB).

*Beispiele:* Werkzeuge und Maschinen einer Fabrik (falls nicht fest eingebaut); Vieh eines Bauernhofes; Ersatzreifen und Feuerlöscher beim Kraftwagen.

Früchte sind die Erzeugnisse (Nutzungen) einer Sache und die bestimmungsmäßige Ausbeute (§ 99 BGB).

*Beispiele:* Ei des Huhnes, Milch der Kuh, Getreide des Ackers; nicht jedoch planloser Kahlschlag des Jungwaldes.

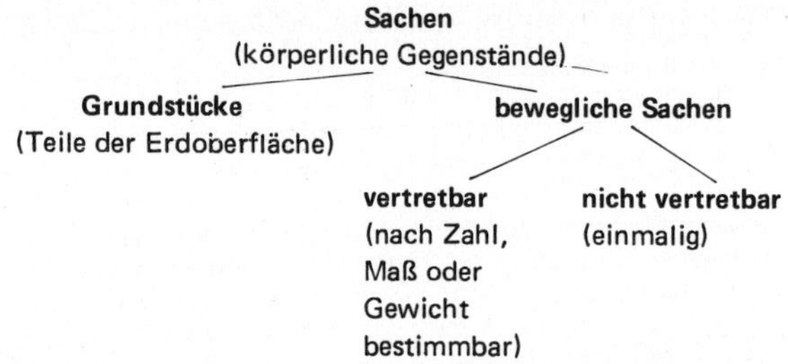


*Wesentliche Bestandteile:* lassen sich nicht trennen

*Zubehör:* dient dem wirtschaftlichen Zweck der Hauptsache

*Früchte:* Erzeugnisse der Sache

## 7. Fristen, Termine, Verjährung

Die Rechtssicherheit verlangt klare Regeln bezüglich der *Zeit.* Dabei unterscheidet man Zeitpunkte (Termine) und Zeiträume (Fristen).

### a) Fristen, Termine

Unter einer *Frist* versteht man einen rechtlich bedeutsamen Zeitraum. „Ist für den Anfang einer Frist ein Ereignis oder ein in den Lauf eines Tages fallender Zeitpunkt maßgebend, so wird bei der Berechnung der Frist der Tag nicht mitgerechnet, in welchen das Ereignis oder der Zeitpunkt fällt" (§ 187 BGB).

*Beispiel:* Dem verurteilten Angeklagten wird an einem Freitag nach der Urteilsverkündung erklärt, er könne innerhalb einer Woche gegen das Urteil Berufung einlegen. Ohne Rücksicht auf die Uhrzeit der Urteilsverkündung kann er dann noch am Abend des nächsten Freitags Berufung einlegen. Es werden also nur volle Tage gerechnet.

Bei der Berechnung des Lebensalters wird dagegen der Tag der Geburt mitgerechnet.

*Beispiel:* Wer am 1. April 1948 um 23 Uhr geboren ist, hat bereits am 1. April 1969 sein 21. Lebensjahr vollendet und ist somit voll geschäftsfähig.

Ein *Termin* ist ein Zeitpunkt, an dem etwas geschehen soll. Fällt ein Termin oder der letzte Tag einer Frist auf einen Sonntag, Samstag oder auf einen gesetzlichen Feiertag, so tritt an dessen Stelle der nächstfolgende Werktag (§ 193 BGB).

*Beispiel:* Ein Wechsel wird am Karfreitag fällig. Die Zahlung kann erst am Osterdienstag verlangt werden (Art. 72 Wechselgesetz).

## b) Verjährung

Allgemein unterliegt ein Anspruch – das ist das Recht, von einem anderen ein Tun oder Unterlassen zu verlangen – der Verjährung (§ 194 BGB). Dies bedeutet, daß der Verpflichtete nach Ablauf einer bestimmten Frist die Erfüllung des Anspruches verweigern kann (Einrede der Verjährung).

Gläubiger → Anspruch → Schuldner
Gläubiger ← Einrede der Verjährung ← Schuldner

Nach Ablauf der Verjährungsfrist ist der Anspruch zwar nicht erloschen, er kann aber nicht mehr realisiert werden, falls der Verpflichtete von seinem Recht der Einrede der Verjährung Gebrauch macht. Sinn der Verjährung ist die Rechtssicherheit. Uralte Vorgänge lassen sich schwer rekonstruieren.

Wichtige *Verjährungsfristen* sind:

30 Jahre: regelmäßige Verjährungsfrist (§ 195 BGB); also Verjährungsfrist für alle Fälle, bei denen das Gesetz keine kürzere Frist vorsieht, insbesondere Darlehensforderungen, rechtskräftig (gerichtlich) festgestellte Ansprüche (§ 218 BGB).

5 Jahre: Mängelhaftung bei Bauwerken (§ 638 BGB) (nach VOB 2 Jahre).

4 Jahre: Ansprüche von Geschäftsleuten untereinander, falls Lieferung oder Leistung für den Gewerbebetrieb des Schuldners erfolgte (§ 196, Abs. 2 BGB); regelmäßig wiederkehrende Leistungen, z.B. Zinsen, Wohnungsmiete, Renten, Beamtenbesoldung (§ 197 BGB).

3 Jahre: Ansprüche des Geschädigten gegenüber dem Schädiger bei Vorliegen unerlaubter Handlung (§ 852 BGB) (Zeit zählt ab Kenntnis des Schadens und Kenntnis der Person des Ersatzpflichtigen); Ansprüche des Wechselinhabers gegen den Annehmer (Art. 70 Wechselgesetz).

2 Jahre: Die meisten Forderungen des täglichen Lebens, insbesondere die Forderungen der Geschäftsleute gegenüber Privatleuten, auch Lohnforderungen (§ 196, Abs. 1 BGB).

1 Jahr: Mängelhaftung bei Arbeiten an einem Grundstück (§ 638 BGB), Ansprüche des Wechselinhabers gegen die Indossanten und gegen den Aussteller (Art. 70 Wechselges.).

6 Monate: Mängelhaftung bei beweglichen Sachen (Kaufvertrag § 477, Werkvertrag § 638 BGB). Ansprüche eines Wechselindossanten gegen andere Indossanten und gegen den Aussteller (Art. 70 Wechselges.).

Während allgemein die Verjährung mit dem Entstehen des Anspruches anfängt (§ 198 BGB), beginnt die zwei- und vierjährige Verjährung (häufigste Verjährung) erst nach Ablauf des angebrochenen Jahres (§ 201 BGB).

*Beispiel:* Ein Arbeitnehmer schied am 31. März 1968 aus einem Betrieb aus, um eine Stelle im Ausland anzunehmen. Der Arbeitgeber verspricht, einen Gehaltsrest von 200.– DM in den nächsten Tagen zu überweisen. Falls die Angelegenheit „einschläft“, verjährt die Lohnforderung am 31. Dezember 1970 um 24 Uhr.

Der Ablauf der Verjährungsfrist kann durch Hemmung oder Unterbrechung gehindert werden.

Die *Hemmung der Verjährung* bewirkt, daß die Zeit der Hemmung in die Verjährungsfrist nicht eingerechnet (§ 205 BGB) wird. Das Verjährungsende rückt also entsprechend der Zeit der Hemmung hinaus.

Hemmungsgründe sind: Stundung der Forderung oder sonstige Gründe, die zur Verweigerung der Leistung berechtigen (§ 202 BGB), Stillstand der Rechtspflege in den letzten sechs Monaten der Verjährungsfrist (§ 203 BGB), ebenfalls sonstige Gründe höherer Gewalt (z.B. Krieg, Überschwemmung), die die Verfolgung des Anspruches verhindern; Ansprüche zwischen Ehegatten während des Bestehens der Ehe und zwischen Eltern und Kindern während der Minderjährigkeit.

Bei einer *Unterbrechung der Verjährung* beginnt die Verjährungsfrist völlig neu zu laufen (§ 217 BGB). Allerdings erfolgt der Beginn der Frist dann nicht erst nach Ablauf des Unterbrechungsjahres, sondern auch bei der zwei- und vierjährigen Verjährung mitten im Jahr.

Unterbrechungsgründe sind: Anerkennung des Anspruches durch den Schuldner auf irgendeine Art (z.B. Stundungsgesuch, Zinszahlung, Abschlagszahlung, Sicherheitsleistung) (§ 208 BGB); gerichtlicher Schritt seitens des Gläubigers (z.B. Klageerhebung, Zustellung eines Zahlungsbefehls, Anmeldung des Anspruches im Konkursverfahren, Zwangsvollstreckungsmaßnahmen).

Eine briefliche Mahnung (auch eingeschrieben) unterbricht dagegen nicht die Verjährung. Trotzdem empfiehlt es sich natürlich zu mahnen. Vielleicht reagiert der Schuldner und erkennt seine Schuld direkt oder indirekt an, falls er nicht sogar bezahlt. Wenn der Schuldner sich nicht rührt, wird man zweckmäßigerweise beim zuständigen Amtsgericht einen Zahlungsbefehl beantragen.

## 8. Allgemeines über Rechtsgeschäfte

### a) Willenserklärung (§§ 116 ff. BGB)

Grundlage eines jeden Rechtsgeschäftes ist eine oder sind mehrere Willenserklärungen. Man versteht darunter jedes Verhalten, das auf einem Rechtserfolg gerichtet ist. Es muß also durch eine Willenserklärung eine Änderung der bisherigen Rechtslage gewollt sein.

Die Willenserklärungen können *ausdrücklich* (mündlich, schriftlich), durch *schlüssiges Verhalten* (z.B. Einwurf eines Geldstückes in einen Warenautomaten, Einsteigen in ein öffentliches Verkehrsmittel) oder in bestimmten Fällen auch *stillschweigend* (z.B. Nichtausnutzen einer vereinbarten Rücktrittsfrist beim Kauf auf Probe) abgegeben werden.

Bei der Auslegung von Willenserklärungen ist der wirkliche Wille zu erforschen und nicht am buchstäblichen Ausdruck zu haften (§ 133 BGB).

*Beispiel:* Es wird bei einer Leihbücherei von „Leihe" (rechtlich: unentgeltliche Gebrauchsüberlassung) gesprochen, dabei handelt es sich aber um „Miete" (rechtlich: entgeltliche Gebrauchsüberlassung).

## b) Arten der Rechtsgeschäfte

Man unterscheidet zwei Arten von Rechtsgeschäften:
1. Einseitige Rechtsgeschäfte
2. Zweiseitige Rechtsgeschäfte (Verträge)

*Einseitige Rechtsgeschäfte* liegen vor, wenn bereits die Willenserklärung nur einer Person eine rechtliche Wirkung nach sich zieht.

Man kann zwei Arten unterscheiden:
1. Empfangsbedürftige Willenserklärungen (z.B. Angebot, Kündigung)
2. Nicht empfangsbedürftige Willenserklärungen (z.B. Testament)

*Beispiele:* Wenn ein Arbeitnehmer sich über seinen Chef geärgert hat und nun zu Hause mit der Faust auf den Tisch schlägt und ruft: „Ich kündige, ich kündige!", dann ist dies rechtsunerheblich; denn die Kündigung müßte, um wirksam zu sein, dem Arbeitgeber zugehen.

Ein Testament ist dagegen bereits dann ein gültiges Rechtsgeschäft, wenn es aufgestellt ist, also auch dann, wenn die Erben keine Ahnung davon haben.

*Zweiseitige Rechtsgeschäfte,* also Verträge (z.B. Kaufvertrag, Mietvertrag, Dienstvertrag), kommen durch zwei miteinander übereinstimmende Willenserklärungen zustande. Diese Erklärungen dürfen sich nicht nur dem Wortlaut nach decken, sondern müssen auch dem gemeinten Inhalt nach übereinstimmen (kongruieren). Die Willenserklärungen heißen allgemein Antrag und Annahme.

## c) Form der Rechtsgeschäfte

Die meisten Rechtsgeschäfte sind auch *formlos,* also z.B. auch mündlich, gültig. Es empfiehlt sich natürlich, wichtige Willenserklärungen schriftlich festzulegen.

Bei Vertragsabschlüssen kann zwischen den Partnern eine bestimmte Form *vereinbart* werden. Auf vielen Bestellvordrucken findet man die Klausel, daß mündliche Nebenabreden ungültig seien oder der schriftlichen Bestätigung bedürfen. In Manteltarifverträgen heißt es häufig, daß Kündigungen schriftlich zu erfolgen haben.

In bestimmten Fällen schreibt sogar der Gesetzgeber eine besondere Form vor, die für die Gültigkeit des Rechtsgeschäftes unbedingt einzuhalten ist *(Formzwang).* Die Form dient verschiedenen Schutzzwecken, z.B. dem Schutz vor Übereilung, der Schaffung einwandfreier Unterlagen für öffentliche Register usw.

*Beispiele* für gesetzlich vorgeschriebene Form:

Das Gesetz fordert die *einfache Schriftform* z.B. bei Miet- oder Pachtverträgen für länger als ein Jahr (§ 566 BGB), für Bürgschaftserklärungen (§ 766 BGB) (ausgenommen hiervon sind Vollkaufleute), Schuldversprechen und Schuldanerkenntnis (§§ 780, 781 BGB). Der Text kann geschrieben oder gedruckt sein, nur die Unterschrift muß handschriftlich erfolgen.

*Eigenhändigkeit* (Handschriftlichkeit) ist beim Privattestament (Testament ohne Notar) erforderlich (§ 2247 BGB). Es muß dabei das ganze Testament vom Anfang bis zum Ende mit der Hand geschrieben sein.

Die *öffentliche Beglaubigung* der Unterschrift (allgemein durch einen Notar) ist z.B. bei der schriftlichen Anmeldung zum Vereins-, Güterrechts- oder Handelsregister (§§ 77, 1560 BGB, 12 HGB) und bei der Ausschlagung einer Erbschaft (§ 1945 BGB) erforderlich.

Eine noch weitergehende Formvorschrift ist die Notwendigkeit der *notariellen Beurkundung*. Hierbei muß das ganze Rechtsgeschäft vom Notar beurkundet werden, z.B. bei der Übertragung des gesamten Vermögens (§ 311 BGB), bei Grundstücksübertragungen (§ 313 BGB), Schenkungsversprechen (§ 518 BGB) und Erbteilsverkauf (§ 2033 BGB).

### d) Nichtigkeit von Rechtsgeschäften

Nichtigkeit heißt Ungültigkeit. Ein nichtiges Rechtsgeschäft ist rechtlich überhaupt nicht zustande gekommen, auch wenn sich kein Partner auf die Nichtigkeit beruft. Eventuelle Leistungen sind zurückzuerstatten.

In folgenden Fällen sind Rechtsgeschäfte nichtig:

1. *Mangel der Geschäftsfähigkeit oder Bewußtlosigkeit* (§ 105 BGB)

   *Beispiel:* Ein völlig Betrunkener verkauft im Rausch sein Auto für eine Runde Bier.

2. *Scheingeschäft* (§ 117). Das Geschäft ist in Wirklichkeit von beiden Partnern nicht gewollt. Die Willenserklärung ist nur zum Schein abgegeben.

   *Beispiel:* A. überträgt dem B. einen wertvollen Gegenstand, damit dieser vom Gerichtsvollzieher nicht gepfändet werden kann.

3. *Scherzgeschäft* (§ 118). Bei ihm fehlt die Ernsthaftigkeit. Die nicht ernsthafte Willenserklärung ist nichtig, wenn sie in der Erwartung abgegeben wird, daß das Scherzhafte erkannt werde.

   *Beispiel:* C. macht dem D. am 1. April ein sensationelles Angebot, um ihn „in den April zu schicken", z.B. den Verkauf eines wertvollen Ringes zu 10 Pfennig.

4. *Verstoß gegen die vorgeschriebene Form* (§ 125)

   *Beispiel:* E. verbürgt sich mündlich unter Zeugen für den F. Da für die Bürgschaft die Schriftform vorgeschrieben ist, braucht E. nicht zu seinem Wort zu stehen.

5. *Verstoß gegen ein gesetzliches Verbot* (§ 134)

   *Beispiel:* Es wird trotz Verbot durch das Jugendarbeitsschutzgesetz mit einem 15jährigen Jugendlichen eine wöchentliche Arbeitszeit von 41 Stunden (einschl. Berufsschule) oder Akkordarbeit vereinbart. Derartige Vereinbarungen sind nichtig.

6. *Verstoß gegen die guten Sitten* (§ 138 BGB). Hierunter versteht man besonders Wuchergeschäfte (auffälliges Mißverhältnis zwischen Leistung und Gegenleistung bei gleichzeitiger Ausbeutung der Notlage, des Leichtsinns oder der Unerfahrenheit eines anderen).

   *Beispiel:* In einem Überschwemmungsgebiet verkauft der einzige Bäcker des Ortes die Brötchen zu 1.– DM je Stück, weil er weiß, daß die Menschen in ihrem Hunger auf ihn angewiesen sind.

## e) Anfechtbarkeit von Rechtsgeschäften

Anfechtbare Rechtsgeschäfte sind im Gegensatz zu nichtigen erst einmal voll gültig. Sie können aber angefochten werden und werden nur in diesem Falle von Anfang an ungültig. Wenn sie nicht angefochten werden, bleiben sie gültig. Für die Anfechtung ist grundsätzlich keine besondere Form vorgeschrieben; es empfiehlt sich aber bei größeren Geschäften, einen eingeschriebenen Brief zu wählen und auch die Gründe klarzulegen.

Anfechtungsgründe sind:

1. *Irrtum* (§ 119 BGB)[1]). „Wer bei der Abgabe einer Willenserklärung über deren Inhalt im Irrtum war oder eine Erklärung dieses Inhalts überhaupt nicht abgeben wollte, kann die Erklärung anfechten, wenn anzunehmen ist, daß er sie bei Kenntnis der Sachlage und bei verständiger Würdigung des Falles nicht abgegeben haben würde“ (§ 119, Abs. 1 BGB). Man versteht unter Irren das unbewußte Auseinanderfallen von Wille und Erklärung (sich verschreiben, versprechen).

   *Beispiel:* Ein Privatmann will 500 g Kaffee bestellen und schreibt versehentlich 500 kg.

   Auch eine *falsche Übermittlung* (z.B. der Bote richtet etwas falsch aus) berechtigt zur Anfechtung (§ 120 BGB).

   Nicht zur Anfechtung berechtigt dagegen ein Irrtum im Beweggrund.

   *Beispiel:* Aktienkauf in der irrigen Erwartung einer Kurssteigerung.

2. *Arglistige Täuschung* (§ 123 BGB). Dazu gehört insbesondere die Vorspiegelung falscher oder Unterdrückung wahrer Tatsachen (das kann gleichzeitig strafrechtlich Betrug sein).

   *Beispiele:* Ein Stellenbewerber legt ein gefälschtes Zeugnis vor und wird daraufhin eingestellt. – Stoffhändler verkauft minderwertigen Zellwollstoff, dem er ein falsches Kennzeichen einbügelte, als englischen Wollstoff.

3. *Widerrechtliche Drohung* (§ 123 BGB)

   *Beispiel:* Ein Handelsvertreter droht mit Verleumdungen für den Fall, daß keine Bestellung erteilt wird. Daraufhin bestellt der Bedrohte.

   Die Drohung ist nicht widerrechtlich, wenn mit einem verkehrsmäßigen (von der Rechtsordnung gebilligten) Mittel gedroht wird, z.B. der Gläubiger droht mit der Zwangsvollstreckung, falls der Schuldner nicht zahlt.

Die Anfechtung wegen Irrtums muß unverzüglich nach Erkennen des Irrtums erfolgen. Entsprechendes gilt für die Anfechtung wegen falscher Übermittlung. Bei arglistiger Täuschung und widerrechtlicher Drohung beträgt die *Anfechtungsfrist* ein Jahr ab Erkennen der Täuschung bzw. ab Wegfall der Zwangslage. Eine Anfechtung ist immer ausgeschlossen, wenn seit Abgabe der Willenserklärung 30 Jahre verstrichen sind.

---

[1]) Eine Unterschrift kann man nicht deshalb anfechten, weil man das, was man unterschrieben hat, nicht gelesen hat. In einem solchen Fall liegt kein Irrtum, sondern Nachlässigkeit vor.

Bei Anfechtung wegen Irrtums oder wegen falscher Übermittlung kann aber gemäß § 122 BGB für den Anfechtenden eine *Schadenersatzpflicht* entstehen, wenn der andere auf die Gültigkeit der Erklärung vertrauen durfte.

**Fehlerhafte Rechtsgeschäfte**

| **Nichtigkeit** (Ungültigkeit auf jeden Fall) | **Anfechtbarkeit** (Möglichkeit der Ungültigmachung) |
|---|---|
| 1. Geschäftsunfähigkeit und Bewußtlosigkeit (§ 105 BGB) | 1. Irrtum (§ 119 BGB) und falsche Übermittlung (§ 120 BGB) |
| 2. Scheingeschäft (§ 117 BGB) | 2. Arglistige Täuschung (§ 123 BGB) |
| 3. Scherzgeschäft (§ 118 BGB) | 3. Widerrechtliche Drohung (§ 123 BGB) |
| 4. Formverstoß (§ 125 BGB) | |
| 5. Gesetzwidrigkeit (§ 134 BGB) | |
| 6. Sittenwidrigkeit (insbes. Wucher) (§ 138 BGB) | |

### f) Bedingung

Die Wirksamkeit eines Rechtsgeschäftes kann von einem künftigen ungewissen Ereignis, einer sogenannten Bedingung (§ 158 BGB), abhängig gemacht werden. Das Ereignis kann von den Partnern beeinflußbar oder zufälliger Art sein.

Man unterscheidet zwei Arten von Bedingungen:

1. *Aufschiebende Bedingung.* Die Wirksamkeit des Rechtsgeschäftes tritt erst mit dem Eintritt der Bedingung ein.

   *Beispiel:* Bei einem Ratenkauf wird vereinbart, daß das Eigentum erst mit der Zahlung der letzten Kaufpreisrate auf den Käufer übergeht (Eigentumsvorbehalt).

2. *Auflösende Bedingung.* Die Wirkung des Rechtsgeschäftes endigt mit dem Eintritt der Bedingung.

   *Beispiel:* In einem Dienstvertrag wird vereinbart, daß das Vertragsverhältnis endet, falls eine bestimmte bereits abgelegte Prüfung nicht bestanden sei.

Bei vielen Rechtsgeschäften ist die Abgabe der Willenserklärung unter Bedingungen möglich. Es gibt aber auch *bedingungsfeindliche Rechtsgeschäfte.* Das sind Rechtsgeschäfte, bei deren Abschluß keine Bedingung gestellt werden kann, z.B. Eheschließung, Kündigung.

### g) Vertretung – Vollmacht

Bei der Vertretung handelt jemand innerhalb der ihm zustehenden Vertretungsmacht im Namen eines anderen. Die Wirkung ist dabei so, als hätte der Vertretene selbst entsprechend gehandelt, z.B. A. kauft von C. ein Auto namens des B.

(§ 164 BGB). Bei den meisten Rechtsgeschäften ist eine Vertretung möglich. Unzulässig ist sie bei höchstpersönlichen Rechtsgeschäften, z.B. bei Eheschließungen.

Ein Vertreter kann allgemein nicht für den Vertretenen mit sich selbst ein Rechtsgeschäft abschließen (Verbot des Selbstkontrahierens gem. § 181 BGB).

Die Vertretungsmacht beruht entweder auf einer Gesetzesvorschrift – sie erfolgt dann durch einen gesetzlichen Vertreter – oder auf einem Rechtsgeschäft (Vollmacht).

*Gesetzliche Vertreter* sind z.B. die Eltern des Kindes, der Vormund des Mündels, der Vorstand der Aktiengesellschaft, der Geschäftsführer der GmbH.

*Beispiel:* Die Eltern schließen mit dem Lehrherrn ihres Kindes einen Lehrvertrag ab (s.§ 1626 BGB).

Der Bundespräsident ist völkerrechtlich der gesetzliche Vertreter der Bundesrepublik Deutschland (Art. 59 GG).

Eine *Vollmacht* wird durch die „Erklärung gegenüber dem zu Bevollmächtigenden oder dem Dritten, dem gegenüber die Vertretung stattfinden soll“, erteilt (§ 167 BGB).

*Beispiel:* A. erteilt seinem Rechtsanwalt B. eine Vollmacht zur Vertretung seiner Angelegenheit in einem Prozeß.

Meist liegt einer Vollmacht ein Vertrag, z.B. Dienstvertrag (entgeltliche Tätigkeit) oder ein Auftrag (unentgeltliche Geschäftsbesorgung) zugrunde. Innerhalb der Vollmacht unterscheidet man:

1. *Einzelvollmacht (Sondervollmacht).* Sie gilt nur für ein einziges Rechtsgeschäft.
2. *Artvollmacht.* Sie gilt ständig für eine bestimmte Art von Geschäften.
3. *Generalvollmacht.* Sie ist eine ständige Vollmacht für alle gewöhnlich vorkommenden Rechtsgeschäfte.

Schließt jemand ohne Vertretungsmacht im Namen eines anderen einen Vertrag ab, so hängt die Wirksamkeit von der eventuellen nachträglichen Genehmigung des Vertretenen ab (§ 177 BGB). Genehmigt der unberechtigt Vertretene nicht, so ist der unberechtigte Vertreter dem Vertragspartner gegenüber haftbar (§ 179 BGB).

Vom Vertreter ist der *Bote* zu unterscheiden, der keine eigene Willensfreiheit hat, sondern nur den Willen eines anderen überbringt.

*Beispiel:* Die Mutter schickt ihr Kind zum Bäcker, damit es zehn Brötchen hole. Ein gut dressierter Hund würde mit einem Korb und einem Zettel ebenfalls die Brötchen holen.

Eine ganz besondere Bedeutung hat die Vollmachtserteilung im Handelsrecht (Sonderrecht des Kaufmanns). Man kennt dort die Prokura (§§ 48 . . . 53 HGB) und die Handlungsvollmacht (§ 54 HGB) (siehe Seite 56).

### h) Zustimmung – Einwilligung – Genehmigung

Unter *Zustimmung* (§ 182 BGB) versteht man die privatrechtliche Zustimmung eines Dritten zu einem fremden Rechtsgeschäft. Von Bedeutung ist sie, wenn beschränkt geschäftsfähige Personen Rechtsgeschäfte tätigen, weil hier die Zustimmung des gesetzlichen Vertreters für die Gültigkeit erforderlich ist.

Eine *Einwilligung* ist die vorherige Zustimmung zu einem Rechtsgeschäft. Sie ist bis zur Vornahme des Rechtsgeschäfts widerrufbar (§ 183 BGB).

*Beispiel:* Der Minderjährige A. will sein Fahrrad verkaufen und fragt vorher seine Eltern (gesetzliche Vertreter). Stimmen diese zu, liegt eine Einwilligung vor, die aber bis zum Verkauf des Fahrrades widerrufen werden kann.

Eine *Genehmigung* ist die nachträgliche Zustimmung zu einem Rechtsgeschäft (§ 184 BGB). Sie ist nicht mehr widerrufbar.

*Beispiel:* Wenn A. das Fahrrad bereits verkauft hat, so ist die nachträgliche Zustimmung der Eltern die unwiderrufliche Genehmigung des Rechtsgeschäfts.

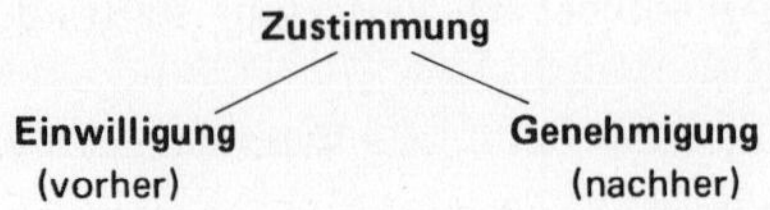

## B. Schuldverhältnisse

### 1. Allgemeine Bestimmungen

„Kraft des Schuldverhältnisses ist der Gläubiger berechtigt, von dem Schuldner eine Leistung zu fordern. Die Leistung kann auch in einem Unterlassen bestehen" (§ 241 BGB). Es liegt demnach dann ein Schuldverhältnis vor, wenn jemand (der Schuldner) einem anderen (dem Gläubiger) ein Tätigwerden (ein Verhalten) oder Unterlassen schuldet.

Schuldverhältnisse können durch Rechtsgeschäfte entstehen; z.B. entsteht durch den Kaufvertrag für den Verkäufer die Verpflichtung zur Lieferung und Eigentumsübertragung, für den Käufer zur Abnahme und Bezahlung. Schuldverhältnisse kommen aber auch ohne Rechtsgeschäfte zustande, z.B. jemand verletzt fahrlässig einen anderen und ist ihm daher zum Schadenersatz verpflichtet.

„Der Schuldner ist verpflichtet, die Leistung so zu bewirken, wie *Treu und Glauben* mit Rücksicht auf die *Verkehrssitte* es erfordern" (§ 242 BGB). Die Rechtsprechung erweiterte diesen fundamentalen Rechtsgrundsatz von Treu und Glauben, um das Gesetz zu ergänzen, Lücken zu schließen und Härten auszugleichen. Jedes Recht kann nur im Rahmen von Treu und Glauben ausgeübt, jede Pflicht nur im Rahmen von Treu und Glauben erfüllt werden. Es ist unzulässig, ein Recht auszuüben, wenn der Zweck nur darin besteht, einem anderen Schaden zuzufügen (§ 226 BGB *Schikaneverbot).* Auf den Grundsatz von Treu und Glauben gründet sich die *Einrede der Arglist.*

In bestimmten Fällen kann sich durch *Wegfall oder Änderung der Geschäftsgrundlage der Inhalt* eines Schuldverhältnisses ändern.

*Beispiel:* Ein leitender Angestellter erhielt von seinem Arbeitgeber ein zinsloses Darlehen zum Bau eines Hauses mit einer Laufzeit von 20 Jahren. Einige Jahre später stellte sich heraus, daß der Angestellte seit langem seinen Arbeitgeber hinterging und erhebliche Geldbeträge unterschlug. Der Arbeitgeber kündigte nicht nur das Arbeitsverhältnis fristlos, sondern verlangte auch die vorzeitige Rückzahlung des gewährten Darlehens. Der Angestellte wurde rechtskräftig zur sofortigen Rückzahlung verurteilt, weil die Geschäftsgrundlage für die Kreditgewährung weggefallen ist. Es ist keinem Arbeitgeber zuzumuten, Arbeitnehmer mit längerfristigen unverzinslichen Geldmitteln zu unterstützen, wenn diese ihn betrügen. Der Angestellte hätte auch erkennen müssen, daß die Straftat früher oder später entdeckt werde, und er hätte sich daher auch klar sein müssen, daß sein Arbeitgeber das Darlehen vorzeitig zurückverlangen würde. (OLG. Braunschweig v. 1.9.1965 – 2 U 13/65)

Der Leistungsgegenstand kann eine *Gattungsschuld* (nur nach der Gattung bestimmte Sache) oder eine *Stückschuld* (z.B. ein bestimmter Hund) sein. Bei einer Gattungsschuld ist im Zweifelsfall eine Sache von mittlerer Art und Güte zu leisten (§ 243 BGB).

*Beispiel:* Ein Weintrinker bestellt 50 Flaschen Moselwein. Es sind nicht die teuersten und auch nicht die billigsten Sorten zu liefern.

Wenn eine in ausländischer Währung ausgedrückte Geldschuld im Inland zu zahlen ist, so kann im Zweifelsfall die Zahlung in der inländischen Währung erfolgen. Die Umrechnung erfolgt zu dem Kurs, der zur Zeit der Zahlung gilt (§ 244 BGB). Wenn eine Schuld zu verzinsen ist, sind im Zweifelsfall 4 %, unter Kaufleuten 5 %, zu bezahlen. Zinseszinsen sind außer bei Banken allgemein verboten (§§ 246, 248, 288 ff. BGB, 352 ff. HGB).

Der besondere Fall der *Schadenersatzpflicht* wird im Kapitel über die Haftpflicht (Seite 36) behandelt.

Der *Erfüllungsort* (Leistungsort) zur Erfüllung einer Verpflichtung ist, sofern nichts anderes vereinbart wurde, der Wohnsitz bzw. der Sitz der gewerblichen Niederlassung des Schuldners (§ 269 BGB). Auch wenn der Schuldner, z.B. der Verkäufer als Schuldner der Kaufsache, die Kosten des Versandes übernimmt, bleibt trotzdem allgemein der Sitz des Schuldners Erfüllungsort. „Geld hat der Schuldner im Zweifel auf seine Gefahr und seine Kosten dem Gläubiger zu übermitteln" (Geldschuld ist gemäß § 270 BGB Bringschuld).

*Beispiel:* Wer eine Geldschuld mittels Zahlkarte bei der Post bezahlt, darf nicht das Zahlkartenporto abziehen.

Falls keine andere *Leistungszeit* vereinbart wurde, hat der Schuldner die Leistung sofort zu bewirken (§ 271 BGB).

„Der Schuldner wird von der Verpflichtung zur Leistung frei, soweit die Leistung infolge eines nach dem Entstehen des Schuldverhältnisses eintretenden Umstandes, den er nicht zu vertreten[1]) hat, *unmöglich* wird" (§ 275 BGB).

*Beispiel:* Ein Hundehalter verkauft einen bestimmten Hund. Vor der Übergabe verendet das Tier.

Eine Gattungsschuld muß dagegen in der Regel geleistet werden (§ 279 BGB). Wer z.B. Geldschulden hat, kann sich nicht darauf berufen, daß er plötzlich verarmt sei.

Wird dagegen die Leistung infolge eines vom Schuldner zu vertretenden[1]) Umstandes unmöglich, hat der Schuldner dem Gläubiger den dadurch entstehenden Schaden zu ersetzen (§ 280 BGB).

*Beispiel:* Der im vorherigen Beispiel verkaufte Hund verendet, weil der Hundehalter ihm vorsätzlich (absichtlich) oder fahrlässig Rattengift zu fressen gab. Der Käufer erleidet einen Schaden, weil er keinen Hund zur Verfügung hat.

Wenn es bei der Unmöglichkeit der Leistung strittig ist, ob der Schuldner den Umstand zu vertreten[1]) hat oder nicht, trifft den Schuldner die Beweislast (§ 282 BGB).

---

[1]) Zu vertreten haben heißt soviel wie hierfür einstehen müssen. Bei einer Vertragsverletzung muß man z.B. nicht nur für eigenes Verschulden, sondern auch für das eines Angestellten einstehen (Haftung für den Erfüllungsgehilfen s. S. 39).

Leistet der Schuldner nicht und besteht für ihn auch kein rechtlicher Grund, die Leistung zu verweigern, gerät er in *Schuldnerverzug.* Allgemein ist allerdings auch noch die Mahnung des Gläubigers für den Verzug erforderlich (Ausnahme: Leistungszeit ist kalendermäßig bestimmt, § 284 BGB).

Der Gläubiger kommt in Verzug *(Gläubigerverzug),* wenn er die ihm angebotene Leistung nicht annimmt (§ 293 BGB).

Schuldnerverzug und Gläubigerverzug werden am Beispiel des Kaufvertrages (Seite 25) behandelt. Beide gibt es aber natürlich auch bei den anderen Schuldverhältnissen, wie z.B. Reparaturvertrag (Werkvertrag), Transportvertrag, Dienstvertrag. Jeder Verzug bringt für den, der in Verzug geraten ist, rechtliche Nachteile mit sich.

*Beispiele:* Schadenersatzpflicht, erweiterte Haftung, Verzinsungspflicht des Schuldners und Rücktrittsrecht des Gläubigers bei Schuldnerverzug (§§ 286 . . . 292 BGB); nur noch eingeschränkte Haftung des Schuldners, Entfallen einer Verzinsungspflicht und evtl. eine Ersatzpflicht des Gläubigers beim Gläubigerverzug (§§ 300 . . . 304 BGB).

## 2. Verträge

### a) Allgemeines über Verträge

Wie bereits in A.8.b) ausgeführt, sind Verträge zweiseitige Rechtsgeschäfte, die durch zwei übereinstimmende Willenserklärungen, genannt Antrag und Annahme, zustande kommen.

„Wer einem anderen die Schließung eines Vertrages anträgt, ist an den Antrag gebunden, es sei denn, daß er die Gebundenheit ausgeschlossen hat" (§ 145 BGB). Falls aus dem Antrag nichts anderes hervorgeht, kann er nur sofort angenommen werden. Eine verspätete Annahme gilt als neuer Antrag.

*Beispiel:* A. bietet in einem Brief dem B. eine gebrauchte Maschine zu einem Kaufpreis von 3000,– DM an. B. schreibt erst in drei Wochen, daß er die Maschine zu dem Preis nehme. Das Schreiben des B. ist als neuer Antrag zu werten; der Vertrag ist also noch nicht zustande gekommen, sondern es liegt an A., ob er mit der verspäteten Bestellung des B. einverstanden ist oder nicht.

Voraussetzung für die Gültigkeit eines Vertrages ist die Einigkeit der Partner in allen Punkten, über die nach der Erklärung auch nur eines Partners eine Vereinbarung getroffen werden soll (§ 154 BGB). „Verträge sind so auszulegen, wie Treu und Glauben mit Rücksicht auf die Verkehrssitte es erfordern" (§ 157 BGB).

Nichtig ist ein Vertrag, bei dem von vornherein die zu erbringende Leistung dauernd unmöglich ist (§ 306 BGB).

*Beispiel:* Ein Betrüger vermietet eine nicht vorhandene Wohnung. In einem solchen Fall hat allgemein der, der sich auf die Gültigkeit eines solchen Vertrages verläßt, einen Schadenersatzanspruch gegenüber dem anderen, der die Unmöglichkeit der Leistung kannte (§ 307 BGB).

Weitere Fälle der Nichtigkeit von Verträgen finden sich in A.8.d) (Nichtigkeit von Rechtsgeschäften).

Ein *Rücktritt vom Vertrage* ist nur in Ausnahmefällen möglich, nämlich dann, wenn er im Vertrage vorgesehen ist (z.B. bei einem Kauf auf Probe) oder wenn das Gesetz ihn ausdrücklich gestattet (z.B. teilweise bei Verzug). In diesem Falle sind die Leistungen zurückzugewähren.

Die oft vertretene Meinung, man könne innerhalb einer bestimmten Zeit allgemein von einem Vertrage zurücktreten, ist nach der derzeitigen Rechtslage falsch. Man soll sich deshalb vorher genau überlegen, ob man einen Vertrag schließt oder nicht.

Grundsätzlich müssen die Vertragspartner ihre Verpflichtungen aus dem gegenseitigen Vertrag[1]) Zug um Zug erfüllen. Falls keine Vorleistung vereinbart wurde, kann allgemein die Leistung bis zur Bewirkung der Gegenleistung verweigert werden (Einrede des nicht erfüllten Vertrags – § 320 BGB). Wenn jemand aus einem Vertrage zur Vorleistung verpflichtet ist, und es tritt nach Vertragsschluß eine wesentliche Verschlechterung in den Vermögensverhältnissen des anderen Teiles ein, durch die der Anspruch auf die Gegenleistung gefährdet wird, kann die Leistung verweigert werden, bis die Gegenleistung bewirkt oder Sicherheit[2]) für sie geleistet wird (§ 321 BGB).

*Beispiel:* Der Lieferant macht die Lieferung nachträglich von der Vorauszahlung oder Sicherheitsstellung abhängig, weil der Abnehmer inzwischen einen größeren Wechsel nicht einlöste.

„Ist bei einem gegenseitigen Vertrage der eine Teil mit der ihm obliegenden Leistung im Verzuge, so kann ihm der andere Teil zur Bewirkung der Leistung eine angemessene Frist mit der Erklärung bestimmen, daß er die Annahme der Leistung nach dem Ablaufe der Frist ablehne. Nach dem Ablauf der Frist ist er berechtigt, Schadenersatz wegen Nichterfüllung zu verlangen oder von dem Vertrage zurückzutreten. . ." (§ 326 BGB). In bestimmten Fällen bedarf es keiner Fristsetzung (s. Lieferungsverzug beim Kaufvertrag B.3.e).

Ein Vertrag kann auch zugunsten Dritter geschlossen werden (§ 328 BGB).

In manchen Fällen wird für den Fall, daß der Schuldner seine Verpflichtungen nicht oder nicht richtig erfüllt, eine *Vertragsstrafe* (Konventionalstrafe) vereinbart (§ 339 BGB).

*Beispiele:* Vertragsstrafen bei verspäteter Lieferung, verspäteter Fertigstellung einer Bauleistung, vorzeitiger Auflösung eines Lehrverhältnisses.

Ist eine verwirkte Vertragsstrafe unverhältnismäßig hoch, so kann sie auf Antrag des Schuldners durch ein Gerichtsurteil angemessen herabgesetzt werden (§ 343 BGB). Dies gilt aber nicht, wenn ein Kaufmann diese Vertragsstrafe schuldet (§ 348 HGB).

---

1) Ein gegenseitiger Vertrag ist ein Vertrag, der beide Partner belastet (z.B. Kauf-, Werk-, Dienstvertrag), während ein einseitiger Vertrag nur einen Teil belastet (z.B. Schenkung).

2) Sicherheitsstellung (Kaution) erfolgt allgemein durch Hinterlegung von Geld oder Wertpapieren, z.B. bei Gerichten.

*Beispiel:* Ein Autoverkäufer vereinbart mit dem Besteller (Privatmann), daß dieser 50 % des Kaufpreises als Vertragsstrafe zu zahlen hat, wenn er den Wagen nicht abnimmt. 10 bis 15 % sind hierbei üblich und wohl auch angemessen.

## b) Übersicht über die wichtigsten Verträge

**Tabelle 1:** Die wichtigsten Verträge

| Bezeichnung | BGB §§ | Kennzeichnung | Partner | Beispiele |
|---|---|---|---|---|
| Kaufvertrag | 433... 514 | Veräußerung von Gegenständen des wirtschaftlichen Tauschverkehrs (Sachen und Rechte) | Verkäufer und Käufer | Kauf von Werkstoffen, Maschinen, Grundstücken, Patenten |
| Tausch | 515 | wie Kauf, jedoch ohne Zwischentauschgut Geld | Tauschpartner | Briefmarkentausch |
| Schenkung | 516... 534 | unentgeltliche Zuwendung | Schenker und Beschenkter | Schenkung von Geld, Zigaretten, Blumen |
| Mietvertrag | 535... 580 | entgeltliche Gebrauchsüberlassung von Sachen | Vermieter und Mieter | Wohnung, Geschäftsräume, Fahrzeuge |
| Pachtvertrag | 581... 597 | wie Miete, jedoch mit Fruchtgenuß | Verpächter und Pächter | Garten, eingerichteter Betrieb, Fischereirecht |
| Leihvertrag | 598... 606 | unentgeltliche Gebrauchsüberlassung | Verleiher u. Entleiher | Buch an Freund, Kaffeemühle an Nachbarin, Leihverpackung |
| Darlehen | 607... 610 | Überlassung von Geld oder anderen vertretbaren Sachen zum Verbrauch bei späterer Rückgabe von Sachen gleicher Art, Güte und Menge | Darlehnsgeber und Darlehnsnehmer | Bankkredit, Baudarlehen, Kaffee an Nachbarin |
| Dienstvertrag | 611... 630 | entgeltliche Leistung von Diensten | Dienstberechtigter (z. B. Arbeitgeber) und Dienstverpflichteter (z.B. Arbeitnehmer) | Einstellung eines Arbeitnehmers, Inanspruchnahme eines Rechtsanwaltes o.ä. |

| Bezeichnung | BGB §§ | Kennzeichnung | Partner | Beispiele |
|---|---|---|---|---|
| Werk-vertrag | 631... 650 | Herstellung eines Werkes gegen Vergütung (Herstellung oder Veränderung einer Sache oder ein anderer durch Arbeit oder Dienstleistung herbeizuführender Erfolg) | Unternehmer und Besteller | Bauvertrag, Schuhreparatur, Beförderung mit einem öffentlichen Verkehrsmittel |
| Werk-lieferungs-vertrag | 651 | wie Werkvertrag, Unternehmer stellt den Stoff | Unternehmer und Besteller | Herstellung eines Anzuges, wenn Schneider den Stoff stellt |
| Auftrag | 662... 676 | unentgeltliche Geschäftsbesorgung | Auftrag-geber und Beauftragter | Besorgung für einen Bekannten |
| Ver-wahrungs-vertrag | 688... 700 | Aufbewahrung beweglicher Sachen | Verwahrer und Hinter-leger | Aufbewahrung des Koffers durch die Bahn, Garderobe |
| Gesell-schafts-vertrag | 705... 740 | Förderung der Erreichung eines gemeinsamen Zweckes | Gesellschafter | Tippgemeinschaft im Lotto (s. auch D.2.b) |
| Spiel, Wette | 762... 764 | nicht einklagbare Verbindlichkeiten | | |
| Bürgschafts-vertrag | 765... 778 | Verpflichtung zum Einstehen für die Verbindlichkeit eines Dritten | Bürge und Gläubiger eines anderen | A. bürgt für die Schuld des B. gegenüber der C.-Bank |
| Vergleich | 779 | gegenseitiges Nachgeben zur Beilegung eines Streites, dessen Ausgang ungewiß ist | Vergleichs-parteien | D. verlangt von E. 400,– DM, E. bestreitet den Anspruch. Durch Zahlung von 200,– DM wird die Angelegenheit „aus der Welt geschafft" |
| Verlöbnis | 1297... 1302 | Vertrag zwischen zwei Personen verschiedenen Geschlechts auf künftige Eingehung der Ehe | Verlobte | |

| Bezeichnung | BGB §§ | Kennzeichnung | Partner | Beispiele |
|---|---|---|---|---|
| Abtretungs-vertrag | 398... 413 | Abtretung einer Forderung an einen anderen | Zwei Gläubiger | Übertragung einer Forderung zur Kreditsicherung |
| Ver-sicherungs-vertrag | VVG 1...80 | Gewährung von Versicherungsschutz gegen Prämie oder Beitrag | Versicherer und Versiche-rungsnehmer | Personen-, Sach- und Vermögens-versicherungen |

Die Bezeichnung der einzelnen Verträge deckt sich nicht immer mit dem volkstümlichen Sprachgebrauch. Insbesondere werden vielfach die Begriffe Miete, Leihe und Darlehen verwechselt.

*Beispiele:* Eine Hausfrau bekommt unerwarteten Besuch. Sie geht zur Nachbarin und bittet diese, ihr 125g Kaffee zu leihen. In Wirklichkeit handelt es sich um ein „Kaffeedarlehen".

Die Leihbüchereien, Autoverleihunternehmen usw. verlangen für die gewährte Gebrauchsüberlassung Geld. Infolgedessen handelt es sich nicht um Leih-, sondern um Mietverträge.

Der rechtliche Begriff *Auftrag* (Vertrag über eine unentgeltliche Geschäftsbesorgung gem. §§ 662 . . . 676 BGB) darf nicht mit dem wirtschaftlichen Begriff Auftrag (erhaltene Bestellung) verwechselt werden.

## 3. Kaufvertrag

### a) Wesen des Kaufs

Der am häufigsten geschlossene Vertrag ist der Kaufvertrag. Dabei spielen Größe oder Wert des Objektes, auf das sich der Vertrag bezieht, keine Rolle. Der Kauf einer Schachtel Streichhölzer ist ebenso ein Kaufvertrag wie der Kauf eines großen Unternehmens.

Ein Kaufvertrag befaßt sich mit der entgeltlichen Veräußerung von Sachen (bewegliche Sachen oder Grundstücke), Rechten (z.B. Patentrechte, Bezugsrechte bei Ausgabe neuer Aktien) oder sonstigen wirtschaftlichen Gütern (z.B. Arztpraxen, Reklameideen, elektrische Energie). Es gibt natürlich auch Sachen, z.B. Leichen, und höchstpersönliche Rechte, z.B. Ehre, die nicht verkauft werden können.

Der bürgerliche Name kann ebenfalls nicht Gegenstand eines Kaufvertrages sein. Eine Eheschließung, die ausschließlich oder vorwiegend dem Zwecke dient, der Frau die Führung des Familiennamens des Mannes zu ermöglichen, ist nichtig (§ 19 Ehegesetz). – Die Firma (Name der Unternehmung) kann zusammen mit dem Unternehmen verkauft werden.

### b) Zustandekommen des Kaufvertrages

Ein Kaufvertrag kommt, wie jeder andere Vertrag, durch zwei übereinstimmende Willenserklärungen, genannt Antrag und Annahme, zustande.

Es gibt hierbei zwei Möglichkeiten:

1. Der Verkäufer macht den Antrag und der Käufer nimmt an.

   Ein Verkäufer macht ein verbindliches Angebot; der Käufer bestellt sogleich entsprechend (ohne Abänderung des Angebotes).

2. Der Käufer macht den Antrag und der Verkäufer nimmt an.

   Der Käufer bestellt ohne Vorliegen eines verbindlichen Angebotes oder in Abänderung eines solchen, der Verkäufer ist einverstanden, indem er seine Auftragsbestätigung (Bestellungsannahme) schickt oder sogleich liefert.

In beiden Fällen ist der Vertrag geschlossen und die Partner sind zur Erfüllung verpflichtet. In diesem Falle hat gem. § 433 BGB der Verkäufer die Kaufsache zu übergeben und dem Käufer das Eigentum an der Sache zu verschaffen, der Käufer muß die Sache abnehmen und bezahlen. Eine dem Angebot etwa vorausgehende mündliche oder schriftliche Anfrage ist ohne Bedeutung.

Die Form des Angebotes kann unterschiedlich sein. Die Übersendung nichtbestellter Waren, z.B. von Postkarten, ist auch ein Angebot.

Der Empfänger zugesandter, nichtbestellter Ware ist rechtlich nur zur Aufbewahrung mit der gleichen Sorgfalt, die er in eigenen Angelegenheiten walten läßt, nicht jedoch zur Rücksendung verpflichtet. Wenn dagegen bereits ein Vertragsverhältnis anzunehmen ist, weil etwa ein Versandgeschäft jedes Jahr eine Auswahlsendung übermittelt, muß auch eine Rücksendungspflicht nichtbestellter Ware angenommen werden.

Ein Angebot, das an die Allgemeinheit gerichtet ist, z.B. in Form von Prospekten, Zeitungsanzeigen, ist kein bindender Vertragsantrag. Es könnte ja sein, daß viel mehr bestellt wird, als geliefert werden kann. Durch das Angebot an die Allgemeinheit wird nur zur Abgabe von Kaufanträgen aufgefordert. Allerdings wäre es unlauterer Wettbewerb und damit unzulässig, der Allgemeinheit angebotene Ware, insbesondere auch aus dem Schaufenster, überhaupt nicht zu verkaufen, Barzahlung des Käufers (beim Verkauf aus dem Schaufenster auch Warten auf Dekorationswechsel) vorausgesetzt.

Normalerweise ist für den Kaufvertrag keine bestimmte Form vorgeschrieben, er kann also z.B. mündlich, schriftlich, telephonisch, durch Handschlag (z.B. beim Viehkauf) usw. abgeschlossen werden. Ein Grundstückskauf bedarf jedoch der notariellen Beurkundung. Das gleiche gilt u.a. für den Erbschaftskauf oder für die Veräußerung von Geschäftsanteilen an Gesellschaften mit beschränkter Haftung.

Bei Angeboten mit teilweise vorgedrucktem Text oder bei Verwendung von Bestellvordrucken des Verkäufers sind die gedruckten Kaufvertragsbedingungen vom Verkäufer meist für ihn sehr günstig abgefaßt. Der Käufer sollte daher genau lesen, was er unterschreibt.

### c) Besondere Arten des Kaufvertrages

*Kauf unter Eigentumsvorbehalt (§ 455 BGB)*

Bei Kreditkäufen ist der Eigentumsvorbehalt des Verkäufers weitgehend üblich, d.h. die Übertragung des Eigentums erfolgt unter der aufschiebenden Bedingung vollständiger Bezahlung des Kaufpreises. Bei Ratenzahlung wird der Käufer also erst mit der letzten Rate Eigentümer. Vorher darf er nicht ohne Zustimmung des Verkäufers über die Kaufsache verfügen. Er darf sie also weder verkaufen, verschenken, verpfänden oder zur Sicherung übereignen.

Der Eigentumsvorbehalt muß aber vereinbart werden und ist nicht etwa beim Kreditkauf stillschweigend anzunehmen.

Sinnvoll ist ein Eigentumsvorbehalt vor allem bei Sachen, die bestimmungsgemäß unverändert im Besitz des Käufers bleiben, z.B. Haushaltsgegenstände bei Verkauf an Privatpersonen, Maschinen bei Verkauf an Unternehmen. Bei Sachen, die bestimmungsgemäß weiterzuveräußern sind (Handelsware) oder die verarbeitet werden (Werkstoffe), reicht der Eigentumsvorbehalt nur bis zur bestimmungsmäßigen Verwendung. Es ist hierbei jedoch auch ein erweiterter (verlängerter) Eigentumsvorbehalt an den Forderungen (Forderungsabtretung) bzw. an den Erzeugnissen möglich. Er müßte aber besonders vereinbart werden.

Ein Eigentumsvorbehalt an Sachen, die fest mit einem Grundstück verbunden werden (z.B. Baustoffe) ist sinnlos, weil das Eigentum auf den Grundstückseigentümer übergeht.

Dem Schutz des wirtschaftlich meist schwächeren Nichtkaufmannes bei Abzahlungsgeschäften dient als „Gesetz betreffend die Abzahlungsgeschäfte" vom 16. Mai 1894 in der Fassung vom 1.9.1969.

Bei Rücktritt von einem Kaufvertrag ist auch der bereits gezahlte Kaufpreis, vermindert um die Aufwendungen des Verkäufers und Ersatz für Beschädigungen durch den Käufer und Vergütung für Überlassung und Wertminderung, zurückzuerstatten. Eine unverhältnismäßig hohe Vertragsstrafe wegen Nichterfüllung durch den Käufer kann durch Urteil herabgesetzt werden. Vereinbarungen, nach denen die Restschuld sofort fällig wird, sind nur für den Fall zulässig, daß der Käufer mit mindestens zwei Raten, die zusammen mindestens 10 % des Kaufpreises ausmachen, in Verzug gekommen ist. Der Vertrag ist schriftlich abzuschließen. Bar- und Teilzahlungspreis müssen hervorgehen. Der Gerichtsstand hängt grundsätzlich vom Wohnsitz des Käufers ab.

*Kauf nach Probe*

„Bei einem Kauf nach Probe oder nach Muster sind die Eigenschaften der Probe oder des Musters als zugesichert anzusehen" (§ 494 BGB).

*Kauf auf Probe*

Bei einem Kauf auf Probe (§ 495 BGB) kann der Käufer innerhalb einer vereinbarten Probezeit die Kaufsache zurückgeben und erhält das Geld zurück.

Insbesondere die Versandgeschäfte bieten vielfach ihren Kunden einen Kauf auf Probe an und haben dadurch ein starkes Werbeargument.

*Kauf zur Probe*

Ein Kauf zur Probe ist ein fester Kauf einer kleinen Menge. Bei Gefallen wird Abnahme einer größeren Menge in Aussicht gestellt.

*Beispiel:* Ein Weinliebhaber möchte sich einige Kisten einer bestimmten Weinsorte kaufen. Vorher kauft er nur eine Flasche, um den Wein prüfen zu können.

*Wiederkauf (§§ 497 . . . 503 BGB)*

Beim Wiederkauf hat der Verkäufer das Recht, die Kaufsache zurückzukaufen.

*Vorkauf (§§ 504 . . . 514 BGB)*

Der Vorkaufsberechtigte hat das Recht, eine Sache zu den gleichen Bedingungen zu kaufen, wie der Verkäufer sie an einen anderen verkaufen will. Der Verkäufer hat in diesem Falle dem Vorkaufsberechtigten von dem mit dem anderen geschlossenen Kaufvertrag unverzüglich Mitteilung zu machen. Innerhalb einer Woche (bei Grundstücken innerhalb zweier Monate) nach Erhalt der Mitteilung kann der Vorkaufsberechtigte erklären, daß er sein Vorkaufsrecht ausübe. Er wird dann der Käufer. Insbesondere kommt das Vorkaufsrecht als dingliche Belastung eines Grundstückes (§§ 1094 . . . 1104 BGB) vor und wird dann im Grundbuch (Abteilung II) eingetragen. Die Miterben haben ein gesetzliches Vorkaufsrecht an den Erbteilen der anderen Miterben (§ 2034 BGB).

*Handelskauf (§§ 373 . . . 382 HGB)*

Wenn bei einem Kaufvertrag einer der beiden Partner Kaufmann[1]) ist, handelt es sich um einen einseitigen Handelskauf; wenn beide Partner Kaufleute sind, ist es ein zweiseitiger Handelskauf. Gegenstand des Kaufvertrages müßten außerdem Waren oder Wertpapiere (also nicht etwa Grundstücke) sein. Es gelten dann außer den Bestimmungen des BGB auch die des HGB. Sinn der Sonderbestimmungen ist die raschere Geschäftsabwicklung im Wirtschaftsleben, wie sie unter Kaufleuten erforderlich ist.

Folgende Besonderheiten kennzeichnen den Handelskauf gegenüber dem sonstigen Kauf:

1. Der Verkäufer hat bei *Annahmeverzug* des Käufers erweiterte Rechte (Hinterlegung, Selbsthilfeverkauf § 373 HGB).
2. Der *Spezifikationskauf* ist geregelt, bei dem der Käufer sich die nähere Bestimmung über Form, Maß oder ähnliches noch vorbehält (§ 375 HGB).
3. Besondere Bestimmungen bestehen für den Verzug beim *Fixgeschäft* (§ 376 HGB) (s. B.3. e S. 30).
4. *Unverzügliche Untersuchungs- und Mängelrügepflicht* beim zweiseitigen Handelskauf (§§ 377 . . . 379 HGB). Der Nichtkaufmann braucht dagegen auch erkennbare Mängel erst innerhalb von sechs Monaten zu beanstanden.

---

1) Kaufmannseigenschaft D.1.a (Seite 52)

## d) Verpflichtungen aus dem Kaufvertrag

Die Hauptpflichten des Verkäufers einer Sache sind die *Übergabe der Kaufsache* und die *Verschaffung des Eigentums*, die des Käufers die *Abnahme* und *Bezahlung*[1]) der Kaufsache (§ 433 BGB). Darüber hinaus hat der Verkäufer den Kaufgegenstand frei von Rechtsmängeln und von Sachmängeln dem Käufer zu verschaffen.

*Rechtsmängel* hat eine Sache, wenn ein anderer Rechte an dieser Sache hat. *Sachmängel* liegen vor, wenn die Kaufsache zu der Zeit, zu der die Gefahr auf den Käufer übergeht, mit Fehlern behaftet ist, die den Wert oder die Tauglichkeit zu dem gewöhnlichen oder nach dem Vertrag vorausgesetzten Gebrauch aufheben oder mindern. Eine unerhebliche Minderung kommt nicht in Betracht (§ 459 BGB). Bei Kenntnis des Mangels durch den Käufer oder bei Pfandversteigerungen entfällt die Haftung des Verkäufers (§§ 460, 461 BGB).

Der *Gefahrenübergang* erfolgt mit der Übergabe an den Käufer oder, beim Versendungskauf, an den Spediteur, Frachtführer oder die sonst zur Ausführung der Versendung bestimmte Person oder Anstalt (§§ 446, 447 BGB). Von diesem Zeitpunkt an trägt der Käufer die Gefahr des zufälligen Unterganges oder der zufälligen Verschlechterung, ihm gehören die Nutzungen der Kaufsache und er hat deren Lasten zu tragen.

Wenn nichts anderes vereinbart wurde, trägt der Verkäufer die *Kosten* der Übergabe, „insbesondere die Kosten des Messens und Wägens", dagegen trägt der Käufer die Kosten der Abnahme und Versendung (§ 448 BGB). Beim Grundstückskauf trägt der Käufer die Notariats- und Grundbuchkosten (§ 449 BGB).

## e) Störungen bei der Erfüllung des Kaufvertrages

Bei der Erfüllung des Kaufvertrages kann es zu Störungen kommen, die durch den Verkäufer oder den Käufer verursacht werden können:

1. Störungen durch den Verkäufer: Lieferungsverzug, Mängel der Sache
2. Störungen durch den Käufer: Annahmeverzug, Zahlungsverzug

*Lieferungsverzug*

Der Verkäufer gerät allgemein in Lieferungsverzug (Schuldnerverzug), wenn er nicht rechtzeitig liefert und außerdem mit Setzung einer angemessenen Nachfrist erfolglos gemahnt wurde (§§ 284, 326 BGB).

Keiner Mahnung bedarf es beim sogenannten Fixgeschäft (fix = fest), d.h. wenn der Liefertermin kalendermäßig genau bestimmt ist (§§ 284, 361 BGB, 376 HGB).

---

[1]) Bei der Finanzierung von Kreditkäufen durch selbständige Kreditinstitute ist streng zwischen Kaufvertrag einerseits und Finanzierungsvertrag andererseits zu unterscheiden. Einwendungen aus dem Kaufvertrag können also nicht gegenüber dem Kreditinstitut erhoben werden.

Ebenfalls bedarf es keiner Nachfristsetzung, wenn der Verkäufer zu verstehen gibt, daß er nicht liefere oder den ganzen Umständen nach eine spätere Lieferung sinnlos ist, z.B. Lieferung eines Christbaumes im Januar, eines Brautkleides nach der Hochzeit.

Gerät der Verkäufer in Lieferungsverzug, so hat der Käufer folgende Rechte:

1. Er kann auf der Lieferung bestehen und Schadenersatz (bei entstandenem Schaden) wegen verspäteter Lieferung verlangen. Ein Kaufmann muß aber bei einem Fixgeschäft sofort dem Verkäufer mitteilen, daß er auf der Erfüllung bestehe.
2. Er kann vom Vertrage zurücktreten und damit auf Schadenersatz verzichten, z.B. dann, wenn er an einer anderen Stelle günstiger einkaufen kann.
3. Er kann die verspätete Lieferung ablehnen und Schadenersatz wegen Nichterfüllung verlangen, z.B. dann, wenn er die Ware an anderer Stelle teurer einkaufen mußte (Deckungskauf).

Voraussetzung für einen Rücktritt oder für die Schadenersatzforderung wegen Nichterfüllung ist aber – außer beim Fixgeschäft und in den anderen Fällen, bei denen keine Nachfrist gesetzt zu werden braucht –, daß in der Mahnung ausdrücklich die Ablehnung der Lieferung nach einer bestimmten Zeit angedroht wurde (§ 326 BGB).

Es empfiehlt sich also, insbesondere wenn man an der Lieferung nicht mehr recht interessiert ist, möglichst in einem Einschreibbrief dem säumigen Verkäufer zu erklären, daß man, falls die Kaufsache nicht bis zum . . . geliefert würde, die Annahme ablehnen werde.

Auch beim Fixgeschäft bedarf es einer Fristsetzung mit Ablehnungsandrohung, wenn der Käufer nicht nur zurücktreten will, sondern auch Schadenersatz wegen Nichterfüllung verlangt werden soll. Dies gilt jedoch nicht für das Fixgeschäft beim Handelskauf.

Um keinen Lieferungsverzug handelt es sich, wenn der Verkäufer die Nichtlieferung nicht zu vertreten hat, also bei Vorliegen höherer Gewalt. Aber auch dann hat der Käufer beim Fixgeschäft ein Rücktrittsrecht, natürlich ohne Schadenersatzanspruch.

Manchmal wird zwischen Verkäufer und Käufer für den Fall einer verspäteten Lieferung die Zahlung einer Vertragsstrafe (Konventionalstrafe, s.B.2.a S. 22) vereinbart.

*Mängel der Sache*

Wenn die Kaufsache mit Fehlern behaftet ist, die den Wert oder die Tauglichkeit zu dem gewöhnlichen oder dem nach dem Vertrage vorausgesetzten Gebrauch aufheben oder mindern, muß der Kaufmann als Käufer den Mangel unverzüglich[1])

---

[1]) unverzüglich, das ist ohne schuldhafte Verzögerung

dem Verkäufer anzeigen (Mängelrüge, Beanstandung, Reklamation). Voraussetzung ist dabei, daß der Mangel bei der Untersuchung der Ware erkennbar war, sonst ist der Mangel nach dem Erkennen anzuzeigen (§ 377 HGB).

Der Nichtkaufmann als Käufer braucht auch erkennbare (offene) Mängel nur innerhalb eines halben Jahres anzuzeigen.

Der Käufer mangelhafter Ware hat sodann folgende Rechte:

1. Rückgängigmachung des Vertrages (Wandlung)
2. Preisnachlaß (Minderung)
3. Lieferung einwandfreier Ware (Umtausch), nur bei Gattungsware möglich
4. Zusätzlich zu 1, 2 oder 3 Schadenersatz für weiteren Schaden, jedoch nur, wenn der Verkäufer eine bestimmte Eigenschaft zugesichert hat, die nicht vorhanden ist, oder wenn der Mangel arglistig verschwiegen wurde.

*Beispiel:* A. kauft in einem Textilgeschäft einen Schal. Er kommt damit in den Regen, die Farbe geht aus und verfärbt den Anzug. A. kann ohne weiteres Wandlung, Minderung oder Umtausch verlangen, Schadenersatz (Reinigung des Anzuges) jedoch nur, wenn der Verkäufer die Farbechtheit zugesichert hatte oder wenn er den Mangel arglistig verschwieg, er also wußte, daß der Schal die Farbe ausläßt.

In den durch Vereinbarung zum Bestandteil des Kaufvertrages gewordenen Geschäftsbedingungen des Verkäufers werden die gesetzlichen Bestimmungen über die Mängelhaftung teilweise ganz erheblich zuungunsten des Käufers abgeändert. Dies betrifft sowohl die Mängelrügefrist (viele Nichtkaufleute als Käufer vereinbaren, eine kürzere Beanstandungsfrist als sechs Monate einzuhalten) wie auch die für den Käufer erwachsenden Rechte (teilweise vertraglich auf Umtausch oder Ausbesserung beschränkt). Man sollte daher die Vereinbarung nicht genehmer Bedingungen ablehnen.

Insbesondere durch Geschäftsbedingungen werden auch in der Praxis des Verkaufs technischer Erzeugnisse die BGB-Bestimmungen modifiziert. Auch die Rechtsbildung durch die Gerichte spielt hierbei eine Rolle.

*Annahmeverzug*

Der Annahmeverzug durch den Käufer, also die Nichtannahme der bestellten und ordnungsgemäß gelieferten Kaufsache, ist ein Gläubigerverzug.

Der Verkäufer kann auf Abnahme bestehen, z.B. auch auf Abnahme klagen, und auch die Mehraufwendungen für die Aufbewahrung der Ware vom säumigen Käufer verlangen. Dazu geht mit dem Annahmeverzug die Gefahr auf den Käufer über (§ 300 BGB).

*Beispiel:* B. bestellt beim Lebensmittelhändler C. 60 Stück Eier. Ein Bote D. bringt die Eier ordnungsgemäß, B. verweigert aber unberechtigt die Annahme. Auf dem Rückweg rutscht D. auf einer Bananenschale aus – es ist nicht festzustellen, wer die Bananenschale wegwarf – die Eier werden zum größten Teil zerstört. B. hat den Schaden zu tragen. Auf dem Hinweg hätte noch C. den Schaden zu tragen gehabt.

*Zahlungsverzug*

Der Käufer gerät in Zahlungsverzug, wenn er trotz Mahnung die Kaufsache nicht bezahlt. Einer Mahnung bedarf es rechtlich nicht, wenn der Zahlungstermin vertraglich genau vereinbart war oder wenn der Schuldner erklärte, daß er nicht zahlen werde.

Der Verkäufer kann vom Käufer Verzugszinsen (4 % im Jahr, unter Kaufleuten 5 %) bei nachgewiesenem höheren Schaden auch mehr, und die Mahnkosten verlangen.

Über die Durchsetzung von Ansprüchen siehe F.2. (Seite 99).

## 4. Werk- und Werklieferungsvertrag

### a) Werkvertrag

„Durch den Werkvertrag wird der Unternehmer zur Herstellung des versprochenen Werkes, der Besteller zur Entrichtung der vereinbarten Vergütung verpflichtet. Gegenstand des Werkvertrages kann sowohl die Herstellung oder Veränderung einer Sache als ein anderer durch Arbeit oder Dienstleistung herbeizuführender Erfolg sein" (§ 631 BGB).

*Beispiele:* Bau eines Hauses, Heizungsinstallation, Besohlung von Schuhen, Reparatur eines Kraftwagens, Schreiben eines Manuskriptes, Haarschneiden durch den Friseur, Beförderung mit einem Taxi.

Bei Werkverträgen handelt es sich um die typische Vertragsform, die Handwerker als Unternehmer mit ihren Kunden als Besteller abschließen.

„Der Unternehmer ist verpflichtet, das Werk so herzustellen, daß es die zugesicherten Eigenschaften hat und nicht mit Fehlern behaftet ist, die den Wert oder die Tauglichkeit zu dem gewöhnlichen oder dem nach dem Vertrage vorausgesetzten Gebrauch aufheben oder mindern" (§ 633 BGB). Ist das Werk nicht von dieser Beschaffenheit, so kann der Besteller die Beseitigung des Mangels (Nachbesserung) verlangen. Der Besteller kann hierfür dem Unternehmer eine Frist setzen und nach deren Ablauf den Mangel selbst auf Rechnung des Unternehmers beseitigen lassen.

*Beispiel:* Die durch den Handwerker A. durchgeführte Wasserinstallation ist nicht in Ordnung. Der Auftraggeber B. fordert in einem eingeschriebenen Brief A. auf, bis zu einem bestimmten Termin den Mangel zu beheben. Erst nach Ablauf der Frist kann B. einen anderen Handwerker kommen lassen. Die Rechnung des anderen Handwerkers kann sich B. von A. erstatten lassen.

Die gesetzte Frist muß natürlich angemessen sein und ist mit der Erklärung zu verbinden, daß nach deren Ablauf die Beseitigung des Mangels abgelehnt werde. Der Besteller kann dann auch Rückgängigmachung des Vertrages (Wandlung) oder Herabsetzung der Vergütung (Minderung) und, falls der Unternehmer den Mangel zu vertreten hat, stattdessen Schadenersatz wegen Nichterfüllung verlangen. Einer Fristsetzung bedarf es nicht, wenn die Beseitigung des Mangels unmöglich ist, von dem Unternehmer verweigert wird (er ist dazu berechtigt, wenn die Beseitigung einen unverhältnismäßigen Aufwand erfordern würde) oder wenn die sofortige Geltendmachung des Anspruches auf Wandlung oder Minderung durch ein besonderes Interesse des Bestellers gerechtfertigt wird. Bei nur geringfügigen Mängeln ist die Wandlung (nicht jedoch die Minderung) ausgeschlossen.

Über die Verjährung der Gewährleistung s. A.7.b) (Seite 11).

Der Besteller ist verpflichtet, das vertragsgemäß hergestellte Werk abzunehmen (§ 640 BGB) und die Vergütung zu entrichten (§ 641 BGB). Die Gefahr des zufälligen Untergangs oder der zufälligen Verschlechterung trägt am Werk (z.B. an der Arbeitsleistung) der Unternehmer bis zur Übergabe, am Stoff (z.B. Material) trägt sie der Besteller (§ 644 BGB). Liegt die Verschlechterung jedoch an dem vom Besteller gelieferten Stoff, trägt der Besteller den Schaden.

Der Unternehmer hat an den hergestellten oder ausgebesserten beweglichen Sachen ein gesetzliches Pfandrecht (§ 647 BGB).

*Beispiel:* A. läßt in der Werkstatt des B. seinen Wagen reparieren. Als er ihn abholen will, kann er die Reparatur nicht bezahlen. B. kann den Wagen bis zur Bezahlung zurückbehalten.

„Der Unternehmer eines Bauwerkes oder eines einzelnen Teiles eines Bauwerkes kann für seine Forderungen aus dem Vertrag die Einräumung einer Sicherungshypothek an dem Baugrundstück des Bestellers verlangen“ (§ 648 BGB) (über Pfandrecht und Sicherungshypothek s.C.2.).

Bis zur Vollendung des Werkes kann der Besteller jederzeit den Vertrag kündigen, muß dann aber dem Unternehmer die Vergütung, vermindert um das, was der Unternehmer durch die Nichtvollendung erspart oder zu ersparen böswillig unterläßt, zahlen (§ 649 BGB).

### b) Werklieferungsvertrag

Bei einem Werklieferungsvertrag verpflichtet sich der Unternehmer, das Werk aus einem von ihm zu beschaffenden Stoff herzustellen. Der Werklieferungsvertrag ist also eine Kombination von Kauf- und Werkvertrag. Bei einem Werklieferungsvertrag kommt es auf den Hauptstoff und nicht auf die Zutaten an. Ein Bauvertrag ist ein reiner Werkvertrag, weil die Hauptsache dabei das Grundstück ist.

Für den Werklieferungsvertrag gelten bei vertretbaren Sachen (s.A.6) die Vorschriften über den Kaufvertrag, bei nicht vertretbaren Sachen allgemein die des Werkvertrages (§ 651 BGB).

## 5. Darlehen, Bürgschaft

### a) Darlehen

Beim Darlehen übergibt der Darlehensgläubiger dem Darlehensschuldner Geld oder andere vertretbare Sachen zum Verbrauch. Der Darlehensschuldner muß zur gegebenen Zeit die entsprechende Geldmenge oder bei Sachen solche gleicher Art, Güte und Menge zurückzuerstatten (§ 607 BGB).

Wenn aus einem anderen Grunde Geld oder andere vertretbare Sachen geschuldet werden, kann das Schuldverhältnis in ein Darlehen umgewandelt werden (§ 607 BGB).

Diese Vorschrift ist wegen der langen Verjährungsfrist (30 Jahre) für Darlehen interessant. Es kann für einen Geschäftsmann zweckmäßig sein, eine Kaufpreisforderung gegenüber einem tatsächlich zahlungsunfähigen Käufer vertraglich in eine Darlehensforderung umzuwandeln. Es wird dann die kürzere Verjährungsfrist verhindert, ohne daß ein gerichtlicher Vollstreckungstitel, der natürlich Kosten verursacht, erwirkt werden müßte.

Ein Darlehen kann demnach *Gelddarlehen* oder *Sachdarlehen* sein (s. Beispiel in B.2.b). Besonders das Gelddarlehen, bei dem der Darlehensschuldner also Geld schuldet, ist wirtschaftlich sehr bedeutend (s. „Kredit“ E.2).

*Darlehenszinsen* können unter Nichtkaufleuten nur gefordert werden, wenn sie ausdrücklich vereinbart wurden. Sie sind mangels anderer Vereinbarung jährlich nachträglich bzw. bei kurzen Darlehen zusammen mit der Rückzahlung zu entrichten (§ 608 BGB). Kaufleute, z.B. Banken, können grundsätzlich Zinsen verlangen (§ 354 HGB).

Falls keine bestimmte Laufzeit des Darlehens oder eine *Kündigungsfrist* vereinbart wurde, kann ein Darlehen über 300,– DM mit einer Frist von drei Monaten, ein geringeres Darlehen mit einmonatiger Frist gekündigt werden. Zinslose Darlehen darf der Schuldner auch ohne Kündigung zurückerstatten (§ 609 BGB).

Ein Darlehensversprechen kann im Zweifelsfalle dann widerrufen werden, wenn in den Vermögensverhältnissen des künftigen Darlehensnehmers eine wesentliche Verschlechterung eintritt, durch die der Anspruch auf Rückerstattung gefährdet wird (§ 610 BGB).

Eine bestimmte Form ist für ein gewöhnliches Darlehen nicht vorgeschrieben. Um aber seinen Anspruch beweisen zu können, sollte sich auch der Privatmann, der etwa einem Freunde ein Darlehen gewährt, vom Schuldner einen einfachen Schuldschein unterschreiben lassen. Korrektheit hierbei kann einen späteren Streit verhindern.

*Beispiel:* Schuldschein

Ich, Fritz Meier, Neustadt, Rosenweg 13, erhielt heute von Herrn Hans Müller, Neustadt, Tulpenweg 14

400,– DM (i.W. vierhundert Deutsche Mark)

als zinsloses Darlehen zur Rückzahlung am ............

Neustadt, den ............ Unterschrift

## b) Bürgschaft

Eine der Möglichkeiten einen Kredit (s. E.2) abzusichern, ist die Haftung eines zahlungskräftigen Bürgen. „Durch den Bürgschaftsvertrag verpflichtet sich der Bürge gegenüber dem Gläubiger eines Dritten, für die Erfüllung der Verbindlichkeit des Dritten einzustehen. Die Bürgschaft kann auch für eine künftige oder eine bedingte Verbindlichkeit übernommen werden" (§ 765 BGB).

*Beispiel:* A. (Hauptschuldner) nimmt bei B. (Gläubiger) ein Darlehen über 2000,– DM auf, für das sich C. (Bürge) verbürgt. Kann A. nicht zahlen, muß C. dem B. das Geld zurückzahlen. Wenn A. später einmal wieder zu Geld kommt, kann natürlich C. ihm gegenüber den Anspruch geltend machen.

Das Bürgschaftsversprechen muß schriftlich abgegeben sein, sonst ist es ungültig (§ 766 BGB) (Ausnahme: geschäftliche Bürgschaft des Vollkaufmannes – § 350 HGB).

Wenn mehrere Personen für eine Forderung als Bürgen auftreten, haften alle gesamtschuldnerisch, d.h. der Gläubiger kann sich im Ernstfall aussuchen, an welchen Bürgen er sich halten will (§ 769 BGB).

Wenn der Hauptschuldner aus irgendeinem Grunde berechtigt ist, die Leistung ganz oder teilweise zu verweigern, dann kann auch der Bürge dieses Recht bei Inanspruchnahme geltend machen (§§ 768, 770 BGB).

*Beispiel:* Die Bürgschaft des C. für A. gegenüber B. bezieht sich auf die Erfüllung einer Kaufpreisforderung. Wenn nun A. wegen einer Mängelrüge das Recht auf Herabsetzung (Minderung) des Kaufpreises hat, dann braucht auch im Ernstfalle C. nur den herabgesetzten Kaufpreis als Bürge zu entrichten.

Bei einer gewöhnlichen Bürgschaft hat der Bürge gemäß § 771 BGB die sogenannte *Einrede der Vorausklage,* d.h. er kann verlangen, daß der Gläubiger erst einmal alles versucht hat (Zwangsvollstreckung), um beim Hauptschuldner seinen Anspruch zu befriedigen. Erst wenn dies ohne Erfolg geblieben ist, kann der Gläubiger den Anspruch gegenüber dem Bürgen geltend machen. Die Einrede der Vorausklage ist jedoch ausgeschlossen, wenn der Bürge auf sie verzichtet hat, wenn er sich also selbstschuldnerisch verbürgt hat (selbstschuldnerische Bürgschaft).

Die Banken verlangen bei einer Kreditgewährung statt einer gewöhnlichen Bürgschaft allgemein eine selbstschuldnerische Bürgschaft, weil diese den Gläubiger bei Nichtzahlung durch den Schuldner viel rascher zu seinem Geld kommen läßt.

Eine Einrede der Vorausklage ist ebenfalls ausgeschlossen, wenn es sich um eine kaufmännische Bürgschaft, gegeben durch einen Vollkaufmann, handelt (§§ 349, 351 HGB) bzw. wenn der Hauptschuldner seinen Wohnsitz veränderte und dadurch eine wesentliche Erschwerung der Rechtsverfolgung eintrat oder wenn über sein Vermögen der Konkurs eröffnet wurde (§ 773 BGB).

Einen Kredit, bei dem eine Bank für einen Kunden gegenüber einem Gläubiger bürgt, nennt man *Avalkredit.* Die Kreditgewährung der Bank besteht nicht in einer Darlehensgewährung, sondern in der Zurverfügungstellung ihres guten Rufes (Kreditleihe).

Eine Sonderform der Bürgschaft ist die Wechselbürgschaft (Art. 30 . . . 32 Wechselgesetz).

## 6. Haftpflicht

Unter Haftpflicht versteht man allgemein die Verpflichtung zur Leistung von Schadenersatz. Täglich entstehen z.B. in Haushalten, in Betrieben und im Straßenverkehr erhebliche Schäden. Die Entschädigung ist da von großer Wichtigkeit.

### a) Schaden

„Schaden im Rechtssinn ist jede Einbuße, die jemand an seinen Rechtsgütern, wie Leben, Gesundheit, Freiheit, Ehre, Vermögen erleidet[1])". Die Höhe des Schadens ist nach dem Unterschied zwischen der Lage des Betroffenen ohne das Schadensereignis und der Lage nach dem Schadensereignis zu berechnen. Auch ein entgangener Gewinn ist ein Schaden.

*Beispiel:* A. stiehlt dem Vertreter B. den Kraftwagen und beschädigt ihn dabei schwer. Der Schaden besteht nicht nur im Verlust des Wagens, sondern auch im Provisionsverlust entgangener Geschäfte.

Man unterscheidet zwischen *materiellem Schaden* (Vermögensschaden) und *immateriellem Schaden* (ideeller Schaden, Nichtvermögensschaden).

Der materielle Schaden läßt sich manchmal leicht, manchmal schwer in Geld ausdrücken, beim Nichtvermögensschaden ist dies unmöglich. Dieser wird auch nur in den vom Gesetz besonders bestimmten Fällen ersetzt.

Gemäß § 847 BGB hat der Geschädigte im Falle „der Verletzung des Körpers oder der Gesundheit sowie im Falle der Freiheitsentziehung . . . wegen des Schadens, der nicht Vermögensschaden ist, einen Anspruch auf eine billige Entschädigung in Geld . . . . Dieser Anspruch ist nicht übertragbar und geht nicht auf die Erben über, es sei denn, daß er durch Vertrag anerkannt oder daß er rechtshängig geworden ist". Dieser sogenannte Schmerzensgeldanspruch besteht auch nur bei Verschulden des Schädigers und nicht bei einer reinen Gefährdungshaftung, z.B. des Kraftfahrzeughalters. Ein Liebhaberwert, z.B. ein Andenken an die verstorbene Mutter, wird nicht ersetzt.

Man unterscheidet *unmittelbaren* und *mittelbaren Schaden.*

*Beispiel:* Unmittelbarer Schaden ist eine Körperverletzung und die damit verbundene Erwerbsunfähigkeit. Wenn sich der Verletzte einer Operation unterziehen mußte und in der Narkose stirbt, ist dies ein mittelbarer Schaden.

[1]) Bartholomäus Schröder (Hrsg.): Deutscher Rechtsspiegel, 2.Aufl., München 1958, S. 87

Über die Höhe des Schadens kann es sehr leicht zu langwierigen Auseinandersetzungen kommen. Der Schädiger versucht, den Schaden möglichst niedrig, der Geschädigte, ihn möglichst hoch darzustellen.

Der Schadenersatz soll den Geschädigten so stellen, als wäre der Schaden nicht eingetreten, also weder besser noch schlechter als vor dem Ereignis. Grundsätzlich muß dabei der Schaden in natura ersetzt werden. Praktisch findet aber in den meisten Fällen eine Entschädigung in Geld statt.

Würde durch eine Schadenersatzleistung der Wert des beschädigten Gegenstandes erhöht, dann ist der zu ersetzende Schaden natürlich um die Werterhöhung zu mindern.

*Beispiel:* Wird nach einem Autounfall der beschädigte Motor eines Kraftfahrzeuges, der schon 80 000 km gelaufen ist, ersetzt, so muß sich der Geschädigte einen angemessenen Abzug gefallen lassen.

## b) Ersatzpflicht

Die Verpflichtung, einen entstandenen Schaden zu ersetzen, kann auf verschiedenen Rechtsgrundlagen beruhen. So kann z.B. zwischen Ersatzpflichtigem und Geschädigten ein Vertragsverhältnis bestehen, auf Grund dessen ein Schadenersatz verlangt werden kann (positive Vertragsverletzung).

*Beispiele:* Schadenersatzpflicht des Verkäufers bei mangelhafter Kaufsache, wenn der Mangel arglistig verschwiegen oder eine bestimmte Eigenschaft zugesichert wurde. – Ein Arbeitnehmer erscheint unberechtigterweise nicht zur Arbeit, obwohl er einen Dienstvertrag abgeschlossen hat. Der Arbeitgeber macht ihn für den entstandenen Schaden (z.B. erneute Inseratkosten) ersatzpflichtig.

Die Nichterfüllung eines Vertrages macht den, der seine Verpflichtungen nicht erfüllt, in der Regel für entstandene Schäden haftbar. Aber auch ein Verschulden bei Vertragsschluß (culpa in contrahendo) macht haftbar, selbst wenn es gar nicht zum Abschluß kommt.

*Beispiel:* Ein Kaufinteressent rutscht auf übermäßig gewachstem Boden eines Ladens aus und bricht sich den Arm.

Besonders interessant ist die Schadenersatzpflicht bei einer unerlaubten Handlung des Schädigers. Wer schuldhaft, also „. . . vorsätzlich[1]) oder fahrlässig[2]) das Leben den Körper, die Gesundheit, die Freiheit, das Eigentum oder ein sonstiges Recht eines anderen widerrechtlich[3]) verletzt, ist dem anderen zum Ersatze des daraus entstehenden Schadens verpflichtet" (§ 823 Abs. 1 BGB).

---

1) Vorsatz ist gegeben wenn z.B. der Schaden vom Schädiger absichtlich gewollt wird

2) Fahrlässigkeit ist die Außerachtlassung der erforderlichen Sorgfalt

3) Widerrechtlich handelt, wer gegen gesetzliche Bestimmungen verstößt, es sei denn, er handelt aus einem Rechtfertigungsgrund, z.B. aus Notwehr. Notwehr ist eine Verteidigung, die erforderlich ist, um einen gegenwärtigen, rechtswidrigen Angriff von sich selbst oder einem anderen abzuwenden (§ 227 BGB).

Auch bei Kreditgefährdung (wahrheitswidrige Behauptung über jemanden), bei Bestimmung einer Frauensperson zur außerehelichen Beiwohnung durch Hinterlist, Drohung oder unter Mißbrauch eines Abhängigkeitsverhältnisses und bei vorsätzlicher sittenwidriger Schädigung sieht das Gesetz (§§ 824 . . . 826 BGB) nochmals ausdrücklich einen Schadenersatzanspruch vor.

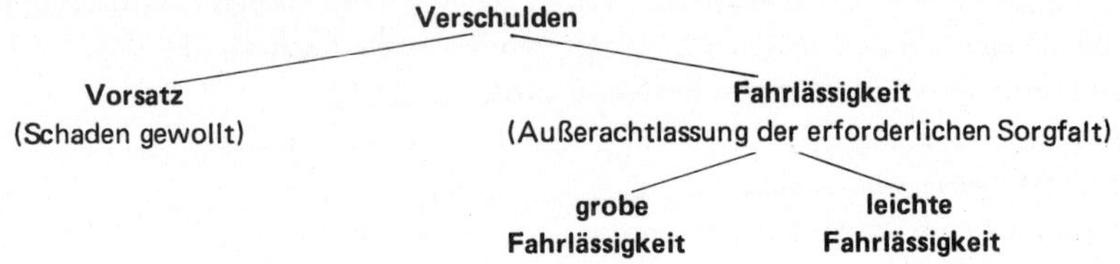


In folgenden Fällen haftet jedoch der Schädiger grundsätzlich nicht (Ausschluß der Verantwortlichkeit, §§ 827, 828 BGB):

1. Bewußtlosigkeit oder ein die freie Willensbestimmung ausschließender Zustand krankhafter Störung der Geistestätigkeit[1]).

   Wer sich durch geistige Getränke oder ähnliche Mittel in einen vorübergehenden Zustand dieser Art versetzt hat, ist jedoch für einen Schaden, den er in diesem Zustande widerrechtlich verursacht, in gleicher Weise verantwortlich, wie wenn ihm Fahrlässigkeit zur Last fiele[2]). Die Verantwortlichkeit tritt nicht ein, wenn er ohne Verschulden in den Zustand geraten ist (§ 827 BGB).

2. Deliktsunfähigkeit (Alter unter sieben Jahren)
3. eventuell beschränkte Deliktsfähigkeit

   Zwischen 7 und 18 Jahren haftet man für einen einem anderen zugefügten Schaden nicht, wenn man „bei der Begehung der schädigenden Handlung nicht die zur Erkenntnis der Verantwortlichkeit erforderliche Einsicht hat. Das gleiche gilt von einem Taubstummen" (§ 828 BGB).

Aber auch bei den aufgeführten Fällen des Ausschlusses der Verantwortlichkeit kann *Haftung aus Billigkeitsgründen* gegeben sein.

Wenn in den aufgezeichneten Fällen Ersatz des Schadens nicht von einem aufsichtspflichtigen Dritten verlangt werden kann, ist der „. . . Schaden insoweit zu ersetzen, als die Billigkeit nach den Umständen, insbesondere nach den Verhältnissen der Beteiligten, eine Schadloshaltung erfordert und ihm nicht die Mittel entzogen werden, deren er zum angemessenen Unterhalte sowie zur Erfüllung seiner gesetzlichen Unterhaltspflichten bedarf" (§ 829 BGB).

*Beispiel:* Ein Millionär erschlägt einen Familienvater. Es stellt sich heraus, daß der Millionär zum Zeitpunkt der Tat geisteskrank war. Hier könnte man wohl trotz Ausschluß der Verantwortlichkeit eine Haftung aus Billigkeitsgründen annehmen.

„Haben mehrere durch eine *gemeinschaftlich* begangene unerlaubte Handlung einen Schaden verursacht, so ist jeder für den Schaden verantwortlich. Das gleiche

---

[1]) Vergl. parallel hierzu im Strafrecht Unzurechnungsfähigkeit gem. § 51 Abs. 1 StGB

[2]) Parallel hierzu im Strafrecht Rauschtat gem. § 330 a StGB

gilt, wenn sich nicht ermitteln läßt, wer von mehreren Beteiligten den Schaden durch seine Handlung verursacht hat. Anstifter und Gehilfen stehen Mittätern gleich" (§ 830 BGB).

*Beispiel:* Mehrere Burschen veranstalten ein Zielwerfen auf Fensterscheiben, bei dem Schaden verursacht wird. Wenn nur ein Teil der Täter festgestellt wird, kann man sich an diese halten.

Wer einen anderen zu einer Verrichtung, also einen *Verrichtungsgehilfen*, bestellt, ist zum Ersatz des Schadens verpflichtet, den der andere in Ausführung der Verrichtung einem Dritten widerrechtlich zufügt. Die Ersatzpflicht tritt nicht ein, wenn der Geschäftsherr (z.B. Arbeitgeber) bei der Auswahl der bestellten Person (Arbeitnehmer) die erforderliche Sorgfalt beobachtet oder wenn der Schaden auch bei Anwendung dieser Sorgfalt entstanden sein würde (Entlastungsbeweis) (§ 831 BGB).

Keine Möglichkeit des Entlastungsbeweises hat der Arbeitgeber, wenn der Schadenersatzanspruch auf ein Vertragsverhältnis gestützt wird (z.B. mangelhafte Erfüllung eines Werkvertrages) und der Arbeitgeber sich eines Arbeitnehmers zur Erfüllung der Vertragspflicht (z.B. Erfüllung des Werkvertrages) bedient hat *(Erfüllungsgehilfe).* Es muß dann der Unternehmer so haften, als wenn er selbst den Vertrag schlecht erfüllt hätte.

*Aufsichtspflichtige* Eltern, Erzieher, Lehrer usw. haften bei Vernachlässigung der Aufsichtspflicht für Schäden, die durch ihre Kinder, Pflegebefohlenen usw. verursacht wurden (§ 832 BGB).

Wenn einem von einem mindestens sieben Jahre alten Kind ein Schaden zugefügt wurde, wird man sowohl die Haftpflicht des Kindes selbst, also die Frage, ob die nötige Einsicht vorhanden war, wie die Haftpflicht der Eltern, also die Frage, ob diese die Aufsichtspflicht vernachlässigten, prüfen. Eventuell wird die Schadenersatzklage sowohl gegen die Eltern als auch gegen das Kind, das natürlich auch wieder durch die Eltern als gesetzliche Vertreter vertreten wird, gerichtet.

Der *Tierhalter* haftet für seine Tiere (§ 833 BGB).

Diese Vorschrift gilt für Luxustiere immer. Bei Tieren, die den Beruf, der Erwerbstätigkeit oder den Unterhalt des Tierhalters zu dienen bestimmt sind, z.B. bei Wachhunden, Blindenhunden, Kühen, Schafen usw., besteht Haftpflicht nur bei Vernachlässigung der Aufsichtspflicht.

Bei *Einsturz* eines Gebäudes oder Ablösung von Teilen des Gebäudes (z.B. ein Balkon bricht herunter) haften Besitzer oder sonstige Verantwortliche, wenn sie nicht die erforderliche Sorgfalt beachtet haben (z.B. regelmäßiges Überprüfenlassen der Balkone).

Bei einer *Amtspflichtverletzung* durch einen Beamten haftet der Dienstherr (Staat bzw. Gemeinde). Bei Vorsatz oder grober Fahrlässigkeit bleibt dem Dienstherrn natürlich ein Rückgriff auf den Beamten vorbehalten (Art. 34 GG).

Eine Amtspflichtverletzung mit Schadenersatzpflicht des Dienstherrn liegt z.B. auch dann vor, wenn ein Beamter eines Versicherungsamtes einem freiwillig Versicherten der Angestelltenversicherung eine nicht vollständige Auskunft erteilt und der Versicherte durch ungünstiges Kleben von Beitragsmarken einen Schaden erleidet.

Trifft in einem Haftpflichtfall den Geschädigten ein *Mitverschulden,* ist der Schaden den Umständen entsprechend zu teilen (§§ 846, 254 BGB).

*Beispiel:* Bei einer Kreuzung gleichberechtigter Straßen kommt es zu einem Kraftfahrzeugzusammenstoß. Der geschädigte Kraftfahrer war zwar vorfahrtsberechtigt (kam von rechts), trägt aber durch überhöhte Geschwindigkeit einen Teil der Schuld.

Eine Haftpflicht ohne jegliches Verschulden kann durch die sogenannte *Gefährdungshaftung* beim Betrieb von Eisenbahnen, Straßenbahnen, Bergwerken, Elektrizitäts- und Gasanlagen usw. entstehen. Am bedeutsamsten ist hierbei die *Haftung des Kraftfahrzeughalters* gemäß §§ 7 . . . 20 Straßenverkehrsgesetz. Außer bei einem unabwendbaren Ereignis, das weder auf einen Fehler in der Beschaffenheit des Fahrzeuges noch auf einem Versagen seiner Verrichtungen beruht, haftet der Kraftfahrzeughalter auch ohne Verschulden.

*Beispiel:* Trotz vorheriger Überprüfung der Bremsen versagen diese plötzlich und ein Unfall wird durch das Fahrzeug verursacht. Obwohl den Halter oder Fahrer des Fahrzeuges wirklich keine Schuld trifft, muß der Halter nach dem Straßenverkehrsgesetz haften.

Diese Haftung ist allerdings im Gegensatz zur Verschuldenshaftung in der Höhe begrenzt (Personenschaden höchstens 250 000,– DM bzw. 15 000,– DM Jahresrente, Sachschaden höchstens 50 000,– DM), auch besteht kein Anspruch auf Schmerzensgeld bei einer Körperverletzung. Es ist daher für den Geschädigten günstiger, wenn den Schädiger auch ein Verschulden trifft, weil nach dem BGB keine Begrenzung der Haftung nach oben stattfindet.

Gegenüber dem Fahrgast eines Kraftfahrzeuges besteht eine Gefährdungshaftung nur, wenn es sich um entgeltliche, geschäftsmäßige Personenbeförderung handelt. Bei Verschulden muß natürlich auch gegenüber den gefälligkeitshalber mitgenommenen Fahrgast gehaftet werden. In der Regel dürfte aber eine ausreichende Haftpflichtversicherung vorliegen.

Gegen die eigene Inanspruchnahme in Haftpflichtfällen (sowohl bei Gefährdungs- wie bei Verschuldenshaftung), natürlich nicht bei eigenem Vorsatz, kann man sich durch den Abschluß einer *Haftpflichtversicherung* schützen. Für Kraftfahrzeughalter ist diese sogar Pflicht. Allerdings ist eine ausreichende Höhe (eine Million DM pauschal ist zeitgemäß) wichtig. Für Unternehmer, Hauseigentümer, Hundehalter und auch Privatpersonen ist eine Haftpflichtversicherung sehr zu empfehlen. Bei einer Privathaftpflichtversicherung ist auch die Haftung der Ehefrau und der Kinder mit eingeschlossen.

*Beispiel:* Eine Hausfrau läßt versehentlich einen Blumentopf aus dem Fenster fallen, er fällt einem Passanten auf den Kopf. Dieser wird erwerbsunfähig. Es muß eine lebenslängliche Rente gezahlt werden. Ohne Haftpflichtversicherung ist die Hausfrau wirtschaftlich ruiniert.

Die eigene Haftpflichtversicherung wehrt auch unberechtigte Haftpflichtansprüche anderer ab, deren Abwehr einem Privatmann sicherlich schwieriger fallen würde. Man sollte aber die Versicherungsbedingungen genau lesen, um nicht im Schadensfall eine böse Überraschung zu erleben.

Zur Durchsetzung eigener Ansprüche (vielfach gekoppelt für die Verteidigungskosten in Strafsachen bei Fahrlässigkeitsdelikten) kann man eine *Rechtsschutzversicherung* abschließen (natürlich vor dem Entstehen des Anspruches). Die Versicherung trägt dann die Gerichts- und Anwaltskosten.

In manchen Schadenersatzfällen kann auch vertraglich ein *Haftungsausschluß* vereinbart werden. Dies muß aber ausdrücklich erfolgen. Ein Schild im Wagen „Sie fahren auf eigene Gefahr" reicht hierzu nicht aus. Auch kann mit beschränkt geschäftsfähigen Personen, z.B. Minderjährigen, kein Haftungsausschluß vereinbart werden.

Der Arbeitgeber haftet nicht gegenüber dem Arbeitnehmer, der im Betrieb durch die Fahrlässigkeit des Arbeitgebers (z.B. Nichtbereitstellen von Schutzvorrichtungen) einen Unfall erlitt. In diesem Falle erbringt die Berufsgenossenschaft (gesetzliche Unfallversicherung) die Leistungen für den verletzten Arbeitnehmer (vgl. H.3.e).

## 7. Ungerechtfertigte Bereicherung

„Wer durch die Leistung eines anderen oder in sonstiger Weise auf dessen Kosten etwas ohne rechtlichen Grund erlangt, ist ihm zur Herausgabe verpflichtet. Diese Verpflichtung besteht auch dann, wenn der rechtliche Grund später wegfällt oder der mit einer Leistung nach dem Inhalt des Rechtsgeschäfts bezweckte Erfolg nicht eintritt" (§ 812 BGB).

*Beispiel:* A hat zwei Lieferanten mit dem Namen Müller. Versehentlich wird der Betrag einer Rechnung von Müller I an Müller II überwiesen.

„Die Verpflichtung zur Herausgabe oder zum Ersatz des Wertes ist ausgeschlossen, soweit der Empfänger nicht mehr bereichert ist" (§ 818 Abs. 3 BGB). Das gilt aber nicht, wenn der Empfänger den Mangel des rechtlichen Grundes kennt oder erfährt (§ 819 BGB).

*Beispiel:* Ein Arbeitnehmer erhielt infolge eines Fehlers der Lohnbuchhaltung zu viel Lohn ausgezahlt. Diesen Mehrlohn verbrauchte er restlos bei einer teuren Urlaubsreise, die er ohne Mehrlohnzahlung nicht angetreten hätte. Obwohl keine Bereicherung mehr vorliegt, muß er die Lohnüberzahlung zurückzahlen, *wenn* er den Fehler der Lohnbuchhaltung erkannte.

Auch bei der Lösung eines Verlöbnisses können die Geschenke (z.B. Ring) zurückverlangt werden (§ 1301 BGB).

## C. Aus dem Sachenrecht

Während es sich beim Recht der Schuldverhältnisse (II. Buch des BGB) um die Rechtsbeziehungen der Personen zueinander handelt, legt das Sachenrecht (III. Buch des BGB, §§ 854 . . . 1296) die Rechtsbeziehungen der Personen zu den Sachen fest. In diesem Rechtsabschnitt werden die dinglichen Rechte (Rechte an einer Sache, Herrschaftsbefugnisse über eine Sache), z.B. Eigentum, Nießbrauch, Pfandrecht usw., geregelt.

Durch den Kaufvertrag bekommt der Käufer einen Anspruch gegen den Verkäufer auf Übergabe der Sache und auf Eigentumsübertragung (Schuldverhältnisse), an der Sache selbst hat er vorerst noch keinerlei Recht. Erst durch die Eigentumsübertragung (Einigung und Übergabe) bekommt der Käufer ein Recht an der Sache und kann allgemein als Eigentümer über die Sache beliebig verfügen.

Das Sachenrecht zeichnet sich gegenüber dem Recht der Schuldverhältnisse durch seine größere Strenge aus. Die Rechtsvorschriften können nicht durch Abmachungen ersetzt werden.

Die grundlegenden Begriffe, wie Sachen, Grundstücke, bewegliche Sachen, vertretbare und nicht vertretbare Sachen, wesentliche Bestandteile, Zubehör, Früchte, wurden bereits im Abschnitt A.6 dieses Buches erläutert.

### 1. Eigentum

#### a) Besitz – Eigentum

Besitz (§§ 854 . . . 872 BGB) ist die tatsächliche Herrschaft über eine Sache, Eigentum (§§ 903 ff) dagegen die rechtliche Herrschaft.

Wer eine Sache tatsächlich in Händen hat, ganz gleich, ob berechtigt, z.B. als Eigentümer, Mieter, Pächter, Entleiher, oder unberechtigt, z.B. als Dieb, ist Besitzer. Dem Eigentümer gehört dagegen die Sache. Als mittelbarer Besitzer gilt der Eigentümer einer vermieteten, verliehenen usw. Sache, während der Mieter oder Entleiher unmittelbarer Besitzer ist.

*Beispiel:* A. vermietet dem B. ein Auto. Mit der Übergabe bleibt A. weiterhin Eigentümer des Wagens, B. wird unmittelbarer Besitzer. A. ist aber auch noch mittelbarer Besitzer des Wagens.

„Der Eigentümer einer Sache kann, soweit nicht das Gesetz oder Rechte Dritter entgegenstehen, mit der Sache nach Belieben verfahren und andere von jeder Einwirkung ausschließen“ (§ 903 BGB). Grundsätzlich kann also der Eigentümer mit seinen Sachen machen, was er will. Es gibt aber von diesem Grundsatz viele Ausnahmen.

*Beispiele* für gesetzliche Einschränkungen: Baubeschränkungen, Naturschutzbestimmungen, Tierschutz, Bewirtschaftung von Lebensmitteln in Krisenzeiten usw.

*Beispiele* für Rechte Dritter: Pfandrecht eines Gläubigers, Besitzrecht des Mieters oder Pächters.

Bei Grundstücken erstreckt sich das Eigentum auf den Raum über der Erdoberfläche und auf den Erdkörper unter der Oberfläche. Der Eigentümer kann jedoch solche Einwirkungen nicht verbieten, die in solcher Höhe oder Tiefe vorgenommen werden, daß er an der Ausschließung kein Interesse hat (§ 905 BGB). Auch Einwirkungen auf ein Grundstück, die die Benutzung nicht oder nicht wesentlich beeinträchtigen, können nicht verboten werden (§ 906 BGB). Eine Gefährdung braucht der Eigentümer jedoch nicht zu dulden.

Wenn Wurzeln eines Baumes in das Nachbargrundstück eindringen, darf der Nachbar diese abschneiden und behalten. Das gleiche gilt für herüberragende Zweige, wenn erfolglos eine angemessene Frist zur Entfernung gesetzt war (§ 910). Früchte, die auf das Nachbargrundstück fallen, gehören zum Nachbargrundstück (§ 911).

Wenn bei der Errichtung eines Gebäudes ohne Vorsatz oder grobe Fahrlässigkeit über die Grenze gebaut wurde, muß der Nachbar allgemein den Überbau dulden, kann aber als Entschädigung eine Geldrente verlangen (§ 912). Grenzanlagen (Zaun, Mauern, Hecken usw.) sind allgemein von den Nachbarn zu gleichen Teilen zu unterhalten (§ 922). Ein Grenzbaum gehört beiden Nachbarn (§ 923 BGB).

## b) Eigentumserwerb an beweglichen Sachen

Entgegen der vielfach vertretenen Auffassung geht das Eigentum durch einen Kaufvertrag nicht automatisch auf den Käufer über, sondern es besteht für den Verkäufer nur die Pflicht der Eigentumsübertragung. Die Eigentumsübertragung stellt also etwas Besonderes dar.

Das BGB führt sechs Arten der Eigentumsübertragung an beweglichen Sachen auf:

1. Rechtsgeschäftliche Übertragung (§§ 929 . . . 936 BGB)
2. Ersitzung (§§ 937 . . . 945)
3. Verbindung, Vermischung, Verarbeitung (§§ 946 . . . 952)
4. Erwerb von Erzeugnissen und sonstigen Bestandteilen (§§ 953 bis 957)
5. Aneignung (§§ 958 . . . 964)
6. Fund und Schatz (§§ 965 . . . 984 BGB).

*Rechtsgeschäftliche Übertragung*

Grundsätzlich erfolgt die Eigentumsübertragung an beweglichen Sachen durch Einigung und Übergabe (§ 929 BGB). Erwerber und Veräußerer müssen sich darüber einig sein, daß das Eigentum auf den Erwerber übergehen soll. Die Übergabe muß allgemein körperlich erfolgen. Die Reihenfolge ist unwesentlich.

Die Übergabe kann durch Vereinbarung eines Rechtsverhältnisses, z.B. Leih-, Miet-, Verwahrungsvertrag, ersetzt werden, vermöge dessen der Erwerber den mittelbaren Besitz erhält (Besitzkonstitut § 930 BGB).

*Beispiel:* A. kauft beim Möbelhändler B. ein Möbelstück. Beide sind sich über die Eigentumsübertragung einig. Sie vereinbaren aber, daß B. das Möbelstück bis zur Fertigstellung der Wohnung des A. in Verwahrung nimmt.

Diese Übereignung durch Besitzkonstitut hat bei der *Sicherungsübereignung* zur Kreditsicherung eine besondere wirtschaftliche Bedeutung.

*Beispiel:* Unternehmer C. erhält vom Bankier D. einen Kredit. Als Sicherheit wird eine wertvolle Maschine des C. dem D. übereignet. In einem Vertrag wird festgehalten, daß sich C. und D. darüber einig sind, daß das Eigentum der Maschine auf D. übergehen soll. D. leiht jedoch C. die Maschine, so daß sie C. weiterhin benutzen kann. Erst falls C. seinen Verpflichtungen aus dem Kreditvertrag nicht nachkommt, holt D. die ihm gehörende Maschine ab. Wenn C. dagegen seine Verpflichtungen erfüllt hat, findet eine Rückübereignung statt.

Wenn ein Dritter im Besitz der Sache ist, kann die Übergabe durch Abtretung des Herausgabeanspruches ersetzt werden (§ 931 BGB).

Interessant ist die Frage, ob man im Falle des gutgläubigen Erwerbs vom Nichteigentümer Eigentum an der Sache erwirbt. Allgemein ist der gute Glaube[1]) geschützt. Dies gilt jedoch nicht bei gestohlenen oder verlorengegangenen Sachen (§ 932, 935 BGB).

*Beispiel:* A. leiht sein Fahrrad an B.;B. verkauft und übergibt das Rad an C., der glaubt, B. sei der rechtmäßige Eigentümer. C. wird kraft guten Glaubens Eigentümer des Rades. A. kann zwar B. schadenersatzpflichtig machen, das Rad kann er jedoch nicht verlangen. Hätte aber B. das Rad gestohlen – im ersten Fall hat er es unterschlagen –, dann wäre C. trotz guten Glaubens nicht Eigentümer geworden.

Wenn eine durch Besitzkonstitut veräußerte Sache nicht dem Veräußerer gehört, wird der Erwerber erst Eigentümer, wenn ihm die Sache übergeben wird und er zu diesem Zeitpunkt noch im guten Glauben ist (§ 933 BGB).

*Beispiel:* Die im vorletzten Beispiel sicherungsübereignete Maschine hatte C. unter Eigentumsvorbehalt gekauft und noch nicht bezahlt, so daß er also noch nicht Eigentümer ist. Bankier D. erwirbt dann an dieser Maschine erst Eigentum, wenn er sie sich herausgeben läßt und dabei noch nicht weiß, daß auf ihr ein Eigentumsvorbehalt lastet. Es dürfte daher bei einer Sicherungsübereignung für den Kreditgeber zweckmäßig sein, wenn er sich einen Eigentumsnachweis erbringen läßt.

*Ersitzung*

Wer eine Sache zehn Jahre im guten Glauben besitzt, erwirbt das Eigentum (§ 937 BGB).

*Beispiel:* Wäre der Diebstahl im zweiten Fall des vorletzten Beispiels erst nach zehn Jahren herausgekommen und hätte C. während dieser ganzen Zeit gemeint, er sei rechtmäßiger Eigentümer, hätte er durch Ersitzung Eigentum an dem Fahrrad erworben.

---

[1]) Der Erwerber ist nicht im guten Glauben, wenn ihm bekannt oder infolge grober Fahrlässigkeit unbekannt ist (z.B. Kauf eines Gebrauchtwagens ohne Kfz-Brief), daß die Sache nicht dem Veräußerer gehört.

*Verbindung, Vermischung, Verarbeitung*

Bei *Verbindung* beweglicher Sachen mit einem Grundstück erwirbt der Grundstückseigentümer Eigentum. Bei Verbindung beweglicher Sachen entsteht entsprechendes Miteigentum. Ist aber eine Sache Hauptsache, so erwirbt ihr Eigentümer Alleineigentum.

Bei untrennbarer *Vermischung* gilt das gleiche.

*Beispiel:* A. kauft unter Eigentumsvorbehalt 500 kg Kohlen vom Kohlenhändler B. und 1000 kg der gleichen Sorte vom Kohlenhändler C. Die Kohlen werden zusammengeschüttet. B. ist jetzt Eigentümer von 1/3, C. von 2/3 der Gesamtkohlenmenge.

Bei der *Verarbeitung* kommt es gem. § 950 BGB auf das Wertverhältnis von Verarbeitung und Stoff an.

*Beispiel:* Ein Holzschnitzer stiehlt ein Stück Holz und schnitzt eine Figur daraus. Er wird Eigentümer, da seine Arbeit wertvoller als das Holz ist. Das ändert natürlich nichts an der Tatsache, daß er wegen Diebstahls bestraft werden kann und dem ehemaligen Holzeigentümer gegenüber ersatzpflichtig ist.

*Erwerb von Erzeugnissen und sonstigen Bestandteilen*

Grundsätzlich gehören auch Erzeugnisse und sonstige Bestandteile einer Sache nach der Trennung dem Eigentümer der Sache (§ 953 BGB).

*Ausnahme:* Beispielsweise gehören bei einer Pacht die Früchte dem Pächter.

*Aneignung*

Wer eine herrenlose Sache, also eine Sache, die niemandem gehört, in Besitz nimmt, wird allgemein Eigentümer (§ 958 BGB). Auch eine weggeworfene Sache gilt als herrenlos. Eine Aneignung führt natürlich nicht zum Eigentumserwerb, wenn sie verboten ist oder wenn das Aneignungsrecht eines anderen verletzt wird.

*Beispiele:* Eine Stadtverwaltung verbietet das Durchwühlen der für die Müllabfuhr bereitgestellten Mülleimer.

Jagdbare wilde Tiere (ebenfalls herrenlose Sachen) darf sich nur der Jagdberechtigte unter Beachtung des Jagdrechtes (z.B. Beachtung der Schonzeiten) aneignen.

*Fund, Schatz*

Der Finder einer verlorenen Sache, der diese Fundsache an sich nimmt, muß unverzüglich den Verlierer oder Eigentümer verständigen. Wenn der Finder die Empfangsberechtigten nicht kennt und die Fundsache einen Wert von mehr als 3,– DM hat, ist der Finder zur Fundanmeldung bzw. Abgabe bei der Polizeibehörde verpflichtet (§ 965 BGB). Meldet sich der Verlierer, hat der Finder Anspruch auf Ersatz der Aufwendungen und auf Finderlohn. Er beträgt 5 % des Wertes; von dem Wert, der 300,– DM übersteigt, jedoch nur noch 1 %, bei Tieren ebenfalls nur 1 % (§§ 970, 971 BGB).

*Beispiel:* Bei einem Fundwert von 400,– DM beträgt demnach der gesetzliche Finderlohn 5 % von 300,–DM und 1 % von 100,–DM d.h. 16,–DM.

Meldet sich der Verlierer nicht, wird der ehrliche Finder allgemein nach einem Jahr Eigentümer der Fundsache. Allerdings hat der Verlierer noch weitere drei Jahre einen Herausgabeanspruch nach den Vorschriften über die Herausgabe einer ungerechtfertigten Bereicherung (§ 977 BGB).

Bei einem Fund in einer Behörde oder dem öffentlichen Verkehr dienenden Verkehrsmitteln, z.B. Eisenbahn oder Straßenbahn, muß der Fund unverzüglich abgegeben werden. Es besteht für den Finder kein Anspruch auf Finderlohn oder Eigentumserwerb (§ 978 BGB).

Ein Schatz ist eine Sache, die so lange verborgen gelegen hat, daß der Eigentümer nicht mehr zu ermitteln ist. Wird ein Schatz entdeckt und in Besitz genommen, so wird das Eigentum zur Hälfte von dem Entdecker, zur Hälfte von dem Eigentümer der Sache erworben, in dem der Schatz verborgen war (also insbesondere vom Grundstückseigentümer) (§ 984 BGB).

### c) Eigentumserwerb an Grundstücken

Der Eigentumserwerb an Grundstücken erfolgt grundsätzlich durch Auflassung (Einigung bei gleichzeitiger Anwesenheit vor dem Notar oder Grundbuchamt) und Eintragung im Grundbuch (§§ 873, 925 BGB).

Die Auflassung wird meist vom Notar mit in die Kaufvertragsurkunde aufgenommen. Damit die Eintragung im Grundbuch vorgenommen werden kann, muß dem Grundbuchamt die Auflassung nachgewiesen und die Eintragung bewilligt und beantragt werden (meist ebenfalls bereits in der Kaufvertragsurkunde). Außerdem können noch weitere Voraussetzungen für die Eintragung gegeben sein (z.B. Nachweis über Bezahlung oder Befreiung von der Grunderwerbsteuer, Gebührenzahlung).

Nicht nur die Eigentumsübertragung, sondern die Geltendmachung sämtlicher Rechte an Grundstücken erfolgt durch Eintragung in das Grundbuch. Maßgebend ist die inzwischen mehrfach geänderte Grundbuchordnung vom 24.3.1897. Die Grundbuchämter gehören zu den Amtsgerichten. Jedes Grundstück, auch jede Eigentumswohnung[1]), bekommt ein Grundbuchblatt. Es enthält Angaben über Lage, Größe usw. des Grundstücks, Name des Eigentümers (Abt. I), Lasten und Beschränkungen des Eigentums (z.B. Grunddienstbarkeiten, wie Geh- und Fahrrecht eines Nachbarn) sowie deren Veränderungen und Löschungen (Abt. II), Hypotheken, Grund- und Rentenschulden sowie deren Veränderungen und Löschungen (Abt. III).

## 2. Pfandrecht

Unter einem Pfandrecht versteht man ein dingliches Recht an einer Sache, das die Befugnis verleiht, sich durch Verwertung der Sache Befriedigung für eine Forderung

---

[1]) Eigentumswohnungen (Gesetz über das Wohnungseigentum und das Dauerwohnrecht v. 15.3.1951) gelten rechtlich wie Grundstücke. Man versteht darunter das Sondereigentum an einer Wohnung in Verbindung mit dem Miteigentumsanteil an dem gemeinschaftlichen Eigentum, zu dem es gehört (Grundstück, Treppenhaus usw.).

zu verschaffen. Sowohl an beweglichen Sachen wie an Grundstücken, aber auch an Rechten, können Pfandrechte geltend gemacht werden. In allen Fällen geht es um die Sicherung des Gläubigers für Forderungen gegenüber einem Schuldner.

### a) Pfandrecht an beweglichen Sachen (§§ 1204 . . . 1258 BGB)

„Eine bewegliche Sache kann zur Sicherung einer Forderung in der Weise belastet werden, daß der Gläubiger berechtigt ist, Befriedigung aus der Sache zu suchen (Pfandrecht)" (§ 1204 BGB). Auf das Pfandrecht an Rechten finden allgemein die Vorschriften über das Pfandrecht an beweglichen Sachen entsprechende Anwendung (§ 1273 BGB).

Man unterscheidet:

1. Vertragliches Pfandrecht
2. Gesetzliches Pfandrecht
3. Pfändungspfandrecht

*Vertragliches Pfandrecht*

Beim vertraglichen Pfandrecht „. . . ist es erforderlich, daß der Eigentümer die Sache" (Faustpfand) „dem Gläubiger übergibt und beide darüber einig sind, daß dem Gläubiger das Pfandrecht zustehen soll" (§ 1205 BGB).

Im Gegensatz dazu verbleibt bei der Sicherungsübereignung (s. C.1.b) die Sache im Besitz des Schuldners. Dem Gläubiger wird nur sicherungshalber das Eigentum übertragen. Der Schuldner darf sie benutzen. Maschinen, Kraftfahrzeuge usw. wird man bei einer Kreditaufnahme nicht verpfänden,sondern zur Sicherung übereignen.

An die Stelle der Übergabe kann die Einräumung des Mitbesitzes (z.B. Mitverschluß bei einem Banktresorfach) treten (§ 1206 BGB). Der gute Glaube des Pfandberechtigten ist beim Pfanderwerb vom Nichteigentümer im gleichen Maße geschützt wie beim Eigentumserwerb (§ 1207 BGB).

Kommt der Schuldner seinen Verpflichtungen nicht nach, kann der Gläubiger die Pfandsache nach entsprechender Androhung öffentlich durch einen vereidigten Versteigerer versteigern lassen. Falls das Pfand einen Börsen- oder Marktpreis hat, kann ein freihändiger Verkauf erfolgen.

Hauptsächlich gewähren Pfandkreditanstalten (Leihhäuser) Kredite gegen Verpfändung von Sachen. Banken gewähren Kredite bei Verpfändung von Gold und insbesondere von Wertpapieren (Lombardkredit). Aber auch im allgemeinen Leben kann gelegentlich eine Verpfändung vorkommen.

*Beispiel:* In einer Gaststätte merkt man nach der Zeche, daß man sein Geld vergessen hat. Man hinterläßt dem Geschäftsführer der Gaststätte einen Gegenstand als Pfand zur Sicherung der Zechschuld.

*Gesetzliches Pfandrecht*

Beim gesetzlichen Pfandrecht wird die Pfandsache nicht erst zur Ausübung des Pfandrechts übergeben, sondern der Berechtigte hat sie bereits auf Grund eines Vertrages im Besitz oder in seinem Herrschaftsbereich. Das Recht stützt sich auf eine Gesetzesnorm.

Ein gesetzliches Pfandrecht haben der Vermieter (§§ 559 . . . 563 BGB), der Verpächter (§ 585 BGB), der Pächter (§ 590 BGB), der Unternehmer beim Werkvertrag (§ 647 BGB), der Gastwirt (§ 704 BGB), der Kommissionär (§ 397 HGB), der Spediteur (§ 410 HGB) der Lagerhalter (§ 421 HGB) und der Frachtführer (§ 440 HGB).

*Beispiele:* A. ist seit Monaten seiner Vermieterin B. den Mietzins für sein Zimmer schuldig geblieben. Um die ständigen Mahnungen nicht anhören zu müssen, zieht er aus. Als er auch ein ihm gehörendes Gemälde mitnehmen will, hindert ihn Frau B. mit Hilfe von zwei Nachbarn daran. Sie ist gemäß § 561 BGB dazu berechtigt.

Herr C. läßt seinen Kraftwagen in der Werkstatt des D. reparieren (Werkvertrag). Als C. das Fahrzeug abholen will, kann er den Reparaturpreis nicht bezahlen. D. darf den Wagen als Pfand behalten.

Über die Pfandverwertung, das ist allgemein die Versteigerung nach entsprechender Ankündigung, gelten gemäß § 1257 BGB die gleichen Vorschriften wie beim vertraglichen Pfandrecht.

*Pfändungspfandrecht*

Das Pfändungspfandrecht besteht in einem behördlichen Akt, in Form der Pfändung bei der Zwangsvollstreckung (s. F.II) allgemein durch den Gerichtsvollzieher. Dieser nimmt die zu pfändenden Sachen in Besitz oder macht die Wirksamkeit der Pfändung durch Anlegung von Siegeln oder auf sonstige Weise ersichtlich (§ 808 ZPO).

### b) Grundpfandrechte

Grundpfandrechte sind die Hypothek, die Grundschuld und (von geringerer Bedeutung als Abart der Grundschuld) die Rentenschuld. Wie alle Rechte an Grundstücken werden sie im Grundbuch (Abt. III) eingetragen. Insbesondere für die Finanzierung des Wohnungsbaus sind die Grundpfandrechte sehr bedeutend. Ohne sie könnte nur ein kleiner Teil der Neubauten errichtet werden.

*Hypothek (§§ 1113 . . . 1190 BGB)*

Die Hypothek ist die Belastung eines Grundstückes zur Sicherung einer Forderung (§ 1113 BGB). Wird über die Hypothek eine Urkunde (ein Hypothekenbrief) ausgestellt, spricht man von *Briefhypothek,* wird sie nur im Grundbuch eingetragen, so hat man es mit einer *Buchhypothek* zu tun. Hypothekenbrief und Grundschuldbrief dienen dazu, die Grundpfandrechte verkehrsfähig zu machen. Bei einer Briefhypothek erfolgt die Abtretung an einen anderen Gläubiger durch Übergabe des Hypothekenbriefes und schriftliche Abtretungserklärung (§ 1254 BGB). Der Nachteil der Briefhypothek (und auch der Briefgrundschuld) liegt darin, daß sie den Gläubiger zu einer sorgsamen Aufbewahrung der Urkunde zwingt. Bei Verlust müßte erst ein umständliches Aufgebotsverfahren eingeleitet werden.

Man unterscheidet außerdem zwischen *Verkehrshypothek* und *Sicherungshypothek*. Die Verkehrshypothek ist die regelmäßige Hypothekenform. Sie dient normalerweise der Baufinanzierung. Der Hypothekengläubiger braucht bei ihr die Entstehung der Forderung nicht nachzuweisen. Bei der Sicherungshypothek muß dagegen das Bestehen der Forderung bewiesen werden; sie ist immer Buchhypothek (§§ 1184, 1185 BGB) (Sicherungshypothek des Bauunternehmers gemäß § 648 BGB s. B.4.a). Eine Abart der Sicherungshypothek ist die *Höchstbetragshypothek* gemäß § 1190 BGB. Im Gegensatz zur Verkehrshypothek und zur sonstigen Sicherungshypothek können Zinsen nicht gesondert angegeben werden, sondern sind in den Höchstbetrag eingerechnet.

Bezüglich der Tilgung einer Verkehrshypothek unterscheidet man *Kündigungs-* und *Tilgungshypothek*, eventuell auch Mischformen.

Bei einer Tilgungshypothek kann häufig eine gleichbleibende Annuität (Jahresleistung = Zins + Tilgung) vereinbart sein.

*Beispiel:* Zins 7 %, Tilgung 1 % der ursprünglichen Forderung bedeutet, daß jedes Jahr 8 % zu zahlen sind, im Laufe der Zeit der Tilgungsanteil immer größer und der Zinsanteil immer kleiner wird. Bausparkassen verlangen allgemein 5 % Zins und 7 % Tilgung, also 12 % Annuität.

Tilgungsdauer und Restschuld nach einer bestimmten Zahl von Jahren können nach folgenden Formeln berechnet werden:

$$S = \frac{T\,(q^n - 1)}{q - 1}; \qquad R_m = S - \frac{T\,(q^m - 1)}{q - 1}$$

Hierbei bedeuten:

S = Schuldsumme; T = 1. Tilgungsquote; $q = \frac{p}{100} + 1$;

p = Prozentsatz des Zinsfußes; n = Dauer der Tilgung in Jahren;

$R_m$ = Restschuld nach m Jahren.

*Beispiel:* Es wurde eine I. Hypothek über 10 000,– DM zu 7 % Zins und 1 % Tilgung bei gleichbleibender Annuität gewährt.

a) Wann ist die Hypothek getilgt?
b) Wie groß ist die Restschuld nach 10 Jahren?

Lösung: a) $S = \frac{T\,(q^n - 1)}{q - 1}$ b) $R_m = S - \frac{T\,(q^m - 1)}{q - 1}$

$10\,000 = \frac{100\,(1{,}07^x - 1)}{1{,}07 - 1}$ $x = 10\,000 - \frac{100\,(1{,}07^{10} - 1)}{1{,}07 - 1}$

Lösung: a)

$$1{,}07^x - 1 = \frac{10\,000 \cdot 0{,}07}{100}$$

$$1{,}07^x - 1 = 7$$

$$1{,}07^x = 8$$

$$x \log 1{,}07 = \log 8$$

$$x = \frac{\log 8}{\log 1{,}07}$$

$$x = \frac{0{,}90309}{0{,}02938} \approx 30{,}8$$

Im 31. Tilgungsjahr wird die Hypothek getilgt

b)

$$x = 10\,000 - \frac{(1{,}07^{10} - 1) \cdot 10\,000}{7}$$

$$x = 10\,000 - \frac{(1{,}9672-1) \cdot 10\,000}{7}$$

$$x = 10\,000 - \frac{9672}{7}$$

$$x = 10\,000 - 1\,381{,}71$$

$$x \approx 8\,618$$

Nach 10 Jahren beträgt die Restschuld ca. 8 618,– DM

In vielen Fällen erhält der Darlehensnehmer den Darlehensbetrag nicht voll ausgezahlt. Durch das Abgeld (Disagio) wird die effektive Verzinsung natürlich höher.

Die Eintragungen im Grundbuch erfolgen in der Reihenfolge ihrer zeitlichen Anmeldung. Die erste Anmeldung erhält damit die erste Rangstelle. Falls auf einem Grundstück mehrere Grundpfandrechte lasten, wird im Ernstfall, also bei der Zwangsversteigerung, zuerst die erste Rangstelle, dann die zweite Rangstelle usw. befriedigt.

Eine I. Hypothek ist demnach für den Gläubiger sicherer und damit allgemein auch niedriger verzinst. Die Bausparkassen gewähren aber allgemein das mit nur 5 % (eventuell 4 1/2 %) verzinste Bauspardarlehen unter Sicherung mit einer II. Hypothek (bzw. Grundschuld an zweiter Rangstelle). So kann sich der Bausparer verhältnismäßig leicht noch weiteres Fremdkapital als I. Hypothek beschaffen.

Hypothekenbanken gewähren gute I. Hypotheken (nur bis zu einem Teil des Objektwertes) und geben ihrerseits an die Gläubiger der Bank Pfandbriefe aus. Wer Pfandbriefe kauft, ist zwar nicht direkt Gläubiger an einem Grundstück, kann aber infolge der strengen Bestimmungen für die Hypothekenbanken seine Forderungen gegenüber der Bank als absolut sicher betrachten („verbriefte Sicherheit").

### *Grundschuld (§§ 1191 . . . 1198 BGB)*

Während bei der Hypothek eine persönliche Forderung vorhanden sein muß (Schuldner haftet persönlich und mit Grundstück), ist dies bei der Grundschuld nicht erforderlich. Natürlich kann eine Grundschuld zur Sicherung einer schuldrechtlichen Forderung, z.B. eines Bauspardarlehens, dienen. Dann muß aber zusätzlich ein schuldrechtlicher Vertrag vorhanden sein. Die Wirkung ist dann praktisch wie eine Hypothek.

Wie bei der Hypothek unterscheidet man auch bei der Grundschuld *Buchgrundschuld* und *Briefgrundschuld* (letztere bei Ausstellung eines Grundschuldbriefes).

Da die Grundschuld nicht an das Vorhandensein einer Forderung geknüpft ist, kann der Grundstückseigentümer auch zu seinen eigenen Gunsten eine Grundschuld (Eigentümergrundschuld § 1196 BGB) bestellen und einen Grundschuldbrief ausstellen lassen. Durch Übertragung des Grundschuldbriefes hat der Eigentümer die Möglichkeit, sich rasch einen gesicherten Kredit zu verschaffen, ohne daß unbedingt Notar und Grundbuchamt eingeschaltet werden müssen.

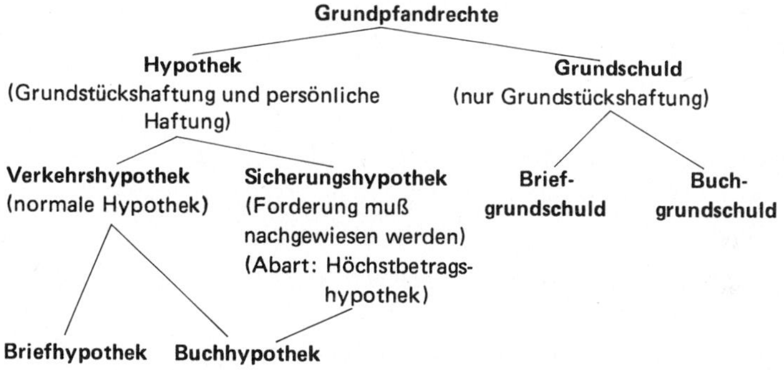


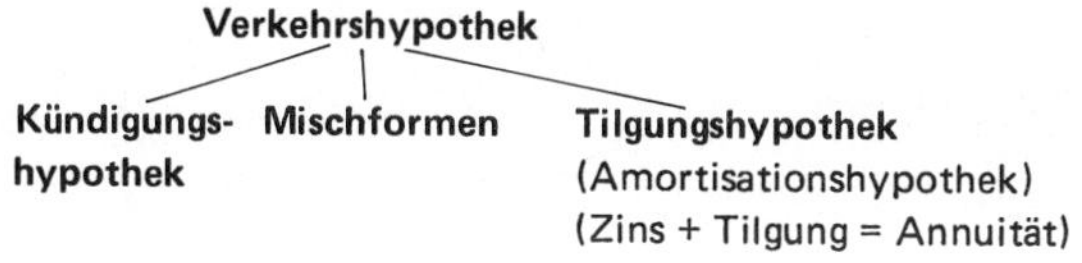

## D. Aus dem Handelsrecht

Das Handelsrecht ist ein Teil des Wirtschaftsrechts und gehört somit zum Privatrecht. Es ist das besondere Recht der Kaufleute. Die wichtigsten Gesetze des Handelsrechts sind das Handelsgesetzbuch (HGB) vom 10.5.1897, das Aktiengesetz (AktG) vom 6.9.1965, das Gesetz betreffend die Gesellschaften mit beschränkter Haftung (GmbHG) vom 20.4.1892, das Gesetz betreffend die Erwerbs- und Wirtschaftsgenossenschaften (GenG) vom 1.5.1889, das Wechselgesetz (WG) vom 21.6.1933 und das Scheckgesetz (ScheckG) vom 14.8.1933.

Wenn BGB und HGB unterschiedliche Normen für den gleichen Tatbestand setzen, gehen unter Kaufleuten die HGB-Bestimmungen vor. Die besondere Rechtsvorschrift geht stets der allgemeinen Rechtsvorschrift vor.

*Beispiel:* Nach dem BGB kann der Käufer einen Mangel innerhalb von sechs Monaten beanstanden, nach dem HGB müssen erkennbare Mängel unverzüglich gerügt werden.

Sinn dieses Sonderrechts ist es, entsprechend den Anforderungen des Wirtschaftslebens die Geschäfte möglichst rasch und elastisch abzuwickeln. Auch die Sicherheit des Rechtsverkehrs unter Kaufleuten wird durch Bestimmungen des Handelsrechts (z.B. Handelsregister) verbessert.

### 1. Handelsstand

#### a) Kaufleute

„Kaufmann im Sinne dieses Gesetzbuches ist, wer ein Handelsgewerbe betreibt" heißt es im § 1 des HGB.

Nur der Selbständige kann im rechtlichen Sinne Kaufmann sein, nicht der kaufmännische Angestellte (gelernter „Kaufmann", Diplom-Kaufmann usw.). Sowohl natürliche Personen (auch geschäftsunfähige Kinder) wie juristische Personen (z.B. Aktiengesellschaften, Staat, Gemeinden usw.) können Inhaber von handelsgewerblichen Betrieben und damit Kaufleute sein.

Unter einem *Gewerbebetrieb* versteht man eine planmäßige, dem Publikum gegenüber in Erscheinung tretende Tätigkeit, die in der Absicht erfolgt, mittels kaufmännischer oder technischer Fähigkeiten Gewinn zu erzielen. Wenn ein solcher Gewerbebetrieb bestimmte Arten von Geschäften zum Gegenstande hat, so gilt er als Handelsgewerbe und der Inhaber ist zwangsläufig Kaufmann (Kaufmann kraft Gewerbebetrieb = *Mußkaufmann).* § 1 Abs. 2 HGB führt diese sog. Grundhandelsgewerbe auf:

1. Anschaffung und Weiterveräußerung von beweglichen Sachen (Waren) oder Wertpapieren, ohne Unterschied, ob die Waren unverändert oder nach einer Bearbeitung oder Verarbeitung weiter veräußert werden (also Großhandel, Einzelhandel, Industrie und ein Teil des Handwerks);

2. Übernahme der Bearbeitung oder Verarbeitung von Waren für andere, sofern das Gewerbe nicht handwerksmäßig betrieben wird (z.B. galvanische Anstalt);
3. Übernahme von Versicherungen gegen Prämie;
4. Bankier- und Geldwechslergeschäfte;
5. Übernahme der Beförderung von Gütern oder Reisenden zur See, Geschäfte der Frachtführer oder der zur Beförderung von Personen zu Lande oder auf Binnengewässern bestimmten Anstalten sowie Geschäfte der Schleppschiffahrtsunternehmer;
6. Geschäfte der Kommissionäre, Spediteure oder Lagerhalter;
7. Geschäfte der Handelsvertreter oder Handelsmakler;
8. Verlagsgeschäfte sowie sonstige Geschäfte des Buch- oder Kunsthandels;
9. Geschäfte der Druckereien, sofern das Gewerbe nicht handwerksmäßig betrieben wird.

Diese aufgeführten Gewerbe sind immer Handelsgewerbe, ganz gleich, ob eine Eintragung im Handelsregister erfolgte oder nicht. Wenn es sich dabei aber um Kleingewerbe handelt, d.h. wenn nach Art und Umfang kein in kaufmännischer Weise eingerichteter Geschäftsbetrieb erforderlich ist, gilt der Inhaber nur als *Minderkaufmann* (§ 4 HGB), und die Vorschriften des HGB gelten für ihn nur teilweise. Ein Kaufmann, der nicht Minderkaufmann ist, ist *Vollkaufmann.*

*Beispiel:* Der Inhaber eines kleinen Gemüsegeschäftes ist zwar Kaufmann gemäß § 1 (2) HGB, aber nur Minderkaufmann. Er wird nicht im Handelsregister eingetragen, genießt keinen Firmenschutz, ist handelsrechtlich nicht zur Führung von Handelsbüchern verpflichtet, kann keine Prokura erteilen oder kann das Kleingewerbe nicht als OHG oder KG führen.

Gewerbebetriebe, die nicht in § 1 (2) HGB aufgeführt sind, gelten als Handelsgewerbe, wenn nach Art und Umfang ein in kaufmännischer Weise eingerichteter Geschäftsbetrieb erforderlich ist und die Firma des Unternehmens im Handelsregister eingetragen wird (§ 2 HGB). Da in diesem Falle der Unternehmer zur Eintragung in das Handelsregister verpflichtet ist, nennt man ihn auch *Sollkaufmann.*

*Beispiele:* Inhaber größerer Baugeschäfte, Theater oder Lichtspielhäuser, Bergwerksunternehmer sind nach Eintragung im Handelsregister Kaufleute.

Land- und forstwirtschaftliche Betriebe gelten dagegen grundsätzlich nicht als Handelsgewerbe. Falls jedoch mit dem land- oder forstwirtschaftlichen Betrieb ein Nebenbetrieb verbunden ist (z.B. Molkerei, Sägewerk, Brennerei), dann darf der Unternehmer sich mit diesem Nebenbetrieb in das Handelsregister eintragen lassen und ist dann Kaufmann (*Kannkaufmann* gem. § 3 HGB), aber nur für den Nebenbetrieb.

Ohne Rücksicht auf die Art des Gewerbebetriebes sind Handelsgesellschaften mit eigener Rechtspersönlichkeit (AG, GmbH, KGaA) Kaufleute (*Formkaufleute* gem. § 6 HGB).

*Beispiel:* Ein landwirtschaftlicher Gutsbetrieb, der in der Rechtsform der Aktiengesellschaft geführt werden würde, wäre Kaufmann, obwohl Landwirte grundsätzlich keine Kaufleute sind.

Auch die eingetragene Genossenschaft ist gemäß § 17 GenG. Kaufmann kraft Rechtsform (Formkaufmann).

Die Post ist gemäß § 452 HGB ausdrücklich kein Kaufmann.

Wer ein sonstiges Gewerbe betreibt, das kein Handelsgewerbe ist, aber trotzdem im Handelsregister eingetragen ist, z.B. infolge eines Versehens (*Scheinkaufmann* gem. § 5 HGB), wird so behandelt, als wenn er Vollkaufmann wäre.

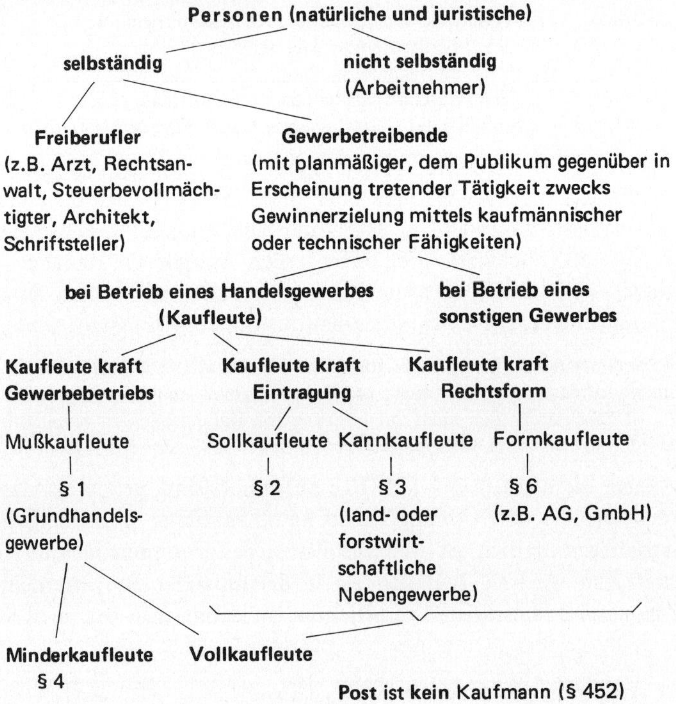


Sonderfall: *Scheinkaufmann* § 5 (sonstiges Gewerbe wird betrieben, aber es erfolgte Eintragung der Firma in das Handelsregister, dann gilt der Gewerbetreibende als Vollkaufmann).

## b) Handelsregister, Firma

Das *Handelsregister* (§§ 8 . . . 16 HGB) ist das amtliche vom Amtsgericht (Registergericht) geführte Verzeichnis der Vollkaufleute. In Abteilung A werden die Einzelunternehmen und Personengesellschaften, in Abteilung B die Kapitalgesellschaften aufgeführt. Die Eintragung kann durch Ordnungsstrafen bis zu 10000,– DM erzwungen werden (§ 14 HGB). Das Register ist öffentlich, jeder kann gebührenfrei einsehen. Die Eintragungen (Neueintragungen, Veränderungen, Löschungen) werden im Bundesanzeiger und mindestens einem Blatt des Amtsgerichtsbezirkes veröffentlicht. Danach gelten sie als allgemein bekannt. Die Anmeldungen zur Eintragung ins Handelsregister haben in notariell beglaubigter Form zu erfolgen.

Die *Firma* (§§ 17 ... 37 HGB) ist der Name der Unternehmung. Sie wird im Handelsregister eingetragen und genießt besonderen Schutz. Unter ihr betreibt der Kaufmann seine Geschäfte und gibt seine Unterschrift ab. „Ein Kaufmann kann unter seiner Firma klagen und verklagt werden" (§ 17 HGB).

Über die Vorschriften für die Bildung der Firma wird bei den einzelnen Unternehmungsformen (s. C.2) gesprochen.

Da die Firma nur der offizielle Name der Unternehmung ist, wäre es falsch, sie mit den Begriffen „Betrieb" (technisch-organisatorische Wirtschaftseinheit) und „Unternehmung" (finanziellrechtliche Wirtschaftseinheit) oder auch mit einem Werbenamen zu verwechseln.

Grundsätzlich unterscheidet man Personenfirmen (Namen des oder der Inhaber), Sachfirmen (vom Gegenstand des Unternehmens entlehnt) und gemischte Firmen. Für die Firmenbildung gelten die Grundsätze der Firmenwahrheit, Firmeneinheit und Ausschließlichkeit der Firma.

Bei Veräußerung eines Unternehmens kann mit Zustimmung des Veräußerers die Firma mit oder ohne Beifügung eines das Nachfolgeverhältnis andeutenden Zusatzes fortgeführt werden (§ 22 HGB).

Der Veräußerer eines gut eingeführten Unternehmens wird sich jedoch dieses Firmenfortführungsrecht besonders bezahlen lassen. In diesem Falle kann gem. § 153 (5) AktG der Geschäfts- oder Firmenwert als Aktivposten in die Handelsbilanz eingesetzt werden. In jedem der folgenden Geschäftsjahre ist mindestens 1/5 des Wertes durch Abschreibung zu tilgen. Steuerrechtlich ist dagegen eine Abschreibung des Geschäftswertes allgemein nicht möglich (vgl. Teil J.4, Seite 194).

Abgesehen von einer gegenteiligen Eintragung im Handelsregister, haftet der Erwerber bei Firmenfortführung für bereits bestehende Geschäftsschulden neben dem früheren Inhaber, der ebenfalls noch bis zu fünf Jahre aufzukommen hat.

### c) Hilfspersonen des Kaufmannes

Für den Kaufmann können selbständige und nichtselbständige Hilfspersonen tätig sein. Selbständige kaufmännische Hilfspersonen sind Handelsvertreter[1]), Handelsmakler[2]) und Kommissionäre[3]), selbständige sonstige Hilfspersonen z.B. Rechtsanwälte, Steuerberater, Werbeberater usw. Nichtselbständige Hilfspersonen (Ar-

---

1) Handelsvertreter ist, wer als selbständiger Gewerbetreibender ständig damit betraut ist, für einen anderen Unternehmer Geschäfte zu vermitteln oder in dessen Namen abzuschließen (§ 84 HGB)

2) Der Handelsmakler übernimmt gewerbsmäßig für andere Personen, ohne von ihnen damit ständig betraut zu sein, die Vermittlung von Verträgen über Anschaffung oder Veräußerung von Waren oder Wertpapieren, über Versicherungen usw. (§ 93 HGB)

3) Kommissionär ist, wer es gewerbsmäßig übernimmt, Waren oder Wertpapiere für Rechnung eines anderen (des Kommittenten) im eigenen Namen zu kaufen oder zu verkaufen (§ 383 HGB)

beitnehmer) sind kaufmännische Beschäftigte (Handlungsgehilfen, Handlungslehrlinge und Volontäre §§ 59 . . . 82a HGB), gewerbliche Beschäftigte (technische Angestellte, Arbeiter) und sonstige Beschäftigte (z.B. Betriebsarzt, Jurist, Gärtner). Das Recht der nichtselbständig Beschäftigten gehört zum Arbeitsrecht und wird in Abschnitt G behandelt.

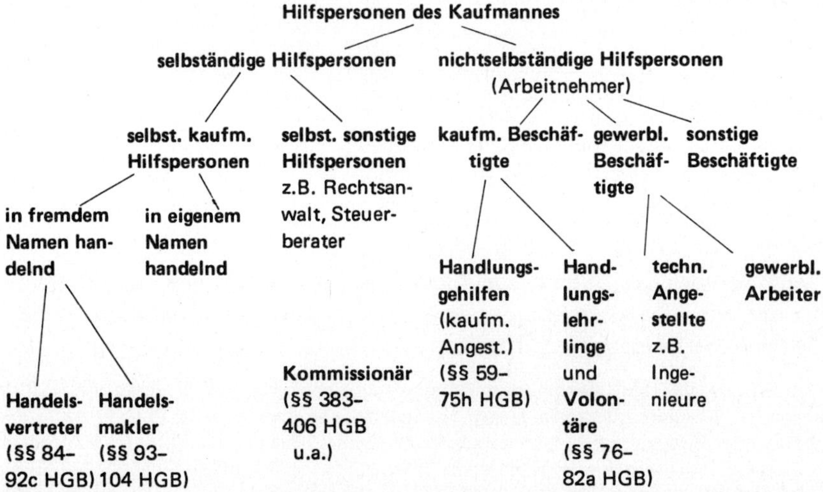


Gerade für die Tätigkeit des Handlungsgehilfen (kaufm. Angestellten) ist die *Vollmachtserteilung* von besonderer Bedeutung. Allgemeine Ausführungen über Vertretung und Vollmacht wurden in Abschnitt A.8.g gemacht. Besonderheiten sind in den Bestimmungen des Handelsrechts über die Prokura (§§ 48 . . . 53 HGB) und Handlungsvollmacht (§§ 54 . . . 58 HGB) festgelegt.

Die *Prokura* ist die weitestgehende Vollmacht, die in einem Unternehmen erteilt werden kann. Nur im Handelsregister eingetragene Unternehmer, also Vollkaufleute, können Prokura erteilen. Die Prokuraerteilung selbst wird ebenfalls in das Handelsregister eingetragen und veröffentlicht. Man unterscheidet Einzelprokura (der Prokurist kann das Unternehmen allein vertreten), Gesamtprokura (z.B. zwei Prokuristen zeichnen gemeinsam) und Filialprokura (sie gilt nur für eine Zweigniederlassung, zulässig nur bei gesonderter Firma, z.B. durch Zusatz der Zweigniederlassung). Die Prokura berechtigt zu allen Rechtshandlungen, die der Betrieb mit sich bringt. Der Prokurist darf allerdings weder Grundstücke belasten oder veräußern (außer er hat eine besondere Vollmacht hierfür) noch solche Handlungen vornehmen, die ausdrücklich den Inhabern oder gesetzlichen Vertretern vorbehalten bleiben müssen, z.B. Bilanzunterschriften, Anmeldungen zum Handelsregister, Prokuraerteilung. Sonstige Beschränkungen der Prokura sind nach außen unwirksam.

*Beispiel:* Der Prokurist verkauft während einer Geschäftsreise des Unternehmers gegen dessen Willen den ganzen Maschinenpark. Der zurückkehrende Inhaber kann zwar dem Prokuristen die Prokura entziehen und ihn schadenersatzpflichtig machen, der Maschinenverkauf bleibt aber gültig.

Die Prokura kann jederzeit widerrufen werden. Dann ist sie im Handelsregister zu löschen. Sie endet nicht mit dem Tode des Geschäftsinhabers. Der Prokurist zeichnet mit einem die Prokura andeutendem Zusatz (allgemein ppa = per procura).

Die *Handlungsvollmacht* ist in ihrer Wirkung nicht so umfangreich wie die Prokura. Sie wird nicht im Handelsregister eingetragen und erstreckt sich nur auf die gewöhnlich vorkommenden Geschäfte. Außer zur Veräußerung oder Belastung von Grundstücken bedarf der Handlungsbevollmächtigte auch zur Eingehung von Wechselverbindlichkeiten, zur Aufnahme von Darlehen und zur Prozeßführung noch einer besonderen Befugnis.

Ein Handelsvertreter gilt als befugt zur Annahme von Mängelrügen oder ähnlichen Erklärungen. Zur Annahme von Zahlungen und zur Gewährung von Zahlungsfristen bedarf er einer besonderen Vollmacht. Ladenangestellte gelten als ermächtigt zu Verkäufen und Empfangnahmen, die in einem derartigen Laden oder Warenlager gewöhnlich geschehen.

Der Handlungsbevollmächtigte zeichnet mit einem die Vollmacht andeutenden Zusatz (z.B. i.V.), hat sich aber jedes eine Prokura andeutenden Zusatzes zu enthalten.

## 2. Unternehmungsformen

Ein Unternehmen mit nur einem Eigentümer nennt man Einzelunternehmung, ein solches mit mehreren Eigentümern Gesellschaftsunternehmung. Den Betrachtungen über die Unternehmungsformen (Rechtsformen der Unternehmungen) soll eine Übersicht vorangestellt werden:

**Unternehmungsformen**

- **Einzelunternehmung**
- **Gesellschaften**

| Personengesellschaften | Kapitalgesellschaften | Genossenschaften |
|---|---|---|
| 1. Offene Handelsgesellschaft (OHG) | 1. Aktiengesellschaft (AG) | 1. Eingetragene Genossenschaft mit beschränkter Haftpflicht (eGmbH) |
| 2. Kommanditgesellschaft (KG) | 2. Kommanditgesellschaft auf Aktien (KGaA) | 2. Eingetragene Genossenschaft mit unbeschränkter Haftpflicht (eGmuH) |
| 3. Stille Gesellschaft | 3. Gesellschaft mit beschränkter Haftung (GmbH) | |
| 4. Gesellschaft des bürgerlichen Rechts | 4. Bergrechtliche Gewerkschaft | |

Nicht enthalten in dieser Übersicht sind Betriebe, die direkt von der öffentlichen Hand (Bund, Länder, Gemeinden) betrieben werden, wie z.B. Bundesbahn, Bundespost. Es gibt eine ganze Reihe von Unternehmen, die rein äußerlich die Rechtsform einer Aktiengesellschaft oder einer Gesellschaft mit beschränkter Haftung haben, aber ganz oder überwiegend der öffentlichen Hand gehören. Es handelt sich dabei vielfach um Verkehrs- oder Versorgungsbetriebe (Elektrizitäts-, Gas- und Wasserwerke).

### a) Einzelunternehmung

Der Inhaber einer Einzelunternehmung leitet in eigener Verantwortung das Unternehmen, trägt allein das Wagnis, ihm gehört der Gewinn alleine wie er auch den Verlust alleine tragen muß. Für die Geschäftsschulden haftet er außer mit dem Geschäftsvermögen natürlich auch mit dem Privatvermögen. Meist sind Einzelunternehmen kleinere oder mittlere Betriebe.

Für die Firma eines neugegründeten Einzelunternehmens gilt die Vorschrift, daß in ihr der Familienname und mindestens ein ausgeschriebener Vorname des Inhabers enthalten sein müssen (§ 18 HGB). Zusätze aus der Branche sind gestattet, sie dürfen aber keinen Anlaß zu Täuschungen geben.

*Beispiel:* Herr Franz Joseph Schnell gründet eine Fahrradfabrik. Die Firma kann lauten: „Franz Joseph Schnell", „Franz Schnell", „Joseph Schnell", „Franz J. Schnell" oder F. Joseph Schnell". Alle diese Namensverbindungen können auch mit dem Zusatz „Fahrradfabrik" versehen sein. Unzulässig wäre aber etwa „F.J. Schnell" oder „Fahrrad-Schnell" als offizielle, im Handelsregister eingetragene Firma. Auch wäre etwa ein Zusatz „Europäische Fahrzeuggesellschaft" unzulässig.

### b) Personengesellschaften

Die Bildung von Gesellschaftsunternehmen kann verschiedene Gründe haben. Durch mehrere Gesellschafter kann allgemein mehr Kapital aufgebracht werden als durch einen Einzelkaufmann. Gerade der moderne Industriebetrieb bedarf einer immer größeren Kapitalausstattung. Auch die Kreditaufnahme, also die Fremdkapitalbeschaffung, wird einfacher sein, wenn zwei oder mehr Personen haften. Durch eine Gesellschaftsbildung kann auch Arbeitskraft konzentriert werden, z.B. schließen sich vielfach ein Techniker und ein Kaufmann zusammen. Bei einer Gesellschaftsbildung wird auch das Risiko (Wagnis) verteilt. Steuerliche Gründe können ebenfalls von Bedeutung sein. Auch ein Erbfall ist oft Ursache zur Gründung einer Gesellschaft. Aus einem Einzelunternehmen wird eine Gesellschaft (insbes. Familiengesellschaft), an der die Erben beteiligt sind.

Es sollen zuerst die Personengesellschaften behandelt werden. Sie haben die größere Ähnlichkeit mit dem Einzelunternehmen, insbesondere haben sie keine eigene Rechtspersönlichkeit, sie sind also keine juristischen Personen (s. A.4).

er beiden wichtigen Personengesellschaften OHG
Gesellschaften können unter ihrer Firma Rechte
(§ 124 HGB), sie können unter ihrer Firma
über das Gesellschaftsvermögen findet ein selbst-

n Sinne sind die Offene Handelsgesellschaft
ollen aber auch die Stille Gesellschaft und
ts behandelt werden.

. . 160 HGB)

) wird durch § 105 HGB (1) definiert. „Eine
Betrieb eines Handelsgewerbes unter gemein-
eine offene Handelsgesellschaft, wenn bei
ng gegenüber den Gesellschaftsgläubigern be-

ndestens zwei Inhaber).
b eines Handelsgewerbes im Sinne des HGB,

3. Gemeinschaftliche Firma (also ein einziger Name).
4. Jeder Gesellschafter haftet unbeschränkt für die Geschäftsschulden, auch mit seinem Privatvermögen.

Die *Firma* einer neugegründeten OHG soll den Familiennamen (Vorname nicht erforderlich) mindestens eines Gesellschafters enthalten, außerdem soll aus der Firma hervorgehen, daß es sich um eine Gesellschaft handelt (§ 19 HGB).

*Beispiel:* Die Herren Schwarz, Weiß und Blau gründen eine OHG. Die Firma kann lauten: „Schwarz, Weiß & Blau", „Schwarz & Weiß", „Schwarz & Blau", „Weiß & Blau", „Weiß & Co.", „Blau & Co.", „Schwarz OHG" usw. Selbstverständlich dürfen die Vornamen der Gesellschafter und Zusätze aus der Branche in der Firma genannt werden.

In das Handelsregister werden natürlich alle Gesellschafter eingetragen, so daß man jederzeit beim Registergericht die Gesellschafter erfahren kann.

Zur *Gründung* einer OHG kommt es durch Abschluß eines Gesellschaftsvertrages. Für diesen schreibt der Gesetzgeber keine bestimmte Form vor – es sei denn, es werden Grundstücke eingebracht. Eine schriftliche Festlegung ist aber zweckmäßig. Über das, was man vorher klar vereinbart hat, gibt es später keine Streitigkeiten.

Die Bestimmungen des Gesellschaftsvertrages gehen – jedenfalls was das Innenverhältnis – der Gesellschafter betrifft – den gesetzlichen Bestimmungen vor. Es ist in der Praxis weitgehend üblich, daß im Gesellschaftsvertrag einer OHG oder KG andere Vereinbarungen z.B. über Gewinn- und Verlustverteilung, Privatentnahmen usw. getroffen werden als sie den Regelungen durch das HGB entsprechen.

Die Bindung der Gesellschafter einer OHG ist wohl die engste wirtschaftliche Bindung, insbesondere durch die persönliche Haftung jedes Gesellschafters.

*Pflichten der Gesellschafter*

Die Gesellschafter einer OHG haben folgende Verpflichtungen:

*Einlagepflicht.* Wenn nichts anderes vereinbart wurde, muß jeder Gesellschafter eine gleichgroße Einlage leisten.

*Haftpflicht.* Jeder Gesellschafter haftet unbeschränkt, unmittelbar (der Gläubiger kann sich direkt an einen Gesellschafter wenden) und solidarisch für die Geschäftsschulden, auch mit seinem Privatvermögen.

Ein Gläubiger einer OHG mit A., B. und C. als Gesellschafter wird zweckmäßigerweise eine Klage oder einen Zahlungsbefehlsantrag sowohl gegen die Gesellschaft als auch gegen A., B. und C. richten. Die Zwangsvollstreckung wird er dort veranlassen, wo die Aussichten auf eine erfolgreiche Pfändung am größten sind. Der in Anspruch genommene Gesellschafter hat natürlich gegen die anderen Gesellschafter einen Ausgleichsanspruch gemäß § 426 BGB, aber dieser ist für den Gläubiger uninteressant.

*Mitarbeitspflicht.* Üblicherweise wird die persönliche Mitarbeit jedes Gesellschafters vereinbart. Diese kann natürlich ganz unterschiedlich sein, z.B. als Techniker oder als Kaufmann.

Wird ein Gesellschafter von der Mitarbeit befreit, so wird den übrigen für ihre Tätigkeit eine Vergütung gezahlt.

*Wettbewerbsverbot.* Ohne Zustimmung der anderen Gesellschafter darf ein Gesellschafter keine Geschäfte auf eigene Rechnung machen oder sich an einer anderen Gesellschaft als persönlich haftender Gesellschafter beteiligen (§ 112 HGB). Bei Verstößen macht er sich schadenersatzpflichtig.

Zusammenfassend kann man von einer *Treuepflicht* der Gesellschafter sprechen. Sie sind verpflichtet, die Erreichung des Gesellschaftszwecks zu fördern.

*Rechte der Gesellschafter*

Die Gesellschafter einer OHG haben folgende Rechte:

*Recht auf Geschäftsführung.* Grundsätzlich sind alle Gesellschafter zur Führung der Geschäfte berechtigt und verpflichtet (§ 114 HGB). Der Gesellschaftsvertrag kann allerdings auch etwas anderes vorsehen. Für gewöhnlich vorkommende Geschäfte genügt es, falls nicht ein anderer Gesellschafter widerspricht, wenn ein Gesellschafter allein handelt. Zur Vornahme von Handlungen, die über den gewöhnlichen Geschäftsbetrieb hinausgehen, z.B. Bestellung eines Prokuristen, Kreditaufnahme, Fabrikerweiterung, ist grundsätzlich ein Beschluß sämtlicher Gesellschafter erforderlich (§ 116 HGB).

*Recht auf Vertretung.* Unter Vertretung versteht man das rechtswirksame Handeln für die Gesellschaft nach außen, also z.B. das Einkaufen von Werkstoffen, das Führen von Prozessen usw. Grundsätzlich haben alle Gesellschafter das Recht auf Vertretung (§§ 125, 126 HGB). Einschränkungen müssen im Handelsregister eingetragen werden (Schutz der Vertragspartner).

*Kontrollrecht.* Jeder Gesellschafter, auch wenn er nicht an der Geschäftsführung beteiligt ist, kann sich jederzeit persönlich über die Angelegenheiten der Gesellschaft informieren, also z.B. in die Buchführung einsehen (§ 118 HGB).

*Recht auf Privatentnahme.* Die Gesellschafter, die ja keine Arbeitnehmer sind und somit – wenigstens rechtlich – kein Gehalt bekommen, dürfen zur Bestreitung ihrer persönlichen Ausgaben Privatentnahmen machen.

Ohne weitere Vereinbarung dürfen diese bis zu 4 % des für das letzte Geschäftsjahr festgestellten Kapitalanteils im Jahr ausmachen (§ 122 HGB). Aber insbesondere bei kleinen Einlagen und persönlicher Mitarbeit werden andere Vereinbarungen getroffen. Die Privatentnahmen werden auf den Gewinnanteil angerechnet und mindern den Kapitalanteil des betreffenden Gesellschafters, während nichtentnommene Gewinnanteile das Kapital vermehren.

*Recht auf Gewinnanteil.* Falls nichts anderes vereinbart wurde, erhält jeder Gesellschafter, sofern der Jahresgewinn dazu ausreicht, erst einmal 4 % seiner Kapitaleinlage als Gewinnanteil (§ 121 HGB). Der Rest wird nach „Köpfen" verteilt. Falls der Gewinn nicht 4 % des Kapitals beträgt, erfolgt nur eine anteilige Verteilung. Ein Verlust wird nur nach Köpfen verteilt.

*Recht auf Kündigung.* Die Gesellschaft kann, wenn sie, wie üblich, auf unbestimmte Zeit eingegangen wurde, von jedem Gesellschafter mit einer Frist von sechs Monaten auf Schluß des Geschäftsjahres gekündigt werden (§ 132 HGB). Natürlich haften alle Gesellschafter für etwa noch bestehende Schulden weiter[1]). Dies gilt auch für einen ausscheidenden Gesellschafter. Ebenso haftet auch ein neu in die Gesellschaft eintretender Gesellschafter für bereits bestehende Verbindlichkeiten.

*Bedeutung*

Die Bedeutung der OHG liegt hauptsächlich in der engen Zusammenarbeit ihrer Gesellschafter und in der in den scharfen Haftungsbestimmungen wurzelnden Kreditwürdigkeit. Der Erfolg wird weitgehend von der persönlichen Tüchtigkeit und Zuverlässigkeit der einzelnen Gesellschafter abhängen.

### Kommanditgesellschaft (§§ 161 . . . 171 HGB)

Der Begriff der Kommanditgesellschaft (KG) ist durch den Gesetzestext (§ 161 HGB) festgelegt: „Eine Gesellschaft, deren Zweck auf den Betrieb eines Handelsgewerbes unter gemeinschaftlicher Firma gerichtet ist, ist eine Kommanditgesellschaft, wenn bei einem oder bei einigen von den Gesellschaftern die Haftung gegenüber den Gesellschaftsgläubigern auf den Betrag einer bestimmten Vermögenseinlage

---

[1]) Verjährung fünf Jahre, falls der Anspruch nicht einer kürzeren Verjährung unterliegt (§ 159 HGB)

beschränkt ist (Kommanditisten), während bei dem anderen Teile der Gesellschafter eine Beschränkung der Haftung nicht stattfindet (persönlich haftende Gesellschafter)".

Die Definition stimmt somit in den ersten drei Punkten mit denen der OHG überein. Im vierten Punkt unterscheidet sie sich jedoch. Während bei der OHG alle Gesellschafter unbeschränkt für die Geschäftsschulden haften, gibt es bei der KG hinsichtlich der Haftung zwei Arten von Gesellschaftern:

1. Persönlich haftende Gesellschafter (Vollhafter, Komplementäre), wie sämtliche Gesellschafter der OHG.
2. Teilhafter (Kommanditisten), sie haften nur mit der vereinbarten und auch im Handelsregister eingetragenen Einlage.

Von jeder Gesellschafterart muß mindestens einer vorhanden sein.

Die *Firma* muß den Familiennamen mindestens eines Vollhafters enthalten, falls es sich um eine Neugründung handelt. Außerdem muß es ersichtlich sein, daß es sich um eine Gesellschaft handelt (§ 19 HGB). Das Wort Kommanditgesellschaft oder die Abkürzung KG brauchen nicht zu erscheinen.

Ursache für die *Gründung* einer KG kann sein, daß ein Einzelunternehmer oder eine OHG den Geschäftsbetrieb erweitern möchte. Einerseits soll wegen des Zinsenrisikos kein Fremdkapital (Darlehen) aufgenommen werden, andererseits sollen die neuen Gesellschafter geringen Einfluß haben. Auch der Tod eines OHG-Gesellschafters kann die Umwandlung in eine KG zur Folge haben, wenn der Erbe zwar seinen Anteil in der Gesellschaft läßt, sich aber nicht persönlich als vollhaftender Gesellschafter beteiligen möchte.

Wie bei der OHG können auch bei der KG nicht nur natürliche, sondern auch juristische Personen Gesellschafter sein. Der wirtschaftlich und steuerrechtlich bedeutende Fall, daß eine GmbH persönlich haftender Gesellschafter einer KG ist (GmbH & Co. KG), wird in Abschnitt D.2.c angedeutet.

*Pflichten und Rechte der Vollhafter*

Die Pflichten und Rechte der Vollhafter entsprechen denen der Gesellschafter einer OHG und sind umfangreicher als die der Teilhafter.

*Pflichten der Teilhafter*

Die Kommanditisten einer KG haben, falls der Gesellschaftsvertrag nichts anderes vorsieht, folgende Pflichten:

*Einlagepflicht.* Es muß die vereinbarte Einlage geleistet werden.

*Beschränkte Haftpflicht.* Die Haftung der Kommanditisten ist auf die vereinbarte und im Handelsregister eingetragene Einlage beschränkt. Falls diese voll geleistet ist, haftet er persönlich nicht. Bei unvollständiger Leistung der Einlage müßte der

Teilhafter auch mit seinem Privatvermögen bis zur Höhe der ausstehenden Einlage haften (§ 171 HGB).

*Rechte der Teilhafter*

Falls der Gesellschaftsvertrag nichts anderes vorsieht, haben die Kommanditisten folgende Rechte:

*Widerspruchsrecht* bei außergewöhnlichen Geschäftsvorfällen (§ 164 HGB).

Zu diesen außergewöhnlichen Fällen gehört auch die Prokuraerteilung durch die Vollhafter. Von der Geschäftsführung und Vertretung ist der Kommanditist ausgeschlossen (§§ 164, 170 HGB).

*Kontrollrecht.* Das Informationsrecht des Kommanditisten ist geringer als das des Vollhafters. Er kann nur die Abschrift der Bilanz verlangen und ihre Richtigkeit unter Einsicht der Bücher und Papiere prüfen (§ 166 HGB).

*Recht auf Gewinnanteil.* Das Gesetz sieht für den Fall, daß keine Vereinbarung getroffen wurde, vor, daß der Gewinn bis zu 4 % des Kapitals nach der Einlage, der Rest „angemessen" verteilt wird (§ 168 HGB).

Privatentnahmen darf der Kommanditist nicht machen, er arbeitet ja auch allgemein nicht mit. Falls er jedoch tätig ist, wird er gleichzeitig unabhängig vom Gesellschafterverhältnis ein Angestellter sein und Gehalt bekommen.

*Recht auf Kündigung.* Es gelten die gleichen Vorschriften wie bei der OHG.

Im folgenden Schema sind die wesentlichen Merkmale einer OHG und einer KG gegenübergestellt.

| Merkmal | OHG | KG |
|---|---|---|
| Kapital | durch jeden Gesellschafter | durch Vollhafter und durch Teilhafter |
| Mitarbeit | durch jeden Gesellschafter | nur durch Vollhafter |
| pers. Haftung | durch jeden Gesellschafter | nur durch Vollhafter |

**Stille Gesellschaft (§§ 335 . . . 342 HGB)**

Bei der Stillen Gesellschaft beteiligt sich der stille Gesellschafter (stille Teilhaber) an dem Geschäftsunternehmen eines anderen durch Hingabe einer Einlage, mit der er am Gewinn des Unternehmens beteiligt ist. Die Beteiligung am Verlust kann vertraglich ausgeschlossen werden.

Die Stellung des stillen Gesellschafters ist ähnlich der des Kommanditisten. Jedoch tritt der stille Teilhaber nach außen überhaupt nicht in Erscheinung und wird auch nicht in das Handelsregister eingetragen. Auch hat er kein Widerspruchsrecht bei außergewöhnlichen Geschäftshandlungen. Seine Stellung ähnelt etwas der des Darlehensgebers. Jedoch wird die Einlage nicht fest verzinst, sondern der stille

Gesellschafter bekommt vertraglich einen Anteil des Gewinnes. Ebenfalls hat er, wie der Kommanditist in der KG, ein beschränktes Kontrollrecht (§ 338 HGB). Den Gesellschaftsgläubigern gegenüber haftet er nicht. Wenn im Gesellschaftsvertrag eine stärkere Stellung des stillen Gesellschafters vereinbart wurde, als dies das Gesetz vorsieht (z.B. quotale Beteiligung am Geschäftsvermögen), spricht man von der sog. atypischen stillen Gesellschaft.
Die bei den einzelnen Unternehmungsformen immer schwächer werdende Bindung des Kapitalgebers zum Unternehmen gibt folgendes Schema wieder:

Vollhafter bzw. OHG-Gesellschafter → Teilhafter (Kommanditist) → Stiller Gesellschafter → Darlehensgeber

**Gesellschaft des bürgerlichen Rechts (§§ 705 . . . 740 BGB)**

Ein vertraglich begründetes Zusammengehen mehrerer Personen, das auf einen gemeinsamen Zweck gerichtet ist, nennt man eine Gesellschaft des bürgerlichen Rechts oder eine Gelegenheitsgesellschaft. Für sie ist nur das BGB zuständig.

Zu solch einer Gesellschaft kommt es bereits, wenn zwei oder mehr Personen gemeinsam Lotto spielen und sich die Einsätze teilen, um auch den erhofften Gewinn zu teilen. Im Wirtschaftsleben könnte ein gemeinsamer Großeinkauf, eine gemeinschaftliche Werbung oder die gemeinsame Beschickung einer Ausstellung usw. Anlaß zur Gründung einer Gelegenheitsgesellschaft sein. Eine Arbeitsgemeinschaft von Bauunternehmen (bei einem größeren Bauvorhaben) ist eine Gesellschaft des bürgerlichen Rechts. Auch kann diese Gesellschaft eine Vorstufe zu einer anderen Gesellschaftsform sein. Die Rechtsvorschriften über die Gesellschaft des bürgerlichen Rechts gelten auch für den nicht rechtsfähigen (nicht eingetragenen) Verein.

Die Gesellschaft wird formlos gegründet, nirgends eingetragen und endigt, wenn der vereinbarte Zweck erreicht oder dessen Erreichung unmöglich geworden ist. Es müssen alle Beteiligten gemeinsam handeln, oder es wird jemand (meist einer der Beteiligten) mit der Geschäftsführung und Vertretung betraut. Alle Beteiligten haften persönlich. Die Gewinnverteilung erfolgt nach „Köpfen“.

**c) Kapitalgesellschaften**

Die Kapitalgesellschaften haben im Gegensatz zu den Personengesellschaften eigene Rechtspersönlichkeit, sie sind also juristische Personen (s. A.4). Die Geldgeber als Unternehmer von Kapitalgesellschaften sind in mancher Hinsicht unabhängiger von der Gesellschaft als die Gesellschafter von Personengesellschaften. So kann bei den Kapitalgesellschaften leichter als bei OHG und KG eine größere Zahl von Gesellschaftern beteiligt werden. Dies ist vielfach Voraussetzung für die Errichtung eines modernen industriellen Fertigungsbetriebes größeren Umfanges.

Die wichtigsten Kapitalgesellschaften sind die Aktiengesellschaft (AG) und die Gesellschaft mit beschränkter Haftung (GmbH).

Im Jahre 1967 gab es in der Bundesrepublik 2 351 Aktiengesellschaften mit 49,67 Mrd.DM Grundkapital und 62 383 Gesellschaften mit beschränkter Haftung mit 33,06 Mrd. DM Stammkapital. Im Jahre 1957 gab es dagegen 2763 Aktiengesellschaften, aber nur 35 223 Gesellschaften mit beschränkter Haftung.

## Aktiengesellschaft (Aktiengesetz v. 6.9.1965)

Die AG ist die typische Unternehmungsform für den industriellen Großbetrieb. Bei ihr ist es möglich, durch viele Gesellschafter ein großes Eigenkapital (hier Grundkapital genannt zuzügl. Rücklagen) aufzubringen. Die Gesellschaften mit den meisten Gesellschaftern sind z.Z. das Volkswagenwerk und die VEBA.

Das *Wesen* der AG wird in § 1 AktG definiert: „Die Aktiengesellschaft ist eine Gesellschaft mit eigener Rechtspersönlichkeit. Für die Verbindlichkeiten der Gesellschaft haftet den Gläubigern nur das Gesellschaftsvermögen. Die Aktiengesellschaft hat ein in Aktien zerlegtes Grundkapital".

Die *Firma* der AG ist in der Regel dem Gegenstand des Unternehmens zu entnehmen (Sachfirma). Sie muß die Bezeichnung „Aktiengesellschaft" enthalten (§ 4 AktG) (z.B Volkswagenwerk AG). Bei einer Umwandlung eines Unternehmens mit einer Personenfirma (Personenname) darf es bei einer Personenfirma bleiben, jedoch muß auch der Zusatz „Aktiengesellschaft" aufgenommen werden (z.B. Phillipp Holzmann Aktiengesellschaft).

*Gründung*

Der Gründungsvorgang ist kompliziert und soll hier nur angedeutet werden. Er vollzieht sich in drei Stufen:

1. Mindestens fünf Personen stellen als Gründer die notariell beurkundete Satzung der künftigen AG fest (§ 23 AktG). Die Satzung muß z.B. die Firma, den Sitz der Gesellschaft, den Gegenstand des Unternehmens, die Höhe des Grundkapitals (mindestens 100 000,– DM) die Nennbeträge der einzelnen Aktien (mindestens 50,– DM), die Zusammensetzung des Vorstandes, die Form der Bekanntmachungen der Gesellschaft enthalten. Falls Aktionäre ihre Einlagen in anderer Weise als durch Geldzahlung machen, z.B. durch Einbringung eines Grundstückes oder eines vorhandenen Unternehmens (Sachgründung), gelten besondere Vorschriften (§ 27 AktG).

2. Die Gründer übernehmen sämtliche Aktien; dadurch ist die Gesellschaft errichtet (§ 29 AktG); sie ist aber noch nicht rechtsfähig. Die Gründer bestellen den ersten Aufsichtsrat und die Abschlußprüfer für das erste Voll- oder Rumpfgeschäftsjahr der künftigen AG; der Aufsichtsrat bestellt den ersten Vorstand (§ 30 AktG). Ein Gründungsbericht ist zu erstatten und eine Gründungsprüfung vorzunehmen (§§ 32 . . . 35 AktG).

3. „Die Gesellschaft ist bei dem Gericht von allen Gründern und Mitgliedern des Vorstands und des Aufsichtsrats zur Eintragung in das Handelsregister anzumelden" (§ 36 AktG). Die Anmeldung darf erst erfolgen, wenn auf jede Aktie, soweit nicht Sacheinlagen vereinbart sind, mindestens 25 % des Nennbetrages zuzüglich eines etwaigen Aufgeldes eingezahlt worden ist. Nach einer Prüfung durch das Gericht erfolgt die Eintragung in das Handelsregister (jetzt erst ist die AG eine juristische Person), die Bekanntmachung der Eintragung und die Ausgabe der Aktienurkunden.

*Aktien*

Aktie bedeutet Bruchteil des Grundkapitals, Anteilsrecht und Urkunde. Man unterscheidet nach der Übertragbarkeit der Aktien *Inhaberaktien* (auf ihnen ist der Aktionär nicht vermerkt, und sie können formlos weitergegeben werden) und *Namensaktien* (auf ihnen steht der Name des Aktionärs), deren Weitergabe durch einen Weitergabevermerk (Indossament auf der Rückseite) erfolgt.

Aktien müssen Namensaktien sein, wenn die Einlagen noch nicht voll geleistet sind (bei Versicherungsaktiengesellschaften üblich). Die Aktionäre sind bei Namensaktien auch im Aktienbuch der Gesellschaft eingetragen. Es gibt sogar gebundene (vinculierte) Namensaktien, die nur mit Zustimmung der Gesellschaft veräußert werden dürfen (§ 68 (2) AktG).

Nach dem Umgang der Rechte (z.B. der eventuellen Ausstattung mit Vorzügen, wie höherer Gewinn) unterscheidet man *Stamm-* und *Vorzugsaktien.*

Wenn man sich an einer neu zu gründenden AG beteiligen möchte, zeichnet man eine bestimmte Anzahl Aktien, d.h. man erklärt deren Übernahme. Wenn man Aktionär, also Mitinhaber, einer bestehenden Gesellschaft werden will, kauft man Aktien dieser Gesellschaft von bisherigen Aktionären, die ihre Teilhaberschaft ganz oder teilweise aufgeben wollen.

Der Markt für Aktien und andere Wertpapiere ist die *Wertpapierbörse.* Z.Z. gibt es Börsen in Berlin, Bremen, Düsseldorf, Frankfurt, Hamburg, Hannover, München und Stuttgart. Dort werden von Montag bis Freitag, allgemein zwischen 12 und 14 Uhr, die Aktien der bedeutenden Aktiengesellschaften[1]) nicht zum Nennwert, sondern Kurswert gehandelt. Die Kurse sind Prozentkurse (Preise für 100-DM-Aktien) oder (jetzt meist) Stücknotierungen (allg. für 50-DM-Aktien). Der Börsenkurs hängt von Angebot und Nachfrage ab und wird weitgehend durch die wirtschaftliche Lage der betreffenden Gesellschaft, aber auch von der allgemeinen wirtschaftlichen und politischen Lage beeinflußt. Um das Bild von der Marktlage an der Börse zu verdeutlichen, fügt man den Kursen z.B. folgende erläuternde Zusätze bei:

| | | |
|---|---|---|
| G | ≙ | Geld. Nachfrage nach den Stücken war vorhanden, jedoch kamen keine Käufe zustande. |
| B | ≙ | Brief. Angebot dieser Papiere war vorhanden, jedoch kamen keine Verkäufe zustande. (Statt B evtl. P = Papier) |
| – | ≙ | gestrichen. Das Papier wurde weder angeboten noch gefragt. |
| b (bz., bez.) | = | bezahlt. Angebot und Nachfrage glichen sich aus. |
| etwas bez. | = | etwas bezahlt. Nur im geringem Umfang konnten Aufträge ausgeführt werden. |
| b.G. | ≙ | bezahlt Geld. Mehr Nachfrage als Angebot. |
| b.B. | ≙ | bezahlt Brief. Mehr Angebot als Nachfrage. |
| ex D, ex Div. | = | ohne Dividende. An dem betreffenden Tag erfolgte erstmalig die Notierung ohne Anrecht auf Zahlung der Dividende für das vorangegangene Geschäftsjahr. |

1) Die Aktien von 597 Aktiengesellschaften mit 25,77 Mrd.DM Grundkapital waren im Jahre 1967 börsennotiert

Zum Kauf der Aktien auf der Börse, ebenso zum Verkauf, beauftragt man seine Bank. Diese ist allgemein auch gut über die Kursentwicklung unterrichtet und wird nach besten Kräften beraten. Persönlich darf der Privatmann nicht an der Börse handeln. Da es sich um nur mündlich getätigte Geschäfte teilweise sehr großen Umfangs mit körperlich nicht anwesenden Papieren handelt, muß der Handel auf besonders zugelassene Personen, insbesondere Bankenvertreter, beschränkt bleiben. Als Privatmann kann man sich aber das Börsengeschehen von der Galerie aus ansehen.

*Rechte der Aktionäre*

Durch den Aktienbesitz ergeben sich folgende Rechte:

*Anteil am Geschäftsvermögen*

*Beispiel:* Hat eine AG ein Grundkapital von 1 000 000,– DM, so verkörpert eine 1000,– DM-Aktie einen Anteil von 1/1000 des Unternehmenswertes. Fällig wird dieser Anspruch aber erst bei der Auflösung (Liquidation) der AG.

*Recht auf Anteil am Jahresgewinn (Dividende).* Die Dividende wird in einem Prozentsatz des Aktiennennwertes ausgedrückt.

*Recht auf Auskunfterteilung.* Jeder Aktionär kann in der Hauptversammlung Fragen stellen, die in der Regel von der Verwaltung zu beantworten sind (§§ 131, 132 AktG).

*Stimmrecht* in der Hauptversammlung (§§ 133 . . . 137 AktG). Im Stimmrecht drückt sich die eigentliche Mitwirkung des Aktionärs am Unternehmensgeschehen aus.

Jede Aktie (außer Vorzugsaktien ohne Stimmrecht) gewährt das Stimmrecht. Abgestimmt wird nach Kapitalanteilen. Wer 100 Aktien zu 1000,– DM besitzt, hat eine hundertfache Stimme gegenüber dem, der nur eine Aktie zu 1000,– DM besitzt.

*Bezugsrecht bei Ausgabe neuer Aktien.* Grundsätzlich werden neue (junge) Aktien zuerst den Aktionären angeboten.

*Beispiel:* Zu Beginn des Jahres 1967 erhöhte Volkswagenwerk AG das Grundkapital von 600 auf 750 Millionen DM. Die Aktionäre hatten ein Bezugsrecht im Verhältnis 4 : 1. Wer nominell 200,– DM Aktien hatte, konnte zum Vorzugskurs 225 (der Börsenkurs war wesentlich höher) eine 50,– DM – Aktie zukaufen. Das Bezugsrecht ist umso wertvoller, je größer der Unterschied zwischen Börsenkurs der Aktie und Ausgabekurs der jungen Aktie ist. Auch das Bezugsrecht kann gehandelt werden.

*Organe*

Die AG als Großunternehmen gründet sich auf das Zusammenwirken dreier Interessengruppen. Es sind dies die *Aktionäre* (Eigentümer, sie vertrauen ihr Geld der Gesellschaft an), die *Verwaltung* (Management, leitet das Unternehmen) und die *Arbeitnehmerschaft.* „Aus dieser strukturellen Zusammensetzung folgt, daß nicht eine dieser Gruppen die alleinige Herrschaft unumschränkt ausüben darf, sondern eine sinnvolle Ordnung notwendig ist, die jeder Gruppe die ihr funktionell gebührende Ordnung zuweist[1])". Diese Forderung wird bei den Vorschriften des Aktiengesetzes über die Organe der AG berücksichtigt. Die AG hat drei notwendige Organe:

Vorstand (Unternehmensleitung),
Aufsichtsrat (Überwachung des Vorstandes),
Hauptversammlung (Vertretung des Kapitalbesitzes).

Der *Vorstand* (§§ 76 . . . 94 AktG) ist das leitende Organ. Er besteht aus einer[2]) oder aus mehreren Personen. Weitgehend unabhängig von den anderen Organen leitet er die Gesellschaft in eigener Verantwortung und vertritt sie rechtskräftig nach außen.

Die Vorstandsmitglieder werden vom Aufsichtsrat auf höchstens fünf Jahre bestellt, eine wiederholte Bestellung ist zulässig. Intern werden die Vorstandsmitglieder vielfach Direktoren (Vorsitzer des Vorstandes: Generaldirektor) genannt. Im Bergbau und in der eisenschaffenden Industrie (Montanindustrie) werden die Arbeitnehmer im Vorstand durch einen Arbeitsdirektor, einem gleichberechtigten Vorstandsmitglied, vertreten (Gesetz über die Mitbestimmung der Arbeitnehmer in den Aufsichtsräten und Vorständen der Unternehmen des Bergbaus und der Eisen- und Stahl erzeugenden Industrie (sog. Mitbestimmungsgesetz) vom 21.5.1951).

Die Ausdehnung der sog. erweiterten Mitbestimmung, die z.Z. nur für die Montanindustrie gilt, auf alle großen Aktiengesellschaften wird insbesondere seitens des DGB erstrebt.

Für die Vorstandsmitglieder besteht Wettbewerbsverbot, d.h. sie dürfen ohne Einwilligung des Aufsichtsrats kein Handelsgewerbe betreiben, im Geschäftszweig der Gesellschaft Geschäfte auf eigene Rechnung betreiben oder in einer anderen Gesellschaft Vorstandsmitglied, Geschäftsführer oder persönlicher haftender Gesellschafter sein. Sie trifft eine besondere Sorgfaltspflicht, bei deren Verletzung sie der Gesellschaft gegenüber schadenersatzpflichtig gemacht werden können. Die Bezüge der Vorstandsmitglieder (Gehalt, Gewinnbeteiligungen, Aufwandsentschädigungen, Versicherungsentgelte, Provisionen und Nebenleistungen jeder Art) sollen in einem angemessenen Verhältnis zu den Aufgaben des Vorstandsmitglieds und zur Lage der Gesellschaft stehen.

Nur aus wichtigem Grund (z.B. bei grober Pflichtverletzung, Unfähigkeit zur ordnungsmäßigen Geschäftsführung, Vertrauensentzug durch die Hauptversammlung) kann der Aufsichtsrat vor Ablauf der Bestellungszeit die Bestellung des Vorstandes widerrufen.

---

[1]) Hefermehl, Wolfgang, in: Einführung zu dtv-5010, Beck-Texte; Aktiengesetz, GmbH-Gesetz; München 1966, Seite 11

[2]) Bei mehr als 3 000 000,– DM Grundkapital mindestens zwei Personen

Der *Aufsichtsrat* (§§ 95 . . . 116 AktG) ist das Organ, das den Vorstand zu bestellen, abzuberufen und zu überwachen hat. Er besteht aus mindestens drei Mitgliedern. Diese werden allgemein zu zwei Drittel von der Hauptversammlung und zu einem Drittel von der Belegschaft[1]) auf höchstens fünf Jahre gewählt. Eine Person kann durchaus in mehreren (höchstens 10 u.U. 15) Gesellschaften Aufsichtsratmitglied sein, wie dies bei Konzernen häufig der Fall ist. Mit einer Mehrheit von drei Viertel der abgegebenen Stimmen können Hauptversammlung und Arbeitnehmer jeweils ihre Vertreter im Aufsichtsrat vorzeitig abberufen.

Der Aufsichtsrat hat insbesondere den Vorstand zu überwachen. Außer der laufenden Überwachung obliegt ihm die Prüfung des Jahresabschlusses, des Vorschlages für die Gewinnverteilung und des Geschäftsberichts. Die Aufsichtsratsmitglieder erhalten eine Vergütung, die auch in einer Beteiligung am Reingewinn (Tantieme) bestehen kann.

Auf den Geschäftsbriefen müssen sämtliche Vorstandsmitglieder und der Vorsitzende des Aufsichtsrates angegeben werden.

Die *Hauptversammlung* (§§ 118 . . . 147 AktG) ist das Organ der Aktionäre, in der diese ihre Rechte ausüben. Alljährlich findet eine ordentliche Hauptversammlung statt, zu der die Aktionäre durch den Vorstand öffentlich eingeladen werden. Sie können sich natürlich vertreten lassen (viele kleinere Aktionäre lassen sich durch die Bank vertreten, bei der sie die Aktie deponiert haben). Die Hauptversammlung beschließt über die Entlastung von Vorstand und Aufsichtsrat, Wahl und Abberufung der Aufsichtsratsmitglieder (soweit nicht die Arbeitnehmer zuständig), Gewinnverteilung, Wahl der Abschlußprüfer, Satzungsänderungen (z.B. Kapitalherauf- oder -herabsetzungen), Auflösung der Gesellschaft, Verschmelzung von Gesellschaften und Zustimmung zu Unternehmungsverträgen. Die Beschlüsse werden notariell beurkundet.

Regelmäßig bedürfen Beschlüsse der Hauptversammlung nur der einfachen Stimmenmehrheit (§ 133 AktG). Bei bestimmten lebenswichtigen Fragen verlangt das Gesetz dagegen die Dreiviertelmehrheit des vertretenen Grundkapitals (Satzungsänderung § 179, Auflösung § 262, Verschmelzung § 340, Vermögensübertragung § 360, Umwandlung § 362). Ein Aktienbesitz von über 25 % des Grundkapitals bedeutet demnach eine Sperrminorität für Satzungsänderungen und ähnliche Beschlüsse.

*Jahresabschluß (§§ 148 . . . 178 AktG)*

„Der Vorstand hat in den ersten drei Monaten des Geschäftsjahres für das vergangene Geschäftsjahr die Jahresbilanz und die Gewinn- und Verlustrechnung (Jahresabschluß) sowie den Geschäftsbericht aufzustellen und den Abschlußprü-

---

1) Bei Familiengesellschaften mit weniger als 500 Arbeitnehmern entfällt das Wahlrecht der Arbeitnehmer (§ 76 BetrVG 1952). Bei der Montanindustrie besteht paritätische Beteiligung der Arbeitnehmer im Aufsichtsrat, d.h. Hauptversammlung und Arbeitnehmer stellen je fünf Mitglieder, über ein elftes Mitglied einigen sich die zehn anderen Aufsichtsratsmitglieder.

fern vorzulegen" (§ 148 AktG). Der Abschluß ist klar und übersichtlich aufzustellen und muß im Rahmen der Bewertungsvorschriften einen möglichst sicheren Einblick in die Vermögens- und Ertragslage der Gesellschaft geben (§ 149 AktG, siehe auch Abschnitt J). Jahresabschluß und Geschäftsbericht sind der Öffentlichkeit zugänglich, der Jahresabschluß wird in verschiedenen Zeitungen veröffentlicht. So kann sich jeder, insbesondere aber der Aktionär, informieren, wie es um die Gesellschaft steht. Die Unterschriften der Wirtschaftsprüfer bestätigen, daß Buchführung, Jahresabschluß und Geschäftsbericht nach pflichtmäßiger Prüfung Gesetz und Satzung entsprechen (§ 167 AktG).

**Kommanditgesellschaft auf Aktien (§§ 278 ... 290 AktG)**

Die Rechtsform einer Kommanditgesellschaft auf Aktien (KGaA) steht zwischen der einer AG und einer KG. Die KGaA hat einen oder mehrere persönlich haftende Gesellschafter und außerdem Teilhafter (Kommanditaktionäre), die an dem in Aktien zerlegten Grundkapital beteiligt sind. Die kapitalistische Kommanditgesellschaft, wie die KGaA auch genannt wird, ist wie die AG juristische Person. Die Firma muß den Zusatz „Kommanditgesellschaft auf Aktien" tragen. Geschäftsführung und Vertretung haben der oder die persönlich haftenden Gesellschafter. Sonst gelten weitgehend für die KGaA die Bestimmungen wie für die AG.

Es gibt relativ wenige Kommanditgesellschaften auf Aktien. Recht bekannt ist die Neckermann Versand KGaA.

**Gesellschaft mit beschränkter Haftung (GmbHG v. 20.4.1892)[1]**

Die Gesellschaft mit beschränkter Haftung (GmbH) ist wie die AG eine juristische Person, deren Gesellschafter mit Einlagen am Stammkapital (AG: Grundkapital) beteiligt sind, ohne persönlich für die Verbindlichkeiten der Gesellschaft zu haften (§ 13 GmbHG). Rein rechtlich ist die GmbH der AG sehr ähnlich; allerdings bestehen für sie nicht so strenge Vorschriften. So muß z.B. der Jahresabschluß allgemein außer bei sehr großen Gesellschaften nicht veröffentlicht werden[2]). Praktisch sind viele Gesellschaften der OHG viel ähnlicher. Insbesondere ist die GmbH meist kleiner und hat weniger Gesellschafter als die AG. An einen Gesellschafterwechsel ist vom Gesetzgeber grundsätzlich nicht gedacht.

Die *Firma* kann eine Personenfirma (mit Namen eines oder mehrerer Gesellschafter) oder eine Sachfirma (dem Gegenstand des Unternehmens entlehnt) sein. In beiden Fällen ist der Zusatz „mit beschränkter Haftung" erforderlich (§ 4 GmbHG).

*Gründung (§§ 1 ... 12 GmbHG)*

Die Gründung der GmbH vollzieht sich ähnlich der einer AG. Mindestens zwei Gründer stellen in gerichtlich oder notarieller Form die Satzung (den Gesellschafts-

---

1) Ein neues GmbH-Gesetz wird erwartet

2) Die Flucht aus der Publiszitätspflicht kann ein Grund für die Zunahme der Gesellschaften mit beschränkter Haftung gegenüber den Aktiengesellschaften sein

vertrag) für die künftige GmbH auf. Zum Mindestinhalt der Satzung gehören z.B. Firma, Sitz, Gegenstand des Unternehmens, Höhe des Stammkapitals (mindestens 20 000,–DM), Höhe der Stammeinlagen (können unterschiedlich hoch sein, müssen aber mindestens 500,–DM betragen). Weitere Bestimmungen kann die Satzung vorsehen (z.B. Nachschußpflicht). Die Gründer übernehmen die Stammeinlagen, auf die sie mindestens ein Viertel (mindestens aber 250,–DM) einzahlen müssen. Mit der Eintragung im Handelsregister ist die GmbH als juristische Person entstanden.

*Geschäftsanteile*

Geschäftsanteil wird das Mitgliedschaftsrecht des einzelnen Gesellschafters genannt. Es bestimmt sich nach der Stammeinlage des Gesellschafters. Im Gegensatz zur Aktie ist der GmbH-Geschäftsanteil nicht wertpapiermäßig verbrieft. Die Veräußerung bedarf der notariellen Beurkundung des Vertrages und kann im Gesellschaftsvertrag von der Zustimmung der Gesellschaft abhängig gemacht werden.

Bei einer GmbH besteht also durchaus nicht die Freizügigkeit des Kapitals, wie dies bei den Aktiengesellschaften, deren Aktien auf der Börse gehandelt werden, der Fall ist. Wie bei der AG ist es aber auch bei der GmbH denkbar, daß durch Aufkauf alle Anteile in einer Hand vereinigt werden (Einmanngesellschaft).

*Rechte der Gesellschafter*

Die Mitgliedschaftsrechte der Gesellschafter sind denen der Aktionäre ähnlich. Sie sind entweder Verwaltungsrechte (Stimmrecht, Teilnahme-, Auskunfts- und Anfechtungsrecht) oder Vermögensrechte (Gewinnbeteiligung, Recht auf Liquidationserlös).

*Organe*

Die Organe der GmbH entsprechen etwa denen der AG. Es sind die Geschäftsführer, die Gesamtheit der Gesellschafter (Gesellschafterversammlung) und u.U. ein Aufsichtsrat.

Die Leitung einer GmbH haben ein oder mehrere *Geschäftsführer*. Sie werden von den Gesellschaftern bestimmt. Vielfach sind die Geschäftsführer gleichzeitig Gesellschafter.

*Beispiel:* A. und B. gründen eine GmbH und setzen sich gegenseitig als Geschäftsführer (Direktoren) ein. Eine derartige Gesellschaft wird auch als personalistische GmbH bezeichnet. Daneben gibt es die kapitalistisch organisierte GmbH.

Ein *Aufsichtsrat* ist nach dem GmbH-Gesetz nicht vorgeschrieben. Bei mehr als 500 Arbeitnehmern schreibt aber das Betriebsverfassungsgesetz (vgl. G.4) einen Aufsichtsrat vor, der zu einem Drittel von der Belegschaft zu wählen ist.

Die *Gesamtheit der Gesellschafter* entspricht der Hauptversammlung der AG. Die für die Versammlung geltenden Vorschriften sind aber nicht so streng. Die Beschlüsse der Gesellschafter brauchen nicht notariell beurkundet zu werden. Wenn sämtliche Gesellschafter damit einverstanden sind, daß schriftlich abgestimmt wird, bedarf es überhaupt keiner Versammlung.

*GmbH & Co. KG*

Nicht nur natürliche Personen, sondern auch juristische Personen können Gesellschafter einer GmbH sein. Manchmal werden von größeren Unternehmen Tochtergesellschaften für den Vertrieb oder für Entwicklungszwecke in der Rechtsform einer GmbH gegründet.

Die GmbH kann ihrerseits auch Gesellschafterin einer anderen Gesellschaft sein. In der Praxis ist aus Gründen der Haftung und der Steuer der Fall bedeutend, daß eine GmbH persönlich haftende Gesellschafterin einer KG ist, während die GmbH-Gesellschafter gleichzeitig Kommanditisten der KG sind (GmbH & Co. KG).

Das Stammkapital der „persönlich haftenden" GmbH ist vielfach recht klein (mindestens 20 000,–DM), so daß für die Gesellschafter das Risiko eingeschränkt ist. Die GmbH & Co. ist jedoch Personengesellschaft und unterliegt daher nicht der Körperschaftssteuer (s. J.2.d). Nur die Einkünfte der GmbH unterliegen der Körperschaftssteuer, während die Einkünfte der Kommanditisten der Einkommensteuer unterliegen.

**Bergrechtliche Gewerkschaft**

Die bergrechtliche Gewerkschaft ist eine nach Landesrecht geregelte Kapitalgesellschaft – also keine Arbeitnehmerorganisation –, die nur im Bergbau vorkommt. Die Gesellschafter heißen Gewerken und sind mit auf Bruchteile (z.B. 1/1000) am Bergwerk lautenden Anteilscheinen, genannt Kuxe, beteiligt. Sie haben nicht nur Anspruch auf Gewinn (Ausbeute), sondern müssen evtl. Zubuße leisten, also die Einlage im Verhältnis der Beteiligung erhöhen.

### d) Genossenschaften

*Rechtsgrundlage* für die Genossenschaften ist das Gesetz betreffend die Erwerbs- und Wirtschaftsgenossenschaften vom 1.5.1889 (GenG). Die Genossenschaften sind „Gesellschaften von nicht geschlossener Mitgliederzahl, welche die Förderung des Erwerbes oder der Wirtschaft ihrer Mitglieder mittels gemeinschaftlichen Geschäftsbetriebes bezwecken ... " (§ 1 GenG).

Im Gegensatz zu den Handelsgesellschaften, die allgemein Gewinn erzielen wollen[1]), erstreben die Genossenschaften keinen Gewinn für sich, sondern wollen den Erwerb oder die Wirtschaft ihrer Mitglieder (genannt Genossen) fördern. Sie sind ihrem Wesen nach Selbsthilfeorganisationen. Pioniere des Genossenschaftswesens in Deutschland waren Schulze-Delitzsch (gewerbliche Genossenschaften) und Raiffeisen (landwirtschaftliche Genossenschaften) in der Mitte des vorigen Jahrhunderts.

---

[1]) Ausnahmen: gemeinnützige AG bzw. gemeinnützige GmbH, die satzungsgemäß auf dem Kostendeckungsprinzip arbeiten, insbesondere im Bau- und Siedlungswesen, z.B. die Gagfah (Gemeinnützige Aktiengesellschaft für Angestelltenheimstätten) und die Bausparkassen

*Gründung*

Zur Gründung einer Genossenschaft sind mindestens sieben Personen erforderlich. Die Eintragung erfolgt in das Genossenschaftsregister, das beim Amtsgericht geführt wird. Eine Liste der Genossen ist der Anmeldung beizufügen.

*Firma*

Die Firma ist dem Gegenstand des Unternehmens entlehnt (Sachfirma) und muß den Zusatz „eingetragene Genossenschaft mit beschränkter Haftpflicht" (eGmbH) bzw. „eingetragene Genossenschaft mit unbeschränkter Haftpflicht" (eGmuH) tragen.

*Geschäftsanteil und Haftung*

Jeder Genosse ist mit einem bestimmten *Geschäftsanteil,* der für alle gleich hoch ist, an der Genossenschaft beteiligt. Dieser Anteil braucht nicht voll eingezahlt zu werden. Der Betrag der tatsächlich geleisteten Einlage heißt *Geschäftsguthaben* und muß mindestens 10 % des Geschäftsanteils betragen. Die Haftpflicht des Genossen einer eGmbH geht bis zu einer bestimmten *Haftsumme.* Diese darf nie kleiner als der Geschäftsanteil sein. Bei Konkurs der Genossenschaft können die ungedeckten Schulden bis zu dieser Haftsumme auf die Genossen umgelegt werden. Da die Genossenschaft meist recht viele Mitglieder hat, ergibt sich häufig eine hohe Gesamthaftsumme, so daß eine entsprechende Kreditwürdigkeit gewährleistet ist, ohne daß der einzelne Genosse im Konkursfalle wirtschaftlich ruiniert wird.

*Arten der Genossenschaften*

Nach der Haftpflicht der Genossen unterscheidet man die eingetragene Genossenschaft mit unbeschränkter Haftpflicht (im Konkursfalle können die Schulden unbeschränkt auf die Genossen umgelegt werden) und die eingetragene Genossenschaft mit beschränkter Haftpflicht.

Man kann die Genossenschaften auch nach dem Zweck einteilen.

*Kreditgenossenschaften.* Auf dem Land sind dies besonders die Spar- und Darlehenskassen (Raiffeisenkassen), in der Stadt die Volksbanken. Sie führen Bankgeschäfte durch.

*Einkaufsgenossenschaften.* Fast jeder Handwerkszweig hat seine Einkaufsgenossenschaft. Es gibt auch Einkaufsgenossenschaften von Einzelhändlern (z.B. Edeka bei Lebensmitteln, Nürnberger Bund bei Haushaltswaren). Mitglieder sind (anders als bei Konsumgenossenschaften) die Händler. Die Einkaufsgenossenschaft ersetzt den Großhandel.

*Absatzgenossenschaften.* Die Genossenschaften übernehmen für ihre Mitglieder den Verkauf der Waren (z.B. Winzergenossenschaften).

*Produktions- (Erzeugungs-)Genossenschaften.* Sie übernehmen ganz oder teilweise die Produktion für ihre Mitglieder und gleichzeitig allgemein den Absatz (z.B. Molkereigenossenschaften, Zuckerfabriken usw. mit Landwirten als Genossen).

*Verbraucher- (Konsum-) Genossenschaften.* Sie sind Einkaufsgenossenschaften der Verbraucher. Der Einzelhandel wird durch sie ersetzt.

*Bau- und Wohnungsgenossenschaften.* Sie errichten für ihre Mitglieder Mietwohnungen oder auch Eigenheime und Eigentumswohnungen. Bei einigen dieser Baugenossenschaften beruht die Selbsthilfe nicht nur auf finanziellen Leistungen, sondern auch auf Arbeitsleistungen.

*Zentralgenossenschaften.* Es handelt sich um Genossenschaften, bei denen die Genossen ihrerseits Genossenschaften sind.

Da die einzelnen Genossen geschäftlich häufig unerfahren sind, sieht das Genossenschaftsgesetz zu ihrem und der Gläubiger Schutz strenge *Vorschriften über Buchführung und Geschäftsführung vor.*

Jede Genossenschaft muß einem Prüfungsverband angehören. Alle zwei Jahre (bei über 350 000,– DM Bilanzsumme alljährlich) hat eine Prüfung stattzufinden.

*Organe*

Die Organe der Genossenschaft sind ähnlich denen der Kapitalgesellschaften und heißen Vorstand, Aufsichtsrat und Generalversammlung.

Der *Vorstand* besteht aus mindestens zwei Personen, die Genossen sein müssen und von der Generalversammlung gewählt werden. Sie können Gehalt bekommen oder auch ehrenamtlich tätig sein. Dem Vorstand obliegen die Vertretung der Genossenschaft und die Geschäftsführung.

Der *Aufsichtsrat* besteht aus mindestens drei ehrenamtlichen Personen, die auch Mitglieder der Genossenschaft sein müssen. Wenn allerdings die Genossenschaft über 500 Arbeitnehmer beschäftigt, muß ein Drittel des Aufsichtsrates von der Belegschaft gewählt werden.

Die *Generalversammlung* ist das Organ der Mitglieder. Jeder Genosse hat gleiches Stimmrecht. Bei großen Genossenschaften (über 3000 Mitglieder immer, über 1500 zulässig) wird die Generalversammlung von der *Vertreterversammlung* ersetzt, in der die Vertreter, z.B. der Genossen der einzelnen Konsumläden, ihr Stimmrecht ausüben.

## 3. Unternehmungszusammenschlüsse

Landwirte, Handwerker und Einzelhändler schließen sich oft zu Genossenschaften zusammen. Weitere Zusammenschlüsse, besonders in der Industrie, sind Unternehmervereinigungen, Kartelle, Syndikate, Konzerne und sonstige verbundene Unternehmen sowie schließlich Trusts.

**Tabelle 2.** Übersicht über die Unternehmungsformen

| | Einzelunternehmung | OHG | KG | Stille Ges. | AG | GmbH | Genossenschaft |
|---|---|---|---|---|---|---|---|
| Wesen | größte Verantwortlichkeit und Unternehmerinitiative | engster Zusammenschluß von Kaufleuten | Vereinigung von voll verantwortlichen Gesellschaftern und Nurkapitalgebern | Vereinigung von voll verantwortlichen Gesellschaftern und Nurkapitalgebern | Kapitalgesellschaft, Geldgeber anonym | Kapitalgesellschaft, Geldgeber bekannt | Selbsthilfeeinrichtung |
| Mindestzahl der Gründer | allein | mind. 2 Personen | mind. 2 Personen | Inh. übern. Beteiligung | mind. 5 Personen | mind. 2 Personen | mind. 7 Personen |
| Firma | Personenfirma (Vor- und Zuname) | Personenfirma (mind. ein Zuname mit Zusatz) | Personenfirma (mind. ein Zuname mit Zusatz) | Personenfirma (Vor- und Zuname) | grundsätzlich Sach-, ausnahmsweise Personenfirma mit Zusatz AG | Personen- oder Sachfirma mit Zusatz GmbH | Sachfirma mit Zusatz eGmbH oder eGmuH |
| Mindestkapital | - | - | - | - | 100 000,– | 20 000,– | - |
| Mindesteinlage | - | - | - | - | 50,– | 500,– | - |
| Haftung der Inhaber | unbeschränkt | unbeschränkt | Komplementäre unbeschränkt, Kommanditisten nur Einlage | Inhaber unbeschränkt, Teilhaber nur Einlage | Aktienbetrag | Geschäftsanteil | bei Konkurs: mit Haftsumme bzw. unbeschränkt |
| Geschäftsführung | Inhaber | Gesellschafter | Vollhafter | Inhaber | Vorstand (kontrolliert durch Aufsichtsrat, Hauptvers.) | Geschäftsführer (kontrolliert durch Aufsichtsrat und Gesellschaftsvers.) | Vorstand (kontrolliert durch Aufsichtsrat und Generalvers.) |
| Vertretung | Inhaber | Gesellschafter | Vollhafter | Inhaber | Vorstand | Geschäftsführer | Vorstand |
| Gewinn | allein | 4 % der Einlage, Rest nach Personen | 4 % der Einlage, Rest angemessen | angemessen | Dividende anteilmäßig | anteilmäßig | anteilmäßig |

### a) Unternehmervereinigungen

Unternehmervereinigungen bzw. Unternehmerverbände sind Interessengemeinschaften, aber keine eigentlichen Unternehmungszusammenschlüsse. Sie umfassen vielfach einen großen Teil der Unternehmen einer Branche (Fachverbände). Die Arbeitgeberverbände treten beispielsweise bei arbeitsrechtlichen Vereinbarungen als Vertragspartner der Gewerkschaften auf (s. G.3.a). Die Fachverbände nehmen gemeinsame Interessen einer Branche wahr, z.B. die Gemeinschaftswerbung, oder versuchen, einen Einfluß auf die Gesetzgebung und die Staatsverwaltung, z.B. durch Denkschriften oder Lobbyisten[1]), auszuüben.

### b) Kartelle

Ein Kartell ist ein Zusammenschluß von Unternehmungen des gleichen Wirtschaftszweiges. Die Unternehmen bleiben rechtlich selbständig, beeinflussen aber durch *Absprachen* über Preise, Bedingungen, Produktionsmengen, Absatzgebiete u.a. den Wettbewerb. Nach dem Gesetz gegen Wettbewerbsbeschränkungen vom 27.7.1957 i.d.F. v. 3.1.1966 (GWB) sind derartigen Absprachen allgemein verboten. Das Gesetz läßt aber eine Reihe von Ausnahmen zu. In einigen Fällen genügt eine Anmeldung der Absprachen beim Bundeskartellamt in Berlin (Konditionskartelle, Rabattkartelle und Spezialisierungskartelle), in anderen Fällen ist eine Genehmigung erforderlich. Dies ist bei der Bildung von Strukturkrisenkartellen (zur Anpassung der Kapazität an den Bedarf unter Berücksichtigung des Gemeinwohls) Ausfuhrkartellen, Einfuhrkartellen, Rationalisierungskartellen (zur einheitlichen Anwendung von Normen oder Typen) und Sonderkartellen gem. § 8 GWB (Wettbewerbsbeschränkung ist aus sonstigen Gründen der Gesamtwirtschaft oder des Gemeinwohls notwendig) der Fall.

Entsprechend der Absprache unterscheidet man folgende Kartellarten:

1. *Preiskartell* zur Vereinbarung von Mindestpreisen
2. *Gebietskartell.* Jedem Kartellmitglied wird ein Absatzgebiet zugeteilt, in dem es konkurrenzlos ist
3. *Produktionskartell.* Jedes Kartellmitglied darf nur eine bestimmte Produktionsmenge herstellen. Damit wird das Angebot künstlich knapp und der Preis hochgehalten.
4. *Konditionskartell* (Bedingungskartell). Es werden gleiche Lieferungs- und Zahlungsbedingungen vereinbart.
5. *Rabattkartell.* Es werden einheitliche Rabatt- (Preisnachlaß-) Regelungen getroffen.
6. *Normungs- und Typisierungskartelle* (Rationalisierungs- und Spezialisierungskartelle gem. §§ 5 und 5a GWB). Es werden die Typen beschränkt und die Teile genormt. Die einschneidenden Rationalisierungskartelle sind genehmigungspflichtig, während die Spezialisierungsabreden, die einen wesentlichen Wettbewerb bestehen lassen, nur anmeldepflichtig sind.

---

[1]) Ein Lobbyist (von Lobby = Wandelhalle im engl. oder amerik. Parlament) ist ein Interessenvertreter, der z.B. Abgeordnete oder die öffentliche Meinung zu beeinflussen versucht

## c) Syndikate

Syndikate sind Kartelle mit gemeinsamer Einkaufs- oder (meist) Verkaufsorganisation (Kohlensyndikat, Stahlkontor). Der unmittelbare Verkehr zwischen Produzent und Verbraucher ist durch die Zwischenschaltung des Syndikats unterbrochen. Syndikate sind allgemein verboten.

## d) Konzerne und sonstige verbundene Unternehmen

Die technische Entwicklung hat zu einer Konzentration der Wirtschaft geführt. „Fast 70 % des deutschen Aktienkapitals stecken in irgendwelchen Konzernzusammenhängen"[1]). Das neue Aktiengesetz regelt in den §§ 15 . . . 22 und 291 ff. das Recht der verbundenen Unternehmen.

Die Vorschriften dienen dem Schutz abhängiger Gesellschaften, ihrer Gläubiger und außenstehender, nicht zum Konzern gehöriger Aktionäre.

Bei den verbundenen Unternehmen handelt es sich gem. § 15 AktG um „rechtlich selbständige Unternehmen, die im Verhältnis zueinander in Mehrheitsbesitz stehende Unternehmen und mit Mehrheit beteiligte Unternehmen (§ 16), abhängige und herrschende Unternehmen (§ 17), Konzernunternehmen (§ 18), wechselseitig beteiligte Unternehmen (§ 19) oder Vertragsteile eines Unternehmensvertrags (§§ 291, 292) sind".

Wenn die Mehrheit der Anteile eines Unternehmens einem anderen Unternehmen gehört, dann handelt es sich um ein *in Mehrheitsbesitz stehendes* und um ein *mit Mehrheit beteiligtes Unternehmen* (§ 16 AktG).

„*Abhängige Unternehmen* sind rechtlich selbständige Unternehmen, auf die ein anderes Unternehmen (herrschendes Unternehmen) unmittelbar oder mittelbar einen beherrschenden Einfluß ausüben kann" (§ 17 AktG).

„Sind ein herrschendes und ein oder mehrere abhängige Unternehmen unter der einheitlichen Leitung des herrschenden Unternehmens zusammengefaßt, so bilden sie einen *Konzern;* die einzelnen Unternehmen sind Konzernunternehmen" (§ 18 AktG).

Von einer *wechselseitigen Beteiligung* spricht § 19 AktG wenn inländischen Kapitalgesellschaften jeweils mehr als 25 % der Anteile des anderen Unternehmens gehören. Gemäß §§ 20, 21 AktG bestehen Mitteilungspflichten gegenüber der anderen Gesellschaft, wenn einem Unternehmen mehr als 25 % der Anteile der anderen Gesellschaft gehören.

*Unternehmensverträge* können Beherrschungsverträge, Gewinnabführungsverträge, Gewinngemeinschaftsverträge, Teilgewinnabführungsverträge, Betriebspachtverträge und Betriebsüberlassungsverträge sein (§§ 291, 292 AktG). Diese Verträge erfordern die Zustimmung der Hauptversammlung (mindestens 3/4 Mehrheit); die Eintragung im Handelsregister ist erforderlich.

Eine *eingegliederte Gesellschaft* (§§ 319 ff. AktG) bleibt zwar nach außen ein rechtlich selbständiges Unternehmen, ist aber im Innenverhältnis weisungsgebun-

---

[1]) Hefermehl, Wolfgang a.a.0. S. 24

den wie eine Betriebsabteilung. Die Eingliederung kann die Hauptversammlung der Hauptgesellschaft beschließen, wenn sich sämtliche Aktien in der Hand der Hauptgesellschaft befinden.

Falls sich mindestens 95 % des Grundkapitals im Besitz der künftigen Hauptgesellschaft befinden, ist eine Eingliederung bei angemessener Abfindung der restlichen Aktionäre möglich.

Ein Konzern, der von einer inländischen Kapitalgesellschaft (Obergesellschaft, Holding-Gesellschaft) einheitlich geleitet wird, hat einen *Konzernabschluß* (konsolidierten Abschluß) aufzustellen. In diesen Abschluß muß jedes inländische Unternehmen, das mit mehr als 50 % seines Grundkapitals der Obergesellschaft gehört, einbezogen werden (§§ 329 ff.). Konzernabschluß und Konzerngeschäftsbericht sind durch besondere Prüfer zu prüfen (§ 336 AktG).

Beispiele für Konzerne: Oetker-, Flick-, Veba-Konzern

### e) Trusts

Während bei der Eingliederung einer Gesellschaft in eine andere, also der strengsten Form der Konzernbildung, immer noch die rechtliche Selbständigkeit der eingegliederten Gesellschaft bestehen bleibt, wird sie bei einem Trust aufgegeben. Es erfolgt eine *Fusion (Verschmelzung)* der betreffenden Gesellschaften (§§ 339 ff. AktG). Die Verschmelzung kann durch Aufnahme einer AG in die andere AG (§§ 340 . . . 352 AktG) oder durch Bildung einer neuen Gesellschaft (§ 353 AktG) erfolgen. Der Trust ist auf Marktbeherrschung gerichtet, sein Streben ist im allgemeinen aber auch die innerbetriebliche Rationalisierung und eine betriebswirtschaftliche Kontrolle der Produktion.

Das Gesetz gegen Wettbewerbsbeschränkungen verbietet die Bildung von verbundenen Unternehmen und Trusts nicht, sondern wirkt nur dem Mißbrauch entgegen. Gemäß § 23 GWB besteht eine Anzeigepflicht gegenüber der Kartellbehörde, wenn durch den Zusammenschluß ein Marktanteil (Anteil am gesamten Angebot) von mindestens 20 % durch die sich zusammenschließenden Unternehmen erreicht wird bzw. wenn die Unternehmen insgesamt mindestens 10 000 Beschäftigte, 500 Millionen DM Jahresumsatz oder 1 Milliarde DM Bilanzsumme haben. Ein Unternehmen darf ein anderes Unternehmen nicht zum Zusammenschluß zwingen (§ 25 GWB).

## 4. Handelsgeschäfte

Das Recht der Handelsgeschäfte wird im dritten Buch des HGB (§§ 343 . . . 460 HGB) geregelt. „Handelsgeschäfte sind alle Geschäfte eines Kaufmanns, die zum Betrieb seines Handelsgewerbes gehören" (§ 343 (1) HGB).

Bei dem Geschäft muß mindestens auf einer Seite ein Kaufmann beteiligt sein, und das Geschäft muß im Zusammenhang mit dem Gewerbebetrieb stehen.

*Arten der Handelsgeschäfte*

Nach den Beteiligten unterscheidet man *beiderseitige* und *einseitige* Handelsgeschäfte, je nachdem, ob beide Vertragsteile Kaufleute sind oder nur ein Kaufmann mitwirkt.

Nach der Bedeutung für den Betrieb unterscheidet man *Handelsgrundgeschäfte* (sie bilden den eigentlichen Gegenstand des Handelsgewerbes). *Handelshilfsgeschäfte* (z.B. Miete eines Ladens, Einstellung eines Arbeitnehmers) und *Handelsnebengeschäfte* (z.B. ein Industrieunternehmer macht Börsengeschäfte mit Wertpapieren, vgl. § 343 Abs. 2 HGB).

*Rechtliche Bedeutung*

Grundsätzlich gehen die HGB-Bestimmungen bei Handelsgeschäften den BGB-Bestimmungen vor. Manche Sondervorschriften gelten jedoch nur für beiderseitige Handelsgeschäfte (z.B. Handelsgebräuche § 346, Zinsen §§ 352, 353, unverzügliche Untersuchungs- und Rügepflicht § 377 HGB) oder nur für den Vertragsteil, der Kaufmann ist (z.B. kaufmännische Sorgfaltspflicht § 347) bzw. nur für Vollkaufleute (z.B. Formfreiheit für Bürgschaftsversprechen § 350 HGB).

*Handelsgebräuche*

Handelsgebräuche (§ 346 HGB) sind kein Gewohnheitsrecht, sondern kaufmännische Verkehrssitte und gelten nur unter Kaufleuten. Insbesondere bei Auslegung typischer Vertragsklauseln (z.B. fob, cif[1])) sind sie zu berücksichtigen. Beweispflichtig für einen bestrittenen Handelsbrauch ist die Partei, die sich auf ihn beruft.

*Stillschweigen im Handelsverkehr*

Wie im bürgerlichen Recht gilt auch bei Handelsgeschäften das Stillschweigen nicht als Genehmigung. Jedoch gibt es zahlreiche Ausnahmen:

*Beispiele:*

1. Bei Bestellung auf Grund von Katalogen und Preislisten gilt das Schweigen des Verkäufers als Annahme der Bestellung.
2. Wer ohne Widerspruch einen Auftrag nach den mitgeteilten „Allgemeinen Geschäftsbedingungen" erteilt, hat sich diesen Bedingungen unterworfen. Bei Banken, Versicherungen und gemeinnützigen Unternehmen genügt, daß diese „Allgemeinen Geschäftsbedingungen" ordnungsgemäß veröffentlicht wurden.
3. Das Schweigen auf ein Bestätigungsschreiben (Auftragsbestätigung) gilt als Genehmigung der Bedingungen dieses Schreibens. Dagegen gilt die Annahme einer Rechnung nicht als Genehmigung nicht vereinbarter Bedingungen.

---

[1]) fob = free on board = frei Schiff
cif = cost, insurance, freight = Verkäufer trägt Beförderungs- und Versicherungskosten bis zum Empfangshafen

4. „Geht einem Kaufmann, dessen Gewerbebetrieb die Besorgung von Geschäften für andere mit sich bringt, ein Antrag über die Besorgung solcher Geschäfte von jemand zu, mit dem er in Geschäftsverbindung steht, so ist er verpflichtet, unverzüglich zu antworten; sein Schweigen gilt als Annahme des Antrags. Das gleiche gilt, wenn einem Kaufmann ein Antrag über die Besorgung von Geschäften von jemand zugeht, dem gegenüber er sich zur Besorgung solcher Geschäfte erboten hat" (§ 362 HGB).

Während beim vierten Beispiel die Regelung auf dem Gesetz beruht, stützen sich die ersten drei Beispiele auf die Rechtsprechung, die sich aus dem Grundsatz von Treu und Glauben entwickelte.

*Art und Weise der Leistung*

Bei Gattungsware ist gem. § 360 HGB (entsprechend § 243 BGB vgl. B.1) Handelsgut mittlerer Art und Güte zu liefern. Für Maße, Gewichte, Währungen, Zeitrechnungen und Entfernungen ist der Erfüllungsort maßgebend (§ 361 HGB). Die Leistung kann bei Handelsgeschäften nur während der gewöhnlichen Geschäftszeit bewirkt und gefordert werden (§ 358 HGB). Bei beiderseitigen Handelsgeschäften besteht eine Verzinsungspflicht ab Fälligkeit, nicht erst ab Verzug (§ 353 HGB). Bei Darlehensgewährung und ähnlichen Rechtsgeschäften hat der Kaufmann auch gegenüber Nichtkaufleuten einen Zinsanspruch, bei einer Geschäftsbesorgung einen Vergütungsanspruch (§ 354 HGB). Der Zinsfuß beträgt bei beiderseitigen Handelsgeschäften 5 % (§ 352 HGB), bei einseitigen Handelsgeschäften dagegen entsprechend § 246 BGB nur 4 %, falls keine andere Vereinbarung (z.B. 2 % über Zentralbankdiskont) oder Rechtsvorschrift besteht.

Als Schuldner haftet der Kaufmann „für die Sorgfalt eines ordentlichen Kaufmanns" (§ 347 HGB). Er kann, falls er sich zur Zahlung einer Vertragsstrafe verpflichtet hat, nicht deren Herabsetzung durch das Gericht verlangen (§ 348 HGB). Als Bürge hat der Vollkaufmann, falls die Bürgschaft für ihn ein Handelsgeschäft ist, kein Recht auf Einrede der Vorausklage (vgl. B.5 – § 349 HGB).

Für die Geschäftsverbindung mit einem Kaufmann sehen §§ 355 . . . 357 HGB die Möglichkeit der laufenden Rechnung (des Kontokorrents) vor.

Wenn ein Kaufmann eine ihm nicht gehörende bewegliche Sache im Rahmen seines Handelsgewerbes veräußert oder verpfändet (vgl. C.1.b), ist der gute Glaube des Erwerbers auch auf die Verfügungsmacht des Veräußerers oder Verpfänders ausgedehnt (§ 366 HGB). Wenn ein Bankier gestohlene, verlorene oder sonst abhanden gekommene Inhaberwertpapiere erwirbt oder als Pfand annimmt, hat er eine besondere Prüfungspflicht.

Der gute Glaube des erwerbenden Bankiers ist nicht geschützt, wenn zur Zeit der Veräußerung oder Verpfändung der Verlust des Papieres im Bundesanzeiger bekanntgemacht und seit dem Jahr, in dem die Veröffentlichung erfolgte, nicht mehr als ein Jahr verstrichen war (§ 367 HGB).

Besondere Bestimmungen sehen §§ 368 . . . 372 HGB für das Pfandrecht und das Zurückbehaltungsrecht bei Handelsgeschäften vor.

# E. Geld, Kredit, Zahlungsverkehr[1])

## 1. Geld

Geld ist allgemeines *Tauschmittel.* Ursprünglich wurden Güter gegen Güter direkt getauscht, z.B. Vieh gegen Getreide, Tierfelle gegen Salz. Die Arbeitsteilung in immer mehr Berufe machte es dem Hersteller immer schwieriger, jeweils den richtigen Tauschpartner zu finden, der das brauchte, was er bieten konnte, und das bot, was er selbst brauchte. Man benötigte Tauschgüter, die von jedem angenommen wurden und wieder weitergegeben werden konnten, sogenannte *Zwischentauschgüter* (Warengeld), z.B. Vieh, Muscheln, Felle, ungemünzte Edelmetalle. Das Warengeld wurde im Laufe der Zeit durch das Metallgeld verdrängt. Der leichteren Verwendung wegen prägte man aus Edelmetallen *Münzen* gleichen Gewichts und gleichen Feingehalts. Eine weitere Vereinfachung bestand darin, die Goldbarren oder Münzen bei Banken zu hinterlegen und mit den Hinterlegungsscheinen, sogenannten *Banknoten,* zu zahlen. Heute steht der bargeldlose Geldverkehr von Konto zu Konto, das sogenannte *Buchgeld* (Giralgeld), im Vordergrund.

Das Geld ist nicht nur allgemeines *Tauschmittel,* sondern auch allgemeines *Wertausdrucksmittel* und *Sparmittel.* Den Wert der Güter drückt man z.B. in Mark und Pfennig aus.

Im rechtlichen Sinne ist Geld das vom Staat mit Annahmezwang ausgestattete *gesetzliche Zahlungsmittel.*

**Geld**

| **wirtschaftlich** | **rechtlich** |
|---|---|
| 1. allgemeines Tauschmittel<br>2. allgemeines Wertausdrucks mittel<br>3. allgemeines Sparmittel | vom Staat mit Annahmezwang ausgestattetes gesetzliches Zahlungsmittel |

Unter der *Währung* versteht man die Geldverfassung eines Staates. Während es bis zum Ersten Weltkrieg hauptsächlich Goldwährungen gab, haben wir heute allgemein Papierwährungen. Seit dem 21. Juni 1948 ist in der Bundesrepublik die Deutsche Mark die Währungseinheit. Verantwortlich für unsere Währung ist die Deutsche Bundesbank, die auch die Banknoten ausgibt. Die Münzen werden dagegen vom Bund ausgegeben. Der Bargeldumlauf betrug Ende 1970 39,5 Milliarden DM.

Der *Wert des Geldes* entspricht der Gütermenge, die man für eine bestimmte Geldeinheit kaufen kann. Die Kaufkraft bestimmt also den Geldwert.

---

[1]) S. auch Krause/Bantleon, Organisation und Finanzierung von Industrieunternehmen, Verlag Friedr. Vieweg & Sohn, Braunschweig, 1971.

Da die Preise der Güter sich unterschiedlich entwickelten, geht man von Durchschnittswerten aus. Üblich ist die Beobachtung des Lebenshaltungskostensindex. Der Preisindex für die Lebenshaltung eines Vier-Personen-Arbeitnehmer-Haushaltes mit mittlerem Einkommen des Haushaltungsvorstandes zeigt von 1950 bis 1970 folgende Entwicklung[1]):

| Jahresdurch-schnitt | Index 1950 = 100 | | | | |
|---|---|---|---|---|---|
| 1950 | 100 | 1960 | 120,5 | 1968 | 147,3 |
| 1952 | 110,0 | 1962 | 126,9 | 1969 | 151,5 |
| 1954 | 108,2 | 1964 | 133,8 | 1970 | 157,0 |
| 1956 | 112,9 | 1965 | 138,3 | | |
| 1958 | 117,7 | 1966 | 143,1 | | |
| | | 1967 | 145,2 | | |

Der *Außenwert des Geldes* wird durch die Devisenkurse ausgedrückt, die angeben, in welchem Verhältnis das Geld in fremde Währungen umgetauscht wird.

| Land | für Einheit | Gegenwart in DM 19.9.1949 | 31.12.1958 | Jan. 1962 | 26.11.1968 | 12.1.1972 |
|---|---|---|---|---|---|---|
| Dänemark | 100 dkr | 60,88 | 60,81 | 57,91 | 52,95 | 45,93 |
| Frankreich | 100 F | 1,20 | 0,85 | 81,02 | 80,27 | 62,34 |
| Großbritannien | 1 £ | 11,76 | 11,76 | 11,20 | 9,486 | 8,279 |
| Italien | 100 Lire | 0,245 | 0,67 | 0,64 | 0,636 | 0,546 |
| Österreich | 100 öS | 29,16 | 16,15 | 15,38 | 15,345 | 13,772 |
| Schweiz | 100 sfr | 96,00 | 96,05 | 91,47 | 92,46 | 82,795 |
| USA | 1 $ (Dollar) | 4,20 | 4,20 | 4,00 | 3,965 | 3,2467 |

Störungen im Geldverkehr sind Inflation und Deflation. In beiden Fällen ist das Verhältnis von Geldmenge und Gütermenge gestört.

Bei der *Inflation* (lat. inflare = aufblähen) wird die Geldmenge im Verhältnis zur Warenmenge übermäßig stark vermehrt, oder das Volumen an Handelsgütern wird bei gleichbleibender Geldmenge stark vermindert (z.B. zugunsten der Rüstungsproduktion). Die Preise steigen stark an; Preissteigerungen bedeuten Geldentwertung. Durch eine Flucht in die Sachwerte (Warenhamsterei) werden die Preissteigerungen noch stärker. Benachteiligt ist insbesondere der Sparer (Gläubiger) und der Festbesoldete. Schuldner sind im Vorteil. Bis 1923 war in Deutschland eine offene Inflation (die Preise stiegen erkennbar), bis 1948 eine verdeckte, da damals die Preise der wichtigsten Güter gebunden und somit offizielle Preissteigerungen verhindert waren. Die Schwarzmarktpreise waren entsprechend höher (z.B. eine Zigarette 5,– RM und mehr).

Bei einer *Deflation* (lat. deflare = schrumpfen) ist die Situation umgekehrt. Die Geldmenge ist im Verhältnis zur Gütermenge zu klein (Unterversorgung der Wirtschaft mit Geld). Die Preise sinken zwar stark, aber Absatzschwierigkeiten, Produktionseinschränkungen und Arbeitslosigkeit sind die Folgen. Die große Weltwirtschaftskrise 1930/1931 beruhte zum Teil auf einer derartigen Deflation.

[1]) Bundesministerium für Wirtschaft und Finanzen: Leistung in Zahlen 1970, Seite 28

Sowohl Inflation wie Deflation sind für die Wirtschaft sehr schädlich. Es ist daher Aufgabe der Währungspolitik, deren Trägerin in der Bundesrepublik die Deutsche Bundesbank ist, solche Störungen zu verhindern. Maßnahmen zur Verminderung der Geldmenge, also zur Verhinderung einer Inflation, können sein: Heraufsetzung des Wechseldiskonts, Einführung von Kreditbeschränkungen, Erhöhung der Mindestreserven der Banken, Verkauf von Wertpapieren. Maßnahmen zur Vermehrung der Geldmenge (Deflationsbekämpfung) sind: Herabsetzung des Diskonts, Aufhebung von Kreditbeschränkungen, Herabsetzung der Mindestreserven, Ankauf von Wertpapieren.

## 2. Kredit

Das Wort Kredit kommt aus dem Lateinischen (credere = glauben, vertrauen) und hat eine doppelte Bedeutung. Einerseits versteht man darunter im eigentlichen Sinn des Wortes das Vertrauen, das ein Gläubiger einem Schuldner gegenüber hat, daß dieser seinen Schuldverpflichtungen ordnungs- und termingemäß nachkommt („er hat überall Kredit"). Andererseits versteht man hauptsächlich unter Kredit das Zurverfügungstellen von insbesondere Geld durch den Kreditgeber (Gläubiger) bei späterer Rückzahlung durch den Kreditnehmer (Schuldner).

Kredite haben für die Wirtschaft eine sehr große Bedeutung. Es gibt wohl kaum einen Betrieb, der ohne Kredite (Fremdkapital) arbeitet, selbst wenn es sich nur um die Inanspruchnahme eines Zahlungszieles gegenüber dem Lieferanten (Lieferantenkredit) handelt.

Eine Einteilung der Kredite kann nach Gesichtspunkten der Tabelle 3 vorgenommen werden.

Besonders bei Geldkrediten treten Kreditinstitute als Kreditgeber auf. Neben den allgemeinen Banken und Sparkassen gibt es Kreditinstitute, deren Aufgaben auf ein bestimmtes Arbeitsgebiet beschränkt sind, z.B. Hypothekenbanken, Bausparkassen, öffentliche und private Pfandkreditanstalten (Leihhäuser) und Einkaufskreditinstitute. Größere Unternehmen mit Verkauf an Privatpersonen (z.B. Warenhäuser, Versandgeschäfte) haben oft angegliederte Kreditinstitute.

Für die Kreditgewährung ist der Kredit des Schuldners im ursprünglichen Sinne, also das Vertrauen des Gläubigers, Voraussetzung. Die Prüfung der Kreditwürdigkeit erfolgt teilweise durch Selbstauskunft des Schuldners (Formular, eingereichte Bilanz), teilweise durch Einholung einer Auskunft bei einer Auskunftei (gegen Gebühr) oder bei angegebenen Referenzen (meist andere Lieferanten).

Zu den rechtlichen Grundlagen von Kredit und Kreditsicherung wird nochmals auf die Ausführungen über Darlehen und Bürgschaft (B.5) sowie das Sachenrecht (C), insbesondere Sicherungsübereignung, Pfandrecht an beweglichen Sachen und Rechten, Grundpfandrechte, hingewiesen.

**Tabelle 3:** Kreditarten

| Einteilungsmerkmal | Bezeichnung des Kredits | Bemerkungen |
|---|---|---|
| Kreditgeber | private Kredite | Kreditgeber ist Privatperson (z.B. Verwandter) |
| | Lieferantenkredite | insbes. Warenkredite |
| | Bankkredite | eine Bank ist Kreditgeber |
| | a) Kontokorrentkredit | Kredit in laufender Rechnung |
| | b) Diskontkredit | Bank diskontiert Kundenwechsel |
| | c) Lombardkredit | meist kurzfristig gegen Faustpfand |
| | d) Akzeptkredit | Bank akzeptiert Wechsel |
| | e) Avalkredit | Bank bürgt für Kunden |
| | f) Konsortialkredit | Bankenkonsortium ist Kreditgeber |
| | öffentliche Kredite | die öffentliche Hand (z.B. Staat) gewährt Kredit |
| Art der Leistung | Geldkredit | Hingabe von Geld |
| | Warenkredit | Lieferung von Waren auf Ziel |
| | Leistungskredit | Bereitstellung einer Leistung gegen spätere Gegenleistung |
| | Kreditleihe | Kreditgeber stellt seinen Ruf zur Verfügung (Aval-, Akzept-, Rembourskredit) |
| Dauer | kurzfristig | bis 12 Monate Laufzeit |
| | mittelfristig | bis 4 Jahre Laufzeit |
| | langfristig | über 4 Jahre Laufzeit |
| | | (Grenzen sind flüssig) |
| Verwendungszweck | Konsumtivkredit | Verbrauchsfinanzierung |
| | Produktivkredit | Kredit, um zu verdienen |
| | a) Anlagekredit (Investitionskredit) | z.B. zum Kauf von Maschinen |
| | b) Betriebsmittelkredit | z.B. zum Kauf von Werkstoffen |
| | c) Saisonkredit | Überbrückung einer Saison |
| Sicherung | Personalkredite | nur Vertrauen in die Person des Kreditnehmers |
| | verstärkte Personalkredite | mehrere Personen haften |
| | a) Bürgschaftskredit | Bürge haftet |
| | b) Wechseldiskontkredit | Haftung aller Wechselverpflichteten |
| | c) Zessionskredit | Haftung einer abgetretenen Forderung |
| | Realkredite | sachenrechtliche Sicherung |
| | a) Hypothek, Grundschuld | Grund und Boden als Pfand |
| | b) Lombardkredit | bewegliche Sachen oder Wertpapiere als Pfand |
| | c) Sicherungsübereignung | pfandrechtsähnl. Vertrag |
| | d) Eigentumsvorbehalt | beim Kreditkauf |

## 3. Übersicht über die Wertpapiere

Die Wertpapiere gehören zu den *Urkunden,* die ein *privates Vermögensrecht* verbriefen:

**Urkunden**

| **bloße Beweisurkunden** | **konstitutive Urkunden** | **Wertpapiere** |
|---|---|---|
| (das Recht ist von der Urkunde unabhängig) z.B. Schuldschein | (das Recht entsteht erst durch das Papier) z.B. notarieller Kaufvertrag über Grundstück, Testament | Träger verbriefter Rechte (unlösbare Verknüpfung von Recht und Papier) |

Die Wertpapiere können nach verschiedenen Gesichtspunkten eingeteilt werden. Nach dem verbrieften Recht kann folgende Einteilung vorgenommen werden:

**Wertpapiere**

| **Forderungspapiere** verbriefen | | | **Sachenrechtliche Papiere** | **Mitgliedschafts-Papiere** |
|---|---|---|---|---|
| **Geldforderung** | **Warenforderung** | **Dienstleistungsforderung** | z.B. Hypothekenbrief[5], Grundschuldbrief[5], (in der Regel) Investment-Zertifikate[9] | z.B. Aktien[10] Kuxe[10] |
| z.B. Banknoten[1], Wechsel[2], Scheck[3], Obligation[4], Pfandbrief[5] | z.B. Konnossement[6], Lagerschein[7], Ladeschein[8] | z.B. Fahrschein, Theaterkarte | | |

1) s. E.1

2) s. E.6

3) s. E.7

4) Obligation = Schuldverschreibung (festverzinsliches Wertpapier mit längerer Laufzeit, Rentenwert; auch Pfandbriefe gehören zu den Obligationen i.w.S.)

5) s. C.2.b

6) Konnossement (Bill of lading, Seefrachtbrief) = urkundliche Verpflichtung des Verfrachters, die übernommene Ware an den berechtigten Inhaber der Urkunde herauszugeben

7) Lagerschein = vom Lagerhalter ausgestelltes Wertpapier, in welchem der Lagerhalter die Herausgabe des bei ihm eingelagerten Gutes verspricht

8) Ladeschein = Urkunde, durch die sich der Frachtführer verpflichtet, das von ihm zur Beförderung übernommene Gut an den durch den Ladeschein als Empfänger Legitimierten gegen Zahlung der Fracht und Rückgabe des Scheines auszuhändigen

9) Investment-Zertifikate = Anteilscheine einer Kapitalanlagegesellschaft. Diese Gesellschaften legen die bei ihnen angelegten Gelder in börsengängigen Wertpapieren, vorzugsweise in Aktien an

10) s.D.2.c – Die Wertpapiere, die einen Ertrag bringen (Effekten), bestehen aus dem sogenannten Mantel (der eigentlichen Aktie, dem eigentlichen Pfandbrief usw.) und dem Gewinnanteilscheinbogen (bei Aktien) bzw. dem Zinsscheinbogen (Kuponbogen bei festverzinslichen Wertpapieren)

Eine andere Einteilung nach dem verbrieften Recht kann folgendermaßen aussehen:

**Wertpapiere**

| **Warenwertpapiere** | **Geldwertpapiere** | **Kapitalwertpapiere** | |
|---|---|---|---|
| | | **nicht vertretbar** | **vertretbar** = **Effekten** |
| z.B. Konnossement, Ladeschein, Lagerschein | z.B. Banknote, Scheck, Wechsel | z.B. Hypothekenbrief | z.B. Aktien, Pfandbriefe, Obligationen |

Nach der *Person des Berechtigten* kann man die Wertpapiere folgendermaßen einteilen:

**Wertpapiere**

| **Rektapapiere** | **Orderpapiere** | | **Inhaberpapiere** |
|---|---|---|---|
| (Namenspapiere) lauten auf bestimmte Person (Übertragung durch Abtretung des Rechts und Übergabe des Papiers) | lauten auf bestimmte Person oder deren Order (Übertragung durch Indossament[1]), Abschluß des Begebungsvertrages und Übergabe des Papiers) | | lauten auf den Inhaber – wer Recht am Papier hat, hat auch das Recht aus dem Papier (Übertragung durch Übereignung) |
| | **geborene Orderpapiere** | **gekorene Orderpapiere** | |
| | (sind auch ohne Orderklausel Orderpapiere) | (sind nur mit Orderklausel Orderpapiere) | |
| z.B. Hypothekenbriefe, Grundschuldbriefe, Rektawechsel, Anweisung des BGB, Sparkassenbuch | z.B. Wechsel, Scheck, Namensaktie | z.B. Konnossement, kaufm. Verpflichtungsschein (z.B. Sparbrief) Ladeschein, Lagerschein | z.B. Inhaberschuldverschreibung, Inhaberscheck, Inhaberaktie |

Die Eigentümlichkeit des Wertpapierrechts, nämlich die unlösbare Verknüpfung von Recht und Papier, kommt nur bei den Order- und Inhaberpapieren zur vollen Geltung.

## 4. Übersicht über den Zahlungsverkehr

Für eine Geldzahlung gibt es verschiedene Zahlungsarten:

1. Bargeldzahlung
2. Bargeldsparende Zahlung (halbbare Zahlung)
3. Bargeldlose Zahlung

---

[1]) s. E.7

Bei der *Bargeldzahlung* gibt der Zahler bares Geld (Münzen, Scheine), der Zahlungsempfänger erhält bares Geld. Möglichkeiten sind die Handzahlung unter Anwesenden, die Zahlung durch Boten, durch Postanweisung oder durch Wertbrief.

Bargeldzahlung ist beim Einkauf im Einzelhandel, insbes. bei kleineren Beträgen, üblich. Viele Privatbetriebe zahlen die Löhne noch in bar aus statt durch Überweisung auf ein Konto. Bei Versteigerungen muß grundsätzlich mit Bargeld bezahlt werden.

Nachteile des Bargeldverkehrs können Verluste durch Verzählen, Diebstahl, Brand usw. sein. Die Zahlung durch Postanweisung oder Wertbrief verursacht höhere Kosten als die bargeldlose oder bargeldsparende Zahlung.

Bei der *bargeldsparenden Zahlung (halbbaren Zahlung)* zahlt entweder der Zahler mit Bargeld und der Empfänger bekommt eine Kontogutschrift oder der Zahler bekommt eine Kontolastschrift und der Empfänger erhält Bargeld. Es muß also einer der beiden Partner ein Konto bei einer Bank, einem Postscheckamt oder einer Sparkasse haben. Möglichkeiten zur Zahlung sind Zahlkarte (Post) bzw. Zahlschein (Bank, Sparkasse), wenn der Empfänger ein Konto hat bzw. Postscheck oder Scheck, wenn der Zahler ein Konto hat.

Das Zahlen mit Zahlkarte oder Zahlschein ist weitgehend beim Zahlungsverkehr zwischen Privatpersonen ohne Konto und Geschäftsleuten, Behörden usw. üblich. Es ist billiger als eine Zahlung mittels Postanweisung oder Wertbrief (bei Sparkassen kostenlos).

Bei der *bargeldlosen Zahlung* erhält der Zahler auf dem Konto eine Lastschrift und der Zahlungsempfänger eine Gutschrift. Möglichkeiten dieser Zahlungsart sind Postscheck-, Bank- und Sparkassenüberweisung, Abbuchungsverfahren (Lastschriftverfahren) sowie Verrechnungsscheck.

Für große Beträge und bei räumlicher Trennung von Zahler und Zahlungsempfänger ist dies Verfahren zweckmäßig und verursacht die geringsten Kosten. In den letzten Jahren nahm besonders das Abbuchungsverfahren stark zu. Bei ihm wird – im Gegensatz zum Scheck- und Überweisungsverkehr – die Zahlung vom Empfänger veranlaßt. Er kann durch Vermittlung seiner Bank den ihm zustehenden Betrag vom Konto seines Schuldners abbuchen lassen, sofern dieser eine Einzugsermächtigung erteilt hat (z.B. Strom-, Gas-, Wasser-, Fernsprechgebühren).

Eine Sonderform des Zahlungsverkehrs ist die *Wechselzahlung*. Man kann sie aber nur bedingt zum Zahlungsverkehr rechnen, da der Wechsel in erster Linie nicht Zahlungs-, sondern Kreditmittel ist.

**Zahlungsverkehr**

| **Bargeldzahlung** | **bargeldsparende Zahlung = halbbare Zahlung** | **bargeldlose Zahlung** |
|---|---|---|
| Zahler: Geld<br>Empfänger: Geld | Zahler: Geld bzw. Lastschrift<br>Empfänger: Gutschrift bzw. Geld | Zahler: Lastschrift<br>Empfänger: Gutschrift |
| Handzahlung, Botenzahlung, Postanweisung, Wertbrief | Zahlkarte, Zahlschein, Postscheck, Scheck (Barscheck) | Postschecküberweisung, Banküberweisung, Sparkassenüberweisung, Abbuchungsverfahren, Verrechnungsscheck<br>**Sonderfall:** Wechsel |

## 5. Postscheckverkehr

Der Postscheckverkehr spielt im gesamten Zahlungsverkehr eine große Rolle. Trägerin ist die Post mit ihren Postämtern und Postscheckämtern.

Mittels Zahlkarten kann man bei jedem Postamt Beträge auf ein Postscheckkonto einzahlen. Zur Barauszahlung dient der Postscheck, und zur gebührenfreien Überweisung von Konto zu Konto wird ein Überweisungsformular verwendet. Einzelheiten über den Postscheckverkehr kann man bei den Postämtern erfahren.

## 6. Bankverkehr, Scheck

### a) Allgemeines

Wer bei einer Bank oder Sparkasse ein Konto eröffnen will, stellt bei dem betreffenden Institut einen Kontoeröffnungsantrag. Eine Legitimation des Antragstellers ist gemäß § 163 der Abgabenordnung erforderlich. Normalerweise werden vom Konteninhaber die „Allgemeinen Geschäftsbedingungen" der Bank anerkannt. Auch wird vereinbart, wer durch seine Unterschrift über das Konto verfügen kann (außer dem Kontoinhaber z.B. leitender Angestellter, Ehefrau). Um am Bankverkehr bzw. Spargiro[1]) (Sparkassen-Giroverkehr) teilnehmen zu können, erhält man Überweisungs- und Scheckformulare.

Selbstverständlich sind wie beim Postscheckverkehr auch Daueraufträge (bei gleichbleibenden Zahlungen), Abbuchungsaufträge (bei regelmäßigen Zahlungen auch in unterschiedlicher Höhe) usw. möglich.

### b) Scheck

Der Scheck ist eine in besonderer Form erteilte schriftliche Anweisung an eine Bank oder Sparkasse, aus einem Guthaben (auch einem Kreditguthaben) bei Vorlage (bei Sicht) eine bestimmte Geldsumme zu zahlen. Rechtsgrundlage ist das Scheckgesetz vom 14. August 1933, das dem internationalen Scheckrecht angeglichen ist.

*Gesetzliche Bestandteile* des Schecks sind solche Bestandteile, die gemäß Art. 1 des Scheckgesetzes enthalten sein müssen, damit der Scheck rechtlich ein Scheck ist:

1. Bezeichnung als Scheck im Texte der Urkunde, und zwar in der Sprache, in der sie ausgestellt ist
2. Unbedingte Anweisung, eine bestimmte Geldsumme zu zahlen
3. Name dessen, der zahlen soll (bezogene Bank)
4. Angabe des Zahlungsortes
5. Tag und Ort der Ausstellung
6. Unterschrift des Ausstellers

[1]) Giro = „Kreis", Umlauf, Übertragung

Die kaufmännischen Bestandteile eines Schecks sind zwar gesetzlich nicht vorgeschrieben, sie erleichtern aber den Scheckverkehr. Hierzu zählen: laufende Nummer des Schecks, Kontonummer des Ausstellers, zusätzlich Betrag in Ziffern, Orts- und Banknummer.

Die Schecks sind allgemein Überbringerschecks (Inhaberschecks) und tragen nach dem gegebenenfalls eingetragenen Namen des Scheckempfängers die Klausel „oder Überbringer" (s. Bild 1).

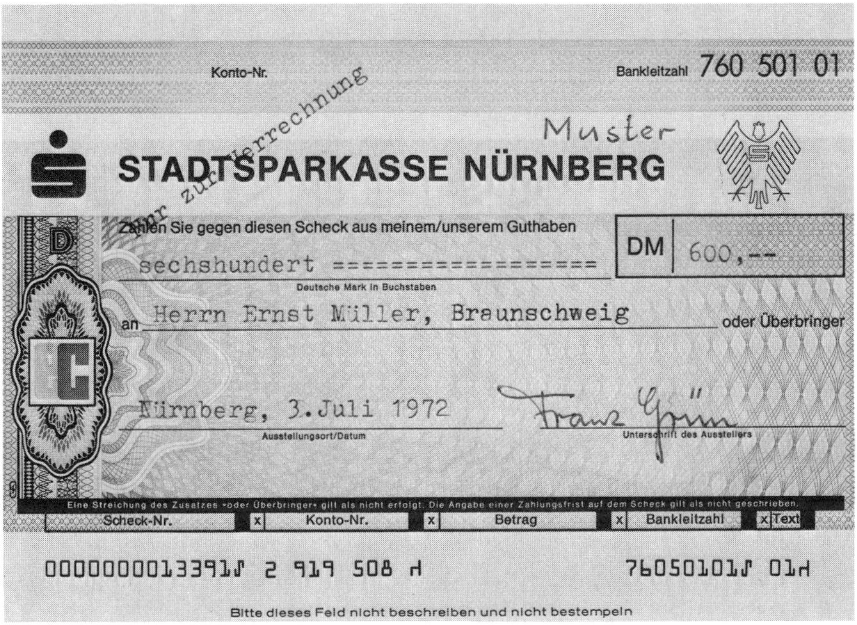


Bild 1. Verrechnungsscheck

Bezüglich Einlösung des Schecks unterscheidet man Barscheck und Verrechnungsscheck. Der *Barscheck* wird von der bezogenen Bank dem Vorleger bar ausgezahlt, sofern ausreichende Deckung vorhanden ist. Der *Verrechnungsscheck* sieht wie ein Barscheck aus, trägt aber zusätzlich quer die Worte „Nur zur Verrechnung" (geschrieben, gestempelt oder gedruckt). Er wird dem Einlöser nicht in bar ausbezahlt, sondern nur seinem Konto gutgeschrieben.

Da man auf diese Weise feststellen kann, auf welchem Konto ein bestimmter Scheck gutgeschrieben wurde, ist die Verlustgefahr beim Verrechnungsscheck wesentlich geringer als beim Barscheck. Aus jedem Barscheck kann man einen Verrechnungsscheck machen.

Die neuen Scheckformulare haben am unteren Rand eine etwa 2 cm hohe Lesezone, in der die erforderliche Daten maschinenlesbar aufgedruckt werden. In Verbindung mit Scheckkarten sind blau-rote eurocheque-Vordrucke (ec-Schecks) zu verwenden.

Im Jahre 1968 führten die Banken und Sparkassen sogenannte *Scheckkarten* ein. Es handelt sich um kleine Karten mit Kontonummer und Unterschrift des Kontoinhabers, die von der Bank auf Antrag an zuverlässige Konteninhaber ausgegeben werden. Mit der eurocheque-Karte verpflichtet sich die Bank, ec-Schecks bis zu 300,– DM einzulösen, falls Unterschrift und Kontonummer zwischen Scheck und Scheckkarte übereinstimmen und die Nummer der Scheckkarte auf die Rückseite des Schecks geschrieben wurde. Der Empfänger des Schecks riskiert also nicht, daß der Scheck wegen mangelnder Deckung nicht eingelöst wird.

## 7. Wechsel

Der Wechsel ist heute, im Gegensatz zu seiner historischen Bedeutung als Geldtransportmittel, kaum Zahlungsmittel, sondern Kreditmittel. Ein Schuldner zahlt mit einem erst später fälligen Wechsel, weil er augenblicklich nicht über genügend flüssige Mittel verfügt. Daher wird mit Hilfe eines Wechsels z.B. die Zeitspanne zwischen Lieferung und Bezahlung einer Ware überbrückt. Für den Gläubiger ist das Wertpapier Wechsel vorteilhafter als eine normale Forderung (Buchforderung). Einerseits ist die Wechselforderung wegen der Strenge des Gesetzes sicherer als eine Buchforderung, andererseits besteht die Möglichkeit, einen Wechsel an Dritte (z.B. Vorlieferanten, Banken) weiterzugeben.

Im Gegensatz zur Zession (Forderungsabtretung) ist die Forderung aus einem weitergegebenen Wechsel rechtlich losgelöst von der zugrunde liegenden Forderung.

*Beispiel:* A. liefert an B. Waren im Wert von 10 000,–DM. Vereinbarungsgemäß geht B. eine Wechselverbindlichkeit in Höhe dieses Betrages ein. B. stellt bei den gelieferten Waren erhebliche Mängel fest, beanstandet bei A. rechtzeitig die Lieferung und besteht auf Wandlung des Kaufvertrages (s. B.3.e), d.h. er „stellt die Ware zur Verfügung". A. gibt den Wechsel jedoch an C. weiter. C. verlangt am Fälligkeitstag von B. die 10 000,–DM. B. muß zahlen und kann seine Ansprüche nur gegenüber A. geltend machen.

Die rechtlichen Grundlagen des Wechsels sind im Wechselgesetz (WG) vom 21. Juni 1933, das dem internationalen Wechselrecht angeglichen ist, enthalten.

Bedeutsam ist insbesondere der *gezogene Wechsel,* mit dem ein Gläubiger (Aussteller) seinen Schuldner (Bezogenen) auffordert, an einen Dritten (Wechselnehmer) an einem bestimmten Tag (Verfalltag)[1]) einen bestimmten Geldbetrag (Wechselsumme) zu zahlen.

*Beispiel:* Ein Großhändler stellt auf einen Einzelhändler gemäß Vereinbarung über den Betrag einer Warenlieferung einen Wechsel aus, zahlbar an den Vorlieferanten (Fabrikanten) des Großhändlers.

---

[1]) Der Wechsel dürfte auch nach Ablauf einer bestimmten Zeit (Datowechsel), bei Vorlegung (Sichtwechsel) oder bestimmte Zeit nach Vorlegung (Nachsichtwechsel) zur Zahlung fällig gestellt werden

Allgemein wird für die Ausstellung eines gezogenen Wechsels ein Vordruck (gemäß DIN 5004) verwendet, aus dem die im Wechselgesetz (Art. 1) geforderten acht Bestandteile hervorgehen:

1. Bezeichnung als Wechsel im Texte der Urkunde
2. Unbedingte Anweisung, eine bestimmte Geldsumme zu zahlen
3. Name dessen, der zahlen soll (Bezogener)
4. Angabe der Verfallzeit
5. Angabe des Zahlungsortes
6. Name dessen, an den oder an dessen Order gezahlt werden soll[1])
7. Angabe des Tages und Ortes der Ausstellung
8. Unterschrift des Ausstellers

Die Ausstellung eines gezogenen Wechsels soll an folgendem Beispiel erläutert werden:

Spielwarenhändler Hans Weiß, Frankfurt (Main), Eichenstraße 3, schuldet der Spielwarenfabrik Blau & Gelb GmbH in Nürnberg, Buchenstraße 4, für eine Warenlieferung 598,–DM, fällig am 3. Oktober 1969. Gemäß Vereinbarung ziehen Blau & Gelb GmbH, vertreten durch ihren Prokuristen, Herrn Fritz Schwarz, am 3. Juli 1969 einen Wechsel an eigene Order auf Herrn Weiß über diesen Betrag. – Der Wechsel wird ohne Annahmevermerk (ganz links), ohne Zahlstellenvermerk, Nummer des Zahlungsortes usw. (Kästchen unten und rechts oben) ausgestellt (s. Bild 2).

Ein gezogener Wechsel (eine Tratte) verpflichtet aber den Bezogenen (Trassat – im Beispiel Eberhard Schmidt) noch nicht zur Einlösung des Wechsels am Verfalltag. Erst wenn der Bezogene durch seinen *Annahmevermerk* (Akzept) die unbedingte Einlösung des Wechsels versicherte, ist er zur Zahlung verpflichtet. Es gibt verschiedene Akzeptarten, es genügt aber, wenn der Bezogene auf der Vorderseite links quer seine Unterschrift leistet (auf dem Formular unterhalb des Wortes „Angenommen“). Vielfach stellt der Bezogene den Wechsel auf seine Bank zahlbar (Domizil- und Zahlstellenvermerk unten am Wechsel).

Die *Wechselsteuer* beträgt 15 Pf für je angefangene 100,– DM. Man entrichtet sie allgemein in Form von Marken, die bei der Post erhältlich sind. Die Steuermarken sind mit dem Datum zu entwerten. Der Monat darf dabei nur in Buchstaben (z.B. Jan., Febr.) abgekürzt werden. Die Steuermarken werden auf der Rückseite des Wechsels aufgeklebt (siehe Bild 3).

Die *Weitergabe* eines Wechsels erfolgt durch ein sogenanntes Indossament (Übertragungsvermerk auf der Rückseite des Wechsels, auch Giro genannt). Die Bedeutung des Indossaments liegt nicht nur in dem Nachweis des rechtmäßigen Erwerbs (Transportfunktion und Legitimationsfunktion), sondern besonders in der Haftung

---

[1]) Wenn der Aussteller bei der Ausstellung noch nicht weiß, wem er den Wechsel weitergibt, wird als Wechselnehmer „eigene Order“ (Art. 3 WG) eingetragen

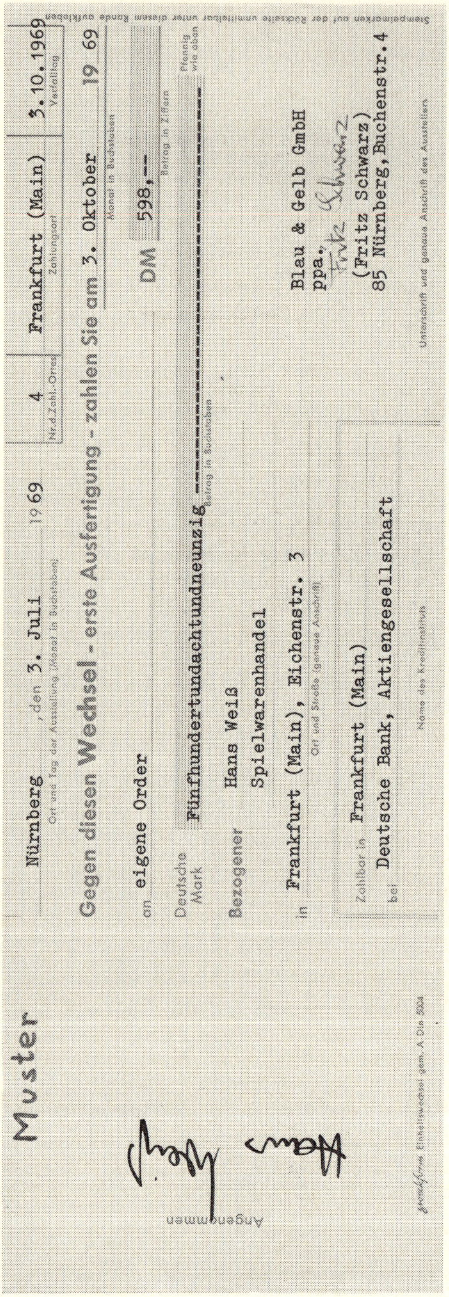


Bild 2. Vorderseite eines Wechsels

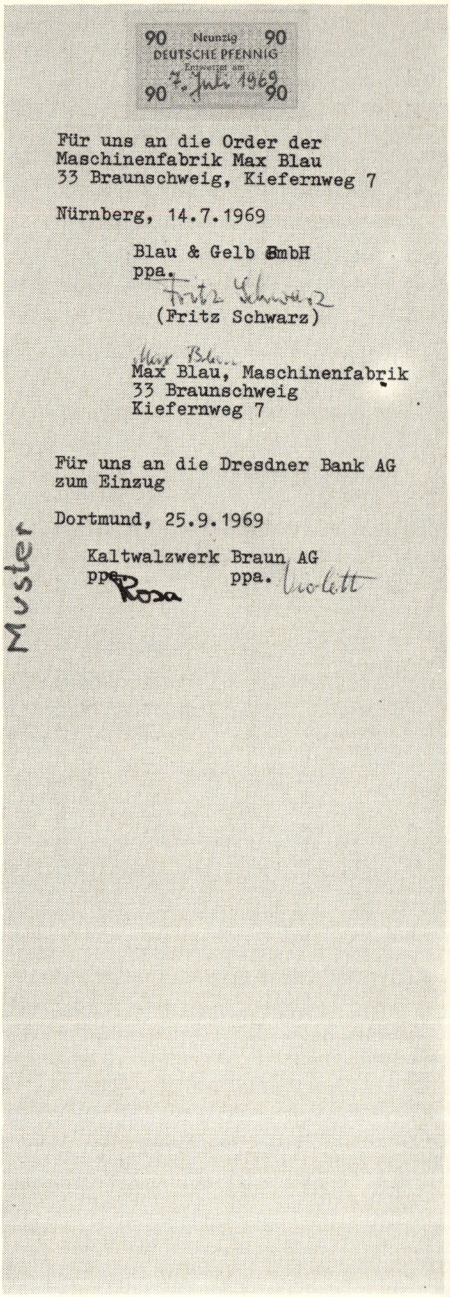


Bild 3. Rückseite eines Wechsels

des Indossanten (Weitergebenden) gegenüber denen, die nach ihm den Wechsel bekommen (Garantiefunktion gemäß Art. 15 WG)[1]). Ein Wechsel ist deshalb für seinen Inhaber um so sicherer, je mehr „gute" Unterschriften auf ihm sind[2]).

Das erste Indossament auf dem Wechsel stammt vom Wechselnehmer. Lautet der Wechsel aber an eigene Order (wie in unserem Beispiel), dann ist das erste Indossament das des Ausstellers.

Indossamente können verschiedene Formen haben. Ein *Vollindossament* ist ein vollständiger Übertragungsvermerk (z.B. „Für mich an die Order der Firma . . . , Ort, Datum, Unterschrift). Bei einem *Blankoindossament* bringt der Weitergebende nur seine Unterschrift (und Stempel) an. Dieses Blankoindossament wird bevorzugt, wenn man noch nicht genau weiß, ob der Gläubiger, dem man den Wechsel übertragen will, auch den Wechsel entgegennimmt.

In unserem Beispiel geben Blau & Gelb GmbH den Wechsel an ihren Gläubiger Max Blau in Braunschweig (Vollindossament) weiter. Dieser gibt den Wechsel an die Kaltwalzwerk Braun AG (Blankoindossament), die ihn durch die Dresdner Bank AG einziehen lassen (Bild 3).

Der jeweilige Wechselinhaber hat für die *Verwertung des Wechsels* drei Möglichkeiten. Er kann ihn bis zur Fälligkeit liegen lassen, er kann ihn an einen Gläubiger (Lieferanten) weitergeben oder er kann ihn einer Bank zur Diskontierung einreichen. Die Bank gibt ihm dann sofort Geld, zieht aber die Zinsen (Diskont) bis zur Fälligkeit und eventuell noch Provisionen ab.

Banken lassen bei Geldbedarf ihrerseits Wechsel von der Landeszentralbank (LZB, Zweigstelle der Deutschen Bundesbank) diskontieren. Die LZB diskontiert aber nur Wechsel, die gewisse Voraussetzungen erfüllen, z.B. muß dem Wechsel ein Warengeschäft zugrunde liegen, der Wechsel muß die Unterschriften von drei als zahlungsfähig bekannten Firmen tragen, die Restlaufzeit darf nicht mehr als drei Monate betragen, der Wechsel muß an einem Bankplatz (Ort, an dem eine Niederlassung der LZB besteht) zahlbar gestellt sein, Verbesserungen, Rasuren usw. sind unzulässig, Ausstellungs- und Verfallmonat müssen in Buchstaben (evtl. mit mindestens drei Buchstaben abgekürzt) geschrieben sein, Name usw. des Bezogenen muß mit dem Annahmevermerk genau übereinstimmen, Stempel dürfen nicht umrandet sein. Um die Verwertbarkeit des Wechsels nicht einzuschränken, wird man natürlich auf die Zentralbankfähigkeit des Wechsels achten.

Zum *Einzug des Wechsels* kann am Verfalltag bzw. am ersten oder zweiten Werktag danach der Inhaber den Wechsel persönlich, durch eine Bank (üblich), durch einen Geschäftsfreund oder durch die Post (Postprotestauftrag bei Wechseln bis 1000,–DM in deutscher Sprache und Währung) dem Bezogenen bzw. der Zahlstelle zur Zahlung vorlegen (präsentieren). Der Bezogene erhält bei Zahlung den quittierten Wechsel zurück.

---

1) Wenn das Indossament mit einem entgegenstehenden Vermerk, z.B. „ohne Gewähr", „ohne Obligo" versehen ist (Angstindossament), ist die Haftung ausgeschlossen. Ist im Indossament die weitere Weitergabe ausgeschlossen (Rekatindossament), besteht keine Haftung gegenüber weiteren Indossataren (Art. 15 WG)

2) Gibt man einen Wechsel, der nur gefälschte Unterschriften enthält, mit seinem (echten) Indossament weiter, muß man diesen Wechsel einlösen (Art. 7 WG)

Wenn ein Wechsel jedoch durch den Bezogenen nicht oder nur teilweise eingelöst wird, hat der letzte Wechselinhaber das Recht, auf andere Wechselverpflichtete (die auf dem Wechsel unterschrieben haben) zurückzugreifen (Regreß zu nehmen). Er muß allerdings beweisen, daß der Wechsel rechtzeitig vorgelegt, aber nicht eingelöst worden ist.

Dieser Beweis erfolgt durch eine Beurkundung, genannt *Wechselprotest,* die am ersten oder zweiten Werktag nach Verfall durch einen Notar, Gerichtsvollzieher oder bei Wechseln bis zu 1000,–DM auch durch die Post vorgenommen wird.

Die Protesturkunde wird an den Wechsel angeheftet und mit einem Dienstsiegel versehen.

Kein Protest mangels Zahlung ist erforderlich, wenn durch den Vermerk „ohne Kosten", „ohne Protest" u. dergl. gem. Art. 46 WG der Protest erlassen wurde (pünktliche Vorlegung ist aber erforderlich), wenn bereits Protest mangels Annahme erhoben wurde (die Nichtannahme durch den Bezogenen wurde beurkundet) oder wenn über das Vermögen des Bezogenen das Konkurs- oder Vergleichsverfahren eröffnet wurde.

Außerdem muß innerhalb von vier Werktagen nach Protest der letzte Inhaber den Aussteller und seinen unmittelbaren Vormann benachrichtigen, dieser muß wiederum innerhalb von zwei Werktagen seinen Vormann benachrichtigen usw. (Art. 45 WG).

„Wer die rechtzeitige Benachrichtigung versäumt, verliert nicht den Rückgriff; er haftet für den etwa durch seine Nachlässigkeit entstandenen Schaden, jedoch nur bis zur Höhe der Wechselsumme" (Art. 45 Abs. 6 WG).

Beim *Rückgriff* (Regreß), entweder auf seinen unmittelbaren Vormann oder einen anderen Wechselverpflichteten, kann der letzte Wechselinhaber nicht nur den Wechselbetrag, sondern auch die Protestkosten und sonstige Auslagen, Verzugszinsen (2 % über LZB-Diskont, mindestens 6 %) und 1/3 % der Wechselsumme als Provision verlangen. Der so in Anspruch Genommene kann sich wiederum an einen Verpflichteten vor ihm wenden. Der Aussteller wird schließlich einen viel größeren Betrag als die Wechselsumme zahlen müssen. Dieser kann nur vom (inzwischen wahrscheinlich zahlungsunfähigen) Bezogenen sein Geld und alle Auslagen verlangen.

Da ein Wechselprotest die Kreditwürdigkeit des Bezogenen erheblich mindert („schwarze Liste"), wird er auf jeden Fall bemüht sein, ihn zu vermeiden und irgendwie den Betrag aufzubringen. Eventuell bittet er den Aussteller um Prolongation (Verlängerung) des Wechsels. Falls der Aussteller den Wechsel bereits weitergegeben hat, schießt er dem Bezogenen vielleicht das Geld gegen Akzeptierung eines neuen Wechsels vor, damit dieser dann den Wechsel einlösen kann.

Die *Wechselklage* (der Wechselprozeß) zeichnet sich gegenüber dem normalen Zivilprozeß durch größere Schnelligkeit aus.

Der sogenannte Urkunden- und Wechselprozeß wird in den §§ 592 . . . 605 a der Zivilprozeßordnung (ZPO) geregelt. Als Beweismittel sind nur Urkunden und Parteivernehmung zulässig (§ 595 ZPO). Auch bei diesem Verfahren ist ein gerichtliches Mahnverfahren (Urkunden-Wechsel-Scheck-Zahlungsbefehl, vergl. F.2) möglich.

Der *eigene Wechsel* (Solawechsel) ist eine Urkunde, bei der sich der Aussteller verpflichtet, am Verfalltag selbst einen bestimmten Betrag zu zahlen („Gegen diesen Wechsel . . . zahle ich . . . “). Der Aussteller ist gleichzeitig der Bezogene. Es handelt sich praktisch um einen Schuldschein mit wechselrechtlicher und damit schärferer Wirkung.

Im Baugewerbe ist es möglich, daß ein Bauunternehmer eine vereinbarte Sicherheit gemäß § 17 VOB, Teil B, durch Hinterlegung von Wechseln leistet. Kautionswechsel könnten in diesem Falle gleichzeitig Solawechsel (eigene Wechsel), Sichtwechsel (zahlbar bei Vorlegung) und Rektawechsel (Weitergabe ist ausgeschlossen) sein.

*Beispiel:* „Gegen diesen Wechsel zahle ich bei Sicht an . . . , nicht an Order, . . . DM . . . “.

*Fremdwörter im Wechselverkehr*

| | |
|---|---|
| Akzept | Annahmevermerk (Art. 21. . . 29 WG), i.w.S. der angenommene Wechsel |
| Allonge | Verlängerung des Wechselformulars durch Ankleben eines Anhangs |
| Aval | Wechselbürgschaft (Art. 30 . . . 32 WG) |
| Diskont | Zinsabzug bis Verfall |
| Effektivwechsel | Wechsel, der in einer anderen Währung als am Zahlungsort gilt, zu zahlen ist (Art. 41 Abs. 3) |
| Indossament | Übertragungsvermerk (auf Rückseite) (Art. 11 . . . 20) |
| Indossant | Weitergebender |
| Indossatar | wer den Wechsel durch Indossament erhält |
| Inkasso | Geldeinzug |
| Notifikation | Benachrichtigung (Art. 45) |
| Prolongation | Verlängerung der Laufzeit des Wechsels (allgemein wird neuer Wechsel ausgestellt) |
| Prokuraindossament | Vollmachtsindossament, durch das Indossatar nicht Eigentümer wird (letztes Indossament auf S. 92 – Art. 18) |
| Protest | (mangels Annahme bzw. mangels Zahlung) Beurkundung der . . . (Art. 44, 79 . . . 88) |
| Regreß | Rückgriff (Art. 43 . . . 54) |
| Rektaindossament | Indossament, bei dem die weitere Indossierung untersagt ist (Art. 15 Abs. 2) |
| Remittent | Wechselnehmer |
| Rimesse | empfangener Wechsel |
| Solawechsel | eigener Wechsel (Art. 75 . . . 80) |
| Trassant | Aussteller |
| Trassat | Bezogener |
| Tratte | gezogener Wechsel |

# F. Gerichtswesen

## 1. Allgemeines über das Gerichtswesen

In einem Rechtsstaat ist die Selbsthilfe zur Durchsetzung von Ansprüchen nur in Ausnahmefällen gestattet. Grundsätzlich findet die Rechtsprechung durch unabhängige Gerichte statt.

Die Rechtsprechung (Judikative) ist neben Gesetzgebung (Legislative) und ausführender Gewalt (Exekutive) die dritte der voneinander unabhängigen Staatsgewalten. Der Richter ist nicht weisungsgebunden und nur dem Gesetz und seinem Gewissen gegenüber verantwortlich. Vor dem Gesetz ist jeder Bürger gleich. Gerichtsverhandlungen finden allgemein öffentlich statt (Ausnahme: Gefährdung der Sittlichkeit u.a.). Die Besetzung der Gerichte wird vor Beginn des Gerichtsjahres festgelegt, so daß niemand seinem gesetzlichen Richter entzogen wird. Die Urteile werden „im Namen des Volkes" gefällt.

Man unterscheidet ordentliche Gerichte und *besondere Gerichtsbarkeiten* z.B. Arbeitsgerichtsbarkeit (s.G.6), Sozialgerichtsbarkeit (s.H.3), Verwaltungsgerichtsbarkeit (z.B. bei Anfechtung von Verwaltungsakten wie die Entscheidung über das Nichtbestehen der Ingenieurprüfung), Finanzgerichtsbarkeit (s.J.1) und Verfassungsgerichtsbarkeit.

Nach dem „Gesetz zur Wahrung der Einheitlichkeit der Rechtsprechung der obersten Gerichtshöfe des Bundes" vom 19.6.1968 wird ein „Gemeinsamer Senat" der obersten Gerichtshöfe des Bundes[1]) gebildet, der entscheidet, „wenn ein oberster Gerichtshof in einer Rechtsfrage von der Entscheidung eines anderen obersten Gerichtshofs oder des Gemeinsamen Senats abweichen will" (§ 2). Sitz des Gemeinsamen Senats ist Karlsruhe.

Rechtsgrundlage für die *ordentlichen Gerichte* sind das Gerichtsverfassungsgesetz vom 27.1.1877 (mehrfach geändert) und einige andere Gesetze, z.B. das Deutsche Richtergesetz vom 8.9.1961. Für das Verfahren vor den Gerichten sind insbesondere die Strafprozeßordnung (StPO) und die Zivilprozeßordnung (ZPO) von Bedeutung. Für die freiwillige Gerichtsbarkeit (z.B. Vormundschaftssachen, Annahme an Kindes Statt, Personenstandsangelegenheiten, Nachlaßsachen, Handels-, Vereins-, Güterrechtsregister, Grundbuch, Beurkundung) gilt u.a. das mehrfach geänderte Gesetz über die Angelegenheiten der freiwilligen Gerichtsbarkeit vom 17.5.1898.

Ordentliche Gerichte sind die Amtsgerichte, Landgerichte, Oberlandesgerichte (in Berlin: Kammergericht) und der Bundesgerichtshof (BGH) in Karlsruhe.

---

[1]) Oberster Gerichtshof für die ordentliche Gerichtsbarkeit ist der Bundesgerichtshof in Karlsruhe, für die Verwaltungsgerichtsbarkeit das Bundesverwaltungsgericht in Berlin, für die Finanzgerichtsbarkeit der Bundesfinanzhof in München, für die Arbeitsgerichtsbarkeit das Bundesarbeitsgericht in Kassel und für die Sozialgerichtsbarkeit das Bundessozialgericht in Kassel (Art. 95 GG u.a.).

In Bayern nimmt außerdem das Bayerische Oberste Landesgericht mit dem Sitz in München teilweise die Aufgaben der Oberlandesgerichte wahr.

### a) Amtsgerichte

Amtsgerichte bestehen meist für einen Stadt- oder Landkreis. Neben den Angelegenheiten der freiwilligen Gerichtsbarkeit sind sie für Zivilsachen und Strafsachen zuständig.

In *Zivilsachen* (bürgerlichen Rechtsstreitigkeiten) ist das Amtsgericht bei einem Streitwert bis zu 1500,–DM in erster Instanz zuständig. Außerdem ist es ohne Rücksicht auf die Höhe des Streitwertes bei Mietsachen, Viehmängeln, Wildschaden, Unterhaltssachen, für Mahnverfahren (Zahlungsbefehle), Zwangsvollstreckungen, Konkurse und Vergleiche zuständig. Bei den Streitigkeiten entscheidet ein einzelner Richter (Einzelrichter). Man braucht sich als Partei (Kläger bzw. Beklagter) beim Amtsgericht nicht durch einen Rechtsanwalt vertreten lassen. Eine Anwaltsvertretung ist natürlich zulässig.

Bei *Strafsachen* (Verletzung von Strafgesetzen) entscheiden beim Amtsgericht entweder ein Einzelrichter (zuständig bei leichten Delikten), ein Schöffengericht, besetzt mit einem Berufsrichter und zwei Schöffen[1]) (zuständig bei mittelschweren Delikten) oder ein erweitertes Schöffengericht, besetzt mit zwei Berufsrichtern und zwei Schöffen (Zuständigkeit wie beim Schöffengericht, wenn umfangreiches Material vorliegt). Ist der Täter ein Jugendlicher (zwischen 14 und 18 Jahre alt) oder ein Heranwachsender (zwischen 18 und 21 Jahre), so ist das Jugendgericht mit einem Einzelrichter oder das Jugendschöffengericht (Berufsrichter und zwei Schöffen) zuständig.

### b) Landgerichte

Zu einem Landgerichtsbezirk gehören mehrere Amtsgerichtsbezirke. In *Zivilsachen* entscheiden mit drei Berufsrichtern besetzte Zivilkammern. Sie sind zuständig bei bürgerlichen Rechtsstreitigkeiten über 1500,–DM in erster Instanz, außerdem immer in Ehesachen und bei zivilrechtlichen Ansprüchen gegen den Staat. Ferner

---

1) Ein Schöffe ist ein Laienrichter. Allgemein kann jeder mindestens 30 Jahre alte unbescholtene Bürger zu diesem Ehrenamt gewählt werden. Eine Ablehnung des Ehrenamtes ist nur in wenigen Ausnahmefällen möglich. Der Schöffe wird für jeweils zwei Jahre gewählt und für eine Reihe von Sitzungen ausgelost. Vor Beginn der ersten Verhandlung wird er vereidigt. Während der Hauptverhandlung kann er das Richteramt in vollem Umfang und mit gleichem Stimmrecht wie der Berufsrichter ausüben.

ist das Landgericht Berufungsinstanz[1]) gegen Urteile und Beschwerdeinstanz[2]) gegen Beschlüsse, z.B. Kostenfestsetzungsbeschlüsse, des Amtsgerichts.

Bei Handelssachen (Streitigkeiten unter Kaufleuten, Wechsel- und Schecksachen u.a.) über 1500,–DM Streitwert entscheiden bei den Landgerichten Kammern für Handelssachen (besetzt mit einem Berufsrichter und zwei Kaufleuten).

Bei *Strafsachen* sind die kleinen Strafkammern (ein Berufsrichter, zwei Schöffen) für Berufungen gegen Einzelrichterurteile zuständig. Die Großen Strafkammern (drei Berufsrichter, zwei Schöffen) sind für Berufungen gegen Schöffengerichtsurteile und in erster Instanz für schwere Straftaten zuständig. Die Schwurgerichte (drei Berufsrichter, sechs Geschworene[3])) sind nur für ganz besonders schwere Verbrechen (Mord, Totschlag usw., Höchsstrafe lebenslange Freiheitsstrafe) in erster Instanz zuständig.

Bei Zivilsachen muß man sich vor dem Landgericht oder vor höheren Gerichten stets durch einen Rechtsanwalt vertreten lassen. Bei Strafsachen kann bei entsprechender Schwere des Falles oder in besonderen Fällen (z.B. Angeklagter ist taubstumm) eine Verteidigung notwendig sein. Dann wird ein Rechtsanwalt (Pflichtverteidiger) vom Gericht beauftragt, falls der Angeklagte keinen Anwalt selbst gewählt hat.

### c) Oberlandesgerichte

Der Bezirk eines Oberlandesgerichts umfaßt mehrere Landgerichtsbezirke.

In *Zivilsachen* ist das Oberlandesgericht (jeder Zivilsenat hat drei Berufsrichter) Berufungsinstanz für Landgerichtsurteile in erster Instanz.

Bei Strafsachen ist das Oberlandesgericht[4]) (Strafsenate mit drei Berufsrichtern) Revisionsinstanz[5]), insbesondere gegen Berufungsurteile des Landgerichts sowie

[1]) Bei einer Berufung (§§ 511 . . . 544 ZPO, 312 . . . 332 StPO) findet das ganze Verfahren (einschließlich Beweisaufnahme) vor einem höheren Gericht nochmals statt. Bei Zivilurteilen des Amtsgerichts mit einem Streitwert bis zu 200,–DM ist eine Berufung nicht möglich.

[2]) Die Beschwerde (§§ 567 . . . 577 ZPO, 304 . . . 311a StPO) ist ein Rechtsmittel, das sich nur gegen Beschlüsse des Gerichts richtet. Man unterscheidet die einfache Beschwerde (an keine Frist gebunden) und die sofortige Beschwerde (Frist bei Zivilsachen zwei Wochen, bei Strafsachen eine Woche).

[3]) Geschworene sind wie Schöffen Laienrichter.

[4]) In Bayern: Bayerisches Oberstes Landesgericht in München

[5]) Revision (§§ 545 . . . 566a ZPO, 333 . . . 358 StPO) ist im Gegensatz zur Berufung nur Überprüfung auf Rechtsverletzung. Wird der Revision stattgegeben, findet nochmals ein Verfahren vor dem unteren Gericht statt. Wird die Revision abgewiesen, ist das Urteil rechtskräftig.

bei leichten Fällen auch gegen die Urteile des Amtsrichters. In erster Instanz ist das Oberlandesgericht (bzw. in Bayern das Bayerische Oberste Landesgericht) bei Hochverrat usw. gegen ein Bundesland zuständig.

*Beispiel:* Hitlers Putschversuch vom 9. November 1923 wurde vom Bayerischen Obersten Landesgericht abgeurteilt, weil er gegen den bayerischen Staat gerichtet war.

### d) Bundesgerichtshof

Der Bundesgerichtshof (BGH) in Karlsruhe ist in Zivilsachen u.a. Revisionsinstanz gegen Berufungsurteile der Oberlandesgerichte. In Strafsachen werden allgemein bei ihm Revisionen gegen erstinstanzliche Urteile der großen Strafkammern und der Schwurgerichte eingelegt. Außerdem ist der BGH erste und letzte Instanz bei Hochverrat, Landesverrat, Parlamentsnötigung u.a.

Wie auch die Entscheidungen des früheren Reichsgerichts in Leipzig, so werden die Urteile des BGH als richtungsweisend in der Rechtsauslegung angesehen.

ordentliche Gerichte:
Amtsgericht, Landgericht, Oberlandesgericht (in Bayern zusätzlich: Bayer. Oberstes Landesgericht), Bundesgerichtshof

## 2. Geltendmachung von Ansprüchen

Bei der Durchsetzung eigener Ansprüche sollte man möglichst eine Einigung mit dem Schuldner versuchen. Der Weg zum Gericht sollte erst die letzte Lösungsmöglichkeit sein.

### a) Mahn- und Klageverfahren

Führten außergerichtliche Mahnungen (evtl. auch Postnachnahmen) nicht zum Erfolg, kann man Leistungsklage[1]) erheben. Die Klageerhebung erfolgt schriftlich (in doppelter Ausführung) oder zu Protokoll der Geschäftsstelle des Gerichts.

---

[1]) siehe Seite 100

Ein einfaches Beispiel soll zeigen, wie eine Klageschrift aussehen kann. Das Beispiel wurde dem Bereich der Arbeitsstreitigkeiten entnommen. Eine Klage vor dem Amtsgericht könnte entsprechend aussehen.

Beispiel einer Klageschrift:

Hans Huber
Ingenieur (grad.)

85 Nürnberg, den ..........
Tannenstraße 15

An das
Arbeitsgericht Nürnberg

85 Nürnberg
Frauentorgraben 11

Klage

des graduierten Ingenieurs Hans Huber, 85 Nürnberg, Tannenstraße 15,
Klägers,

gegen

Firma Meier & Müller GmbH, Maschinenfabrik, 85 Nürnberg, Fichtenstraße 16,
Beklagte,

wegen Forderung
Wert: 400,–DM (i.W. vierhundert Deutsche Mark).

Ich erhebe Klage gegen die Beklagte und stelle folgende Anträge:

1. Die Beklagte ist zu verurteilen, an den Kläger 400,–DM nebst 4 % Zinsen seit dem .......... zu zahlen,
2. der Beklagten sind die Kosten des Rechtsstreites aufzuerlegen[2]),
3. das Urteil ist für vorläufig vollstreckbar zu erklären[2]).

---

[1]) Man unterscheidet die Leistungsklage (Kläger verlangt eine bestimmte Geldleistung oder sonstige Leistung, wichtigste Klageart), die Feststellungsklage (Bestehen oder Nichtbestehen eines Rechtsverhältnisses, Anerkennung einer Urkunde) und die Rechtsgestaltungsklage (z.B. Ehescheidungsklage). Eine Klage besonderer Art ist die Widerklage (wird während des Prozesses vom Beklagten gegen den Kläger erhoben). Gemäß § 253 ZPO muß die Klageschrift die Bezeichnung der Parteien und des Gerichts, die bestimmte Angabe des Gegenstandes und des Grundes des erhobenen Anspruches sowie einen bestimmten Antrag enthalten.

[2]) Die Anträge 2. und 3. sind nicht erforderlich. Das Gericht entscheidet über Kosten und vorläufige Vollstreckbarkeit von Amts wegen.

Gründe:

Seit .......... bin ich bei der Beklagten als technischer Angestellter tätig. In der Zeit vom .......... bis .......... war ich wegen einer Blinddarmreizung arbeitsunfähig krank.

Beweis: Attest meines Hausarztes Dr. med. Anton Gesundbrunnen,
85 Nürnberg, Pillengasse 3.

Die beklagte Arbeitgeberin wurde bereits am ersten Krankheitstag durch meine Schwester unter Vorlage des ärztlichen Attestes von meiner Erkrankung verständigt.

Beweis: Zeugenvernehmung von Fräulein Amalie Huber,
85 Nürnberg, Tannenstraße 15.

Bei der letzten Gehaltszahlung am .......... für Monat .......... zog die Beklagte mir 400,–DM für die Krankheitstage mit der Begründung ab, ich hätte meine Erkrankung selbst verschuldet und außerdem die Arbeitgeberin nicht rechtzeitig von meiner Erkrankung verständigt. Da diese Behauptungen der Beklagten unzutreffend sind, ist der Gehaltsabzug unberechtigt.

(Unterschrift Hans Huber)

Anlage:

1 Abschrift[1])

Besteht der Anspruch voraussichtlich unbestritten, so ist es zweckmäßiger, ein gerichtliches Mahnverfahren (§§ 688 ... 703 ZPO) einzuleiten. Wenn man nicht anwaltlich vertreten ist – dies ist hierbei auch nicht erforderlich – füllt man ein Formular für einen *Zahlungsbefehl* aus. Richtet sich der Anspruch nur gegen einen Schuldner, genügt dreifache Ausfertigung. Man trägt Gläubiger, Schuldner, Höhe und Art des Anspruches, Kosten usw. ein. Als Zinsfuß kann man ohne besonderen Schadensnachweis 4 %, unter Kaufleuten 5 %, verlangen. Man entrichtet die Gerichtskosten (Hälfte der vollen Gebühr gemäß Anlage zu § 10 des Gerichtskostengesetzes zuzügl. 2,–DM je Schuldner für die Zustellung) durch Einkleben von Kostenmarken oder durch Überweisung an die Gerichtskasse. Das ausgefüllte Formular wird mit dem Gesuch um Erlaß des Zahlungsbefehls an das zuständige[2]) Amtsgericht geschickt oder dort persönlich eingereicht (s. Bild 4).

---

1) Das Gericht stellt dem Beklagten die Abschrift der Klageschrift zu. Wird keine genügende Anzahl von Abschriften geliefert (z.B. bei mehreren Beklagten), fertigt das Gericht sie gebührenpflichtig.

2) Mangels anderer Vereinbarung ist der Wohnsitz des Schuldners Erfüllungsort und für den Gerichtsstand zuständig.

(Raum für gerichtlichen Eingangsstempel)

Mahnregister-Nr. ........ B ................ / ........

Aktenzeichen: ................................ / ........

**Raum für Gerichtskostenmarken**

**Vor Absendung den Gebührenbetrag und den Auslagenbetrag für förmliche Zustellung in Gerichtskostenmarken hier fest einkleben!**

Der Zahlungsbefehl darf vor Zahlung der nebenstehenden Gerichtsgebühren und der Auslagen für förmliche Zustellung nicht erlassen werden. Die Gerichtskostenmarken sind bei den Gerichten erhältlich. Die Gebühr beträgt bei einem Forderungsbetrage (vgl. Ziff. II, 1) von:

| DM | DM | DM | DM |
|---|---|---|---|
| bis 150 | 3,– | 1000 – 1100 | 19,50 |
| mehr als | | 1100 – 1200 | 21,– |
| 150 – 200 | 4,– | 1200 – 1300 | 22,50 |
| 200 – 300 | 6,– | 1300 – 1400 | 24,– |
| 300 – 400 | 8,– | 1400 – 1500 | 25,50 |
| 400 – 500 | 10,– | 1500 – 1600 | 27,– |
| 500 – 600 | 12,– | 1600 – 1700 | 28,50 |
| 600 – 700 | 13,50 | 1700 – 1800 | 29,50 |
| 700 – 800 | 15,– | 1800 – 1900 | 30,50 |
| 800 – 900 | 16,50 | 1900 – 2000 | 31,50 |
| 900 – 1000 | 18,– | | |

zuzüglich DM 2,– je Schuldner für förmliche Zustellung (ab 1. 10. 1965)

Bei höheren Beträgen Gebührenhöhe ggf. bei der Gerichtskasse erfragen!

Durchschriften A 2 und A 3 in ausreichender Zahl beifügen! (Näheres siehe Rückseite). Bei Ausfüllung die vorgedruckten Hinweise genau beachten!

Geschäftszeichen des Gläubigers: ..................

## Mahngesuch

An das Amtsgericht

Nürnberg

*Es wird beantragt*

1. Erlaß eines Zahlungsbefehls nach dem nebenstehenden Entwurf,
2. im Widerspruchsfalle
   a) Anberaumung eines Verhandlungstermins*),
   b) ~~Verweisung an das zuständige Landgericht Kammer für Handelssachen*)~~ XXXXXXXXXXXXXXXXXXXX

(Nur bei Streitwert über 1500,– DM)

3. ~~ggf. Erklärung ... Fernsprecher*)~~ XXXXXXXXXXXXXXXXXXX
4. Die Zuständigkeit des Gerichts ist vereinbart*)

2 Abschriften sind beigefügt.

Nürnberg, den 9. Aug. 19..

Hans Huber

(Firmenstempel und Unterschrift)

Gläubiger-Vertr. von der Zustellung benachrichtigt am ..........

Gläubiger-Vertr. vom Widerspruch benachrichtigt am ..........

.........., den ..........

I.

II. Verhandlungstermin:

.........., den ..........

.......... Uhr, Zimmer Nr. ..........

.......... Amtsgerichtsrat

Ladung für Kläger/Beklagten

unt. Aktenzeich. - w. o. - ..........

zur Post durch Just. W. am ..........

(Als Urkundsbeamter der Geschäftsstelle)

**Amtlicher Vordruck A 1**

# Zahlungsbefehl in dem Mahnverfahren

**A1** Urschrift für die Gerichtsakten

des XXX [Anschrift des Gläubigers (auch ausgeschriebenen Vornamen, Beruf usw. angeben!)]

Hans H u b e r, Ingenieur (grad.)
85 N ü r n b e r g
Tannenstraße 15 Gläubiger

Prozeßbevollmächtigter: ----

**gegen**

den XXX - [genaue Anschrift d. Schuldners (auch ausgeschriebenen Vornamen u. Beruf, bei Firmen Inhaber!)]

Werkzeugmacher Fritz S c h m i d t
85 N ü r n b e r g
Buchenstraße 17 Schuldner

Der - XXX - Gläubiger macht gegen Sie - XXXXXXXXX - folgenden Anspruch geltend:

**I. Grund des Anspruchs:**

(nach Art und Zeit genau angeben! Auch Nebenforderungen hier begründen. Bei mehreren Rechnungen Aufstellung oder Kontoauszug beifügen! Näheres siehe umseitig.)

Rückzahlung eines am 2.1.19.. gewährten
und am 1.7.19.. zur Rückzahlung fälligen
Darlehens

fällig - in Verzug - seit dem: 1. Juli 19..

**II. Betrag des Anspruchs:**

1. Hauptforderung (ohne die Beträge zu Ziffer 2 und 3) .... 400,-- DM
   in Worten: DM vierhundert ========================
   (Pfennige wie oben)
   nebst 4% Zinsen- ..........%*) ~~vertraglich vereinbarter Zinsen als Verzugsschaden aus der Inanspruchnahme von Kredit infolge des Schuldnerverzuges~~ - seit dem 1.7.19..
   - ~~Tage der Zustellung dieses Zahlungsbefehls~~ XXXXXXXXXXXXXXXXXXXXXXXX
2. Barauslagen für vorgerichtliche Mahnschreiben ...... 2,80 DM
3. Kosten dieses Verfahrens gemäß untenstehender Rechnung . 10,20 DM

**Das Gericht gibt Ihnen** - als Gesamtschuldnern - **auf,** an den Gläubiger - **nicht an das Gericht** - die vorgenannten Beträge zu II, 1-3 einschließlich der Zinsen **binnen einer vom** Tage nach der Zustellung dieses Zahlungsbefehls beginnenden

**Frist von 3 Tagen – 1 Woche**)**
**bei Vermeidung sofortiger Zwangsvollstreckung zu zahlen.**

Wollen Sie Einwendungen gegen den Anspruch erheben, so müssen Sie innerhalb der gleichen Frist bei dem unterzeichneten Gericht unter genauer Angabe des **Gerichtsaktenzeichens** Widerspruch erheben. Der Widerspruch ist zweifach an das Amtsgericht einzureichen, kann aber auch mündlich auf der Geschäftsstelle des Amtsgerichts erklärt werden.

— Die Zuständigkeit des Gerichts ist angeblich vereinbart.*) —

, den 19 **)

**Das Amtsgericht**

Rechtspfleger

**Kostenrechnung:**

1. Gerichtsgebühr f. d. Mahnverfahren und Auslagenbetrag für förmliche Zustellung (§ 38 GKG.) s. Tabellen oben rechts .......... 10,-- DM
2. Auslagen des Gläubigers an Vordruckkosten und Postgebühren f. d. Antrag -,20 DM
3. Anwaltsgebühr .......... DM
4. Auslagen und Umsatz-Steuer .......... DM

zusammen ..... 10,20 DM

Zahlungsbefehl .......... zur Post durch Just.-W. am**) ..........

unter Mahnreg. Nr. w. o. / ..........

*) Nichtzutreffendes durchstreichen!
**) Wird vom Gericht ausgefüllt!

..........
als Urkundsbeamter der Geschäftsstelle

RNK Verlags-Nr. 701 (enthaltend je ein Vordruck A 1, A 2, A 3) 42

Bild 4. Zahlungsbefehl

Das Amtsgericht erläßt den Zahlungsbefehl, wenn der Antrag formell in Ordnung ist, ohne Rücksicht darauf, ob der Anspruch zu recht besteht oder nicht. Mit diesem Zahlungsbefehl wird der Schuldner vom Gericht aufgefordert, innerhalb von drei bzw. sieben Tagen entweder den geforderten Betrag an den Gläubiger zu bezahlen oder, wenn Einwendungen gegen den Anspruch erhoben werden sollen, schriftlich (in doppelter Ausfertigung unter Angabe des Aktenzeichens) oder zu Protokoll der Geschäftsstelle Widerspruch beim Gericht einzulegen.

Eine Begründung des Widerspruches ist nicht erforderlich, kann aber zweckmäßig sein, um die Angelegenheit rasch beizulegen. Wenn der Schuldner die Einhaltung der Widerspruchsfrist versäumt, also den Widerspruch verspätet einlegt, ist dies, falls noch kein Vollstreckungsbefehl erlassen wurde, für ihn nicht schädlich.

Zahlt der Schuldner, ist die Angelegenheit erledigt. Legt er dagegen Widerspruch ein, kommt es auf Antrag des Gläubigers, der dann auch die zweite Hälfte der Prozeßgebühr zu bezahlen hat, zur Anberaumung eines Termins zur mündlichen Verhandlung beim Amtsgericht (bzw. zur Verweisung an das Landgericht, wenn der Streitwert über 1500,–DM beträgt). Die Wirkung ist so, als wäre von vornherein Klage erhoben worden und kein Mahnverfahren durchgeführt. Beim stattfindenden Verfahren hat der Gläubiger natürlich seinen Anspruch zu beweisen, um eine Verurteilung des Schuldners zur Zahlung und Kostentragung zu erreichen.

Als Beweismittel sieht das Gesetz (§§ 355 . . . 494 ZPO) Augenschein, Zeugenbeweis, Beweis durch Sachverständige, durch Urkunden und durch Parteivernehmung vor.

Zahlt der Schuldner nicht, legt aber auch keinen Widerspruch ein (er erkennt somit den Anspruch an), kann der Gläubiger den Zahlungsbefehl innerhalb von sechs Monaten nach Ablauf der Widerspruchsfrist für vollstreckbar erklären lassen. Auf Antrag des Gläubigers wird der Vollstreckungstitel dem Schuldner zugestellt und die Zwangsvollstreckung durchgeführt. Durch Einspruch kann aber der Schuldner die Vollstreckung nochmals hinausschieben.

Wird vom Gläubiger die Zwangsvollstreckung nicht betrieben, weil sie aussichtslos erscheint oder weil mit dem Schuldner eine Abmachung über Stundung oder Ratenzahlung getroffen wurde, hat der Vollstreckungstitel immerhin den Vorteil, daß die Verjährung unterbrochen wurde und in den nächsten 30 Jahren nicht erfolgen kann.

### b) Zwangsvollstreckung

Im Besitz eines vollstreckbaren Schuldtitels (rechtskräftiges oder für vorläufig vollstreckbar erklärtes Endurteil, Vollstreckungsbefehl im gerichtlichen Mahnverfahren, Prozeßvergleich, Kostenfestsetzungsbeschluß, für vollstreckbar erklärter Schiedsspruch oder schiedsrichterlicher Vergleich; gerichtliche oder notarielle Urkunde, in der sich der Schuldner der sofortigen Zwangsvollstreckung unterworfen hat; Zuschlagsbeschluß im Zwangsversteigerungsverfahren, Auszug aus der Konkurstabelle) kann der Gläubiger die Zwangsvollstreckung in das Vermögen des Schuldners betreiben (§§ 704 . . . 945 ZPO).

Außer dem Vollstreckungstitel ist für die Zwangsvollstreckung grundsätzlich die Vollstrekkungsklausel (ausgenommen Vollstreckungsbefehl) und die Zustellung von Titel und Klausel erforderlich.

Bei einer Zwangsvollstreckung wegen Geldforderungen unterscheidet man die Vollstreckung in das bewegliche Vermögen (körperliche Sachen, Forderungen) und in das unbewegliche Vermögen (Grundstücke).

*Zwangsvollstreckung in das bewegliche Vermögen*

Körperliche Sachen des Schuldners werden durch den Gerichtsvollzieher gepfändet.

Geld, Wertpapiere, Schmuck usw. nimmt der Gerichtsvollzieher dabei in Besitz. Andere Sachen, z.B. Möbel, können durch Anbringung von Pfandsiegelmarken als gepfändet gekennzeichnet werden.

Gemäß § 811 ZPO kann eine ganze Reihe von Sachen nicht gepfändet werden. Praktisch ist dies alles, was zur Existenz des Schuldners erforderlich ist, z.B. Bett, Stuhl, notwendige Kleidung, Nahrung für vier Wochen, Werkzeug usw.) bzw. alles, dessen Pfändung unmoralisch wäre (z.B. Ehering).

Die gepfändeten Sachen werden nach einer bestimmten Zeit öffentlich meistbietend versteigert. Das Mindestgebot muß dabei die Hälfte des Schätzwertes betragen.

Die Zwangsvollstreckung in Forderungen erfolgt durch einen Pfändungs- und Überweisungsbeschluß des Amtsgerichts. Dem Drittschuldner (Schuldner des Schuldners, gegen den die Zwangsvollstreckung betrieben wird) verbietet das Gericht, an den Schuldner zu zahlen. Die bedeutsamste Forderungspfändung ist die von Lohn- und Gehaltsforderungen des Schuldners (Lohnpfändung) (s. Arbeitsrecht G.2.b).

*Zwangsvollstreckung in das unbewegliche Vermögen*

Die Zwangsvollstreckung in ein Grundstück kann durch Eintragung einer Sicherungshypothek, durch Zwangsversteigerung oder Zwangsverwaltung des Grundstückes erfolgen (§ 866 ZPO).

*Eidesstaatliche Versicherung*

Blieb die Zwangsvollstreckung erfolglos, glaubt aber der Gläubiger, daß der Schuldner noch Vermögenswerte hat, beantragt er, den Schuldner zur Abgabe einer eidesstattlichen Versicherung über die Offenbarung seines Vermögens laden zu lassen. Verweigert der Schuldner die Versicherung, kann der Gläubiger ihn zur Erzwingung in Haft[1]) nehmen lassen, muß aber die Haftkosten vorschießen (§§ 807, 883, 899 . . . 915 ZPO).

---

[1]) Diese Haft ist keine Strafe, sondern ein Druckmittel. Sie darf höchstens sechs Monate betragen. Will der Schuldner den Offenbarungseid leisten, ist er sofort zu entlassen.

*Sofortmaßnahmen*

Besteht die Gefahr, daß der Schuldner die Zwangsvollstreckung vereitelt (z.B. durch Verschiebung von Vermögenswerten in das Ausland), kann auf Antrag des Gläubigers ein dinglicher oder (selten) persönlicher *Arrest* oder eine einstweilige Verfügung erlassen werden (§§ 916 . . . 945 ZPO). „Die Vollziehung des Arrestes in bewegliches Vermögen wird durch Pfändung bewirkt" (§ 930 ZPO).

Wenn der Gläubiger bereits einen Vollstreckungstitel hat und die Pfändung einer Forderung seines Schuldners vornehmen lassen möchte, ist als Sofortmaßnahme an die sogenannte *Vorpfändung* zu denken: „Schon vor der Pfändung kann der Gläubiger auf Grund eines vollstreckbaren Schuldtitels durch den Gerichtsvollzieher dem Drittschuldner und dem Schuldner die Benachrichtigung, daß die Pfändung bevorstehe, zustellen lassen mit der Aufforderung an den Drittschuldner, nicht an den Schuldner zu zahlen, und mit der Aufforderung an den Schuldner, sich jeder Verfügung über die Forderung, insbesondere ihrer Einziehung, zu enthalten . . . " (§ 845 ZPO).

## 3. Konkurs- und Vergleichsverfahren

### a) Konkursverfahren

Während bei der normalen Zwangsvollstreckung ein Gläubiger in das Vermögen des Schuldners vollstreckt, ist der Konkurs (von lat. concursus = Zusammenlaufen) eine Zwangsvollstreckung in das gesamte Vermögen (Konkursmasse), das dem Schuldner (Gemeinschuldner) zur Zeit der Eröffnung des Verfahrens gehört, zur gemeinschaftlichen Befriedigung aller Gläubiger (Konkursgläubiger). Rechtsgrundlage ist die mehrfach geänderte Konkursordnung vom 10.2.1877 (KO).

Ein Konkursverfahren kann über das Vermögen von natürlichen Personen (Menschen), juristischen Personen (z.B. Kapitalgesellschaften, Genossenschaften, eingetragenen Vereinen), aber auch von den Personengesellschaften OHG und KG stattfinden. Ebenfalls kann über den überschuldeten Nachlaß eines Verstorbenen ein Konkursverfahren (Nachlaßkonkurs) stattfinden.

Der *Antrag* auf Eröffnung des Verfahrens wird durch den Gemeinschuldner selbst (bei juristischen Personen durch das Vertretungsorgan, bei Personengesellschaften durch einen Vollhafter) oder durch einen Gläubiger (dieser muß die Zahlungsunfähigkeit glaubhaft machen) gestellt. Konkursgrund ist die Zahlungsunfähigkeit des Gemeinschuldners, bei juristischen Personen (z.B. AG, GmbH, KGaA, e.V.) außerdem die Überschuldung[1]), bei einem Nachlaßkonkurs nur die Überschuldung[1]).

[1]) Bei Überschuldung sind Schulden größer als das Vermögen

Zuständig für das Verfahren ist das Amtsgericht, in dessen Bezirk der Gemeinschuldner seinen Wohnsitz bzw. Sitz seiner gewerblichen Niederlassung hat. Der Gemeinschuldner hat ein Verzeichnis der Gläubiger und Schuldner und ein Vermögensverzeichnis einzureichen. Das Gericht kann einstweilige Anordnungen erlassen. Veräußerungsverbote an den Schuldner und dessen zwangsweise Vorführung durch das Gericht sind möglich. Wenn es sich jedoch ergibt, daß das noch vorhandene Vermögen nicht zur Deckung der Verfahrenskosten ausreicht, erfolgt regelmäßig Ablehnung mangels Masse (§ 107 KO); dann ist wieder Einzelzwangsvollstreckung möglich.

Die *Eröffnung* des Konkursverfahrens (Tag und Stunde) wird öffentlich bekanntgegeben. Ein vorläufiger Konkursverwalter wird ernannt und ein Termin zur Beschlußfassung über die Wahl eines endgültigen Konkursverwalters und die Bestellung eines Gläubigerausschusses durch die erste Gläubigerversammlung wird bestimmt. Es wird vom Gericht ein offener Arrest[1]) erlassen sowie die Anmeldefrist bestimmt, innerhalb der die Gläubiger ihre Forderungen anmelden und ihre Vorrechte geltend machen müssen; außerdem wird der allgemeine Prüfungstermin (2. Gläubigerversammlung) bestimmt (§ 110 KO).

Durch die Konkurseröffnung verliert der Gemeinschuldner das Verfügungsrecht über sein Vermögen (§ 6 KO). Das Verwaltungs- und Verfügungsrecht wird durch den *Konkursverwalter* (Rechtsanwalt, Steuerberater o.ä.) ausgeübt. Dieser nimmt die laufenden Geschäfte wahr, wickelt Verträge ab, kündigt Arbeitsverhältnisse (auch bei vereinbarter längerer Kündigungsfrist ist Kündigung mit gesetzlicher Frist möglich), führt evtl. Prozesse und ist für die Feststellung, Verwertung und und Verteilung der Konkursmasse verantwortlich.

Bei der *Feststellung der Konkursmasse* bleibt unberücksichtigt, was auch nicht gepfändet werden kann, z.B. Bett, notwendige Kleidung usw.

*Angefochten* werden Rechtshandlungen, die vor Eröffnung des Verfahrens liegen und durch die Gläubiger benachteiligt werden (§§ 29 . . . 42 KO).

*Beispiele:* Schenkungen an die Ehefrau in den letzten beiden Jahren, sonstige Schenkungen im letzten Jahre vor Konkurseröffnung.

*Ausgesondert* aus der Konkursmasse wird, was dem Gemeinschuldner nicht gehört, d.h. fremdes Eigentum, z.B. unter Eigentumsvorbehalt gelieferte Waren, gemietete Maschinen (§§ 43 . . . 46 KO).

*Abgesondert* werden Sachen, die durch Pfandrechte oder Sicherungsübereignungen für einen Gläubiger gesichert sind (§§ 47 . . . 51 KO).

*Beispiel:* Das Grundstück des Gemeinschuldners dient zuerst einmal zur Befriedigung der Hypothekengläubiger.

---

[1]) „Durch den offenen Arrest wird allen Personen, welche eine zur Konkursmasse gehörige Sache in Besitz haben oder zur Konkursmasse etwas schuldig sind, aufgegeben, nichts an den Gemeinschuldner zu verabfolgen oder zu leisten . . . und . . . dem Konkursverwalter . . . Anzeige zu machen" (§ 118 KO)

*Aufgerechnet* werden Forderungen, bei denen eine Gegenforderung des Schuldners besteht (§§ 53 . . . 56 KO).

Bei der *Verteilung der Konkursmasse* (nach der Verwertung durch Verkauf, Versteigerungen usw.) werden vorweg die *Massekosten* (Gerichtskosten, Konkursverwaltung, Unterhalt des Gemeinschuldners und seiner Familie) und die *Masseschulden* (Ansprüche, die nach Konkurseröffnung entstanden) befriedigt (§§ 57 . . . 60 KO).

Die *Konkursgläubiger* werden gemäß § 61 KO in folgender Reihenfolge befriedigt:

1. Rückständige Löhne und Gehälter des letzten Jahres (einschl. Ansprüche auf Arbeitnehmererfindervergütungen und Pensionsansprüche sowie Provisionsansprüche von Handelsvertretern)
2. Forderungen des Staates und der Gemeinden (z.B. Steuern)
3. Forderungen der Kirchen, Schulen u.a.
4. Forderungen der Ärzte, Apotheker, Tierärzte, Hebammen, Krankenhäuser usw.
5. Forderungen der Kinder, Mündel, Pflegebefohlenen
6. Alle übrigen Konkursforderungen (nicht bevorrechtigte Forderungen)

(Merksatz für die Reihenfolge der bevorrechtigten Konkursgläubiger: „Die Arbeitnehmer des Staates gingen in die Kirche, um den Arzt für die Kinder zu holen".)

Es wird immer zuerst die vorherige Rangklasse voll befriedigt, bis die nächste an die Reihe kommt. Reicht die verbleibende Konkursmasse für eine Gläubigerklasse nicht aus, erfolgt anteilsmäßige prozentuale Befriedigung (Konkursdividende, Konkursquote).

Nach der Abwicklung erfolgt die Schlußabrechnung und die Aufhebung des Konkursverfahrens. Nicht befriedigte Konkursforderungen bleiben weiterhin bestehen (Verjährung 30 Jahre nach der letzten Zwangsvollstreckungsmaßnahme). Weitere Beendigungsmöglichkeiten sind der Zwangsvergleich (§§ 173 ff. KO), Einstellung mangels Masse (§ 204 KO), Zustimmung aller Anmeldenden (§ 202 KO). Die Aufhebung oder Einstellung des Verfahrens wird veröffentlicht.

Ein Konkursverfahren kann auch *strafrechtliche Folgen* nach sich ziehen (§§ 239 . . . 244 KO).

Auf betrügerischen Bankrott[1]) (z.B. wenn Vermögensteile beiseite geschafft wurden) steht 1 . . . 15 Jahre (§ 239 KO), auf einfachen Bankrott (z.B. leichtsinnige Geschäftsführung ohne Betrugsabsicht, unordentliche Buchführung) steht bis 5 Jahre Freiheitsstrafe (§ 240 KO). Auch derjenige, der einen Gemeinschuldner begünstigt, kann mit Freiheitsstrafe von 1 . . . 10 Jahren bestraft werden (§ 240 KO).

## b) Vergleichsverfahren

Durch den Konkurs verliert der zahlungsunfähige Schuldner seine selbständige Existenz. Ein Kaufmann wird daher alles unternehmen, um ein Konkursverfahren

---

[1]) Von italienisch banca rotta: „zerbrochene Bank"

abzuwenden. Durch einen Vergleich, bei dem die Gläubiger auf einen Teil ihrer Forderungen verzichten[1]), kann dem Unternehmer eventuell geholfen werden.

Es ist zu unterscheiden:

1. Außergerichtlicher Vergleich (Akkord)
2. Gerichtlicher Vergleich zur Abwendung des Konkurses
3. Zwangsvergleich zur Aufhebung des Konkurses

Bei einem *außergerichtlichen Vergleich* erfolgt eine Einigung mit den Gläubigern ohne Einschaltung des Gerichts.

Dieser Vergleich, der meist in aller Stille vor sich geht, ist nur sinnvoll, wenn alle Gläubiger oder zumindest die großen Gläubiger zustimmen. Nur der Gläubiger, der zustimmt, ist an den Vergleich gebunden. Falls es später doch noch zum Konkursverfahren kommt, können nach einem Gläubigerverzicht nur noch die Restforderungen angemeldet werden.

Für einen *gerichtlichen Vergleich zur Abwendung des Konkurses* ist die Vergleichsordnung vom 26.2.1935 (Vergl0) maßgebend. Das Verfahren wird von dem in finanzielle Schwierigkeiten geratenen Schuldner beantragt. Er muß den Gläubigern einen Vergleichsvorschlag machen, in dem ihnen bei Bezahlung innerhalb eines Jahres mindestens 35 % (bei Zahlung innerhalb 18 Monaten mindestens 40 %, bei noch längerer Zahlungsfrist mehr als 40 %) ihrer Forderung geboten wird. Das Amtsgericht bestellt einen vorläufigen Vergleichsverwalter, kann Verfügungsbeschränkungen anordnen, veröffentlicht den Eingang des Antrages, veranlaßt die einstweilige Einstellung von Zwangsvollstreckungsmaßnahmen, holt Gutachten ein (z.B. von der Industrie- und Handelskammer) und prüft die Vergleichswürdigkeit (§§ 11 ff. Vergl0). In einer Reihe von Fällen (§§ 17, 18 Vergl0) darf kein Vergleichsverfahren stattfinden, z.B. dann, wenn der Schuldner den Vermögensverfall durch Leichtsinn oder Unredlichkeit herbeiführte, wenn in den letzten fünf Jahren bereits ein Konkurs- oder Vergleichsverfahren stattfand u.a. Stimmt auch die einfache Mehrheit der Gläubiger, die die qualifizierte Mehrheit[2]) der Forderungen besitzt, zu, bestätigt das Gericht den Vergleich, und dieser gilt dann für alle Gläubiger, also auch für die, die nicht zustimmten. Wird das Verfahren abgelehnt, wird das Konkursverfahren (Anschlußkonkurs) eröffnet.

Die Aufhebung des Verfahrens erfolgt nach Erfüllung durch den Schuldner, in bestimmten Fällen bereits vorher. Kommt jedoch der Schuldner mit seinen Leistungen in Verzug, ist der teilweise Forderungserlaß der Gläubiger hinfällig.

---

[1]) Außer dem *Erlaßvergleich*, bei dem die Gläubiger auf einen Teil ihrer Forderung verzichten, gibt es noch den *Stundungsvergleich* (Moratorium, Gläubiger stunden ihre Forderungen) und den *Liquidationsvergleich* (Schuldner stellt den Gläubigern das Vermögen zur Verwertung zur Verfügung, auf den Rest verzichten die Gläubiger)

[2]) 75 % der Gläubigerforderungen; bei einer Quote unter 50 %: 80 % der Gläubigerforderungen (§ 74 Vergl0).

Kann während eines Konkursverfahrens der Gemeinschuldner den Gläubigern mehr bieten, als sie Konkursquote bekommen würden, z.B. durch die Hilfe von Verwandten, so kann es zu einem *Zwangsvergleich* (§§ 173 . . . 201 KO) kommen. Das Mindestgebot beträgt allgemein 20 % der Forderungen der nicht bevorrechtigten Gläubiger. Es genügt, wenn die einfache Mehrheit der zum Termin anwesenden nicht bevorrechtigten Gläubiger, die mindestens 75 % der Forderungen vertreten (§ 183 KO), zustimmt. Nach Annahme und Bestätigung wird das Konkursverfahren aufgehoben. Der Zwangsvergleich ist dann für alle Gläubiger bindend. In bestimmten Fällen (§ 175 KO – Gemeinschuldner ist flüchtig, er weigert sich eine eidesstattliche Versicherung über sein Vermögen abzugeben, oder es liegt betrügerischer Bankrott vor) ist das Verfahren unzulässig.

Alle Vergleichsverfahren haben für den Schuldner gegenüber den Konkursverfahren den Vorteil, daß ihm ein Teil seiner Schulden erlassen wird. Für die Gläubiger kommt es allgemein zu größeren Zahlungen als beim Konkursverfahren. Durch die Erhaltung des Unternehmens (außer beim Liquidationsvergleich) wird die Verschleuderung von Werten, wie sie manchmal bei Konkursverfahren nicht verhindert werden kann, vermieden.

## G. Arbeitsrecht

### 1. Einführung in das Arbeitsrecht

#### a) Begriff des Arbeitsrechts

Das Arbeitsrecht ist das Sonderrecht der nichtselbständigen Arbeit. Es handelt sich hierbei um die Arbeit, die der Arbeitnehmer weisungsgebunden im Rahmen eines Arbeitsvertrages dem Arbeitgeber gegen Entgelt leistet.

Das Arbeitsrecht betrifft also nicht die Arbeit des selbständigen Gewerbetreibenden oder die der freiberuflich Tätigen, z. B. der Rechtsanwälte, Steuerberater, Ärzte usw.

Die abhängige Arbeit (Arbeitnehmerarbeit) bildet für die große Mehrheit der berufstätigen Bevölkerung[1]) die Existenzgrundlage. Das Arbeitsrecht ist daher ein sehr wichtiges Rechtsgebiet. Jeder, der als Arbeitnehmer oder als Arbeitgeber bzw. als dessen Beauftragter im Arbeitsleben steht, sollte daher gewisse Grundkenntnisse des Arbeitsrechts besitzen.

#### b) Quellen des Arbeitsrechts

Die Quellen des Arbeitsrechts liegen in den verschiedenen Gesetzen[2]), u. a. dem Grundgesetz (Art. 1, 2, 3, 9, 12, 33), den Länderverfassungen, dem BGB (allgemeine Bestimmungen, Recht des Dienstvertrages), der Gewerbeordnung (spezielles Arbeitsrecht der gewerblichen Arbeitnehmer und der technischen Angestellten), dem HGB (speziell für kaufmännische Angestellte), dem Betriebsverfassungsgesetz, dem Arbeitsgerichtsgesetz, dem Jugendarbeitsschutzgesetz, dem Kündigungsschutzgesetz, dem Mutterschutzgesetz, dem Tarifvertragsgesetz, dem Heimarbeitsgesetz, dem Gesetz gegen den unlauteren Wettbewerb, der Reichsversicherungsordnung, dem Strafgesetzbuch, der Konkursordnung und der ZPO.

Die Selbstgesetzgebung (Autonomie) spielt im Arbeitsrecht eine große Rolle. Tarifverträge, Betriebsvereinbarungen und Unfallverhütungsvorschriften der Berufsgenossenschaften schaffen für die Beteiligten gesetzesähnliche Rechtsverhältnisse. Auch Gewohnheitsrecht und Rechtsprechung (Entscheidungen der Gerichte, insbesondere des Bundesarbeitsgerichts) können Quellen des Arbeitsrechts sein.

---

1) 1967 von 26,3 Millionen Erwerbstätigen 11,5 % Selbständige, 8 % mithelfende Familienangehörige, 80,6 % Arbeitnehmer und Beamte.

2) Es gibt Sammlungen arbeitsrechtlicher Gesetze, z.B. H.C. Nipperdey, Arbeitsrecht, Verlag C.H. Beck, München und Berlin.

### c) Arbeitgeber

Arbeitgeber sind alle natürlichen oder juristischen[1]) Personen, die jemanden mit nichtselbständiger, entgeltlicher Arbeit auf Grund eines Arbeitsvertrages beschäftigen.

Es kann eine Person gleichzeitig Arbeitgeber und Arbeitnehmer sein.

*Beispiel:* Ein in einem Industriebetrieb angestellter Ingenieur beschäftigt eine Hausgehilfin. Dem industriellen Unternehmen gegenüber ist er Arbeitnehmer, der Hausgehilfin gegenüber Arbeitgeber.

### d) Arbeitnehmer

Arbeitnehmer ist, wer in einem Arbeitsverhältnis durch einen Arbeitgeber weisungsgebunden beschäftigt wird und daher nichtselbständige Arbeit gegen Entgelt leistet.

Als Arbeitnehmer gelten allgemein nicht: Handelsvertreter (sie sind selbständige Gewerbetreibende im Gegensatz zu Reisenden, die Angestellte im Außendienst sind), Beamte (ihr Dienstverhältnis beruht wie bei Soldaten auf öffentlichem Recht und nicht auf Vertragsrecht), Vorstandsmitglieder einer juristischen Person (Vorstand der AG, Geschäftsführer der GmbH), im Betrieb mitarbeitende Gesellschafter (Vollhafter), Strafgefangene, Ehefrauen und Kinder, falls sie Arbeit auf familienrechtlicher Grundlage leisten.

Nach dem Betriebsverfassungsgesetz (§ 5 BetrVG 1972) gelten u.a. nicht als Arbeitnehmer und dürfen daher zum Betriebsrat weder wählen noch gewählt werden: Personen, deren Beschäftigung nicht in erster Linie ihrem Erwerb dient, sondern vorwiegend durch Beweggründe karitativer oder religiöser Art bestimmt ist oder die vorwiegend zu ihrer Heilung, Wiedereingewöhnung, sittlicher Besserung oder Erziehung beschäftigt werden; der Ehegatte sowie Kinder und Schwiegerkinder, die in häuslicher Gemeinschaft mit dem Arbeitgeber leben.

Außerdem findet das Betriebsverfassungsgesetz allgemein keine Anwendung auf leitende Angestellte, wenn sie zur selbständigen Einstellung oder Entlassung von Arbeitnehmern berechtigt sind, Generalvollmacht oder Prokura haben oder im wesentlichen eigenverantwortliche Aufgaben wahrnehmen, die ihnen regelmäßig wegen der Bedeutung für den Bestand und die Entwicklung des Betriebs im Hinblick auf besondere Erfahrungen und Kenntnisse übertragen werden.

---

[1]) sowohl juristische Personen des privaten Rechts (z. B. AG, GmbH) als solche des öffentlichen Rechts (z. B. Bund, Länder, Gemeinden, Allgemeine Ortskrankenkassen).

„1. Angestellte in leitender Stellung,
2. technische Angestellte in Betrieb, Büro und Verwaltung, Werkmeister und andere Angestellte in einer ähnlich gehobenen oder höheren Stellung,
3. Büroangestellte, soweit sie nicht ausschließlich mit Botengängen, Reinigung, Aufräumung und ähnlichen Arbeiten beschäftigt werden, einschließlich Werkstattschreiber,
4. Handlungsgehilfen und andere Angestellte für kaufmännische Dienste, auch wenn der Gegenstand des Unternehmens kein Handelsgewerbe ist, Gehilfen und Praktikanten in Apotheken,
5. Bühnenmitglieder und Musiker ohne Rücksicht auf den künstlerischen Wert ihrer Leistungen,
6. Angestellte in Berufen der Erziehung, des Unterrichts, der Fürsorge, der Kranken- und Wohlfahrtspflege,
7. Schiffsführer, Offiziere des Decks- und Maschinendienstes, Schiffsärzte, Funkoffiziere, Zahlmeister, Verwalter und Verwaltungsassistenten sowie die in einer ähnlich gehobenen und höheren Stellung befindlichen Mitglieder der Schiffsbesatzung von Binnenschiffen oder deutschen Seefahrzeugen,
8. Bordpersonal der Zivilluftfahrt.“

*Arbeiter* sind alle sonstigen Arbeitnehmer.

Die sozialen Unterschiede zwischen Angestellten und Arbeitern sind heute viel geringer als in früheren Jahren.

Eine Sonderstellung nehmen die Auszubildenden (s.G.2.d) ein.

## 2. Arbeitsverhältnis

Das Arbeitsverhältnis ist das Rechtsverhältnis zwischen Arbeitgeber und Arbeitnehmer. Es zeichnet sich gegenüber anderen Vertragsverhältnissen durch eine besonders enge Bindung der Partner aus. Der eine ist zur Leistung der versprochenen Dienste, der andere zur Gewährung der vereinbarten Vergütung verpflichtet.

### a) Begründung des Arbeitsverhältnisses

Das Arbeitsverhältnis wird durch einen Vertrag (Arbeitsvertrag) zwischen Arbeitgeber und Arbeitnehmer begründet.

Der Arbeitsvertrag ist ein Dienstvertrag im Sinne von § 611 BGB (Leistung von Diensten gegen Vergütung). Aber nicht jeder Dienstvertrag ist ein Arbeitsvertrag.

Dienstvertrag

| Arbeitsvertrag (betrifft abhängige Arbeit) | sonstiger Dienstvertrag (z.B. freiberufliche Arbeit) |
|---|---|

Grundsätzlich besteht für den Abschluß eines Arbeitsvertrages Vertragsfreiheit, d.h. man kann einen Vertrag schließen, mit wem man will und kann vereinbaren, was man will. Zum Schutz der Arbeitnehmer allgemein oder besonderer Arbeitnehmergruppen bestehen aber etliche Ausnahmen.

*Beispiele:* Beschäftigungspflicht für Schwerbeschädigte[1]); Beschäftigungsverbot für Jugendliche, wenn dem Arbeitgeber die bürgerlichen Ehrenrechte aberkannt wurden; der Vertrag darf nicht gegen Gesetze (z. B. Arbeitsschutzbestimmungen) oder die guten Sitten (z.B. bei Ausbeutung einer Notlage) verstoßen; die Mindestnormen geltender Tarifverträge dürfen nicht unterschritten werden.

Der Arbeitsvertrag ist grundsätzlich formfrei gültig. Er kann also auch mündlich geschlossen werden.

*Ausnahmen:* Das Wettbewerbsverbot für einen kaufmännischen Angestellten nach Beendigung des Arbeitsverhältnisses bedarf der Schriftform (§ 74 HGB). Durch Parteivereinbarung oder Tarifvertrag kann eine bestimmte Form vereinbart sein.

Bei Arbeitsverträgen mit Angestellten, insbesondere auch mit Ingenieuren ist vielfach eine schriftliche Fixierung der vorherigen mündlichen Vereinbarungen vorteilhaft und üblich.

Der Arbeitnehmer sollte aber vor dem Unterschreiben des schriftlichen Vertragstextes genau darauf achten, daß die schriftlichen Vereinbarungen nicht von den mündlichen Absprachen abweichen. Eine schriftliche Festlegung kann auch in der Form eines Briefwechsels erfolgen. Wenn nach dem mündlichen Abschluß eines Arbeitsvertrages von Arbeitgeberseite keine schriftliche Festlegung erfolgt, ist dem Arbeitnehmer zu empfehlen, in einem Brief an den Arbeitgeber die Einzelheiten der Vereinbarungen zu bestätigen. Widerspricht der Arbeitgeber diesem Bestätigungsschreiben nicht, ist sein Inhalt im Streitfall ein Beweis für die getroffenen Vereinbarungen.

Die Einstellung eines Arbeitnehmers bedarf der Zustimmung des Betriebsrates, die aber nur aus bestimmten wichtigen Gründen (§ 61 BetrVG) verweigert werden kann. Der Arbeitnehmer hat dem Arbeitgeber die Lohnsteuerkarte und die Versicherungspapiere auszuhändigen. Der Arbeitgeber hat jede Einstellung oder Entlassung dem Arbeitsamt anzuzeigen (allgemein über die Krankenkasse).

Wenn bestimmte Teile des Arbeitsvertrages nichtig sind, z. B. bei Gesetzwidrigkeit, Verstoß gegen die guten Sitten, ist das Arbeitsverhältnis zwar gültig, aber es gelten die gesetzlichen, tariflichen oder der Billigkeit entsprechenden Regelungen als vereinbart.

Wenn dagegen das Arbeitsverhältnis selbst gegen ein Gesetz oder die guten Sitten verstößt, z. B. bei Einstellung als Einbrecher, Schmuggler usw., ist es ganz nichtig.

Liegt Grund zur Anfechtung (s. A.8.e) vor, so kann das Arbeitsverhältnis, wenn bereits Arbeit geleistet wurde, für die Zukunft aufgehoben werden.

---

[1]) Schwerbeschädigte im Sinne des Schwerbeschädigtengesetzes vom 14.8.1961 sind insbesondere Deutsche, die durch Krieg, NS-Verfolgung, Arbeitsunfall oder Berufskrankheit mindestens 50 % ihrer Erwerbsfähigkeit verloren haben. Bestimmte andere Personen können auf Antrag den Schwerbeschädigten gleichgestellt werden.

*Beispiel:* Eine Arbeiterin erklärt auf Befragen vor der Einstellung ausdrücklich, daß sie nicht schwanger sei. Als ihr Arbeitsverhältnis nach drei Wochen gekündigt wird, weist sie durch ein ärztliches Attest nach, daß sie bereits seit fünf Wochen in Behandlung wegen Schwangerschaftsbeschwerden ist, und will Kündigungsschutz nach dem Mutterschutzgesetz in Anspruch nehmen. Da das Arbeitsverhältnis durch arglistige Täuschung zustande kam, kann es sofort aufgelöst werden, ohne daß ein Kündigungsschutz besteht. Für die drei Wochen Arbeit besteht aber Lohnanspruch.

Bezüglich Arbeitsvertragsschluß durch Minderjährige wird auf Abschnitt A.5 verwiesen. Für den Arbeitgeber ist es zweckmäßig, wenn er sich eine schriftliche Erklärung des gesetzlichen Vertreters des Minderjährigen vorlegen läßt, aus dem das Einverständnis zur Arbeitsaufnahme hervorgeht.

## b) Inhalt des Arbeitsverhältnisses

Das Arbeitsverhältnis bringt für Arbeitnehmer und Arbeitgeber Pflichten.

**Wesentliche Pflichten**

| **des Arbeitnehmers** | **des Arbeitgebers** |
|---|---|
| Arbeitspflicht | Entlohnungspflicht |
| Treupflicht | Fürsorgepflicht |
| Gehorsamspflicht | Urlaubspflicht |

### Arbeitspflicht

Der Arbeitnehmer hat die vereinbarten Dienste (§ 611 BGB, § 59 HGB, § 105 Gewerbeordnung) grundsätzlich höchstpersönlich zu leisten (§ 613 BGB). Außer dem Einzelvertrag sind für den Inhalt der Dienstpflicht Tarifverträge, Betriebsvereinbarungen, Gesetzesnormen und ähnliche Vorschriften, z. B. Unfallverhütungsvorschriften der Berufsgenossenschaften, maßgebend.

*Beispiel:* Ein Arbeiter ist nicht verpflichtet, eine Arbeit zu verrichten, die in dieser Form gegen die Unfallverhütungsvorschriften verstößt.

Falls keine genauen Vereinbarungen getroffen wurden, sind die üblichen Dienste gemäß Anordnung des Arbeitgebers zu leisten. Dies gilt auch für Nebendienste.

*Beispiel:* Ein Arbeiter muß das Werkzeug sauberhalten. – Ein Lehrer muß Aufsichtsdienste leisten.

Größere Unternehmen und Verwaltungen vereinbaren mit ihren Arbeitnehmern im Dienstvertrag vorsichtshalber vielfach eine weitgehende Dienstleistungspflicht entsprechend den Weisungen des Vorgesetzten. Unzumutbare Dienste brauchen hierbei aber auch nicht geleistet werden.

*Beispiel:* Wenn eine Stadtgemeinde mit einer Lehrkraft im Angestelltenverhältnis vereinbart, daß eine vorübergehende anderweitige Beschäftigung im städtischen Dienst möglich ist, dann wäre trotzdem die Heranziehung zum Dienst in der Straßenreinigung unzumutbar. Eine vorübergehende Verwaltungstätigkeit ist jedoch zumutbar.

In Notfällen ist die Dienstleistungspflicht grundsätzlich auf alle zumutbaren Tätigkeiten ausgedehnt.

Bei einem Streik kann unmittelbare Streikarbeit abgelehnt werden, mittelbare jedoch nicht.

*Beispiel:* Wenn in einem Betrieb der Metallindustrie die Arbeiter streiken, die Angestellten jedoch nicht, kann der Arbeitgeber nicht von einem Ingenieur verlangen, daß er an der Drehmaschine oder an anderen Stellen Arbeiten statt der streikenden Arbeiter verrichtet (unmittelbare Streikarbeit). – Wenn die Zuliefererindustrie bestreikt wird, kann nicht die Verarbeitung von Rohstoffen, die durch Streikbrecher hergestellt wurden, verweigert werden (mittelbare Streikarbeit).

Gerät der Arbeitgeber als Gläubiger der Arbeit in Annahmeverzug – er läßt den Arbeitnehmer, dessen Arbeitsverhältnis nicht beendet ist, nicht arbeiten –, ist der Arbeitnehmer von der Dienstleistungspflicht befreit, ohne daß er den Lohnanspruch verliert oder nacharbeiten muß (§ 615 BGB).

Es empfiehlt sich aber in diesem Fall für den Arbeitnehmer, ganz deutlich seine Arbeitsleistung anzubieten, damit nicht etwa aus dem Verhalten auf eine Auflösung des Arbeitsverhältnisses im beiderseitigen Einverständnis geschlossen werden kann.

Das Ergebnis der Arbeitsleistung gehört dem Arbeitgeber[1]). Ort und Zeit der Dienstleistung bestimmt der Arbeitgeber bzw. sie werden durch Betriebsvereinbarung geregelt. Die wöchentliche Arbeitszeit wird dagegen allgemein durch Tarifvertrag festgesetzt. Soll eine Versetzung nach auswärts erfolgen, so muß der Arbeitnehmer vorher gefragt werden, es sei denn, daß die Versetzung zumutbar ist.

### Treupflicht

Der Arbeitnehmer hat die Belange des Arbeitgebers zu wahren, jede möglicherweise seinen Arbeitgeber schädigende Handlung zu unterlassen und sich dafür einzusetzen, daß ihm kein Schaden entsteht. Diese Verpflichtung des Arbeitnehmers wird Treupflicht genannt. Sie entspricht der Fürsorgepflicht des Arbeitgebers.

*Beispiele* für Verletzung der Treupflicht: Kreditgefährdende Nachreden, Aufruf zu einem rechtswidrigen Streik, strafbare Handlungen gegen den Arbeitgeber, Anstiftung von Kollegen zum Vertragsbruch, Verrat von Geschäftsgeheimnissen, grobe Schädigung der Arbeitsfähigkeit (z. B. eine bettlägerig krankgeschriebene Angestellte geht zum Tanzen, obwohl sie weiß, daß dadurch ihre Krankheit, während der sie Gehalt bekommt, verlängert wird), Annahme von Schmiergeldern (z. B. von Einkäufern), evtl. unzulässige Nebentätigkeit[2]), Strafanzeige gegen den Arbeitgeber ohne Grund oder ohne schwerwiegenden Grund.

---

1) Bezüglich der durch Arbeitnehmer gemachten Erfindungen vgl. Gesetz über Arbeitnehmererfindungen (K.6).

2) Nebentätigkeiten außerhalb des Arbeitsverhältnisses sind grundsätzlich erlaubt, können aber im Einzelfall gesetzlich verboten sein (z. B. Wettbewerbsverbot für kaufmännische Angestellte) oder nach dem Vertrag verboten sein bzw. der Genehmigung bedürfen (z. B. im öffentlichen Dienst). Eine übermäßige Gefährdung der Arbeitsfähigkeit ist auf jeden Fall unzulässig.

Keine Verstöße gegen die Treupflicht sind jedoch die Durchsetzung berechtigter Ansprüche, z. B. Einklagung des ausstehenden Lohnes, die ordnungsmäßige Kündigung des Arbeitsverhältnisses und das Arbeiten in einem Konkurrenzbetrieb *nach* Beendigung des Arbeitsverhältnisses, falls keine entgegengesetzten Vereinbarungen bestehen.

Es ist möglich, daß Arbeitgeber und Arbeitnehmer ein Wettbewerbsverbot für die Zeit nach Beendigung des Arbeitsverhältnisses vereinbaren. In diesem Falle dürfte der Arbeitnehmer eine bestimmte Zeit nach dem Ausscheiden nicht in Konkurrenzbetrieben tätig sein. Für den kaufmännischen Angestellten sieht das Handelsgesetzbuch (§§ 74. . .75 f. HGB) genaue Regelungen vor, die insbesondere dem Schutz des Arbeitnehmers dienen: Das Wettbewerbsverbot darf sich auf höchstens zwei Jahre erstrecken, während dieser Zeit ist eine Entschädigung zu zahlen, mit Minderjährigen vereinbarte Wettbewerbsverbote sind ungültig usw.

Für technische Angestellte, insbesondere für Ingenieure gelten die Regelungen des HGB nicht. Auch sehen bisher nur wenige Tarifverträge (z. B. für die chemische Industrie) entsprechende Klauseln vor. Nach Auffassung des Bundesarbeitsgerichts (Urteile vom 3.3.1959 und 21.3.1964) ist allerdings die Auferlegung einer entschädigungslosen Karenz auch für gewerbliche Angestellte grundsätzlich unzulässig. Es dürfte aber empfehlenswert sein, wenn ein Ingenieur bei Vereinbarung eines Wettbewerbsverbots auf der Aufnahme etwa folgender Klausel besteht: „Es wird vereinbart, daß für dieses Wettbewerbsverbot die Bestimmungen des Handelsgesetzbuches über das Wettbewerbsverbot für Handlungsgehilfen gelten."

### Gehorsamspflicht

Der Arbeitnehmer hat den Dienstanweisungen des Arbeitgebers nachzukommen, soweit diese zumutbar sind (Direktionsrecht des Arbeitgebers). Grundsätzlich gilt die Gehorsamspflicht nur für die dienstlichen Weisungen des Arbeitgebers und nur in besonderen Fällen für solche, die sich auf das Privatleben des Arbeitnehmers beziehen.

Dies ist z. B. dann der Fall, wenn sich eine Anordnung des Arbeitgebers auf ein außerdienstliches Verhalten bezieht, das als Verstoß gegen die Treupflicht aufzufassen ist. *Beispiel:* Der Arbeitgeber verbietet den Arbeitnehmern die Übernahme einer bezahlten Tätigkeit während des Erholungsurlaubs.

### Verletzung der Arbeitnehmerpflichten

Bei schuldhafter *Nichterfüllung* von Arbeitnehmerpflichten (z. B. Arbeitnehmer erscheint grundlos nicht bei der Arbeit, beharrliche Arbeitsverweigerung) kann der Arbeitgeber die Lohnzahlung verweigern, Schadenersatz verlangen und eventuell fristlos kündigen.

Theoretisch ist auch eine Klage auf Erfüllung möglich. Da aber eine Heranziehung zur Arbeit im Wege der Zwangsvollstreckung ausgeschlossen ist, hätte ein Urteil, in dem der Arbeitnehmer zur Arbeitsaufnahme verurteilt wird, höchstens moralische Bedeutung.

Bei schuldhafter *Schlechterfüllung* einer Verpflichtung kann der Arbeitgeber Schadenersatz verlangen und unter Einhaltung einer Kündigungsfrist kündigen. Grundsätzlich haftet ein Arbeitnehmer, der vorsätzlich oder fahrlässig dem Arbeitgeber einen Schaden zufügte, für den angerichteten Schaden in voller Höhe (s. B.6). Eine totale Haftpflicht des Arbeitnehmers auch bei nur geringer Fahrlässigkeit wäre aber dem Wesen des Arbeitsverhältnisses kaum angemessen. Ausnahmsweise kann daher eine Haftungsbeschränkung auf die Fälle des Vorsatzes und der groben Fahrlässigkeit Platz greifen, z. B. bei sogenannter „gefahrengeneigter" Arbeit. Eine solche gefahrengeneigte Arbeit liegt nach der Rechtsprechung des Bundesarbeitsgerichts vor, wenn die Eigenart der Arbeit es mit großer Wahrscheinlichkeit mit sich bringt, daß auch dem sorgfältigen Arbeitnehmer gelegentlich Fehler unterlaufen, die zwar für sich betrachtet vermeidbar waren, mit denen aber als mit einem typischen Abirren der Dienstleistung erfahrungsgemäß zu rechnen ist. Die entsprechenden Schäden gehören zum Unternehmerrisiko.

*Beispiel:* Ein angestellter Ingenieur hat dienstlich einen Kraftwagen seines Arbeitgebers zu fahren. Es besteht keine Vollkaskoversicherung. Während der Fahrt tritt plötzlich Glatteis auf, der Wagen gerät ins Schleudern und fährt gegen einen Alleebaum. Am Wagen entsteht erheblicher Sachschaden. Die geringe Fahrlässigkeit des Ingenieurs besteht darin, daß er eine etwas überhöhte Geschwindigkeit fuhr. Eine Heranziehung des Ingenieurs zum Schadenersatz wäre unbillig. – Anders wäre die Lage, wenn der Unfall infolge Alkoholgenusses oder grober Mißachtung von Verkehrsregeln, z. B. Überfahren einer Kreuzung bei rotem Licht der Ampel, verursacht worden wäre. Bei einer derartigen groben Fahrlässigkeit muß der Arbeitnehmer natürlich für den entstandenen Schaden voll aufkommen.

### Entlohnungspflicht

Die Zahlung des vereinbarten Arbeitsentgeltes ist die Hauptpflicht des Arbeitgebers. Lohnforderungen verjähren in zwei Jahren nach Ablauf des angebrochenen Jahres. Bei Bestehen eines Tarifvertrages ist aber auf eventuelle kürzere tarifliche Ausschlußfristen zu achten.

Die folgende Übersicht soll einen Überblick über die Einkommensarten[1]) geben:

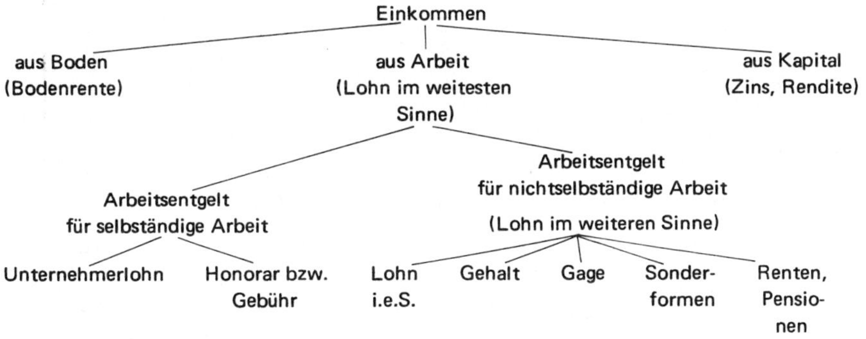


1) Zum steuerrechtlichen Begriff des Einkommens und der Einkunftsarten s. J.2.a.

Arbeitsentgelt für nichtselbständige (abhängige) Arbeit ist Gegenstand des Arbeitsvertrages. Lohn im engeren Sinne ist das Arbeitsentgelt des Arbeiters, Gehalt das des Angestellten oder Beamten und Gage das des Künstlers. Sonderformen sind z. B. Weihnachtsgratifikationen, Gewinnbeteiligungen, Beihilfen in Krankheits-, Geburts- und Todesfällen. Betriebliche Renten und Pensionen sind Arbeitsentgelt für frühere Arbeitsleistungen.

Unter *Nominallohn* versteht man den Nennwert in Geldeinheiten des Lohnes, unter *Reallohn* dagegen die Kaufkraft des Lohnes. *Bruttolohn* ist der Lohn einschließlich Abzüge (Lohnsteuer[1]), Kirchensteuer[2]), Sozialversicherung[3]), *Nettolohn* der um die Abzüge verminderte Bruttolohn.

Wird der Lohn in Naturalien (Sachwerten) gezahlt, spricht man von *Naturallohn,* wird er in Geld gezahlt, von *Geldlohn.* Heute ist der reine Geldlohn üblich, teilweise findet man Kombinationen von Geld- und Naturallohn, z. B. Deputat bei landwirtschaftlichen Arbeitern, freie Station bei Hausgehilfinnen, Köchen, Kellnern, Seeleuten.

Nach der Berechnung des Lohnes unterscheidet man Zeitlohn, Leistungslohn, Mischformen zwischen Zeit- und Leistungslohn und Lohn mit Erfolgsbeteiligung.

Beim Angestellten ist weitgehend der *Zeitlohn* in Form des Monatsgehaltes üblich. Arbeiter werden immer dann im Zeitlohn beschäftigt, wenn die Messung der Leistung zu schwierig oder zu aufwendig ist, z. B. bei hochqualifizierten Arbeiten, Wartungs- und Aufsichtsarbeiten, bei sog. „unproduktiven" und häufig wechselnden Arbeiten. Grundlage des Zeitlohnes für Arbeiter ist meist der Stundenlohnsatz, der dann mit der Zahl der geleisteten Stunden vervielfacht wird. Es kann aber auch ein fester Wochen- oder Monatslohn vereinbart sein.

Der *Leistungslohn* wird auch als Stück- oder Akkordlohn bezeichnet. Berechnungsgrundlage ist das erzielte Arbeitsergebnis. Allgemein dient der Stundenlohn (z.B. vermehrt um 15 %) als Grundlage zur Berechnung der Akkordsätze, wobei die Schwierigkeit in der Errechnung der richtigen Vorgabezeit liegt. Eine Lohnerhöhung bedeutet somit gleichzeitig eine entsprechende Erhöhung der Akkordsätze.

*Beispiel:* tarifliche Regelung nach dem Manteltarifvertrag für die gewerblichen Arbeitnehmer der bayerischen Metallindustrie (§§ 19...22) Akkordgrundlohn + 10 % = Akkordrichtsatz. Bei Normalleistung verdient der Arbeiter in der Stunde diesen Akkordrichtsatz. Richtige Verteilzeiten (ausreichende Zeit für sachliche und persönliche Zeitverluste) müssen berücksichtigt sein. 1/60 des Akkordrichtsatzes ist die Abgeltung für eine Minute Vorgabezeit (Geldfaktor). Der einzelne Akkordarbeiter kann je nach Leistung einen höheren oder niedrigeren Verdienst erzielen. Eine Unterschreitung des Akkordrichtsatzes ist nur bei nicht erbrachter Normalleistung möglich. Eine Unterschreitung des tariflichen Akkordgrundlohnes ist nur bei vor der Lohnabrechnung nachgewiesener Minderleistung möglich (§ 21).

Ist der Akkordlohn von der Arbeitsleistung einer Arbeitsgruppe abhängig, spricht man vom Gruppenakkord.

*Mischformen* zwischen Zeit- und Leistungslohn können darin bestehen, daß beim Leistungslohn ein bestimmter Mindestlohn garantiert wird. Von Prämienlohn spricht

---

[1]) siehe J.2.b.
[2]) siehe J.2.p.
[3]) siehe H.3.

*Erfolgslohnsysteme* können vom Umsatz oder vom Gewinn abhängen. Insbesondere wird Reisenden (Angestellten im Außendienst) häufig neben ihrem festen Gehalt von dem von ihnen erzielten Umsatz eine Provision gezahlt. Beim Kellner ist die Entlohnung nach dem Umsatz (Bedienungsgeld) üblich. Viele Unternehmen beteiligen ihre leitenden Angestellten am Gewinn (Tantieme). Von einigen Unternehmen werden alle Arbeitskräfte am Gewinn beteiligt.

Gratifikationen aus besonderen Anlässen, insbesondere Weihnachtsgratifikationen, sind, auch wenn es sich um freiwillige Leistungen des Unternehmens handelt (wenn nicht drei Jahre ohne Vorbehalt gezahlt und auch keine tarifliche Abmachung besteht), Arbeitsentgelt und keine Schenkungen.

Das Versprechen einer Weihnachtsgratifikation durch den Arbeitgeber bedarf daher nicht der öffentlichen Beurkundung. Das gleiche gilt für das Versprechen eines Ruhegehaltes (Betriebspension).

Rückzahlungsklauseln können bei Weihnachtsgratifikationen gemäß Rechtsprechung des Bundesarbeitsgerichts für den Fall der fristgemäßen Kündigung durch den Arbeitnehmer oder der berechtigten fristlosen Kündigung durch den Arbeitgeber vereinbart werden, wenn bei

a) einer Gratifikation von mehr als 100,– DM aber weniger als dem Monatsverdienst das Arbeitsverhältnis vor dem 31.3.,
b) einer Gratifikation in Höhe des durchschnittlichen Monatsverdienstes das Arbeitsverhältnis vor dem 1.4.,

des nächsten Jahres beendet wird.

Bei einer Gratifikation von mehr als einem Monatsverdienst hängt die mögliche Bindung von den Umständen des Einzelfalles ab.

Die *Höhe des Lohnes* ergibt sich im Einzelfall aus dem Einzelvertrag oder aus dem Tarifvertrag. Die Tariflöhne sind hierbei als Mindestlöhne anzusehen, die zwar über-, aber nicht unterschritten werden dürfen. Die Tarifverträge sehen Einteilungen in Lohn- bzw. Gehaltsgruppen (Vergütungsgruppen) vor. Allgemein erfolgt die Einteilung nach der überwiegenden Tätigkeit und nicht nach Vorbildung, Titel, Grad usw., wobei allerdings die Vorbildung die Voraussetzung für die Tätigkeit sein kann.

Als *Beispiel* diene ein Auszug aus dem Manteltarifvertrag für die Angestellten der bayerischen Metallindustrie:

Gruppeneinteilung für die technischen Angestellten

*Gruppe T III* Technische Angestellte, deren Tätigkeit in der Regel eine einschlägige abgeschlossene Berufsausbildung oder auf andere Weise erworbene entsprechende Kenntnisse voraussetzt und die auf allgemeine Anweisung schwierigere Arbeiten *selbständig* erledigen.

Bei Vorliegen dieser Voraussetzungen z.B.: Konstrukteure für Einzelteile, Projekteure für kleinere Anlagen, Kalkulatoren, Technische Revisoren, Laboranten, Arbeitsvorbereiter, Werkstattechniker.

*Gruppe T IV* Technische Angestellte mit selbständiger *verantwortlicher* Tätigkeit, die in der Regel eine einschlägige abgeschlossene Berufsausbildung oder auf andere Weise erworbene entsprechende Kenntnisse sowie eine mehrjährige erfolgreiche praktische Erfahrung im Beruf voraussetzt. Bei Vorliegen dieser Voraussetzungen z.B.: Konstrukteure, Betriebsassistenten, Projektingenieure, Montageeingenieure, Werkstattingenieure, Patentingenieure, Reiseingenieure, Physiker, Chemiker, Statiker, Prüffeld- und Laboringenieure, Selbständige Arbeitsbewerter.

*Gruppe T V* Technische Angestellte mit leitender oder entsprechend qualifizierter Tätigkeit.

Für Angestellte im öffentlichen Dienst gilt der Bundes-Angestellten-Tarifvertrag vom 23.2.1961 (BAT) in seiner jeweiligen Fassung. Die niedrigste Vergütungsgruppe ist X, die höchste Ia.

Außer von der Lohn- oder Gehaltsgruppe hängt die Höhe des Bruttolohnes (bzw. -gehaltes) noch vielfach von der Ortsklasse, vom Lebensalter (besonders bei Angestellten und dort wieder besonders im öffentlichen Dienst) und (oder) von der Beschäftigungszeit sowie vom Familienstand ab.

Die Abhängigkeit des Lohnes vom Familienstand und von der Kinderzahl tritt im öffentlichen Dienst stärker in Erscheinung als in der Privatwirtschaft, weil dort sonst die Gefahr bestünde, daß Familienväter bei der Einstellung benachteiligt werden. Im öffentlichen Dienst wird Kindergeld (und bei Angestellten höherer Ortszuschlag, alles steuerpflichtig) bereits ab dem ersten Kind vom Dienstherrn gezahlt, während in der Privatwirtschaft Kindergeld z.Z. erst vom zweiten bzw. dritten Kind an vom Bund gezahlt wird (Bundeskindergeldgesetz vom 14.4.1964 i.d.F. v. 21.12.1967). Für alle Arbeitnehmer ist der Nettolohn vom Familienstand abhängig, weil die Höhe der Lohnsteuer sich nach Lohnsteuerklasse und Kinderzahl richtet.

Die verschiedenen Lohngruppen stehen allgemein in einem bestimmten Verhältnis zueinander, das auch bei Lohnerhöhungen gleichbleibt. Der Lohn, auf den prozentual die anderen Löhne bezogen sind, heißt *Ecklohn.*

*Beispiel:* In einem Tarifvertrag gilt der Lohn des Facharbeiters als Ecklohn (100 %). Die Löhne in den anderen Lohngruppen werden in einem bestimmten Prozentsatz des Facharbeiterlohnes ausgedrückt, z.B. bestqualifizierte Facharbeiter 120 %, qualifizierte Facharbeiter 110 %, qualifizierte angelernte Arbeiter 97 %, angelernte Arbeiter 90 %, ungelernte Arbeiter 84 % des Facharbeiterlohnes (Lohngruppenschlüssel). Allgemein erfolgen bei jugendlichen Arbeitern noch gestaffelte prozentuale Altersabschläge und bei niederen Ortsklassen Ortsklassenabschläge.

Die *Lohnauszahlung* hat mangels besonderer Vereinbarung am Ende der Abrechnungsperiode (bei Monatsgehalt am Letzten des Monats) zu erfolgen. Im öffentlichen Dienst erhält ein Angestellter allgemein bereits am 15. d.M. sein Gehalt. Bei der *Form* der Lohnauszahlung geht der Trend zur monatlichen Lohnzahlung durch Überweisung auf ein Konto.

## Lohnzahlung ohne Arbeitsleistung

In einer Reihe von Fällen hat der Arbeitnehmer Anspruch auf Arbeitsentgelt, ohne daß er eine Arbeitsleistung vollbrachte.

Fällt durch einen *gesetzlichen Feiertag* die Arbeit an einem Wochentag aus, so ist der Arbeitsverdienst zu bezahlen.

Der Anspruch auf Bezahlung der ausgefallenen Arbeitszeit entfällt, wenn der Arbeitnehmer am letzten Arbeitstag vor oder am ersten Arbeitstag nach dem Feiertag unentschuldigt der Arbeit fernblieb.

Bei Krankheit erhalten Arbeitnehmer sechs Wochen das Arbeitsentgelt. Einige Tarifverträge sehen eine nach der Dienstzeit gestaffelte längere Zeit vor (z.B. nach BAT, also für Angestellte des öffentlichen Dienstes, bei einer Dienstzeit von 10 Jahren 26 Wochen Gehaltsfortzahlung im Krankheitsfall).

Die Gehaltsfortzahlung ist nicht auf eine Krankheit im Jahr beschränkt. Es ist möglich, daß im Laufe eines Jahres ein Arbeitnehmer verschiedene, voneinander unabhängige Krankheiten erleidet und dabei jeweils einen neuen Gehaltsfortzahlungsanspruch hat. Bei wiederholten Krankheitsfällen, die auf das gleiche Grundleiden zurückzuführen sind, entsteht erst nach Ablauf von sechs Monaten nach Beendigung der ersten Erkrankung ein neuer Lohnfortzahlungsanspruch.

Der Arbeitnehmer muß unverzüglich dem Arbeitgeber die Arbeitsunfähigkeit anzeigen und (zumindest als Arbeiter) spätens am 3. Krankheitstag eine ärztliche Bescheinigung vorlegen.

Natürlich gilt dies nicht für durch Vorsatz oder grobe Fahrlässigkeit herbeigeführte Krankheit (z.B. durch Trunkenheit verursachter Verkehrsunfall, verschuldete Schlägerei) bzw. deren verschuldete Verlängerung. *Beispiel:* Ein kranker Arbeitnehmer, dem der Arzt Bettruhe verordnete, geht zum Fußballspiel und verzögert dadurch seine Genesung.

Kuren, die von Sozialversicherungsträgern, der Kriegsopferversorgung oder von sonstigen Sozialleistungsträgern bewilligt sind, werden Krankheiten gleichgestellt.

Bei Schwangerschaft gilt das Mutterschutzgesetz (s. G.5.c).
Wer sonst ohne sein Verschulden für eine nicht erhebliche Zeit an der Dienstleistung verhindert ist, behält den Lohnanspruch (§ 616 BGB). In den Tarifverträgen wurden hierzu allgemein Einzelheiten geregelt, z.B. eigene Eheschließung, Umzug; Eheschließung, schwere Erkrankung oder Tod von Angehörigen usw.

Ist der Arbeitnehmer an der Nichtleistung der Arbeit schuld, z.B. kommt er betrunken zur Arbeit, so besteht kein Lohnanspruch. Ist dagegen der Arbeitgeber an dem Ausfall der Arbeit schuld, z.B. stellt er kein Material zur Verfügung, besteht Lohnanspruch.

Bei Betriebsstockungen usw., an denen weder Arbeitgeber noch Arbeitnehmer schuld sind, muß allgemein der Lohn gezahlt werden, sofern dies nicht unbillig ist. Verschiedene Tarifverträge regeln auch hier die Einzelheiten. Wenn aber wegen eines Streiks der Arbeiter bei Zulieferern die Materialzufuhr ausfällt und daher nicht gearbeitet werden kann, entfällt der Lohnanspruch.

Es wird hierbei die Solidarität der Arbeitnehmer gesehen, die es auch gebietet, durch Arbeitnehmergesamtheiten verursachte Nachteile zu tragen.

Für Arbeitsausfall im Baugewerbe wegen schlechten Wetters bestehen besondere Regelungen

**Schutz der Lohnforderung**

Der Arbeitslohn ist allgemein die Existenzgrundlage des Arbeitnehmers. Daher gelten für ihn bestimmte Schutzbestimmungen.

Die *Pfändung von Lohnforderungen* (s. F.2) ist eingeschränkt. Unpfändbar sind z.B. die Hälfte der Überstundenlöhne, Urlaubsgeld, Weihnachtsgratifikationen bis 195,– DM, Heirats- und Geburtsbeihilfen (§ 850 a ZPO). Vom sonstigen Nettolohn kann nur ein Teil gepfändet werden. Dieser pfändbare Teil des Arbeitslohnes hängt ab von der Lohnhöhe und von der Zahl der zu unterhaltenden Angehörigen.

Der Betrag kann aus Tabellen für die Lohnpfändung bei monatlicher, wöchentlicher bzw. täglicher Lohnzahlung (Anlage zu § 850 c ZPO) abgelesen wer

**Tabelle 3:** Auszüge aus der monatlichen Pfändungstabelle

| Nettolohn monatlich | Pfändbarer Betrag bei Unterhaltspflicht für Personenzahl | | | | | |
|---|---|---|---|---|---|---|
| | 0 | 1 | 2 | 3 | 4 | 5 und mehr |
| 400 ... 404,99 | 43,40 | – | – | – | – | – |
| 500 ... 504,99 | 113,40 | 3,20 | – | – | – | – |
| 600 ... 604,99 | 183,40 | 27,40 | 4,10 | – | – | – |
| 700 ... 704,99 | 253,40 | 97,40 | 14,10 | 5,– | – | – |
| 800 ... 804,99 | 323,40 | 166,– | 71,20 | 15,– | 5,90 | – |
| 900 ... 904,99 | 393,40 | 216,– | 136,40 | 45,– | 15,90 | 6,80 |
| 1000 ... 1004,99 | 463,40 | 266,– | 176,40 | 105,– | 25,90 | 16,80 |
| 1100 ... 1104,99 | 533,40 | 316,– | 216,40 | 135,– | 71,80 | 26,80 |
| 1200 ... 1204,99 | 603,40 | 366,– | 256,40 | 165,– | 91,80 | 36,80 |
| 1300 ... 1304,99 | 673,40 | 416,– | 296,40 | 195,– | 111,80 | 46,80 |
| 1400 ... 1404,99 | 743,40 | 466,– | 336,40 | 225,– | 131,80 | 56,80 |
| 1500 ... 1504,99 | 813,40 | 516,– | 376,40 | 255,– | 151,80 | 66,80 |

Der Mehrbetrag über 2509,–DM monatlich (579,–DM wöchentlich, 115,80 DM täglich) ist voll pfändbar.

Bei Unterhaltsforderungen, z.B. für uneheliche Kinder, können noch höhere Beträge gepfändet werden.

Versuchen des Schuldners, sein Arbeitseinkommen zu verschleiern, kann begegnet werden (§ 850 h ZPO).

Auch dem *Schutz der tatsächlichen Lohnauszahlung* dienen Bestimmungen. So muß der Arbeitgeber dem Arbeitnehmer Abrechnungsbelege über die Berechnung des Nettolohnes aushändigen (z.B. Lohnstreifen). Unpfändbare Lohnteile dürfen weder zurückbehalten werden (z.B. bei Schadenersatzforderung des Arbeitgebers – Ausnahme: Vorsätzliche Schädigung durch den Arbeitnehmer) noch abgetreten werden. Bei Konkurs des Arbeitgebers sind Lohnforderungen vor allen anderen Gläubigerforderungen bevorrechtigt (s. F.3).

**Fürsorgepflicht**

Der Arbeitgeber hat die Pflicht, für die Person des Arbeitnehmers (z.B. Gesundheit, Sittlichkeit) und eventuell für dessen Eigentum (z.B. Kleidung) zu sorgen. Die Fürsorgepflicht des Arbeitgebers entspricht der Treupflicht des Arbeitnehmers.

Sofern nicht gesetzliche Bestimmungen, z.B. Arbeitsschutzvorschriften, oder Verträge, z.B. Tarifverträge, die Einzelheiten regeln, gelten die Grundsätze von Treu und Glauben.

**Urlaubspflicht**

Der Arbeitgeber ist verpflichtet, dem Arbeitnehmer einen Erholungsurlaub unter Weiterzahlung des Arbeitsentgeltes zu gewähren. Rechtsgrundlage und Urlaubsdauer ergeben sich aus dem Mindesturlaubsgesetz für Arbeitnehmer (Bundesurlaubsgesetz) vom 8.1.1963, den Tarifverträgen oder Einzelarbeitsverträgen. Die für den Arbeitnehmer jeweils günstigste Regelung ist dabei bindend.

Das Bundesurlaubsgesetz sieht für Arbeitnehmer zwischen 18 und 35 Lebensjahren einen Mindesturlaub von 15, für ältere Arbeitnehmer einen solchen von 18 Werktagen jährlich vor. Viele Tarifverträge gewähren einen längeren Urlaub.

Wenn an bestimmten Werktagen, z.B. an einem Sonnabend, regelmäßig nicht gearbeitet wird, so zählt dieser Tag allgemein als Urlaubstag. Fällt dagegen ein Wochenfeiertag, z.B. Himmelfahrt, in den Urlaub, dann zählt dieser gesetzliche Feiertag nicht als Urlaubstag. Die Zeit eines Kur- oder Heilverfahrens, das von einem Sozialversicherungsträger oder im Rahmen der Kriegsopferversorgung gewährt wird, wird in der Regel nicht auf den Urlaub angerechnet (§ 10 Bundesurlaubsgesetz).

Die zeitliche Lage des Urlaubs wird in erster Linie durch Vereinbarung innerhalb des Betriebes bestimmt. Der Urlaub soll zusammenhängend gewährt werden.

In größeren Betrieben wird allgemein ein Urlaubsplan aufgestellt, bei dem die Wünsche des Arbeitnehmers unter Berücksichtigung des Betriebsinteresses möglichst zu berücksichtigen sind. Gemäß § 56 Betriebsverfassungsgesetz hat der Betriebsrat bei der Aufstellung des Urlaubsplanes mitzubestimmen. Es ist nicht immer einfach, den Urlaub aller Arbeitnehmer in die warme Jahreszeit und bei Arbeitnehmern mit schulpflichtigen Kindern in die Schulferien zu legen. Es gibt auch Betriebe mit gemeinsamem Urlaub (Betriebsferien).

Wenn ein Arbeitnehmer neu in einen Betrieb eintritt, steht ihm erstmals Urlaub nach einer Wartezeit zu. Diese beträgt nach dem Gesetz (§ 4) sechs Monate, tariflich kann sie kürzer sein. Während des Kalenderjahres eintretende oder ausscheidende Arbeitnehmer haben, falls die Wartezeit nicht erfüllt wurde bzw. falls sie in der ersten Hälfte des Kalenderjahres ausscheiden, nur Anspruch auf so viele Zwölftel des Jahresurlaubs, wie sie volle Monate in dem Jahr tätig waren (§ 5). Ein von einem anderen Arbeitgeber für das betreffende Jahr gewährter Urlaub, wird auf den Jahresurlaub angerechnet (§ 6).

Ein Ingenieur, der nach Abschluß seines Studiums am 1. April in einem Betrieb zu arbeiten beginnt, hat ab 1. Oktober (Wartezeit von sechs Monaten ist erfüllt) Anspruch auf seinen vollen Jahresurlaub, da er ja von einem anderen Arbeitgeber noch keinen Urlaub erhalten hat.

Wenn ein Arbeitnehmer während des Kalenderjahres Grundwehrdienst bei der Bundeswehr leistet, kann der Arbeitgeber für jeden Monat Grundwehrdienst den Urlaub um ein Zwölftel kürzen. Für die Zeit des Grundwehrdienstes richtet sich der Urlaub nach den Urlaubsvorschriften für Soldaten. Für die Zeit eventueller Wehrübungen darf der Arbeitgeber den Urlaub nicht kürzen (§ 4 Arbeitsplatzschutzgesetz v. 30.3.1957 i.d.F. v. 21.5.1968).

Von einem ausscheidenden Arbeitnehmer, der bereits den vollen Urlaub gehabt hat, kann in der Regel kein Urlaubsentgelt zurückverlangt werden. Arbeitnehmer, die fristlos entlassen wurden oder das Arbeitsverhältnis unberechtigt vorzeitig lösten, können allgemein keinen Urlaub mehr beanspruchen.

Der Arbeitnehmer kann das Urlaubsgeld[1]) (Arbeitsentgelt, das er sonst während des Urlaubs verdienen würde) vor Urlaubsantritt verlangen.

Da der Urlaub der Erholung dienen soll, darf der Arbeitnehmer während des Urlaubs keine dem Urlaubszweck widersprechende Erwerbstätigkeit leisten. „Erkrankt der Arbeitnehmer während des Urlaubs, so werden die durch ärztliches Zeugnis nachgewiesenen Tage der Arbeitsunfähigkeit auf den Jahresurlaub nicht angerechnet" (§ 9 BUrlG). Eine Übertragung des Urlaubs auf das nächste Kalenderjahr darf nur erfolgen, wenn dringende betriebliche oder in der Person des Arbeitnehmers liegende Gründe dies rechtfertigen. In diesem Fall muß der Urlaub bis spätestens 31. März des nächsten Jahres genommen werden. Eine Abgeltung in Geld ist nur zulässig, wenn das Arbeitsverhältnis normal endet, ohne daß der Urlaub genommen werden konnte.

Im Baugewerbe besteht eine Sonderregelung zur Sicherung des Urlaubsgeldes der Arbeitnehmer.

Die zusätzliche Gewährung von bezahltem oder unbezahltem Urlaub in besonderen Fällen kann auf Einzelvereinbarung, Tarifvertrag (z.B. Bildungsurlaub) oder auf gesetzlicher Basis (Sonderurlaub für Jugendleiter) beruhen.

### c) Beendigung des Arbeitsverhältnisses

#### Beendigungsgründe

Das Arbeitsverhältnis endigt:

1. Durch Zeitablauf (§ 620 BGB), wenn es für eine feste Zeit eingegangen wurde

   *Beispiel:* Ein Ingenieurstudent wird während der Semesterferien für die Dauer von sechs Wochen als Werkstudent eingestellt. Nach Ablauf der Zeit endet das Arbeitsverhältnis automatisch.

   Unzulässig ist jedoch die ständige Aneinanderreihung befristeter Arbeitsverhältnisse, um zuungunsten des Arbeitnehmers ein unbefristetes Arbeitsverhältnis zu vermeiden.

2. Durch Zweckerreichung

   *Beispiel:* Es wird jemand zum Entladen eines Eisenbahnwaggons eingestellt.

3. Durch Kündigung (wichtigster Fall)

4. Durch Vereinbarung (vertragliche Lösung des Arbeitsverhältnisses = Aufhebung des Arbeitsverhältnisses im beiderseitigen Einverständnis)

   Bei beiderseitigem Einverständnis bedarf es natürlich keiner Kündigungsfrist.

5. Durch Tod des Arbeitnehmers

---

[1]) Unter „Urlaubsgeld" versteht man heute vielfach auch einen betrieblichen Zuschuß zum Urlaub, z.B. in der Metallindustrie 30 % des Normallohnes.

Das Arbeitsverhältnis endet dagegen nicht durch Konkurs (natürlich kann der Konkursverwalter kündigen), durch Einberufung zum Grundwehrdienst, zu Wehrübungen der Bundeswehr (gesetzliches Ruhen des Arbeitsverhältnisses) oder durch vereinbartes Ruhen des Arbeitsverhältnisses (z.B. für die Dauer eines Ingenieurstudiums).

Ebenfalls endete das Arbeitsverhältnis nicht durch Einziehung zur Wehrmacht im 2. Weltkrieg einschl. einer etwa folgenden Kriegsgefangenschaft.

**Kündigung des Arbeitsverhältnisses**

Eine Kündigung ist eine einseitige, empfangsbedürftige und bedingungsfeindliche Willenserklärung[1]), die das Arbeitsverhältnis von einem bestimmten Zeitpunkt an aufhebt.

Die Kündigung muß eindeutig und unbedingt sein. Sie kann aber auch zum Zwecke der Änderung des Arbeitsverhältnisses (Änderungskündigung) ausgesprochen werden. Sie ist an keine Form gebunden, falls nicht eine bestimmte Vereinbarung[2]) besteht. Allerdings ist die Schriftform (bei postalischer Übermittlung zweckmäßigerweise eingeschrieben) wegen der leichteren Beweisführung zweckmäßig. Ein Kündigungsgrund braucht bei einer fristgemäßen Kündigung grundsätzlich nicht angegeben zu werden. Bei einer Kündigung durch den Arbeitgeber ist aber die Angabe eines Grundes wegen des Kündigungsschutzgesetzes angebracht.

Vor jeder Kündigung durch den Arbeitgeber ist der Betriebsrat zu hören (§ 66 BetrVG). Seine Zustimmung ist jedoch nicht erforderlich. „Die Kündigung eines Schwerbeschädigten durch den Arbeitgeber bedarf der Zustimmung der Hauptfürsorgestelle“ (§ 14 Schwerbeschädigtengesetz).

Wirksam ist die Kündigung erst, wenn sie dem anderen Teile zugeht, d.h. wenn der Empfänger unter normalen Verhältnissen von ihr Kenntnis nehmen kann.

Bei den Kündigungen unterscheidet man die ordentliche (fristgemäße) und die außerordentliche (fristlose) Kündigung.

Die *ordentliche Kündigung* erfolgt mit Einhaltung einer Kündigungsfrist. Es gibt gesetzliche und vertragliche Kündigungsfristen. Die gesetzliche gilt, wenn vertraglich (durch Tarifvertrag oder Einzelvereinbarung) nichts anderes vereinbart wurde. Die gesetzliche Kündigungsfrist beträgt für *Arbeiter* zwei Wochen. Bei einer Dienstzeit von 5 Jahren nach Vollendung des 35. Lebensjahres erhöht sie sich auf einen Monat auf Monatsende, bei 10 Jahren auf zwei Monate auf Monatsende und bei 20 Jahren auf drei Monate zum Vierteljahresschluß. Für *Angestellte* beträgt die Kündigungsfrist sechs Wochen auf Vierteljahresschluß (§§ 622 BGB).

---

[1]) siehe A.8.a)

[2]) viele Tarifverträge sehen bei Angestellten für die Kündigung die Schriftform vor.

Wenn eine kürzere Frist vereinbart wurde, muß sie bei Angestellten mindestens einen Monat auf Monatsschluß betragen. Für Arbeiter können kürzere Kündigungsfristen nur durch Tarifvertrag vereinbart werden (z.B. im Baugewerbe).

Die Kündigungsfristen für die Angestellten des öffentlichen Dienstes sind gemäß BAT nach der Beschäftigungszeit gestaffelt. Sie betragen zwei Wochen zum Monatsschluß in der Probezeit und steigen bis zur Unkündbarkeit durch den Arbeitgeber nach Vollendung des 40. Lebensjahres und einer Beschäftigungszeit von 15 Jahren.

Für langjährige Angestellte eines Unternehmens (auch in der Privatwirtschaft) besteht eine Verlängerung der Kündigungsfrist[1]) nach dem Gesetz über die Fristen für die Kündigung von Angestellten vom 9. Juli 1926:

bei fünfjähriger Beschäftigung mindestens drei Monate,
bei achtjähriger Beschäftigung mindestens vier Monate,
bei zehnjähriger Beschäftigung mindestens fünf Monate,
bei zwölfjähriger Beschäftigung mindestens sechs Monate

auf Schluß des Vierteljahres. Frühere Tätigkeit als Arbeiter bei dem Unternehmen wird mitgerechnet. Die Zeiten zählen erst ab Vollendung des 25. Lebensjahres. Diese verlängerten Fristen gelten nicht, wenn der Arbeitgeber in der Regel nicht mehr als zwei Angestellte beschäftigt und nicht für Kündigungen durch den Angestellten selbst (falls nicht diese verlängerte Kündigungsfrist auch vereinbart wurde).

Gegenüber Schwerbeschädigten beträgt die Kündigungsfrist mindestens vier Wochen.

Ist ein Arbeitsverhältnis auf Lebenszeit oder für längere Zeit als fünf Jahre eingegangen, so kann es vom Arbeitnehmer, nicht jedoch vom Arbeitgeber, nach dem Ablauf von fünf Jahren mit einer Frist von sechs Monaten gekündigt werden (§ 624 BGB).

Durch den Arbeitgeber unkündbare Arbeitsverhältnisse betreffen hauptsächlich die mindestens 40 Jahre alten Angestellten des öffentlichen Dienstes mit mindestens 15jähriger Beschäftigungszeit. In der Privatwirtschaft sind sie sehr selten. Die Formulierung „Lebensstellung" in einem Stellenangebot u. dgl. besagt in der Regel nicht, daß ein Arbeitsverhältnis auf Lebenszeit angeboten wird.

Eine *außerordentliche (fristlose) Kündigung* erfolgt ohne Einhaltung einer Kündigungsfrist (ausnahmsweise ist eine außerordentliche Kündigung auch mit einer verkürzten Kündigungsfrist möglich). Sie ist nur bei einem *wichtigen Grund* zulässig, d.h., wenn „Tatsachen vorliegen, auf Grund derer dem Kündigenden unter Berücksichtigung aller Umstände des Einzelfalles und unter Abwägung der Interessen beider Vertragsteile die Fortsetzung des Dienstverhältnisses bis zum Ablauf der Kündigungsfrist oder bis zu der vereinbarten Beendigung des Dienstverhältnisses nicht zugemutet werden kann. Sie kann nur innerhalb von 14 Tagen ab dem Zeitpunkt erfolgen, an dem der Kündigungsberechtigte von den für die Kündigung maßgebenden Tatsachen erfährt. Dem anderen Teil muß er auf Verlangen den Kündigungsgrund unverzüglich schriftlich mitteilen (§ 626 BGB).

---

[1]) Falls eine kürzere Kündigungsfrist vereinbart wurde, gelten für Kündigungen durch den Arbeitgeber diese verlängerten Fristen.

*Beispiele für Gründe zur fristlosen Kündigung durch den Arbeitgeber:* Falsche Angaben bei der Einstellung, Untreue (z.B. Diebstahl, Unterschlagung, Geheimnisverrat), beharrliche Arbeitsverweigerung, Verstoß gegen Unfallsverhütungsvorschriften trotz Verwarnung, Tätlichkeiten, grobe Beleidigungen, längere Freiheitsstrafe.

*Beispiele für Gründe zur fristlosen Kündigung durch den Arbeitnehmer:* Tätlichkeiten oder grobe Beleidigungen durch den Arbeitgeber oder seinen Vertreter, Nichtzahlung des Arbeitsentgeltes.

In der Regel hat der zur fristlosen Kündigung berechtigte Vertragsteil auch noch einen Schadenersatzanspruch gegenüber dem anderen Teil (§ 628 BGB).

*Beispiel:* Ein Angestellter kündigt wegen einer groben Beleidigung durch den Arbeitgeber fristlos. Der Arbeitgeber muß ihm bis zum Ablauf der ordentlichen Kündigungsfrist, bzw. bis er vorher eine andere entsprechende Stelle gefunden hat, das Gehalt weiterzahlen. Es könnte sogar noch der Ersatz weiteren Schadens (z.B. Umzugskosten) dazukommen.

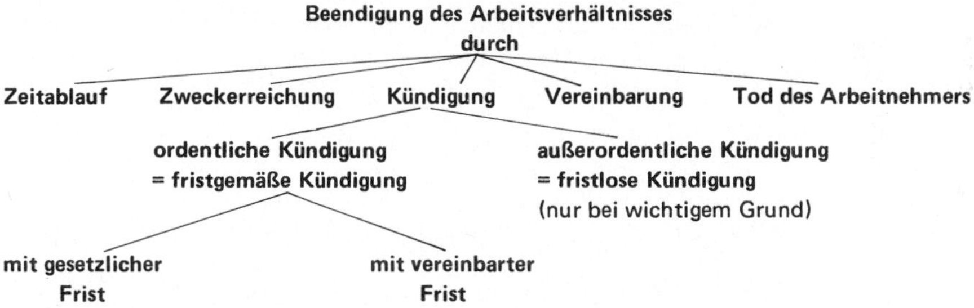


## Kündigungsschutz

Nach dem Kündigungsschutzgesetz i.d.F.v. 25.8.1969 (KSchG), das nur für Betriebe mit mehr als fünf Arbeitnehmern gilt, ist eine Kündigung des Arbeitsverhältnisses gegenüber einem Arbeitnehmer, der länger als sechs Monate ohne Unterbrechung in demselben Betrieb oder Unternehmen beschäftigt ist und das 18. Lebensjahr vollendet hat, rechtsunwirksam, wenn sie sozial ungerechtfertigt ist. Sozial ungerechtfertigt ist die Kündigung, wenn sie nicht durch Gründe, die in der Person oder in dem Verhalten des Arbeitnehmers liegen, z.B. Unpünktlichkeit, oder durch dringende betriebliche Erfordernisse, z.B. Arbeitsmangel, Rationalisierung bedingt ist. Der Arbeitgeber hat die Tatsachen, die die Kündigung bedingen, zu beweisen. Sind Kündigung aus dringenden betrieblichen Gründen erforderlich, so hat die Auswahl der zu kündigenden Arbeitnehmer allgemein nach sozialen Gesichtspunkten[1]) zu erfolgen (§ 1 KSchG).

Bei einer Änderungskündigung (S. 125) kann der Arbeitnehmer das neue Angebot unter dem Vorbehalt annehmen, daß die Änderung der Arbeitsbedingungen nicht sozial ungerechtfertigt ist (§ 2 KSchG).

---

1) Solche sozialen Gesichtspunkte sind z.B. Lebensalter, Familienstand, Kinderzahl, Dauer der Betriebszugehörigkeit.

Hält ein Arbeitnehmer eine Kündigung für sozial ungerechtfertigt, so kann er – er muß es nicht – binnen einer Woche nach der Kündigung Einspruch beim Betriebsrat einlegen. Wenn der Betriebsrat den Einspruch für begründet erachtet, hat er eine Verständigung mit dem Arbeitgeber zu versuchen (§ 3 KSchG).

Will ein Arbeitnehmer geltend machen, daß eine Kündigung sozial ungerechtfertigt sei (falls nicht vorher eine Einigung erreicht wurde), so muß innerhalb von drei Wochen nach Zugang der Kündigung beim Arbeitsgericht Klage auf Feststellung erhoben werden, daß das Arbeitsverhältnis durch die Kündigung nicht aufgelöst ist (§ 4 KSchG). Hält das Arbeitsgericht die Kündigung für sozial ungerechtfertigt, besteht entweder das Arbeitsverhältnis weiter oder, wenn die Aufrechterhaltung dem einen oder anderen Teil nicht mehr zumutbar ist, löst das Gericht es auf. Im letzteren Falle setzt das Gericht eine Abfindung für den Arbeitnehmer fest.

Massenentlassungen bedürfen der Anzeige beim Arbeitsamt und der Zustimmung des Landesarbeitsamtes. Betriebsratsmitglieder sind, außer bei Gründen zur fristlosen Kündigung, allgemein unkündbar (§ 15 KSchG).

Durch andere Gesetze genießen Schwerbeschädigte (Schwerbeschädigtengesetz) und werdende Mütter (Mutterschutzgesetz) einen besonderen Kündigungsschutz.

**Pflichten des Arbeitgebers bei Beendigung des Arbeitsverhältnisses**

Nach der Kündigung eines Arbeitsverhältnisses hat der Arbeitgeber dem Arbeitnehmer auf Verlangen eine angemessene Zeit zum Aufsuchen einer anderen Stelle, normalerweise unter Weiterzahlung der Bezüge, zu gewähren (§ 629 BGB). Dies gilt sowohl für die Kündigung durch den Arbeitgeber als auch durch den Arbeitnehmer.

Der letztere Fall spielt in der Praxis nicht so eine große Rolle, da ein Arbeitnehmer, der seinen Arbeitsplatz wechseln will, meist ohne Wissen seines bisherigen Arbeitgebers sich eine andere Stelle suchen wird.

Bei Beendigung des Arbeitsverhältnisses hat der Arbeitgeber dem Arbeitnehmer auf Verlangen ein schriftliches *Zeugnis* auszustellen. Das Zeugnis muß auf jeden Fall genaue Angaben über Art und Dauer der Beschäftigung machen (einfaches Zeugnis). Auf Wunsch des Arbeitnehmers hat es sich auch auf Führung und Leistung zu erstrecken (qualifiziertes Zeugnis). Ein Zeugnis muß wahrheitsgetreu sein. Ein Urteil über Leistung und Führung ist ohne Voreingenommenheit so abzugeben, wie es dem gerecht denkenden Menschen entspricht. Ein ungünstiges Urteil muß durch Tatsachen belegt werden.

Irrig ist es zu glauben, in einem Zeugnis dürfe nur Gutes stehen. Wenn ein Arbeitnehmer sich etwas hat zuschulden kommen lassen, wird er allerdings wohl nur ein einfaches Zeugnis verlangen. In der Praxis sehen Zeugnisse heute aber allgemein zu gut aus. Allerdings hat sich die Übung herausgebildet, ein Zeugnis auch „zwischen den Zeilen" zu lesen, d.h. es wird das als negativ aufgefaßt, was nicht im Arbeitszeugnis steht. Die Formulierung „... bemühte sich den Anforderungen gerecht zu werden" wird vom Leser gedanklich mit „..., aber es gelang ihm in keiner Weise" ergänzt.

Ein unrichtiges Zeugnis kann den Arbeitgeber schadenersatzpflichtig machen, und zwar gegenüber dem Arbeitnehmer, wenn es wahrheitswidrig ungünstig ist, und gegenüber einem späteren Arbeitgeber, wenn es wahrheitswidrig günstig ist.

*Beispiel:* Ein Kassierer unterschlägt Geld und wird entlassen. Mit Rücksicht auf die ungünstige soziale Lage des Kassierers stellt der Arbeitgeber ein Zeugnis aus, in dem die Ehrlichkeit bescheinigt wird. Mit diesem Zeugnis bekommt der Kassierer eine neue Stelle und verschwindet dort mit der Kasse. Nachträglich stellt der neue Arbeitgeber den Unterschied zwischen Zeugnisangaben und dem Geschehen fest. Sofern bei dem diebischen Kassierer nichts mehr zu holen ist, hält sich der neue Arbeitgeber an den Aussteller des Zeugnisses.

Einem in Kündigung stehenden Arbeitnehmer ist auf Wunsch bereits ein Zwischenzeugnis auszustellen, damit er sich damit anderweitig bewerben kann. Manche Tarifverträge sehen außerdem die Möglichkeit der Ausstellung eines Zwischenzeugnisses auch für andere Fälle vor, z.B. Wechsel des Geschäftsinhabers oder des maßgebenden Vorgesetzten.

Von der Zeugnispflicht abgesehen, hat der Arbeitgeber auch die Pflicht, anderen Arbeitgebern auf Verlangen Auskunft zu erteilen. Selbstverständlich muß der Arbeitgeber bei Beendigung des Arbeitsverhältnisses dem Arbeitnehmer die Arbeitspapiere (Lohnsteuerkarte, Versicherungskarte) herausgeben.

Der Arbeitgeber kann bei der Rückgabe der Papiere eine entsprechende Empfangsbestätigung verlangen. In vielen Fällen verlangt der Arbeitgeber beim Ausscheiden des Arbeitnehmers eine sogenannte *Ausgleichsquittung,* d.h. eine Bestätigung, daß keine Ansprüche gegen den Arbeitgeber bestehen. Eine derartige Ausgleichsquittung sollte nicht unterschrieben werden, falls auch nur die Möglichkeit von Ansprüchen besteht, z.B. aufgrund des Kündigungsschutzgesetzes.

### d) Berufsausbildungsverhältnis (Lehrverhältnis)

Das Berufsausbildungsverhältnis ist kein Arbeitsverhältnis der üblichen Art, sondern hat dem Auszubildenden eine „breit angelegte berufliche Grundbildung und die für die Ausübung einer qualifizierten beruflichen Tätigkeit notwendigen fachlichen Fertigkeiten und Kenntnisse in einem geordneten Ausbildungsgang zu vermitteln“. Ferner hat es „den Erwerb der erforderlichen Berufserfahrung zu ermöglichen“ (§ 1 Berufsbildungsgesetz[1]).

Der *Berufsausbildungsvertrag* ist unverzüglich schriftlich niederzulegen sowie vom Ausbildenden, dem Auszubildenden und dessen gesetzlichen Vertreter[2]) zu unterzeichnen.

„Auszubildende darf nur einstellen, wer persönlich geeignet ist. Auszubildende darf nur ausbilden, wer persönlich und fachlich geeignet ist“ (§ 20).

---

1) Das Berufsbildungsgesetz vom 14.8.1969 regelt außer der Berufsausbildung die berufliche Fortbildung und die berufliche Umschulung.

2) Wenn der Minderjährige einen Vormund hat, ist die Genehmigung des Vormundschaftsgerichts erforderlich (§ 1822 BGB).

*Persönlich* nicht geeignet ist z.B. wer Jugendliche nicht beschäftigen darf oder wer wiederholt oder schwer gegen das Gesetz verstoßen hat. *Fachlich* nicht geeignet ist, wer die erforderlichen beruflichen Fertigkeiten und Kenntnisse oder die erforderlichen berufs- und arbeitspädagogischen Kenntnisse nicht besitzt. Im Handwerk ist grundsätzlich die Meisterprüfung und Vollendung des 24. Lebensjahres erforderlich. Die Abschlußprüfung an einer Hochschule bzw. bestimmte andere Prüfungen können unter gewissen Voraussetzungen die Meisterprüfung ersetzen.

Wer fachlich nicht geeignet ist oder wer nicht selbst ausbildet, darf Auszubildende nur einstellen, wenn er einen *Ausbilder* bestellt, der persönlich und fachlich für die Berufsausbildung geeignet ist.

Die *Ausbildungsstätte* muß nach Art und Einrichtung für die Berufsausbildung geeignet sein (§ 22).

Der Auszubildende hat sich zu bemühen, die Fertigkeiten und Kenntnisse zu erwerben, die erforderlich sind, um das Ausbildungsziel zu erreichen. Er muß insbesondere die im Rahmen seiner Berufsausbildung aufgetragenen Verrichtungen sorgfältig ausführen, am Berufsschulunterricht teilnehmen, den Weisungen der Ausbilder folgen, die für die Ausbildungsstätte geltende Ordnung beachten, Werkzeug, Maschinen usw. pfleglich behandeln und über Geschäftsgeheimnisse Stillschweigen wahren (§ 9). „Der Ausbildende hat dafür zu sorgen, daß dem Auszubildenden die Fertigkeiten und Kenntnisse vermittelt werden, die zum Erreichen des Ausbildungszieles erforderlich sind, um die Berufsausbildung in einer durch ihren Zweck gebotenen Form planmäßig, zeitlich und sachlich gegliedert so durchzuführen, daß das Ausbildungsziel in der vorgesehenen Ausbildungszeit erreicht werden kann, . . . “ (§ 6).

Der Ausbildende hat auch die Ausbildungsmittel (Werkzeuge, Werkstoffe) für die Ausbildung sowie für die Zwischen- und Abschlußprüfungen kostenlos zu stellen sowie den Auszubildenden zum Besuch der Berufsschule und zur Führung des Berichtsheftes anzuhalten. Er hat dafür zu sorgen, daß der Auszubildende charakterlich gefördert sowie sittlich und körperlich nicht gefährdet wird. Dem Auszubildenden dürfen nur Verrichtungen übertragen werden, die dem Ausbildungszweck dienen. Dem Auszubildenden ist eine angemessene Vergütung zu zahlen, deren Höhe vielfach tariflich geregelt ist. Im Krankheitsfalle ist sie sechs Wochen weiterzuzahlen.

Normalerweise endet das Ausbildungsverhältnis durch Zeitablauf.

Die Ausbildungsdauer hängt von der Ausbildungsordnung des jeweiligen Ausbildungsberufes ab und soll nicht mehr als drei und nicht weniger als zwei Jahre betragen. Besteht der Auszubildende vorher die Abschlußprüfung (z.B. Facharbeiterprüfung, Gesellenprüfung), so endet das Ausbildungsverhältnis mit Bestehen der Prüfung. Besteht der Auszubildende die Prüfung nicht, so verlängert sich das Berufsausbildungsverhältnis auf sein Verlangen bis zur nächstmöglichen Wiederholungsprüfung, höchstens um ein Jahr.

Eine *vorzeitige Beendigung* des Ausbildungsverhältnisses ist ohne weiteres während der Probezeit (1 bis 3 Monate) möglich. Bei Vorliegen eines wichtigen Grundes (s. S. 126) kann das Ausbildungsverhältnis von beiden Seiten fristlos gekündigt werden. Der Auszubildende kann mit einer Kündigungsfrist von vier Wochen kündigen, wenn er die Berufsausbildung aufgeben oder sich für eine andere Berufstätigkeit ausbilden lassen will.

# 3. Arbeitsverfassung

## a) Berufsverbände

In der Bundesrepublik Deutschland besteht Koalitionsfreiheit. „Das Recht, zur Wahrung und Förderung der Arbeits- und Wirtschaftsbedingungen Vereinigungen zu bilden, ist für jedermann und für alle Berufe gewährleistet. Abreden, die dieses Recht einschränken oder zu behindern suchen, sind nichtig, hierauf gerichtete Maßnahmen sind rechtswidrig.“ (Art. 9 (3) GG)

Diese Vereinigungen sind entweder Zusammenschlüsse von Arbeitgebern (Arbeitgeberverbände) oder von Arbeitnehmern (Gewerkschaften). Obwohl diese Zusammenschlüsse freiwillig sind, nehmen die Berufsverbände im Arbeitsleben als Sozialpartner eine sehr wichtige Stellung ein.

*Arbeitgeberverbände*

Arbeitgeberverbände sind Fachverbände der Arbeitgeber, und zwar örtliche, bezirkliche, Landes- und Bundesverbände in den verschiedenen Industriezweigen, im Handwerk (Innungen und Innungsverbände), Handel usw.. Ferner gibt es überfachliche Landeszusammenschlüsse der Fachverbände jedes Landes. Der Spitzenverband der Arbeitgeber ist die Bundesvereinigung der deutschen Arbeitgeberverbände (BDA).

*Gewerkschaften*

Der *Deutsche Gewerkschaftsbund (DGB)* ist die große Einheitsgewerkschaft. Sie ist parteipolitisch und konfessionell unabhängig. Ihre Mitglieder sind sowohl Arbeiter als auch Angestellte und Beamte. Als selbständige Gewerkschaft ist der DGB regional gegliedert. Außerdem ist der DGB Spitzenverband von 16 rechtlich selbständigen Einzelgewerkschaften (Industriegewerkschaften und Gewerkschaften für die einzelnen Wirtschaftszweige.

DGB-Mitgliederstand 31.12.1970: 5088713 Arbeiter, 986112 Angestellte und 637722 Beamte

| | | | |
|---|---|---|---|
| IG Bau, Steine Erden | 504 230 = 7,5 % | Gew. Holz und Kunststoff | 129 721 = 1,9 % |
| IG Bergbau und Energie | 387 301 = 5,8 % | Gew. Kunst | 34 138 = 0,5 % |
| IG Chemie, Papier, Keramik | 598 831 = 8,9 % | Gew. Leder | 62 253 = 0,9 % |
| | | IG Metall | 2 223 467 = 33,1 % |
| IG Druck und Papier | 148 325 = 2,2 % | Gew. Nahrung, Genuß Gaststätten | 247 163 = 3,7 % |
| Gew. der Eisenbahner Deutschlands | 413 087 = 6,2 % | Gew. Öffentl. Dienste Transport und Verkehr | 977 031 = 14,6 % |
| Gew. Erziehung und Wissenschaft | 119 738 = 1,8 % | | |
| Gew. Gartenbau, Land- und Forstwirtschaft | 46 085 = 0,7 % | Deutsche Postgewerkschaft | 360 961 = 5,4 % |
| Gew. Handel, Banken und Versicherungen | 157 671 = 2,3 % | Gew. Textil-Bekleidung | 302 545 = 4,5 % |

Die *Deutsche Angestelltengewerkschaft (DAG)* ist eine reine Angestelltenorganisation, in der also grundsätzlich keine Arbeiter organisiert sind. Sie umfaßt kaufmännische, technische und sonstige Angestellte der Privatwirtschaft und des öffentlichen Dienstes. Wie der DGB, von dem sie unabhängig ist, ist sie parteipolitisch und konfessionell unabhängig. Die Untergliederung erfolgt nach dem Berufsverbandsprinzip.

*Beispiele:* Fachgruppen Technische Angestellte der Metallverarbeitung und Elektrotechnik, Chemisch-technische Angestellte, Technische Angestellte in der Energiewirtschaft, Bautechnische Angestellte usw.

Außer DGB und DAG gibt es eine Reihe weiterer Gewerkschaften, von denen der Deutsche Beamtenbund (DBB) als Dachorganisation etlicher Beamtenverbände eine besondere Stellung einnimmt. Die Christliche Gewerkschaftsbewegung Deutschlands (CGB) umfaßt überwiegend konfessionell orientierte Arbeitnehmer, ist aber zahlenmäßig viel kleiner als der DGB. Auch die sonstigen kleineren Gewerkschaften haben nur eine verhältnismäßig kleine Mitgliederzahl und damit geringe Bedeutung.

Keine Berufsverbände im arbeitsrechtlichen Sinne, also nicht tariffähig, sind Verbände, die nicht ausschließlich Arbeitgeber bzw. Arbeitnehmer als Mitglieder haben, bzw. die neben sonstigen Zwecken, z.B. Bildungsaufgaben[1]), nicht auch das Ziel verfolgen, auf die Löhne und Arbeitsbedingungen einzuwirken. Mit Ausnahme der Beamtenverbände muß eine Gewerkschaft notfalls auch in der Lage sein, die arbeitsrechtlichen Ziele mit einem Streik durchzusetzen.

Unternehmensverbände, die sich lediglich mit Steuer-, Verkehrs- oder Verkaufsfragen beschäftigen, Postsportvereine, der Verein Deutscher Ingenieure (VDI) usw. sind keine Berufsverbände.

Die Berufsverbände sind tariffähig, d.h. sie können Tarifverträge schließen, können vor den Arbeitsgerichten als Parteien auftreten und haben ein Vorschlagsrecht bei der Besetzung von maßgebenden Stellen einiger Behörden, z.B. der Bundesanstalt für Arbeitsvermittlung und Arbeitslosenversicherung und den Arbeitsgerichten.

### b) Arbeitskampf

Können wirtschaftliche Interessengegensätze zwischen Arbeitgebern und Arbeitnehmern nicht friedlich ausgeglichen werden, so kommt es zum Arbeitskampf. Durch wirtschaftliche Druckmittel will man dabei eine Änderung der Löhne und Arbeitsbedingungen oder die Lösung anderer Probleme erzwingen. Wegen der erheblichen Schäden, die durch Arbeitskämpfe der gesamten Wirtschaft drohen, wird oft versucht, derartige Streitigkeiten friedlich beizulegen. Die Arten des Arbeitskampfes sind Streik, Aussperrung und Boykott.

---

1) Sowohl DGB wie DAG unterhalten eine Reihe von Bildungseinrichtungen

*Streik*

Ein Streik ist eine gemeinsame Arbeitsniederlegung von Arbeitnehmern mit der Absicht, nach Erzwingung günstigerer Arbeitsbedingungen die Arbeit wieder aufzunehmen.

Die Niederlegung der Arbeit aus politischen Gründen ist kein Arbeitskampf, weil sie sich nicht gegen den Arbeitgeber, sondern gegen Regierung bzw. Volksvertretung richtet und politische Ziele verfolgt.

Ein *organisierter Streik* wird von der Gewerkschaft geleitet. Vor einem Streik sind eventuelle Schlichtungsvereinbarungen zu beachten und tarifliche Friedenspflichten zu erfüllen, dann müssen die organisierten Arbeitnehmer in einer sogenannten Urabstimmung[1]) befragt werden, und der Streik ist anzukündigen. Während des Streiks stehen vor den bestreikten Betrieben Streikposten, die arbeitswillige Arbeitnehmer auf die Tatsache des Streiks aufmerksam machen, sie jedoch nicht an der Arbeit hindern dürfen. Die organisierten Arbeitnehmer erhalten während des Streiks von der Gewerkschaft Streikunterstützung, weil sie ja keinen Lohn beziehen.

Ein nicht organisierter Streik ist ein *wilder Streik.* Die Gewerkschaft kann sich aber eventuell nachträglich der Streikenden annehmen, insbesondere, wenn diese durch den Arbeitgeber gemaßregelt wurden.

Nach dem Ausmaß des Streiks unterscheidet man zwischen einem *Vollstreik* und einem *Teilstreik.* Ein *Generalstreik* (Streik in allen Wirtschaftszweigen) ist meist politischer Natur und selten Arbeitskampf. Von einem Streik kann man nicht sprechen, wenn die Arbeitnehmer absichtlich ihre Arbeitsleistung, z.B. durch langsames Arbeiten, Arbeiten genau „nach Vorschrift", herabsetzen. Ein für die Arbeitnehmer erfolgreicher Streik endet oft mit dem Abschluß eines günstigeren Tarifvertrages. Meist werden auch Maßregelungsverbote vereinbart.

*Aussperrung*

Eine Aussperrung ist eine allgemeine vorübergehende Massenentlassung durch den Arbeitgeber mit der Absicht, nach Erreichen des Kampfzieles die ausgesperrten Arbeitnehmer weiterzubeschäftigen. Meist handelt es sich um die Abwehrmaßnahme gegen einen Streik.

*Beispiel:* In Baden-Württemberg führte 1963 die Industriegewerkschaft Metall in der Metallindustrie einen Schwerpunktstreik durch. Um die Gewerkschaftskasse zu schonen, wurden nur bestimmte Betriebe bestreikt. Als Abwehrmaßnahme rief der metallindustrielle Arbeitgeberverband eine Aussperrung für alle Betriebe der Metallindustrie in Baden-Württemberg mit über 100 Beschäftigten aus. Ähnlich war es 1971.

---

[1]) Bei der Urabstimmung müßten 75 % für den Streik sein.

Streik und Aussperrung sind grundsätzlich erlaubt, sie können aber im Einzelfall gegen ein Gesetz[1]), einen Vertrag oder die guten Sitten verstoßen und somit unzulässig sein.

Der Staat verhält sich bei Arbeitskämpfen neutral. Oft bemüht er sich um eine Vermittlung zwischen den Partnern. Das Arbeitsamt vermittelt für in Streik oder Aussperrung befindliche Arbeitnehmer nur, wenn die Tatsache des Streiks oder der Aussperrung den Arbeitsuchenden bekanntgemacht wurde. Arbeitslosenunterstützung wird allgemein nicht gewährt.

*Boykott*

Beim Boykott fordert jemand einen bestimmten Personenkreis auf, die Beziehungen zu einem bestimmten anderen (z.B. Unternehmen) ganz oder teilweise abzubrechen. Es soll hierdurch entweder ein bestimmter Zweck erreicht oder ein früheres Verhalten gesühnt werden. Grundsätzlich ist ein Boykott zulässig.

*Beispiel:* Die Gewerkschaft fordert ihre Mitglieder auf, nur in solchen Betrieben zu arbeiten, die mindestens die Tariflöhne zahlen, ausreichende soziale Leistungen gewähren und nicht gegen die Unfallverhütungsvorschriften verstoßen.

Ein Boykott ist unzulässig, wenn er gegen das Arbeitsverhältnis, z.B. die Treupflicht, den Tarifvertrag oder eine Betriebsvereinbarung verstößt bzw. sittenwidrig ist.

*Beispiele:* Ein Arbeitnehmer fordert öffentlich auf, nicht die Erzeugnisse seines Arbeitgebers zu kaufen. – Auf dem Zeugnis bringt der Arbeitgeber ein Geheimzeichen an; der betreffende Arbeitnehmer wird von anderen Arbeitgebern unter Angabe falscher Gründe nicht eingestellt (Sittenwidrigkeit).

### c) Tarifverträge

Ein Tarifvertrag ist ein schriftlicher Vertrag zwischen tariffähigen Parteien, der hauptsächlich die Arbeitsverhältnisse regelt (Tarifvertragsgesetz vom 9.4.1949 i.d.F. v. 11.1.1952 – TVG). Tarifvertragsparteien sind auf Arbeitnehmerseite Gewerkschaften bzw. Zusammenschlüsse von Gewerkschaften, auf Arbeitgeberseite einzelne Arbeitgeber, Arbeitgeberverbände oder Zusammenschlüsse von Arbeitgeberverbänden (§ 2 TVG).

Die im Tarifvertrag festgelegten Tarifbestimmungen stellen grundsätzlich *Mindestnormen* zugunsten der Arbeitnehmer dar. Für den Arbeitnehmer günstigere Bedingungen (z.B. übertarifliche Löhne) dürfen vereinbart werden. Der abgeschlossene Tarifvertrag wird in ein beim Bundesarbeitsminister geführtes Tarifregister eingetragen.

Nach dem *Geltungsbereich* unterscheidet man Bundes-, Landes-, Bezirks-, Orts- und Firmentarife. Grundsätzliche Regelungen nennt man Rahmen- bzw. Manteltarife; Tarifverträge, die nur die Lohnsätze regeln, heißen Lohntarife. Beim sachlichen Geltungsbereich gilt der Grundsatz „Industrietarif geht vor Fachtarif".

---

[1]) Z.B. Streikverbot gem. Art. 63 des Bayer. Beamtengesetzes

*Beispiel:* Für den in einer Metallwarenfabrik beschäftigten Betriebsmaurer ist nicht der Tarif des Baugewerbes, sondern der der Metallindustrie anzuwenden.

Der Tarifvertrag gilt grundsätzlich nur für die Tarifgebundenen. Tarifgebunden sind die Mitglieder der Tarifvertragsparteien, also die Arbeitgeber, die dem tarifvertragschließenden Arbeitgeberverband angehören, und die Arbeitnehmer, die der betreffenden Gewerkschaft angehören.

Ein Arbeitnehmer hat demnach, falls durch Einzelvertrag nicht eine entsprechende Vereinbarung getroffen wurde (der Tarifvertrag also vertraglich zum Bestandteil des Arbeitsvertrages wurde), nur dann Rechtsanspruch auf den Tariflohn als Mindestlohn, wenn sowohl er der betreffenden Gewerkschaft als auch der Arbeitgeber dem betreffenden Arbeitgeberverband angehört. In der Praxis werden allerdings auch durch Unorganisierte und an Unorganisierte meist mindestens die Tariflöhne gezahlt.

Nicht nur für die Tarifgebundenen, sondern für alle Betriebe des betreffenden Wirtschaftszweiges in dem Tarifgebiet und ihre Arbeitnehmer gilt der Tarifvertrag, wenn er für allgemeinverbindlich erklärt wurde. Die „Allgemeinverbindlichkeitserklärung" (§ 5 TVG) kann auf Antrag einer Tarifvertragspartei durch den Staat (Arbeitsminister) erfolgen, insbesondere, wenn sie im öffentlichen Interesse geboten ist.

„Die Arbeitgeber sind verpflichtet, die für ihren Betrieb maßgebenden Tarifverträge an geeigneter Stelle im Betrieb auszulegen" (§ 7 TVG).

Es genügt hierbei, daß der Arbeitnehmer im Personalbüro die Tarifverträge einsehen kann. Ob er von dieser Möglichkeit Gebrauch macht, ist seine Sache. Insbesondere bei der Nichtbeachtung tariflicher Ausschlußfristen für die Geltendmachung von Ansprüchen kann er sich nicht darauf berufen, diese nicht gekannt zu haben.

Wenn keine tarifliche Regelung der Arbeitsverhältnisse besteht, kann der Staat – falls erforderlich – durch Rechtsverordnung sogenannte Mindestarbeitsbedingungen, z.B. für Heimarbeiter, erlassen (Gesetz über die Festsetzung von Mindestarbeitsbedingungen v. 11.1.1952).

## 4. Betriebsverfassung

Das Betriebsverfassungsgesetz[1]) regelt die Mitwirkung und Mitbestimmung der Arbeitnehmer in Betrieben der Privatwirtschaft, vertreten durch den Betriebsrat. Im öffentlichen Dienst obliegen den Personalräten diese Aufgaben (Personalvertretungsgesetz v. 5.8.1955 für Bundesbedienstete bzw. Personalvertretungsgesetze der Länder für Arbeiter, Angestellte und Beamte der Bundesländer und Gemeinden.

Zur sog. erweiterten Mitbestimmung (z.Z. nur in der Montanindustrie) siehe D.2.c, zur Vertretung der Arbeitnehmer in den Aufsichtsräten siehe D.2.c und d.

---

[1]) Das Betriebsverfassungsgesetz v. 15.1.1972 (BetrVG) löste das BetrVG 1952 v. 11.10.1952 ab. Die §§ 76 bis 77a, 81, 85 und 87 BetrVG 1952 (Beteiligung der Arbeitnehmer im Aufsichtsrat, Ausnahmen für gewisse Betriebe) bleiben in Kraft.

## a) Betriebsrat

„In Betrieben mit in der Regel mindestens fünf ständigen wahlberechtigten Arbeitnehmern, von denen drei wählbar sind, werden Betriebsräte gewählt" (§ 1 BetrVG). Wahlberechtigt sind alle mindestens 18 Jahre alten Arbeitnehmer (§ 7). Wählbar sind Wahlberechtigte mit 6 Monaten Betriebs-, Unternehmens- oder Konzernzugehörigkeit. Die Größe des Betriebsrats hängt von der Zahl der wahlberechtigten Arbeitnehmer ab (§ 9).

*Beispiele:* 5 ... 20 Arbeitnehmer, 1 Betriebsobmann, 21 ... 50 Arbeitnehmer, 3 Betriebsratsmitglieder, 1001 ... 2000 Arbeitnehmer, 15 Mitglieder, 5001 ... 7000 Arbeitnehmer, 29 Mitglieder.

„Arbeiter und Angestellte müssen entsprechend ihrem zahlenmäßigen Verhältnis im Betriebsrat vertreten sein, wenn dieser aus mindestens drei Mitgliedern besteht" (§ 10). „Der Betriebsrat soll sich möglichst aus Arbeitnehmern der einzelnen Betriebsabteilungen und der unselbstständigen Nebenbetriebe zusammensetzen. Dabei sollen möglichst auch Vertreter der verschiedenen Beschäftigungsarten der im Betrieb tätigen Arbeitnehmer berücksichtigt werden. Die Geschlechter sollen entsprechend ihrem zahlenmäßigen Verhältnis vertreten sein" (§ 15).

Die regelmäßigen Betriebsratswahlen finden alle drei Jahre (also 1972 – 1975 – 1978 usw.) in der Zeit vom 1. März bis 31. Mai statt. In einigen Fällen erfolgt eine außerplanmäßige Wahl (§ 13). Der Betriebsrat wird in geheimer und unmittelbarer Wahl gewählt. Grundsätzlich findet Gruppenwahl statt, d.h. Arbeiter und Angestellte wählen getrennt. Nur wenn beide Gruppen in getrennter, geheimer Abstimmung die gemeinsame Wahl beschließen, wird hiervon eine Ausnahme gemacht (§ 14).

Allgemein erfolgt Verhältniswahl (Verteilung im Verhältnis der Stimmenzahl, die die einzelnen Listen bekamen). Ist jedoch nur ein Wahlvorschlag eingereicht, erfolgt Mehrheitswahl (die Kandidaten sind gewählt, die die meisten Stimmen auf sich vereinigen). Die wahlberechtigten Arbeitnehmer können Wahlvorschläge machen. Der alte Betriebsrat bestellt einen Wahlvorstand. Notfalls bestellt das Arbeitsgericht den Wahlvorstand. Die Kosten der Wahl trägt der Arbeitgeber.

Aus seiner Mitte wählt der Betriebsrat den Vorsitzenden und dessen Stellvertreter, diese sollen nicht derselben Gruppe (Arbeiter – Angestellte) angehören (§ 26). Bei einem Betriebsrat von 9 oder mehr Mitgliedern wird ein Betriebsausschuß gebildet, der aus dem Vorsitzenden, dem Stellvertreter und entsprechend Betriebsgröße 3 ... 9 weiteren Ausschußmitgliedern besteht. Der Betriebsausschuß führt die laufenden Geschäfte des Betriebsrats (§ 27). Weitere Ausschüsse können gebildet werden.

Für Unternehmen mit mehreren Betrieben wird ein *Gesamtbetriebsrat* gebildet (§§ 47 ... 53). Die einzelnen Betriebsräte entsenden in ihn ihre Vertreter. Für einen Konzern kann durch Beschlüsse der einzelnen Gesamtbetriebsräte bzw. Betriebsräte ein *Konzernbetriebsrat* errichtet werden (§§ 54 ... 59).

In Betrieben mit mindestens fünf noch nicht 18 Jahre alten Arbeitnehmern, wählen diese eine *Jugendvertretung* mit 1 ... 9 Jugendvertretern (§§ 60 ... 73). Wählbar sind noch nicht 24 Jahre alte Arbeitnehmer, die nicht Mitglied des Betriebsrats sind. Die Jugendvertretung soll möglichst aus Vertretern der verschiedenen Beschäftigungsarten der im Betrieb tätigen Jugendlichen zusammensetzen. Auch sollen die Geschlechter entsprechend ihrem zahlenmäßigen

Verhältnis vertreten sein. Die regelmäßigen Wahlen der Jugendvertretung finden alle zwei Jahre in der Zeit vom 1. Mai bis 30. Juni in geheimer, unmittelbarer und gemeinsamer Wahl nach den Grundsätzen der Mehrheitswahl statt. Wenn in einem Unternehmen mehrere Jugendvertretungen bestehen, ist eine *Gesamtjugendvertretung* zu errichten.

Die Mitglieder des Betriebsrats führen ihr Amt unentgeltlich als Ehrenamt. Lohnausfall tritt nicht ein (§ 37). Die Kosten der Tätigkeit trägt der Arbeitgeber (§ 40).

Bei Betrieben mit mindestens 300 Arbeitnehmern sind ein oder (je nach Größe) mehrere Betriebsratsmitglieder von ihrer beruflichen Tätigkeit freizustellen (§ 38). In jedem Betrieb kann der Betriebsrat während der Arbeitszeit Sprechstunden einrichten (§ 39).

Ort und Zeit der Sprechstunden sind mit dem Arbeitgeber zu vereinbaren. In Betrieben mit mehr als 50 Jugendlichen kann auch die Jugendvertretung Sprechstunden halten, sonst kann ein Mitglied der Jugendvertretung an den Sprechstunden des Betriebsrats zur Beratung jugendlicher Arbeitnehmer teilnehmen. Lohnausfall durch den Besuch von Sprechstunden dürfen den Arbeitnehmern nicht entstehen.

Die Sitzungen des Betriebsrats finden in der Regel während der Arbeitszeit statt. Der Arbeitgeber ist vorher zu verständigen; auf betriebliche Notwendigkeiten ist Rücksicht zu nehmen (§ 30).

Die Jugendvertretung kann zu allen Betriebsratssitzungen einen Vertreter entsenden. Wenn Angelegenheiten behandelt werden, die besonders jugendliche Arbeitnehmer betreffen, hat die gesamte Jugendvertretung Teilnahmerecht. In diesem Falle haben die Jugendvertreter Stimmrecht (§ 67). Beauftragte einer im Betriebsrat vertretenen Gewerkschaft können beratend teilnehmen, wenn dies 1/4 der Mitglieder oder die Mehrheit einer Gruppe beantragt (§ 31). Auch der Vertrauensmann der Schwerbeschädigten kann an den Sitzungen beratend teilnehmen. Für Beschlüsse genügt grundsätzlich die einfache Mehrheit der anwesenden Mitglieder.

„Arbeitgeber und Betriebsrat arbeiten unter Beachtung der geltenden Tarifverträge vertrauensvoll und im Zusammenwirken mit den im Betrieb vertretenen Gewerkschaften und Arbeitgebervereinigungen zum Wohl der Arbeitnehmer und des Betriebs zusammen“ (§ 2).

Den Beauftragten der im Betrieb vertretenen Gewerkschaften ist nach Unterrichtung des Arbeitgebers Zugang zum Betrieb zu gewähren, soweit nicht unumgängliche Notwendigkeiten des Betriebsablaufs, zwingende Sicherheitsvorschriften oder der Schutz von Betriebsgeheimnissen entgegenstehen.

Arbeitgeber und Betriebsrat sollen mindestens monatlich zu einer Besprechung zusammentreten. Über strittige Fragen haben sie mit dem ernsten Willen zur Einigung zu verhandeln. Parteipolitische Betätigung im Betrieb haben sie zu unterlassen (§ 74). Sie haben darüber zu wachen, daß alle Arbeitnehmer nach den Grundsätzen von Recht und Billigkeit behandelt werden, insbesondere, daß jede unterschiedliche Behandlung von Personen wegen ihrer Abstammung, Religion, Nationalität, Herkunft, politischen oder gewerkschaftlichen Betätigung oder Einstellung oder wegen ihres Geschlechts unterbleibt. Sie haben darauf zu achten, daß Arbeitnehmer nicht wegen Überschreitung von Altersstufen benachteiligt werden. Die freie Entfaltung der Persönlichkeit der im Betrieb beschäftigten Arbeitnehmer haben sie zu schützen und zu fördern (§ 75).

Zur Beilegung von Meinungsverschiedenheiten ist bei Bedarf eine Einigungsstelle zu bilden (§ 76). Die Mitglieder und Ersatzmitglieder des Betriebsrats, Gesamtbetriebsrats, Konzernbetriebsrats und der Jugendvertretung haben für Geschäftsgeheimnisse Geheimhaltungspflicht (§ 79). Wegen ihrer Tätigkeit dürfen sie weder benachteiligt noch begünstigt werden (§ 78).

Der Betriebsrat hat *allgemeine Aufgaben* sowie ein *Mitwirkungs- und Mitbestimmungsrecht* in sozialen Angelegenheiten, bei der Gestaltung von Arbeitsplatz, Arbeitsablauf und Arbeitsumgebung, in personellen sowie in wirtschaftlichen Angelegenheiten.

*Allgemeine Aufgaben* sind darüber zu wachen, daß die zugunsten der Arbeitnehmer geltenden Gesetze, Verordnungen, Unfallverhütungsvorschriften, Tarifverträge und Betriebsvereinbarungen durchgeführt werden; Maßnahmen, die dem Betrieb und der Belegschaft dienen, beim Arbeitgeber zu beantragen; Anregungen von Arbeitnehmern und der Jugendvertretung entgegenzunehmen und, falls sie berechtigt erscheinen, durch Verhandlungen mit dem Arbeitgeber auf Erledigung hinzuwirken; die Eingliederung Schwerbeschädigter und sonst schutzbedürftiger Personen zu fördern; die Wahl der Jugendvertretung vorzubereiten und mit dieser zusammenzuarbeiten; die Beschäftigung älterer Arbeitnehmer zu fördern; die Eingliederung ausländischer Arbeitnehmer zu fördern (§ 80).

*Soziale Angelegenheiten,* in denen der Betriebsrat Mitbestimmungsrecht hat, sind: Ordnung und Verhalten der Arbeitnehmer im Betrieb, tägliche Arbeitszeit, Auszahlung der Arbeitsentgelte, Urlaubsgrundsätze und Urlaubsplan, Einführung und Anwendung technischer Einrichtungen zur Überwachung der Arbeitnehmer, Unfallverhütung, betriebliche Sozialeinrichtungen, Dienstwohnungsverteilung, betriebliche Lohngestaltung, Festsetzung von Akkord- und Prämiensätzen, Vorschlagswesen (§ 87).

Bei der *Gestaltung von Arbeitsplatz, Arbeitsablauf und Arbeitsumgebung* hat der Betriebsrat ein Unterrichtungs- und Beratungsrecht, in besonderen Fällen ein Mitbestimmungsrecht (§§ 90, 91).

In *personellen Angelegenheiten* gibt BetrVG 1972 dem Betriebsrat eine stärkere Stellung als BetrVG 1952. Er ist bereits über Personalplanungen zu unterrichten, Auswahlrichtlinien bedürfen seiner Zustimmung (§ 95). Er hat allgemein ein Mitbestimmungsrecht bei der betrieblichen Berufsbildung, bei Einstellungen, Eingruppierungen, Umgruppierungen, Versetzungen und Kündigungen (§§ 96 . . . 105).

Zur Mitwirkung in *wirtschaftlichen Angelegenheiten* wird in Betrieben mit über 100 Arbeitnehmern ein Wirtschaftsausschuß (3 . . . 7 Mitglieder) gebildet, der über die die Interessen der Arbeitnehmer berührenden wirtschaftlichen Angelegenheiten zu informieren ist (§§ 106 . . . 110). Betriebsänderungen (z.B. Verlegungen, Stillegungen, Zusammenschlüsse, Einführung grundlegend neuer Arbeitsmethoden) hat der Arbeitgeber mit dem Betriebsrat zu beraten, ggf. ist ein Sozialplan aufzustellen (§§ 111 . . . 113).

In jedem Vierteljahr hat der Betriebsrat eine *Betriebsversammlung* einzuberufen und in ihr einen Tätigkeitsbericht zu erstatten. Erforderlichenfalls finden Teil- oder Abteilungsversammlungen statt (§§ 42 . . . 46).

Die Versammlungen finden während der Arbeitszeit statt. Der Arbeitgeber ist einzuladen. Beratend dürfen die im Betrieb vertretenen Gewerkschaften teilnehmen. Die Versammlungen können dem Betriebsrat Anträge unterbreiten und zu seinen Beschlüssen Stellung nehmen.

### b) Betriebsvereinbarungen

Betriebsvereinbarungen werden durch Arbeitgeber und Betriebsrat gemeinsam beschlossen. Sie sind schriftlich niederzulegen, von beiden Seiten zu unterzeichnen, durch den Arbeitgeber an geeigneter Stelle im Betrieb auszulegen und in leserlichem Zustand zu erhalten (§ 77 BetrVG).

Tarifverträge und Betriebsvereinbarungen sind die Kollektivverträge im Arbeitsrecht. Während Tarifverträge allgemein von den Verbänden geschlossen werden, überbetriebliche Geltung (außer bei Firmentarifen) haben und nur für Organisierte gelten (Ausnahme: Allgemeinverbindlichkeitserklärung), wird die Betriebsvereinbarung zwischen Arbeitgeber und Betriebsrat geschlossen und gilt für sämtliche Arbeitnehmer des Betriebes.

In Betriebsvereinbarungen wird allgemein das festgelegt, was in den Mitwirkungs- und Mitbestimmungsbereich des Betriebsrats fällt. Soweit Arbeitsentgelte und sonstige Arbeitsbedingungen üblicherweise durch Tarifvertrag geregelt werden, sind Betriebsvereinbarungen nicht zulässig, es sei denn, daß ein Tarifvertrag den Abschluß ergänzender Betriebsvereinbarungen ausdrücklich zuläßt.

*Beispiel:* Lohnhöhe und wöchentliche Arbeitszeit werden durch Tarifvertrag geregelt. Eine Betriebsvereinbarung hierüber ist unzulässig (Einzelvereinbarungen mit günstigeren Bedingungen sind natürlich erlaubt). Durch Betriebsvereinbarung kann aber der Zeitpunkt der Lohnauszahlung und die Lage der täglichen Arbeitszeit geregelt werden.

## 5. Arbeitsschutz

Durch die Tätigkeit in einem Betrieb drohen dem Arbeitnehmer mancherlei Gefahren. Der Bekämpfung dieser Gefahren dient das Arbeitsschutzrecht. Seine Hauptgebiete sind Betriebsschutz, Arbeitszeitschutz, Sonderschutz für Frauen und Jugendliche.

Aufsichtsorgane zur Überwachung der Arbeitsschutzbestimmungen sind in erster Linie die staatlichen Gewerbeaufsichtsämter. Speziell die Maßnahmen zur Unfallverhütung und zur Verhütung von Berufskrankheiten werden von den Aufsichtsbeamten der Berufsgenossenschaften als der gesetzlichen Unfallversicherung überwacht. Zur Durchsetzung des Arbeitsschutzrechts sind Zwangsmaßnahmen, z.B. Strafen, möglich.

### a) Betriebsschutz

Unter Betriebsschutz versteht man die Vorschriften, die den Arbeitnehmer allgemein vor den Gefahren durch die Betriebsarbeit schützen. Die Gewerbeordnung vom 21.6.1869 i.d.F. v. 5.2.1960 (GO) gibt grundsätzliche Vorschriften über den Schutz vom Leben, Gesundheit und Sittlichkeit des Arbeitnehmers.

„Die Gewerbeunternehmen sind verpflichtet, die Arbeitsräume, Betriebsvorrichtungen, Maschinen und Gerätschaften so einzurichten und zu unterhalten und den Betrieb so zu regeln, daß die Arbeiter gegen Gefahren für Leben und Gesundheit soweit geschützt sind, wie es die Natur des Betriebes gestattet. Insbesondere ist für genügend Licht, ausreichenden Luftraum und Luftwechsel, ... Sorge zu tragen (§ 120 a GO). Weitere Bestimmungen der Gewerbeordnung beziehen sich auf Schutzvorrichtungen, Feuerschutz, Ordnung im Betrieb, nach Geschlechtern getrennte Ankleide- und Waschräume sowie hygienische Toiletten.

Eine besondere Bedeutung haben die Unfallverhütungsvorschriften der jeweiligen Berufsgenossenschaften.

Da die gültigen Unfallverhütungsvorschriften im Betrieb ausliegen müssen, soll hier nicht auf Einzelheiten eingegangen werden. Die zuständigen Sektionen der Berufsgenossenschaften erteilen Auskünfte, stellen Material zur Verfügung oder halten Vorträge. Jeder Arbeitnehmer, besonders aber der Ingenieur, sollte die Unfallverhütung als eine hohe sittliche Verpflichtung betrachten und sich daher intensiv mit diesem Fachgebiet befassen.

Bei Umgang mit radioaktiven Stoffen ist die Erste Strahlenschutzverordnung vom 24.6.1960 i.d.F. v. 15.10.1965 zu beachten. Das Gesetz über technische Arbeitsmittel (Maschinenschutzgesetz) v. 24.6.1968 verlagert die Unfallverhütung z.T. auf die Hersteller und Importeure von Arbeitsmitteln.

### b) Arbeitszeitschutz

Grundlage für den allgemeinen Arbeitszeitschutz ist die Arbeitszeitordnung vom 30.4.1938 (AZO). Die regelmäßige Arbeitszeit beträgt hiernach für erwachsene Arbeitnehmer am Tag acht Stunden bzw. – wenn am Samstag nicht oder nicht voll gearbeitet wird – 48 Stunden[1]) in der Woche (§§ 3 und 4 AZO). Als Arbeitszeit zählt die Zeit vom Beginn bis zum Ende der Arbeit ohne die Ruhepausen (§ 2 AZO). Fällt ein gesetzlicher Feiertag in die Woche, so verringert sich die Arbeitszeit entsprechend. Wenn in die Arbeitszeit regelmäßig und in erheblichem Umfange Arbeitsbereitschaft fällt, ist eine längere Arbeitsdauer zulässig (§ 7 AZO). Eine Verlängerung der Arbeitszeit (allgemein bis zehn Stunden täglich) ist bei Vor- und Abschlußarbeiten (§ 6), durch Tarifvertrag (§ 7), nach Genehmigung des Gewerbeaufsichtsamtes (§ 8) und in außergewöhnlichen Fällen (§§ 14, 14a AZO) möglich.

Für die Mehrarbeit ist außer dem regelmäßigen Arbeitslohn ein Mehrarbeitszuschlag (Überstundenlohn) zu zahlen (§ 15 AZO). Dies gilt nicht bei Mehrarbeit in Form von Arbeitsbereitschaft oder bei Not- und Unglücksfällen. Wenn im Tarif- und im Arbeitsvertrag keine andere Regelung getroffen wurde, beträgt der Mehrarbeitszuschlag 25 %.

Auch für die Lage der Arbeitszeit bestehen Vorschriften (§ 12 AZO).

Die Ruhezeit nach der Arbeit muß allgemein mindestens elf Stunden betragen; bei über sechsstündiger Arbeitszeit männlicher Arbeitnehmer sind mindestens eine halbe Stunde oder zwei viertel Stunden Ruhepause vorgeschrieben.

---

[1]) Die Tarifverträge sehen meistens wesentlich kürzere wöchentliche Arbeitszeiten vor.

Die Arbeitszeitordnung gilt u.a. nicht für Betriebe der Land- und Forstwirtschaft, der Fischerei, Seeschiffahrt und Luftfahrt. In allen Betrieben gilt die AZO nicht für Generalbevollmächtigte, Angestellte in leitender Stellung, die Vorgesetzte von mindestens 20 Arbeitnehmern sind, sowie Apotheker (§ 1 AZO).

Allgemein besteht für Gewerbebetriebe die Pflicht zu Sonntagsruhe, Ausnahmen sind jedoch möglich (§§ 105 a ff. GO).

Auf arbeitszeitliche Bestimmungen besonderer Berufsgruppen, z.B. Einzelhandel (Ladenschlußgesetz), Bäckergewerbe, Apotheken, Krankenanstalten, Kraftfahrer und Beifahrer, soll hier nicht eingegangen werden.

### c) Sonderschutz für Frauen

Trotz rechtlicher Gleichberechtigung bedarf die arbeitende Frau wegen ihrer biologischen Besonderheit und auch wegen ihrer besonderen Aufgabe als Mutter eines stärkeren Schutzes vor den Gefahren der Arbeit als der männliche Arbeitnehmer. Die gesetzliche Regelung des Arbeitsschutzes für Frauen erfolgt hauptsächlich in der Gewerbeordnung, der Arbeitszeitordnung und dem Mutterschutzgesetz.

Bestimmte Arbeiten sind für Frauen ganz verboten.

*Beispiele:* Arbeit in Bergwerken (unter Tage), Salinen, Kokereien, an Hochöfen, in Steinbrüchen (§ 16 AZO). Gemäß § 120 e GO können weitere Beschäftigungsverbote erlassen werden.

Die *Arbeitszeitbestimmungen* sind für Frauen strenger als für Männer (§§ 16 ... 21 AZO). Bei mehr als 4 1/2 Stunden Arbeit sind Ruhepausen vorgeschrieben (§ 18 AZO). Arbeiterinnen dürfen nachts zwischen 20 und 6 Uhr und vor Sonn- und Feiertagen nach 17 Uhr nicht beschäftigt werden (§ 19 AZO).

*Ausnahme:* In mehrschichtigen Betrieben bis 23 Uhr oder mit Genehmigung des Gewerbeaufsichtsamtes.

Nach verschiedenen Ländergesetzen haben Frauen mit eigenem Hausstand Anspruch auf einen freien Wochentag. Dieser wird allgemein bei beschäftigungsfreiem Samstag und bei verringerter wöchentlicher Arbeitszeit nicht mehr gewährt.

Einen ganz besonderen Arbeitsschutz genießt die Mutter im *Mutterschutzrecht.* Grundlage ist das Gesetz zum Schutze der erwerbstätigen Mutter (Mutterschutzgesetz – MuSchG) vom 24.1.1952 i.d.F. v. 18.4.1968.

Werdende Mütter dürfen in den letzten sechs Wochen vor der Niederkunft nicht beschäftigt werden, es sei denn, daß sie sich zur Arbeitsleistung ausdrücklich bereit erklären (§ 3 MuSchG). Eine Beschäftigung ist auch vor dieser Zeit unzulässig, sofern sie nach ärztlichem Zeugnis Leben oder Gesundheit von Mutter und Kind gefährdet. Körperlich schwere oder gefährliche Arbeiten sind werdenden Müttern überhaupt verboten (§ 4 MuSchG).

*Beispiele:* Regelmäßiges Heben von Lasten über 5 kg oder gelegentliches Heben über 10 kg; Arbeiten im Stehen über bestimmte Grenzen hinaus; Arbeiten, bei denen sich die Frauen häufig erheblich strecken oder beugen müssen; Bedienung von Geräten mit Fußantrieb mit hoher Fußbeanspruchung, Schälen von Holz, Akkord- oder Fließarbeit.

Werdende Mütter sollen ihren Zustand dem Arbeitgeber mitteilen (§ 5 MuSchG)[1]). Der Arbeitgeber hat dann entsprechende Vorkehrungen für die Beschäftigung der werdenden Mutter (z.B. Bereitstellung einer Sitzgelegenheit) zu treffen (§ 2 MuSchG). Der Arbeitgeber hat nach der Mitteilung auch unverzüglich die Aufsichtsbehörde zu benachrichtigen. Eine unbefugte Bekanntgabe an Dritte ist dagegen unzulässig.

Für die Berechnung der Sechswochenfrist vor der Entbindung ist das Zeugnis eines Arztes oder einer Hebamme maßgebend. „Irrt sich der Arzt oder die Hebamme über den Zeitpunkt der Entbindung, so verkürzt oder verlängert sich diese Frist entsprechend" (§ 5 MuSchG).

Nach der Niederkunft dürfen Wöchnerinnen acht Wochen, nach Früh- und Mehrlingsgeburten zwölf Wochen, nicht beschäftigt werden. Es ist ihnen bezahlte Stillzeit zu gewähren (§§ 6 und 7 MuSchG). Sowohl bei werdenden als auch bei stillenden Müttern ist Mehrarbeit, Nachtarbeit sowie Sonn- und Feiertagsarbeit grundsätzlich verboten (§ 8 MuSchG). Für ärztliche Untersuchungen ist bezahlte Freizeit zu gewähren (§ 16 MuSchG).

Die Kündigung gegenüber einer Arbeitnehmerin „während der Schwangerschaft und bis zum Ablauf von vier Monaten nach der Entbindung ist unzulässig, wenn dem Arbeitgeber zur Zeit der Kündigung die Schwangerschaft oder Entbindung bekannt war oder innerhalb zweier Wochen nach Zugang der Kündigung mitgeteilt wird" (§ 9 MuSchG).

*Ausnahme:* Im Familienhaushalt beschäftigte Frauen nach Ablauf des fünften Monats der Schwangerschaft; bei anderen Arbeitnehmerinnen bei Genehmigung durch die zuständige oberste Landesbehörde.

Die Arbeitnehmerin kann dagegen ohne Einhaltung einer Frist zum Ende der Schutzfrist (8 bzw. 12 Wochen) nach der Entbindung kündigen. Falls die Arbeitnehmerin innerhalb eines Jahres nach der Entbindung wieder eingestellt wird, gilt das Arbeitsverhältnis bezüglich bestimmter Rechte als nicht unterbrochen (§ 10 MuSchG).

Bei Beschäftigungsverbot gem. MuSchG (also insbesondere sechs Wochen vor und acht Wochen nach der Niederkunft, aber auch in den Fällen sonstiger Beschäftigungsverbote) erhalten die Arbeitnehmerinnen den vollen Nettolohn ausgezahlt, hauptsächlich in Form des Mutterschaftsgeldes (früher Wochengeld genannt).

---

[1]) Eine direkte Offenbarungspflicht besteht für die werdende Mutter weder bei der Einstellungsverhandlung noch später. Sie muß allerdings ihren Zustand mitteilen, wenn sie ausdrücklich gefragt wird oder wenn es sich um die Beschäftigung in bestimmten Berufen, z.B. Schauspielerin, Sängerin, Tänzerin, Artistin, Mannequin, Sportlehrerin usw., handelt.

Während der Schutzfristen erhalten bei einer gesetzlichen Krankenversicherung (s. H.3.b) versicherte Arbeitnehmerinnen das Mutterschaftsgeld (in Höhe des vollen Nettolohnes, höchstens 25,– DM je Kalendertag) von ihrer Krankenkasse. Die anderen Arbeitnehmerinnen erhalten es von der für ihren Wohnort zuständigen Allgemeinen Ortskrankenkasse bzw. Landkrankenkasse. Der Bund ersetzt diesen Kassen die Aufwendungen für das Mutterschaftsgeld. Der Arbeitgeber zahlt außerdem zum Mutterschaftsgeld einen Zuschuß, so daß der volle Nettolohn erreicht ist (§ 14 MuSchG – nur bei Nettolohn über 750,– DM monatlich von Bedeutung). Während der Pflege in einer Entbindungs- oder Krankenanstalt ist der Zuschuß nach dem Mutterschaftsgeld zu berechnen, das ohne den Anstaltsaufenthalt gezahlt würde. Bei Arbeitsausfall außerhalb der Schutzfristen infolge eines Beschäftigungsverbotes muß der Arbeitgeber den vollen Lohn zahlen (§ 11 MuSchG).

Erkrankungen während der Schwangerschaft oder nach der Niederkunft außerhalb der Schutzfristen werden, auch wenn sie mit der Schwangerschaft oder Niederkunft zusammenhängen, gesondert gerechnet.

Eine Angestellte, die wegen Schwangerschaftsbeschwerden vom Arzt vor der Schutzfrist arbeitsunfähig geschrieben wird, erhält vom Arbeitgeber außerhalb der Schutzfrist Krankengehalt (bis sechs Wochen, tariflich evtl. länger) obwohl sie später Mutterschaftsgeld bekommt. Gleiches gilt natürlich für Krankengeld und Arbeitgeberzuschuß zum Krankengeld.

Zu den Leistungen der Krankenversicherung (Mutterschaftshilfe) siehe H.3.b. Selbstverständlich macht das Mutterschutzrecht keine Unterschiede bei der Frage, ob die Arbeitnehmerin verheiratet oder ledig ist.

### d) Sonderschutz für Jugendliche

Das Gesetz zum Schutze der arbeitenden Jugend (Jugendarbeitsschutzgesetz – JASchG) vom 9.8.1960 i.d.F. v. 29.7.1966 betrifft nicht die Beschäftigung von Kindern und Jugendlichen zum Zweck des Schulunterrichts u.ä. und auch nicht die Beschäftigung verwandter Kinder und Jugendlicher im Familienhaushalt oder in der Landwirtschaft.

*Kinder* sind nach diesem Gesetz Personen, die noch nicht oder noch vollschulpflichtig oder noch nicht 14 Jahre alt sind, *Jugendliche* sind alle sonstigen noch nicht 18 Jahre alten Personen (§ 2 JASchG).

Die Kinderarbeit ist grundsätzlich verboten (§ 7 JASchG).

*Ausnahmen:* Die Aufsichtsbehörde kann für Kinder über drei Jahren bei Musikaufführungen, Theatervorstellungen, Aufführungen im Ton- und Fernsehrundfunk usw. Ausnahmen genehmigen. – In der Landwirtschaft dürfen Kinder über 12 Jahre gelegentlich mit leichten Arbeiten beschäftigt werden, nicht aber vor dem Schulunterricht.

Für Jugendliche darf die tägliche Arbeitszeit acht Stunden und die Wochenarbeitszeit bei Jugendlichen unter 16 Jahren 40 Stunden, bei Jugendlichen über 16 Jahren 44 Stunden nicht überschreiten (§ 10 JASchG).

„Wenn in Verbindung mit Feiertagen an Werktagen nicht gearbeitet wird, damit die Beschäftigten eine längere zusammenhängende Freizeit haben, so darf die ausfallende Arbeitszeit auf die Werktage von fünf zusammenhängenden, die Ausfalltage einschließenden Wochen dergestalt verteilt werden, daß die Wochenarbeitszeit im Durchschnitt dieser fünf Wochen für

Jugendliche unter 16 Jahren 40 Stunden, für Jugendliche über 16 Jahren 44 Stunden nicht überschreitet. Die tägliche Arbeitszeit darf hierbei achteinhalb Stunden nicht überschreiten. – Die Arbeitszeit des Jugendlichen darf wöchentlich die übliche Arbeitszeit der erwachsenen Arbeitnehmer des Betriebs . . . nicht überschreiten", es sei denn die erwachsenen Arbeitnehmer arbeiten weniger als 40 Stunden (§ 10 JASchG). Die Aufsichtsbehörde kann in bestimmten Fällen Ausnahmen bewilligen. Es ist dann eine Mehrarbeitsvergütung (mit mindestens 25 % Zuschlag, bei Lehrlingen und Anlernlingen mindestens 1 % des monatlichen Entgelts für jede Stunde Mehrarbeit) zu zahlen.

Die Unterrichtszeit in der Berufsschule einschließlich der Pausen wird auf die Arbeitszeit angerechnet. Berufsschultage, an denen die Unterrichtszeit mindestens sechs Stunden beträgt, gelten als voller Arbeitstag. Dies gilt auch für über 18 Jahre alte Berufsschulpflichtige. Lohn oder Lehrlingsvergütung müssen auch für die Zeit des Schulbesuchs gezahlt werden.

Bei einer Arbeitszeit von mehr als viereinhalb Stunden müssen den Jugendlichen Ruhepausen (§ 14 JASchG), nach Beendigung der täglichen Arbeit mindestens 12 Stunden Freizeit gewährt werden (§ 15). Grundsätzlich ist die Nachtarbeit von 20 bis 6 Uhr verboten (Ausnahmen: Gastwirtschaften, Theatervorstellungen u.a.) (§ 16). Sonn- und Feiertagsarbeit sind allgemein verboten (§ 18), an Samstagen und am 24. und 31. Dezember darf allgemein nicht nach 14 Uhr gearbeitet werden. Gewisse Ausnahmen sind auch hier möglich (§ 17 JASchG).

Der Urlaub beträgt für zu Beginn des Kalenderjahres noch nicht 18 Jahre alte Jugendliche mindestens 24 (im Bergbau 28) Werktage (§ 19 JASchG).

Der Urlaub soll zusammenhängend und möglichst während der Berufsschulferien gewährt werden. Soweit er nicht in die Berufsschulferien fällt, ist für jeden Berufsschultag von mindestens sechs Stunden ein weiterer Urlaubstag zu gewähren.

Beschäftigungsverbote bestehen für gefährliche oder die Kräfte übersteigende Arbeiten, Akkordarbeit, Fließarbeit mit vorgeschriebenem Arbeitstempo (§ 37 und 38 JASchG). Durch die Aufsichtsbehörde kann für über 16 Jahre alte Jugendliche Akkord- oder Fließarbeit erlaubt werden, wenn keine Schädigung zu befürchten ist.

Wer Kinder oder Jugendliche beschäftigt, hat noch eine Reihe sonstiger Pflichten (§§ 40 . . . 44 JASchG): Maßnahmen zum Schutz von Leben, Gesundheit und Sittlichkeit der Jugendlichen; Belehrung über Unfall- und Gesundheitsgefahren vor Arbeitsaufnahme und in angemessenen Zeitabständen; bei Aufnahme in die häusliche Gemeinschaft angemessene Unterbringung usw.; Züchtigungsverbot; Verbot der Abgabe alkoholischer Getränke und Tabakwaren an unter 16 Jahre alte Jugendliche und von Branntwein an alle Jugendlichen.

Die §§ 45 . . . 53 JASchG sehen eine gesundheitliche Betreuung der Jugendlichen vor.

Bevor ein Jugendlicher eingestellt wird, muß dieser eine Bescheinigung vorlegen, daß er innerhalb der letzten zwölf Monate von einem Arzt untersucht wurde. Vor Ablauf des ersten Beschäftigungs- bzw. Lehrjahres hat sich der Arbeitgeber die ärztliche Bescheinigung über eine Nachuntersuchung vorlegen zu lassen.

Besondere Vorschriften gelten bei Heimarbeit, im Familienhaushalt, in der Landwirtschaft und in der Binnenschiffahrt.

Wer mindestens einen Jugendlichen beschäftigt, muß das Jugendarbeitsschutzgesetz an geeigneter Stelle im Betrieb zur Einsicht auslegen und hat einen Aushang über Beginn und Ende der regelmäßigen täglichen Arbeitszeit an sichtbarer Stelle im Betrieb anzubringen.

Bei Verstößen gegen das Gesetz können Geldbußen und Strafen (Gefängnis und Geldstrafen) verhängt werden (§§ 66 . . . 69 JASchG).

## 6. Arbeitsstreitigkeiten

Zivilrechtliche, das Arbeitsverhältnis betreffende Streitigkeiten zwischen Arbeitgeber und Arbeitnehmer, aber auch zwischen Tarifvertragsparteien werden nicht vor der ordentlichen Gerichtsbarkeit (Amtsgericht, Landgericht, Oberlandesgericht, Bundesgerichtshof) ausgefochten, sondern vor den *Gerichten für Arbeitssachen.* Rechtsgrundlage ist das Arbeitsgerichtsgesetz vom 3.9.1953 (ArbGG). Instanzen sind die Arbeitsgerichte, die Landesarbeitsgerichte und das Bundesarbeitsgericht in Kassel. Diese Gerichte sind mit Berufsrichtern und mit Beisitzern aus den Kreisen der Arbeitnehmer und Arbeitgeber besetzt.

Die *Arbeitsgerichte* sind ohne Rücksicht auf die Höhe des Streitwertes immer in erster Instanz zuständig.

Die *Landesarbeitsgerichte* sind für Berufungen gegen Urteile der Arbeitsgerichte zuständig, falls der Streitwert mindestens 300,– DM beträgt oder die Berufung aus grundsätzlichen Gründen zugelassen wurde. Außerdem sind sie für Beschwerden gegen Beschlüsse der Arbeitsgerichte und ihrer Vorsitzenden zuständig.

Das *Bundesarbeitsgericht* in Kassel ist für Revisionen gegen Urteile des Landesarbeitsgerichte zuständig, wenn das Landesarbeitsgericht die Revision zugelassen hat oder wenn die Entscheidung von einer ähnlichen höchstrichterlichen Entscheidung abweicht bzw. der Streitwert 6000,– DM übersteigt.

Das arbeitsgerichtliche Verfahren ist einfacher, billiger[1]), schneller und unmittelbarer als bei der ordentlichen Gerichtsbarkeit. Vor dem Arbeitsgericht braucht

[1]) „Im Verfahren des ersten Rechtszuges wird eine einmalige Gebühr nach dem Werte des Streitgegenstandes erhoben. Sie beträgt bei einem Streitwert bis zu zwanzig DM einschließlich ... eine DM, von mehr als zwanzig DM bis zu sechzig DM einschließlich zwei DM, von mehr als sechzig DM bis zu einhundert DM einschließlich drei DM und von da ab für jede angefangene hundert DM je drei DM bis zu höchstens fünfhundert DM" (§ 12 ArbGG). Es werden keine Vorschüsse verlangt. Ist die Güteverhandlung erfolgreich, kommt es also zu einem Vergleich, werden keine Gebühren erhoben. Zu den aufgeführten Gebühren kommen noch die Auslagen des Gerichts, insbesondere für förmliche Zustellungen (2,– DM je Zustellung). In der ersten Instanz kann die obsiegende Partei nicht (wie im sonstigen Zivilprozeß) die Vertreterkosten (Rechtsanwaltskosten) von der unterlegenen Partei verlangen.

man keinen Prozeßvertreter. Rechtsanwälte sind bei einem Streitwert unter 300,– DM nur mit Einschränkungen zugelassen. Man kann sich aber immer durch einen Vertreter einer Gewerkschaft oder eines Arbeitgeberverbandes vertreten lassen.

Wer sich nicht vertreten lassen will, kann die Klage in doppelter Ausfertigung schriftlich einreichen oder sie auf der Geschäftsstelle des Arbeitsgerichts zu Protokoll erklären. Dort wird auch kostenlos Auskunft über einschlägige Fragen erteilt. Auf das Muster einer Klageschrift in Abschnitt F.2 (Seite 100) wird hingewiesen.

Auch minderjährige Arbeitnehmer (nicht minderjährige Lehrlinge), die mit Ermächtigung des gesetzlichen Vertreters die Arbeit aufgenommen haben (s. A.5) können selbständig Klage beim Arbeitsgericht erheben.

„Die mündliche Verhandlung beginnt mit einer Verhandlung vor dem Vorsitzenden zum Zwecke der gütlichen Einigung[1]) der Parteien (Güteverhandlung)“ (§ 54 ArbGG). Erst wenn die Güteverhandlung erfolglos blieb, wird streitig verhandelt (mit Beisitzern).

Vor dem Landesarbeitsgericht muß man sich durch einen Rechtsanwalt oder durch den Vertreter einer Gewerkschaft bzw. eines Arbeitgeberverbandes vertreten lassen, vor dem Bundesarbeitsgericht durch einen Rechtsanwalt.

---

1) In Baden-Württemberg wurden 1963 64 % aller Klagen vor dem Arbeitsgericht durch *Vergleich* (Güterverhandlung) in der ersten Instanz erledigt. Gegen jedes 6. Urteil der 1. Instanz wurde Berufung eingelegt. 16 % der Prozesse wurden innerhalb eines Monats, weitere 42 % innerhalb zweier Monate und weitere 27 % innerhalb von sechs Monaten nach Einreichung der Klage erledigt. Ca. 50 % der Klagen betrafen Lohnstreitigkeiten und ca. 25 % Kündigung, Urlaub, Arbeitspapier und Zeugnisse.

## H. Versicherungen

### 1. Allgemeines über Versicherungen

Die Hauptaufgabe aller Versicherungen ist es, Gefahren (Risiken), die den einzelnen besonders hart treffen würden, auf eine Gefahrengemeinschaft umzulegen. Es spielt hierbei keine Rolle, ob die Mitglieder der Gefahrengemeinschaft ihren Beitrag zur Hilfe für das geschädigte Mitglied erst im Schadensfalle leisten (Umlageverfahren), oder ob bereits vorher Beiträge bzw. Prämien entrichtet werden. Alfred Manes[1]) gibt folgende Definition: „Versicherung ist gegenseitige Deckung zufälligen schätzbaren Geldbedarfs zahlreicher gleichartig bedrohter Wirtschaften".

Außer dieser allen Versicherungen zukommenden *Risikoverteilungsfunktion* haben manche Versicherungen, insbesondere die Renten- und Lebensversicherungen (ausgenommen reine Risikolebensversicherungen), eine *Sparfunktion.* Jeder Versicherte einer Rentenversicherung hofft, einmal in den Genuß einer Rente zu kommen. Durch die Anlage des Sparanteils können beispielsweise durch Gewährung von Hypotheken noch erhebliche wirtschaftliche Werte, die den Versicherten zugute kommen, geschaffen werden.

Schließlich kommt als weitere Aufgabe der Versicherungen teilweise noch die vorbeugende *Schadensverhütung* bzw. Schadensminderung hinzu.

*Beispiele:* Heilverfahren der Rentenversicherung, Unfallverhütung durch die Träger der gesetzlichen Unfallversicherung, gesundheitliche Ratschläge durch Kranken- und Lebensversicherungen, Feuerschutzsteuer der Feuerversicherer, Verpflichtung zur Schadensabwendung durch den Versicherungsnehmer gemäß § 62 VVG usw..

Die Einteilung der Versicherungen kann nach verschiedenen Gesichtspunkten vorgenommen werden. Die übliche Einteilung ist die in Vertragsversicherung (Individualversicherung[2]) und Sozialversicherung. Zum Zustandekommen eines Versicherungsschutzes durch eine Vertragsversicherung ist allgemein der Abschluß eines Versicherungsvertrages erforderlich. Versicherter einer Sozialversicherung wird man allgemein allein durch Begründung eines Arbeitsverhältnisses.

---

1) Franz Büchner, Grundriß der Individualversicherung, 2. Aufl., Karlsruhe 1959, S. 10.

2) Die Vertragsversicherung wird meist Individualversicherung genannt, obwohl teilweise auch kollektive Versicherungen, z.B. Gruppensterbegeldversicherungen, vereinbart werden. Man nennt sie vielfach auch einfach Privatversicherung, obwohl es auch öffentlich-rechtliche Versicherungsanstalten gibt. In diesem Buch werden alle Versicherungen, die nicht Sozialversicherung sind, der Vertragsversicherung zugeordnet.

## 2. Vertragsversicherung (Individualversicherung)

### a) Allgemeines

Rechtsgrundlage für die Vertragsversicherung ist das Versicherungsvertragsgesetz (VVG) vom 30.5.1908. Die Versicherer (Unternehmen, die Versicherungen betreiben) unterstehen allgemein der Aufsicht durch das Bundesaufsichtsamt für das Versicherungs- und Bausparwesen. Die Rechtsform eines Vertragsversicherers kann die einer Aktiengesellschaft, eines Versicherungsvereins auf Gegenseitigkeit (Versicherungsnehmer sind gleichzeitig die Unternehmer der Versicherung und leisten statt der Prämien Beiträge) oder einer öffentlich-rechtlichen Versicherungsanstalt sein.

Zum Versicherungsvertrag kommt es durch Antragstellung durch den Versicherungsnehmer und erklärter Annahme des Antrages durch den Versicherer.

Die Antragstellung erfolgt allgemein durch Ausfüllen und Unterschreiben eines Formulares, evtl. mit der Hilfe eines Versicherungsvertreters. Die Annahme erfolgt durch Übersendung des Versicherungsscheines (der Police) durch den Versicherer.

Vor der Annahme findet vielfach eine Risikoprüfung auf Grund der im Antrag gemachten Angaben oder eines Gutachtens, z.B. einer ärztlichen Untersuchung, durch den Versicherer statt.

Durch die Risikoprüfung und eine sich daraus ergebende Prämien- oder Beitragsfestlegung unterscheidet sich die Vertragsversicherung auch von der Sozialversicherung.

Vor der Annahme des Antrages, die sich durch die Prüfung verzögern kann, wird in manchen Versicherungszweigen zum Schutze des Versicherungsnehmers schon Deckung zugesagt, damit der Versicherungsschutz sofort besteht (z.B. Doppelkarte bei der Kraftfahrzeughaftpflichtversicherung).

Der Versicherungsvertrag enthält die Versicherungsbedingungen, nämlich die Allgemeinen Versicherungsbedingungen (AVB) und die besonderen Bedingungen.

Nach dem Gegenstand der Versicherung unterscheidet man:

1. *Personenversicherungen* (Lebens-, Unfall- und Krankenversicherung)
2. *Sachversicherungen* (z.B. Hausrat-, Feuer-, Maschinen-, Transport-, Autokasko-, Glas-, Hagelversicherung)
3. *Vermögensversicherungen* (z.B. Haftpflicht-, Rechtsschutz-, Betriebsunterbrechungs-, Kreditversicherung)

Auf einen Versicherungsschein kann gegebenenfalls Versicherungsschutz in allen drei Zweigen gewährt werden. Z.B. kann die Kraftverkehrsverischerung außer der obligatorischen Kfz-Haftpflichtversicherung auch Insassen-Unfallversicherung, Fahrzeugvoll- oder -teilversicherung (Kaskoversicherung), Gepäckversicherung und evtl. Strafrechtsschutzversicherung einschließen.

### b) Einige Zweige der Vertragsversicherung

**Lebensversicherung**

Die Lebensversicherung ist wohl der wichtigste Zweig der Vertragsversicherung. Ihre Bedeutung besteht nicht nur für den einzelnen, insbesondere im Schutz für die Familie, sondern auch für die Volkswirtschaft als Kapitalsammelbecken.

Infolge der Verschiedenartigkeit der Versicherungsbedürfnisse unterscheidet man auch verschiedene Arten der Lebensversicherung:

1. *Reine Todesfallversicherung.* Sie wird nur beim Tod der versicherten Person fällig. Die Prämien- oder Beitragszahlung kann dagegen bereits bei einem bestimmten Alter, z.B. bei 65 Jahren, aufhören.
2. *Reine Erlebensversicherung.* Es wird die Versicherungssumme nur beim Erleben eines bestimmten Zeitpunktes ausgezahlt (als Kapitalversicherung selten).
3. *Gemischte Lebensversicherung.* Die Auszahlung erfolgt zu einem vereinbarten Zeitpunkt oder bei vorzeitigem Ableben (häufigste Versicherungsform).
4. *Risikolebensversicherung (kurzfristige Todesfallversicherung).* Das Versicherungskapital wird nur dann ausgezahlt, wenn der Versicherte innerhalb der Versicherungszeit (meist 5 oder 10 Jahre) stirbt. Da in der Prämie kein Sparanteil enthalten ist, ist diese entsprechend niedrig. Diese Versicherung kommt häufig als Gruppenversicherung durch Bausparkassen vor (stirbt der Bausparer während der Laufzeit des Bauspardarlehens, so wird durch die Versicherungssumme das jeweilige Bauspardarlehen getilgt).
5. *Lebensversicherung mit festem Auszahlungstermin (Ausbildungsversicherung).* Die Versicherungssumme wird zu einem bestimmten Termin ausgezahlt. Stirbt der Versicherungsnehmer vorher, braucht keine Prämie mehr gezahlt zu werden. Bei einer Aussteuerversicherung wird die Summe bei der Heirat der Tochter fällig.
6. *Kleinlebensversicherungen* haben eine kleine Versicherungssumme (unter 2000, oder 3000,– DM). Als *Sterbegeldversicherungen* sind sie Versicherungen auf den Todesfall.
7. *Zusatzversicherungen zu Lebensversicherungen* sind vielfach möglich, z.B. Unfallzusatzversicherung (doppelte Versicherungssumme bei Unfalltod), Invaliditätsversicherung u.a.

Wird die Versicherungssumme nicht in einem Betrag (*Kapitalversicherung*), sondern in einer Rente, also in laufenden Zahlungen, ausgezahlt, so spricht man von einer *Rentenversicherung.* Versicherungen können auch auf „verbundene Leben" (Ehegatten, Teilhaber usw.) abgeschlossen werden. Die Versicherungssumme wird dann beim Tode des zuerst Sterbenden fällig. Eine Gruppenversicherung umschließt einen fest umrissenen Personenkreis (Betrieb, Verein usw.). Wegen einer Einsparung von Verwaltungskosten ist die Prämie niedriger.

Die Prämie einer Lebensversicherung setzt sich aus drei Bestandteilen, dem Sparanteil (entfällt bei Risikolebensversicherung), dem Risikoanteil und dem Verwaltungskostenanteil zusammen. Sie hängt außer von der Versicherungssumme vom Alter des Versicherten und von der Laufzeit, eventuell noch von Risikozuschlägen, ab. Der Rückkaufswert[1]) bemißt sich nach dem angelaufenen Sparanteil und dessen Verzinsung. Da die Prämien vorsichtig berechnet werden, kann der Versicherungsnehmer allgemein zusätzlich zur Versicherungssumme noch mit erheblichen Gewinnanteilen rechnen.

### Unfallversicherung

Ein Unfall liegt vor, wenn der Versicherte durch ein plötzlich von außen auf seinen Körper wirkendes Ereignis unfreiwillig eine Gesundheitsschädigung erleidet.

Versichert werden können in der Unfallversicherung Tod, Invalidität, Tagegeld, Krankenhaustagegeld und Heilungskosten. Die Höhe der Prämie hängt weitgehend vom Risiko ab. Sie ist beispielsweise bei einem Dachdecker höher als bei einem Büroangestellten.

Es gibt auch Versicherungen, die das Unfallrisiko unter Ausschluß des beruflichen Risikos decken (Freizeitunfallversicherungen) und daher eine niedrigere Prämie kosten. Nicht versichert ist in diesem Fall die Arbeit, der Weg zur Arbeit und heimwärts von der Arbeit. Eine derartige Unfallversicherung ist besonders für den Arbeitnehmer (und auch für den Beamten) interessant, weil er ja bei arbeitsbedingten Unfällen den Schutz der gesetzlichen Unfallversicherung (als Beamter der Unfallfürsorge durch den Dienstherrn) genießt.

Besondere Formen der Unfallversicherung sind Reiseunfallversicherung und Gruppenversicherung, z.B. Schülerunfallversicherung.

### Krankenversicherung

Man unterscheidet in der privaten Krankenversicherung die *Krankheitskostenversicherung* (für ambulante Behandlung, Krankenhausbehandlung, Entbindungshilfe, Zahnbehandlung und Hilfsmittel), die *Krankentagegeldversicherung* und die *Krankenhaustagegeldversicherung.*

Die Risikoprüfung beim Versicherungsantrag ist besonders wichtig, weil man einer Versichertengemeinschaft nicht zumuten kann, die Kosten einer bereits beim Eintritt in die Versicherung bestehenden Krankheit ohne Risikozuschlag zu tragen. Allgemein besteht auch bei der Neuaufnahme eine Wartezeit (Ausnahmen: bestimmte Infektionskrankheiten, Unfälle und direkte Übertritte aus der sozialen Krankenversicherung). Die Höhe der Prämie hängt vom gewählten Tarif (je bessere Leistungen, desto höhere Prämien), vom Eintrittsalter (je jünger, desto günstiger) und vom Geschlecht (Frauen zahlen mehr als Männer) ab.

---

[1]) Der Rückkaufswert ist die Höhe der Abstandszahlung des Versicherers bei vorzeitiger Beendigung des Versicherungsvertrages.

Es gibt auch Zusatztarife für Sozialversicherungspflichtige, z.B. für die II. Verpflegeklasse im Krankenhaus.

Im Gegensatz zur sozialen Krankenversicherung ist der Versicherte Privatpatient des Arztes und erhält allgemein vom Arzt die Rechnung, die er dann zur tariflichen Erstattung seiner Kasse einreichen kann. Wird während eines Jahres die Versicherung nicht in Anspruch genommen, so erhält der Versicherungsnehmer allgemein eine Beitragsrückgewähr von einigen Monatsbeiträgen. Diese soll ihn auch veranlassen, Bagatellfälle selbst zu tragen und somit Verwaltungskosten zu sparen.

**Feuerversicherung**

Durch eine Feuerversicherung werden Sachschäden durch Brand, Blitzschlag, Explosion und Absturz von Flugzeugen, außerdem die Aufräumungskosten ersetzt. Nicht versichert sind dagegen Sengschäden u.ä.. Wichtig, wie bei allen Sachversicherungen, ist der ausreichende Versicherungsschutz, da sonst im Schadensfall nur ein Teil der Schadenssumme ersetzt wird (Unterversicherung).

*Beispiel:* Versicherter Wert 12 000,– DM, Versicherungssumme 8 000,– DM, Schaden 6 000,– DM, Entschädigung 4 000,– DM (2/3).

Ersetzt wird grundsätzlich der Zeitwert, d.h. der Wert der Sachen, den sie zum Zeitpunkt des Schadens haben. Es gibt aber auch Versicherungen, bei denen der Neuwert der Sachen ersetzt wird.

Während sich die Feuerversicherung auf das Inventar eines Gebäudes oder einer Wohnung erstreckt, bezieht sich die *Gebäudebrandversicherung* – sie ist in den meisten Bundesländern Pflichtversicherung – auf das Gebäude selbst.

Eine Betriebsunterbrechungsversicherung deckt den weiteren Vermögensschaden, der durch einen Brand entsteht und ist daher besonders für den Industriebetrieb von Bedeutung.

Über die für den Industriebetrieb wichtigen Versicherungen informieren Druckschriften der größeren Versicherungsgesellschaften[1]).

*Einbruchdiebstahl-, Leitungswasser-, Hausrat-, Sturm- und Glasversicherung*

Für den Privatmann ist besonders die verbundene Hausratsversicherung interessant. Durch einen einzigen Vertrag wird der Hausrat gegen Feuer, Einbruchdiebstahl,

---

1) Die Allianz Versicherungs-AG empfiehlt z.B. in ihrer Schrift „Welche Versicherungen braucht der Betrieb? " (Schriften für Industrie und Handel Nr. 12) den Abschluß folgender Versicherungen: Maschinenversicherung, Güter-(Waren-)Transportversicherung, Einbruchdiebstahl- und Beraubungsversicherung, Glas- und Leuchtröhrenversicherung, Leitungswasser-Versicherung, Sturmversicherung, Bauwesenversicherung, Montageversicherung, Haftpflichtversicherung, Kraftverkehrsversicherungen, Feuer-Betriebsunterbrechungsversicherung, Maschinen-Betriebsunterbrechungsversicherung, Versicherung gegen Vermögenschäden durch Betriebsschließung infolge Seuchengefahr, betriebliche Personenversicherungen, Vertrauensschadenversicherung, Feuerversicherung. In der genannten Schrift wird außerdem noch auf folgende Versicherungen hingewiesen: Maschinengarantie-, Valoren-, Ausstellungs-, Reiselager-, Kredit- und Personenkautionsversicherung.

Beraubung und Leitungswasserschäden versichert. Gewisse Sachen, z.B. hängende Wäsche und abgestellte Fahrräder, können bei dieser Versicherung auch gegen einfachen Diebstahl versichert sein.

**Fahrzeugversicherung**

Die *Fahrzeugteilversicherung* (Teilkasko) erstreckt sich auf Brand, Entwendung, Sturm, Hagel, Blitzschlag, Überschwemmung und Bruchschäden an Glasteilen des Fahrzeugs. Seit 1967 deckt die Teilkaskoversicherung auch den Schaden am Wagen, der durch Zusammenstoß mit Haarwild (z.B. Rehwild, Damwild, Schwarzwild, Hasen) entsteht (allgemein 250,– DM Selbstbeteiligung bei Wildschäden). Die Prämie ist ziemlich gering.

Die *Fahrzeugvollversicherung* (Vollkasko) bietet Schutz gegen Beschädigung, Zerstörung und Verlust des Fahrzeugs durch Unfall oder durch mut- oder böswillige Handlungen betriebsfremder Personen sowie gegenüber den Risiken der Teilkaskoversicherung. Es gibt Versicherungen mit oder ohne Selbstbeteiligung. Im letzten Falle sind die Prämien recht hoch.

**Haftpflichtversicherung**

Gegen die vielfältigen Gefahren, die wegen Inanspruchnahme in Haftpflichtfällen (B.6) drohen, kann man sich durch Abschluß einer Haftpflichtversicherung schützen. Sie ersetzt den Schaden, den der Versicherte sonst persönlich einem anderen ersetzen müßte. Selbstverständlich tritt diese Versicherung nicht für vorsätzlich durch den Versicherten verursachte Schäden ein.

Man unterscheidet u.a. die Versicherung des Haftpflichtschutzes für Privatpersonen und deren Familienangehörige, für Tierhalter, für Hausbesitzer, für bestimmte Berufsgruppen, z.B. als Lehrer oder technische Beamte, für einen Betrieb und für Kraftfahrzeughalter. Letztere ist sogar eine Pflichtversicherung. Evtl. sollte eine Haftpflichtversicherung auch auf Gewässerschäden ausgedehnt werden.

**Rechtsschutzversicherung**

Um eigene Ansprüche ohne Rücksicht auf ein eventuelles Gerichts- und Anwaltskostenrisiko durchsetzen zu können und um sich in einem Strafverfahren wegen eines Fahrlässigkeitsdeliktes verteidigen zu können, kann man eine Rechtsschutzversicherung abschließen.

## 3. Sozialversicherung

### a) Übersicht

Die Vertragsversicherung beruht in der Regel auf Freiwilligkeit, bei der Sozialversicherung handelt es sich hauptsächlich um Pflichtversicherungen. Der Beitrag wird in der Regel von der Lohnhöhe bestimmt.

**Tabelle 4**: Sozialversicherung (Stand 1972)

| Zweig | Soziale Krankenversicherung | Rentenversicherung der Arbeiter | Rentenversicherung der Angestellten | Arbeitslosenversicherung | Gesetzliche Unfallversicherung |
|---|---|---|---|---|---|
| Träger | Orts-, Land-, Innungs-, Betriebs- und Ersatzkrankenkassen | Landesversicherungsanstalten | Bundesversicherungsanstalt für Angestellte in Berlin (BfA) | Bundesanstalt für Arbeitsvermittlung und Arbeitslosenversicherung in Nürnberg | Berufsgenossenschaften u.a. |
| Pflichtversicherte | alle Arbeiter, Angestellte bis z.Z. 1575 DM Monatsgehalt u.a. | alle Arbeiter u.a. | Angestellte u. a. | alle Arbeiter und Angestellten; einige Ausnahmen | alle Arbeitnehmer u.a. |
| Möglichkeit der freiwilligen Weiterversicherung | innerhalb von 21 Tagen nach Ausscheiden aus der Pflichtversicherung | nach mindestens 60 Monaten Pflichtversicherung innerhalb von 10 Jahren | | entfällt | entfällt |
| Möglichkeit des freiwilligen Beitritts | in bestimmten Fällen | nicht möglich | | entfällt | für Unternehmer und mittätige Ehegatten |
| Beitrag | gemäß Satzung (6. . . 11 %) | 17 % | | 1,7 % | Umlageverfahren nach Lohnsumme und Gefahrenklasse nur vom Arbeitgeber |
| Leistungen | 1. Krankenhilfe<br>2. Mutterschaftshilfe<br>3. Sterbegeld<br>4. Familienhilfe als Regel- oder Mehrleistungen | 1. Maßnahmen zur Erhaltung, Besserung und Wiederherstellung der Erwerbsfähigkeit<br>2. Renten<br>a) Altersruhegeld<br>b) Rente wegen Erwerbsunfähigkeit<br>c) Rente wegen Berufsunfähigkeit<br>d) Witwen- und Witwerrente<br>e) Waisenrente<br>3. Witwen- und Witwerrentenabfindung<br>4. Beitragserstattungen<br>5. Beiträge zur Krankenversicherung der Rentner | | 1. Arbeitslosengeld (höchstens 3...12 Monate)<br>2. Kranken- und Unfallversicherung der Arbeitslosen<br>3. Lohnausfallvergütung<br>4. Maßnahmen zur Verhütung u. Beendigung der Arbeitslosigkeit<br>(Arbeitslosenhilfe aus Bundesmitteln) | 1. Unfallverhütung<br>2. Unfallheilverfahren<br>3. Berufsfürsorge (z.B. Umschulung)<br>4. Geldleistungen (insbes. Renten) |
| Voraussetzungen für Leistungen | allgemein keine | für Renten:<br>a) Wartezeit muß erfüllt sein (für Altersruhegeld 180, sonst 60 Beitragsmonate; bei Arbeitsunfall keine Wartezeit)<br>b) Versicherungsfall (Alter 65 Jahre, unter Umständen 60 Jahre; Erwerbsunfähigkeit; Berufsunfähigkeit; Tod) | | für Arbeitslosengeld: Versicherter muß unfreiwillig arbeitslos, arbeitswillig und arbeitsfähig sein, Anwartschaft muß erfüllt und Anspruch darf nicht erschöpft sein | Körperschädigung durch Betriebsunfall, Wegeunfall oder Berufskrankheit |

Die Gesetzgebung der deutschen Sozialversicherung beruht auf der von Bismarck verfaßten und von ihm am 17.11.1881 verkündeten Kaiserlichen Botschaft. 1883 wurden die Krankenversicherung, 1884 die Unfallversicherung und 1889 die Invalidenversicherung (heute Arbeiterrentenversicherung) geschaffen. In der Reichsversicherungsordnung (RVO) vom 19.7.1911 wurde ein einheitliches Sozialversicherungsrecht gegeben. 1911 trat das Angestelltenversicherungsgesetz (AVG – vorher waren nur die Arbeiter rentenversichert), 1923 das Reichsknappschaftsgesetz und 1927 das Gesetz für Arbeitsvermittlung und Arbeitslosenversicherung (AVAVG)[1]) in Kraft. Die Rentenversicherung wurde im Jahre 1957 neu gestaltet und seitdem mehrfach geändert (insbesondere durch das Rentenversicherungs-Änderungsgesetz v. 9.6.1965 und schließlich durch das Finanzänderungsgesetz 1967 vom 21.12.1967).

Träger der Sozialversicherung ist nicht der Staat, sondern Selbstverwaltungskörperschaften, die durch die gewählten Vertreter der versicherten Arbeitnehmer und Arbeitgeber verwaltet werden. Lediglich bei den Ersatzkassen (im Rahmen der Krankenversicherung) sind Arbeitgeber nicht vertreten.

Für Streitigkeiten mit den Sozialversicherungen, ebenfalls in Kriegsopferangelegenheiten, ist die Sozialgerichtsbarkeit zuständig. Rechtsgrundlage ist das Sozialgerichtsgesetz vom 3.9.1953 i.d.F. v. 3.8.1967:

1. Instanz Sozialgericht, 2. Instanz (Berufung) Landessozialgericht, 3. Instanz (Revision) Bundessozialgericht in Kassel. Außer Berufsrichtern fungieren als ehrenamtliche Beisitzer Arbeitgeber und Arbeitnehmer (Sozialrichter). Das Verfahren ist für den Versicherten allgemein kostenfrei. Der Klageerhebung geht in der Regel ein Widerspruchsverfahren voraus.

Die folgende Übersicht über die wichtigsten Sozialversicherungszweige soll einen kurzen Überblick über die derzeitigen Daten geben.

Nicht behandelt werden die knappschaftliche Versicherung (Reichsknappschaftsgesetz vom 23.6.1923) für die im Bergbau tätigen Arbeitnehmer und die Handwerkerversicherung (Handwerkerversicherungsgesetz vom 8.9.1960).

### b) Soziale Krankenversicherung

Rechtsgrundlage der sozialen Krankenversicherung (gesetzlichen Krankenversicherung) ist das 2. Buch der Reichsversicherungsordnung (RVO)[2]).

Versicherungsträger sind die Allgemeinen Ortskrankenkassen, Landkrankenkassen, Innungskrankenkassen, Betriebskrankenkassen, knappschaftlichen Krankenkassen, die See-Krankenkasse und schließlich die Ersatzkassen[3]) für Angestellte und Ersatz-

---

1) In diesem Buch wird die Arbeitslosenversicherung zur Sozialversicherung gerechnet. Meist findet man sie in der Literatur beim Arbeitsrecht.

2) Reichsversicherungsordnung: 1. Buch: Gemeinsame Vorschriften, 2. Buch: Krankenversicherung, 3. Buch: Unfallversicherung, 4. Buch: Rentenversicherung der Arbeiter, 5. Buch: Beziehungen der Versicherungsträger zueinander und zu anderen Verpflichteten, 6. Buch: Verfahren.

3) Ersatzkassenzugehörigkeit befreit von der Versicherungspflicht bei der Ortskrankenkasse. Ersatzkassen (Körperschaften des öffentlichen Rechts) beschränken allgemein satzungs-

kassen für Arbeiter. Pflichtversichert sind die Arbeiter ohne Rücksicht auf die Höhe des Lohnes, Angestellte dagegen z.Z. nur bis zu einem Monatsgehalt von 1575 DM[4]). Außerdem sind bestimmte Selbständige, Arbeitslose[5]) u.a. pflichtversichert. Die freiwillige Weiterversicherung ist möglich, wenn ein Versicherter aus einer versicherungspflichtigen Beschäftigung ausscheidet, z.B. als Angestellter, der infolge einer Gehaltserhöhung über der Pflichtversicherungsgrenze verdient. In den vorangegangenen zwölf Monaten müssen aber in der Regel 26 Wochen Pflichtversicherung bestanden haben. Der Antrag auf freiwillige Weiterversicherung ist innerhalb von drei Wochen nach Ausscheiden aus der Pflichtversicherung zu stellen[6]). Auch der überlebende oder geschiedene Ehegatte eines Versicherten kann sich weiterversichern lassen.

Gewerbetreibende, Beamte und sonstige Nichtpflichtversicherte können gegebenenfalls der sozialen Krankenversicherung beitreten, wenn sie nicht über der Pflichtversicherungsgrenze verdienen. Hierbei kann die Aufnahme aber von einer Altersgrenze abhängig gemacht und eine Wartezeit für Leistungen festgesetzt werden. Bei einem Gehalt über der Pflichtversicherungsgrenze können Angestellte als Berufsanfänger innerhalb von drei Monaten nach Arbeitsaufnahme freiwillig beitreten.

Wer mehr verdient, hat, falls er den rechtzeitigen Antrag auf freiwillige Weiterversicherung versäumte und nicht Ersatzkassenmitglied ist, keine Möglichkeit, in eine soziale Krankenversicherung aufgenommen zu werden. Auch ist es bei solchen Gehältern nicht mehr möglich, aus der Allgemeinen Ortskrankenkasse in eine Ersatzkasse überzutreten.

Praktisch hat der Angestellte, der mehr als die Pflichtversicherungsgrenze verdient, bezüglich einer Krankenversicherung drei Möglichkeiten:

1. Er kann sich bei seiner bisherigen Krankenkasse weiterversichern lassen,
2. er kann sich bei einer privaten Krankenversicherung (H.2.b) versichern lassen,
3. er kann sich überhaupt nicht versichern.

Ob Fall 1 oder Fall 2 günstiger ist, hängt ganz vom Einzelfall (Familienstand, Kinderzahl, Alter, Gesundheitszustand, Wunsch der Behandlung als Privatpatient) ab. In beiden Fällen muß der Arbeitgeber die Hälfte vom Pflichtbeitrag zahlen.

---

gemäß ihren Versichertenkreis, z.B. nur Facharbeiter, nur Angestellte, nur technische Angestellte. Sie müssen mindestens die gleichen Regelleistungen wie die sonstigen Krankenkassen haben. Wegen der Bestimmung dieses Buches für einen besonderen Leserkreis wurde hauptsächlich die Technikerkrankenkasse in Hamburg berücksichtigt. Diese Kasse wurde im Jahre 1884 vom Deutschen Technikerverband als „Eingeschriebene Hilfskasse 58" errichtet. Ihre Mitglieder sind technische Angestellte und solche Personen, die sich in einer geregelten Ausbildung zu einem technischen Angestelltenberuf (z.B. Ingenieur) befinden.

4) Pflichtversicherungsgrenze bei Angestellten und Beitragsbemessungsgrenze (Fußnote S. 156) sind identisch.

5) Arbeitslose sind grundsätzlich nur während des Bezugs von Arbeitslosengeld bzw. Arbeitslosenhilfe krankenversicherungspflichtig.

6) Diese Voraussetzungen sind bei Ersatzkassen nicht erforderlich. Wenn der nicht mehr versicherungspflichtige Versicherte nicht seinen Austritt erklärt, bleibt er versichert.

Die Höhe des Beitrags ist bei den einzelnen Kassen unterschiedlich und beträgt bei versicherungspflichtigen Arbeitnehmern z.B. in der Technikerkrankenkasse 7,6 %. Bei Arbeitnehmern zahlen allgemein Arbeitgeber und Arbeitnehmer die Hälfte, Beitragsbemessungsgrenze[1]) ist 1575 DM im Monat.

Für versicherungspflichtige Arbeitnehmer wird der Beitrag im Lohnabzugsverfahren bezahlt. Der Arbeitgeber führt von dem einbehaltenen Betrag nicht nur den Gesamtbeitrag der Krankenkasse, sondern auch den der Renten- und Arbeitslosenversicherung an die Krankenkasse ab, die für die anderen Sozialversicherungsträger Einzugsstelle ist.

Falls bei Mitgliedern von Ersatzkassen der Arbeitgeber nicht freiwillig die Abführung der Sozialversicherungsbeiträge übernimmt, zahlt er ihnen den Arbeitgeberanteil aus. Die Ersatzkassenmitglieder zahlen dann an ihre Kasse den Gesamtbeitrag.

Die Leistungen der Krankenversicherung bestehen aus Regelleistungen (Mindestleistungen gemäß RVO) und Mehrleistungen. Die letzten können bei den einzelnen Kassen unterschiedlich sein und von der Dauer der Mitgliedschaft abhängen. Die gewährten Leistungen sind Krankenhilfe, Familienhilfe – allgemein, Mutterschaftshilfe für Mitglieder, Mutterschaftshilfe für Angehörige, Sterbegeld für Mitglieder, Sterbegeld für Angehörige, Vorsorgeuntersuchungen zur Früherkennung von Krankheiten.

Zur *Krankenhilfe* gehören ärztliche Behandlung (für den Versicherten kostenlos auf Krankenschein = Behandlungsschein), zahnärztliche Behandlung, Arzneien (gegen Rezept und allgemein eine Verordnungsblattgebühr von 20 %, höchstens 2,50 DM), kleine Heilmittel (z.B. Brillen), größere Heilmittel (Beihilfe der Kasse); Hilfsmittel, Zahnersatz, Zahnkronen, Stiftzähne (ebenfalls nur teilweise Kostenübernahme bei vorheriger Antragstellung); Krankengeld (75 ... 85 % des Lohnes, für eine Krankheit höchstens 78 Wochen innerhalb von drei Jahren), Krankenhauspflege 3. Pflegeklasse (ebenfalls höchstens 78 Wochen innerhalb von drei Jahren für dieselbe Krankheit), Hausgeld (während der Krankenhauspflege), Hauspflege (wenn Krankenhausaufnahme nicht möglich ist), eventuell auch Aufenthalt in Heilstätten und Sanatorien, Kuren.

Familienhilfe wird für nicht selbstversicherte Familienangehörige, insbesondere für Ehegatten und Kinder, gewährt. Familienangehörige erhalten kein Krankengeld.

Zur *Mutterschaftshilfe* (früher Wochenhilfe genannt) gehören ärztliche Betreuung und Hilfe sowie Hebammenhilfe, Versorgung mit Arznei-, Verband- und Heilmitteln, Pauschbeträge für die im Zusammenhang mit der Entbindung entstehenden

---

[1]) Beitragsbemessungsgrenze ist der höchste Lohnbetrag, bis zu dem der Beitragsprozentsatz berechnet wird und nach dem auch die baren Leistungen der Kasse berechnet werden. Sie beträgt in der Krankenversicherung 75 % der Beitragsbemessungsgrenze der Rentenversicherung (S. 158), 1972 1575 DM (75 % von 2100 DM).

Aufwendungen, Pflege in einer Entbindungs- oder Krankenanstalt sowie Hilfe und Wartung durch Hauspflegerinnen, Mutterschaftsgeld (§§ 195...200 c RVO), außerdem die Mutterschaftsvorsorge.

Das *Sterbegeld* beim Tod eines Mitglieds beträgt mindestens das Zwanzigfache des Grundlohnes (Grundlohn = Monatslohn[1]) : 30), vielfach aber mehr (bis Vierzigfaches), beim Tod eines Angehörigen ist es geringer.

Wegen der Einzelheiten bezüglich Leistungen der Kasse, Pflichten des Mitglieds usw. wende man sich an seine Krankenkasse und lasse sich die entsprechenden Unterlagen (Versicherungsbedingungen, Krankenordnung, Satzung) aushändigen.

### c) Rentenversicherung

Die Rentenversicherung ist in ihrer finanziellen Auswirkung (sowohl in der Höhe der Beiträge, als auch in der Zukunftssicherung der Versicherten) der wichtigste Zweig der Sozialversicherung, Rechtsgrundlage für die Rentenversicherung der Arbeiter ist das 4. Buch der RVO, für die Rentenversicherung der Angestellten (Angestelltenversicherung) das Angestelltenversicherungsgesetz (AVG), alles z.Z. in der Fassung des Finanzänderungsgesetzes 1967 v. 21.12.1967.

Die Rentenversicherung der Arbeiter (früher Invalidenversicherung) und die Angestelltenversicherung unterscheiden sich heute nur noch durch die Verschiedenheit ihrer Versicherungsträger.

Versicherungsträger sind die Bundesversicherungsanstalt für Angestellte in Berlin 31, Ruhrstraße 2, die 18 Landesversicherungsanstalten in Karlsruhe, Berlin, Braunschweig, Hannover Hamburg, Frankfurt (Main), Landshut, München, Bayreuth, Oldenburg, Speyer, Düsseldorf, Saarbrücken Lübeck, Augsburg, Würzburg, Münster und Stuttgart sowie als Sonderanstalten die Bundesbahn-Versicherungsanstalt in Frankfurt (Main) und die Seekasse in Hamburg.

Aufgaben, Beitrag und Leistungen sind gleich[2]). Bei Berechnung der Leistungen werden im Falle des Versicherungswechsels die Zeiten in beiden Versicherungen zusammengezählt.

*Beispiel:* Ein Ingenieur, der früher Facharbeiter war, war zuerst in der Rentenversicherung der Arbeiter und dann in der Angestelltenversicherung versichert (Wanderversicherung).

**Alle Arbeiter, Auszubildende für Arbeiterberufe u.a. sind in der Arbeiterrentenversicherung pflichtversichert. Angestelltenversicherungspflichtig sind alle Angestellten und auch einige Selbständige, z.B. selbständige Hebammen. Auch Wehr- und Ersatzdienstpflichtige sind pflichtversichert. Ihren Beitrag bezahlt der Bund.**

Versicherungsfrei sind z.B. Beamte und sonstige Personen, die eine beamtenrechtliche Versorgung erhalten; Werkstudenten, die während der Dauer eines Hoch- oder Fachschulstudiums (z.B. in den Ferien zwischen zwei Semestern) arbeiten.

---

[1]) Höchstens Beitragsbemessungsgrenze

[2]) Die für die Beschäftigten des Bergbaus bestimmte knappschaftliche Rentenversicherung (in diesem Buch nicht beschrieben) unterscheidet sich wesentlich von der Rentenversicherung der Arbeiter und Angestellten, z.B. beträgt der Beitrag 23,5 % (Arbeitgeber 15 %, Arbeitnehmer 8,5 %).

Eine freiwillige Weiterversicherung ist nur möglich, wenn innerhalb von zehn Jahren während mindestens 60 Kalendermonaten Beiträge für eine rentenversicherungspflichtige Beschäftigung oder Tätigkeit entrichtet wurden.

Es ist in diesem Falle dem Versicherten freigestellt, welche Beitragshöhe (z.Z. von 17 ... 357 DM) er wählt und wie viele Beiträge er leistet. Erworbene Ansprüche gehen nicht verloren, wenn die Beitragszahlung ein paar Jahre ausgesetzt worden ist.

Bei der ersten Aufnahme einer versicherungspflichtigen Tätigkeit wird von der Gemeinde (dem Versicherungsamt) eine Versicherungskarte ausgestellt, in die der Arbeitgeber als Beitragsnachweis die Entgeltsbescheinigungen einträgt bzw. bei freiwilligen Beiträgen die bei der Post erworbenen Versicherungsmarken eingeklebt werden. Innerhalb von drei Jahren soll die Karte umgetauscht werden. Der Versicherte erhält eine Aufrechnungsbescheinigung.

Jeder Versicherte sollte sehr darauf achten, daß die Versicherungsunterlagen in Ordnung sind. Insbesondere darf die laufende Reihenfolge der Aufrechnungsbescheinigungen (numeriert) nicht unterbrochen sein. Wenn vom Arbeiter- ins Angestelltenverhältnis übergewechselt wurde, beginnt die Numerierung der Versicherungskarten wieder mit Nr. 1.

Der Beitrag von z.Z. 17 % des Bruttolohnes (höchstens jedoch von der jeweiligen Beitragsbemessungsgrenze[1])) wird bei Pflichtversicherten allgemein im Lohnabzugsverfahren erhoben und je zur Hälfte vom Arbeitgeber und Arbeitnehmer getragen. Beträgt der Lohn jedoch nicht mehr als 10 % der Beitragsbemessungsgrenze (1972 also 210 DM), so muß der Arbeitgeber den Beitrag allein tragen.

Der Versicherte kann zusätzlich zu Pflicht- und Weiterversicherungsbeiträgen noch Höherversicherungsbeiträge entrichten, um seine spätere Rente zu steigern.

Der Bund leistet zu den Ausgaben der Rentenversicherung einen Zuschuß.

Die Regelleistungen der Rentenversicherung (§ 1235 RVO, § 12 AVG) sind

1. Maßnahmen zur Erhaltung, Besserung und Wiederherstellung der Erwerbsfähigkeit,
2. Renten,
3. Witwen- und Witwerrentenabfindungen,
4. Beitragserstattungen,
5. Beiträge für die Krankenversicherung der Rentner.

Über die Leistungen geben die Versicherungsträger bzw. ihre Organe und die Versicherungsämter (Landratsämter) genaue Auskunft[2]).

---

1) Die Beitragsbemessungsgrenze entspricht etwa dem Doppelten der allgemeinen Bemessungsgrundlage (durchschnittlicher Verdienst aller Versicherten ohne Lehrlinge in den letzten drei Jahren; für 1972 12008,–DM), im Jahre 1972 25200,–DM jährlich oder 2100,–DM monatlich.

2) Vgl. Merkblätter der Angestelltenversicherung. Die Leistungen müssen grundsätzlich beantragt werden.

Man unterscheidet folgende Rentenleistungen:

1. Versichertenrenten
   a) Rente wegen Berufsunfähigkeit
   b) Rente wegen Erwerbsunfähigkeit
   c) Altersruhegeld wegen Vollendung des 65. Lebensjahres
   d) Altersruhegeld wegen Vollendung des 60. Lebensjahres und mindestens einjähriger ununterbrochener Arbeitslosigkeit
   e) Altersruhegeld an weibliche Versicherte wegen Vollendung des 60. Lebensjahres und Aufgabe der Beschäftigung
2. Hinterbliebenenrenten
   a) Witwen- und Witwerrenten
   b) Renten an geschiedene Ehegatten
   c) Waisenrenten

Voraussetzung für die Gewährung der Renten ist die Erfüllung einer Wartezeit (für Altersruhegeld 180 Beitragsmonate, sonst 60 Beitragsmonate, bei Arbeitsunfall keine Wartezeit) und der Eintritt des Versicherungsfalls (Berufsunfähigkeit, Erwerbsunfähigkeit, Tod).

Berufsunfähigkeit bedeutet eine Erwerbsminderung um über 50 %, während Erwerbsunfähigkeit eine völlige oder fast völlige Erwerbsunfähigkeit bedeutet (die Berufsunfähigkeitsrente beträgt nur 2/3 der Erwerbsunfähigkeitsrente, weil der Versicherte ja noch etwas verdienen kann).

Auskünfte über die Art und Weise der Rentenberechnung geben Druckschriften der Versicherungsträger[1]).

Für die Rentenhöhe des Versicherten sind außer den Beitragszeiten (Zeiten, für die Beiträge entrichtet wurden) noch die Ersatzzeiten (z.B. Kriegsdienst im 2. Weltkrieg, Kriegsgefangenschaft), die Ausfallzeiten (z.B. Krankheit und Arbeitslosigkeit über einen Monat, nach Vollendung des 16. Lebensjahres liegende weitere Schulausbildung oder eine abgeschlossene Fachschul- oder Hochschulausbildung, Schul- und Fachschulausbildung wird nur bis zu insgesamt vier Jahre, abgeschlossene Hochschulausbildung bis 5 Jahre angerechnet) und die Zurechnungszeit (Zeit vom Eintritt des Versicherungsfalles bis zur Vollendung des 55. Lebensjahres) von Bedeutung. Die Ausfallzeiten und die Zurechnungszeit werden nicht in allen Fällen angerechnet. Außerdem hängt die Rentenhöhe davon ab, wie hoch der Arbeitsverdienst (und damit die Beitragshöhe) des Versicherten während der Dauer seiner Berufstätigkeit war.

Eine Beitragserstattung des Arbeitnehmeranteils der geleisteten Beiträge kann verlangen, wer aus der Versicherungspflicht ausscheidet und nicht das Recht zur freiwilligen Weiterversicherung (60 Monatsbeiträge) hat.

*Beispiel:* Ein Ingenieur, der bisher unter 60 Monate im Angestelltenverhältnis tätig war, wird ins Beamtenverhältnis übernommen oder macht sich selbständig.

### d) Arbeitslosenversicherung

Rechtsgrundlage der Arbeitslosenversicherung ist das Arbeitsförderungsgesetz (AFG) vom 25.6.1969. Trägerin ist die Bundesanstalt für Arbeit. Sie gliedert sich in die Hauptstelle (Sitz Nürnberg), die Landesarbeitsämter und die Arbeitsämter.

---

[1]) Z.B. Sonderdruck 29 „Die neue Berechnung der Rente“, zu beziehen durch Bundesversicherungsanstalt für Angestellte – Pressestelle – 1 Berlin 31, Ruhrstr. 2 (3,– DM).

Der Bundesanstalt obliegen die Berufsberatung, die Arbeitsvermittlung, die Förderung der beruflichen Bildung, die Arbeits- und Berufsförderung Behinderter, die Gewährung von Leistungen zur Erhaltung und Schaffung von Arbeitsplätzen und die Gewährung von Arbeitslosengeld. Die Bundesanstalt hat auch Arbeitsmarkt- und Berufsforschung zu betreiben. Im Auftrag des Bundes gewährt sie aus Steuermitteln die Arbeitslosenhilfe (Leistung an Arbeitslose, die keinen Anspruch auf versicherungsmäßiges Arbeitslosengeld haben [§ 3 AFG]).

Versicherungspflichtig (beitragspflichtig) sind gem. § 168 AFG allgemein alle Arbeitnehmer (Arbeiter, Angestellte und zur Berufsausbildung beschäftigte Personen). Wehr- und Ersatzdienstpflichtige sind beitragspflichtig (Beitrag zahlt der Bund) wenn sie vor Dienstantritt beschäftigt oder arbeitslos waren.

§ 169 AFG sieht etliche Fälle der Beitragsfreiheit vor; z.B. Vollendung des 63. Lebensjahres. Bezug von Erwerbsunfähigkeitsrente, starke Minderung der Leistungsfähigkeit, Besuch einer allgemeinbildenden Vollzeitschule, geringfügige Beschäftigung (nicht mehr als 20 Stunden in der Woche) unständige Beschäftigung.

Der Beitrag beträgt eigentlich 2 % des Bruttolohnes, höchstens von der Beitragsbemessungsgrenze der Rentenversicherung, wird aber z.Z. nur mit 1,7 % erhoben. Arbeitgeber und Arbeitnehmer zahlen je die Hälfte.

Die Hauptleistung der Arbeitslosenversicherung ist das Arbeitslosengeld. Anspruch darauf hat, wer arbeitslos[1]) ist, der Arbeitsvermittlung zur Verfügung steht[2]), die Anwartschaft erfüllt, sich beim Arbeitsamt arbeitslos gemeldet und Arbeitslosengeld beantragt hat (§ 100 AFG).

Die Höchstdauer des Bezuges von Arbeitslosengeld richtet sich nach der Dauer der versicherungspflichtigen Beschäftigung und beträgt
bei 26 Wochen Arbeit 78 Werktage (13 Wochen),
bei 39 Wochen Arbeit 120 Werktage (20 Wochen),
bei 52 Wochen Arbeit 156 Werktage (26 Wochen),
bei 78 Wochen Arbeit 234 Werktage (39 Wochen),
bei 104 Wochen Arbeit 312 Werktage (52 Wochen).

Bei Arbeitslosigkeit infolge eines inländischen Arbeitskampfes und in einigen anderen Fällen ruht der Anspruch auf Arbeitslosengeld (§§ 116 . . . 118 AFG).

In bestimmten Fällen wird das Arbeitslosengeld für vier Wochen gesperrt: Unberechtigte Ablehnung der Arbeitsaufnahme; unberechtigte Weigerung der Ausbildung, Fortbildung oder Umschulung; Aufgabe des Arbeitsplatzes ohne berechtigten Grund; Verhalten, das zur fristlosen Entlassung berechtigt; vorsätzlicher oder grob fahrlässiger Verlust der Arbeitsstelle. Die Sperrfrist läuft nur an Tagen, an denen der Arbeitslose sonst Arbeitslosengeld erhalten würde.

---

1) Arbeitslos ist, wer berufsmäßig in der Hauptsache als Arbeitnehmer tätig zu sein pflegt, aber vorübergehend nicht in einem Beschäftigungsverhältnis steht. Selbständige, Inhaber von Hausierscheinen usw. zählen nicht als Arbeitslose.

2) Der Arbeitsvermittlung steht zur Verfügung, wer ernstlich bereit und nach seinem Leistungsvermögen imstande sowie nicht durch sonstige Umstände gehindert ist, eine Beschäftigung unter den üblichen Bedingungen auszuüben.

Die Höhe des Arbeitslosengeldes hängt vom Verdienst (höchstens von der Beitragsbemessungsgrenze (Seite 158) ab und besteht aus dem Hauptbetrag und Familienzuschlägen von wöchentlich 12,–DM für jeden Angehörigen.

**Beispiele für wöchentliches Arbeitslosengeld**

| Bruttolohn (wöchentlich) | Hauptbetrag | Höchstbetrag (einschl. Familienzuschlag) |
|---|---|---|
| 97,50 bis 102,49 DM | 51,– DM | 70,80 DM |
| 147,50 bis 152,49 DM | 72,– DM | 106,20 DM |
| 197,50 bis 202,49 DM | 93,60 DM | 134,40 DM |
| 247,50 bis 252,49 DM | 114,60 DM | 162,60 DM |
| 297,50 bis 302,49 DM | 134,40 DM | 191,40 DM |
| 347,50 bis 352,49 DM | 153,– DM | 219,60 DM |
| 397,50 bis 402,49 DM | 169,80 DM | 248,40 DM |

Der Hauptbetrag der Arbeitslosenhilfe ist ca. 16 % niedriger als der des Arbeitslosengeldes, der des Unterhaltsgeldes ca. 30 bis 40 % höher (Familienzuschlag beim Unterhaltsgeld 14,40 DM wöchentlich).

Weitere Leistungen sind z.B. Kranken- und Unfallversicherung der Arbeitslosen, Leistungen zur Erhaltung und Schaffung von Arbeitsplätzen (z.B. Kurzarbeitergeld, Förderung der ganzjährigen Beschäftigung in der Bauwirtschaft, Schlechtwettergeld für Bauarbeiter), individuelle und institutionelle Förderung der beruflichen Bildung, Förderung der Arbeitsaufnahme (z.B. Zuschuß zu Bewerbungskosten).

### e) Gesetzliche Unfallversicherung

Rechtsgrundlage der gesetzlichen Unfallversicherung ist das 3. Buch der RVO.

Versicherungsträger sind die gewerblichen und landwirtschaftlichen Berufsgenossenschaften, z.B. die Berufsgenossenschaft der Feinmechanik und Elektronik, die See-Berufsgenossenschaft, Bund und Länder, Großstädte über 500 000 Einwohner, Gemeindeunfallversicherungsverbände, die Bundesanstalt für Arbeit (für die Unfallversicherung der Arbeitslosen) und die Feuerwehr-Unfallversicherungskassen (in einigen Teilen des Bundesgebietes für die freiwilligen Feuerwehren).

Versichert sind alle Arbeitnehmer, auch wenn sie nur vorübergehende Dienste leisten, außerdem aber auch Teilnehmer einer fachlichen Schulausbildung, sonstige Schüler, Studierende, Kinder in Kindergärten, Lebensretter, Blutspender, Personen, die bei öffentlich geförderten und steuerbegünstigten Bauvorhaben im Rahmen der Selbsthilfe tätig sind, Angehörige des Roten Kreuzes u.a. (§ 539 RVO).

Die Mittel für die Aufgaben der Versicherung werden im Umlageverfahren nach Lohnsumme und Gefahrenklasse nur von den Arbeitgebern aufgebracht. Die Unfallversicherung gewährt Versicherungsschutz bei Körperschaden durch Arbeitsunfälle (auch auf dem Weg von und zur Arbeit) und durch bestimmte Berufskrankheiten.

Die Aufgaben der Berufsgenossenschaften sind Unfallverhütung, Unfallheilverfahren, Berufsfürsorge (z.B. Umschulung) und Geldleistungen.

Die Unfallverhütung, nämlich technischer Unfallschutz und psychologische Unfallverhütung (Einwirkung auf die Versicherten), ist die vornehmste Aufgabe der Berufsgenossenschaften.

Jeder Unfallverletzte muß einem Durchgangsarzt (meist Facharzt für Chirurgie) zugeführt werden. Schwerverletzte werden in gut ausgestatteten Krankenhäusern behandelt.

Die Berufsfürsorge (Berufshilfe) der Berufsgenossenschaft bemüht sich um die Wiedereingliederung des Verletzten in das Wirtschaftsleben, z.B. durch Umschulung, Bezahlung eines Fachschulbesuches, Beratung usw.

Geldleistungen bestehen hauptsächlich aus Renten. Verletztenrenten werden gewährt, wenn eine Dauerschädigung mit mindestens 20 % Erwerbsminderung vorliegt. Bei Unfalltod erhalten die Hinterbliebenen (Witwe, Waisen) Sterbegeld und Hinterbliebenenrente.

Die Unfallversicherung leistet auch, wenn der Verletzte durch Fahrlässigkeit den Unfall selbst verschuldete. Sie leistet natürlich nicht, wenn der Verletzte bzw. Getötete sich nachweislich vorsätzlich den Schaden zufügte (z.B. bei nachgewiesenem Selbstmord).

## J. Steuern[1])

### 1. Allgemeines Steuerrecht

#### a) Wesen und Zweck der Steuern

Zur Erfüllung ihrer vielgestaltigen Aufgaben benötigen die öffentlichrechtlichen Gemeinwesen (Bund, Länder, Gemeinden) Geldmittel (s. Bild 5). Diese Geldmittel werden hauptsächlich durch *Steuern* sowie durch Verwaltungseinnahmen in Form von Gebühren und Beiträgen beschafft. Andere Einnahmen dieser Gemeinwesen, wie Erträge aus Kapital- oder Grundvermögen, Erwerbseinkünfte aus wirtschaftlichen Unternehmen, aus Darlehen und Anleihen sind unerheblich. Bild 5.

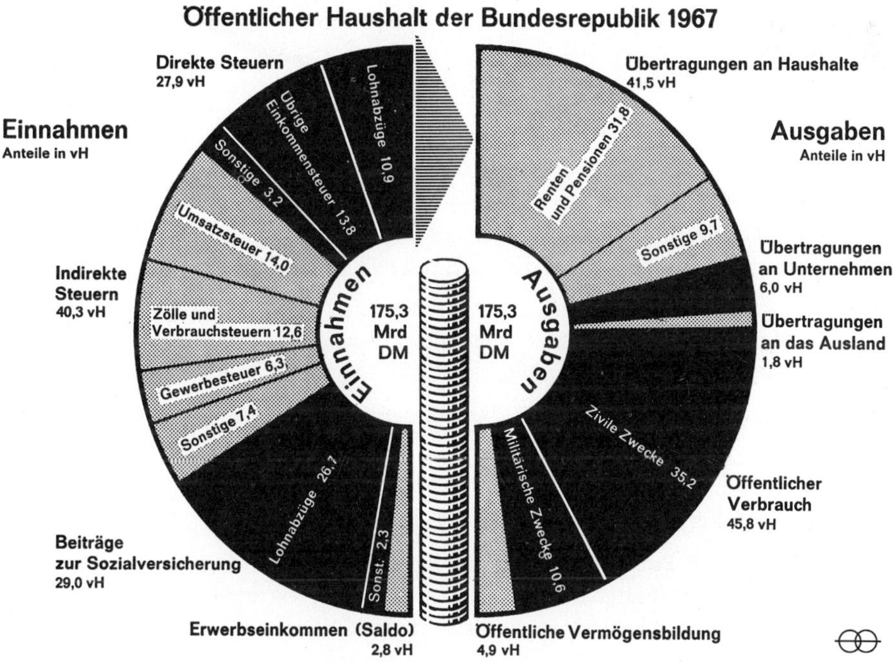


Bild 5. Öffentlicher Haushalt der Bundesrepublik

Die Steuern sind die wichtigste Einnahmequelle der öffentlichen Verwaltung. Ohne Steuereinnahmen kann kaum ein Staat bestehen. § 1 der Reichsabgabenordnung (AO), des wichtigsten deutschen Steuergrundgesetzes, erklärt den Begriff „Steuern“

1) Für 1974 wird eine Steuerreform erwartet.

wie folgt: „Steuern sind einmalige oder laufende Geldleistungen, die nicht eine Gegenleistung für eine besondere Leistung darstellen und von einem öffentlich-rechtlichen Gemeinwesen allen auferlegt werden, bei denen der Tatbestand zutrifft, an den das Gesetz die Leistungspflicht knüpft. Zölle fallen darunter; nicht darunter fallen Gebühren für besondere Inanspruchnahme der Verwaltung und Beiträge (Vorzugslasten)".

*Gebühren* sind besondere Entgelte für eine von privater Seite beanspruchte öffentliche Leistung der Verwaltung oder Rechtspflege, z.B. Rechtsmittelgebühren, Gerichtskosten, Benutzungsgebühren, Straßenreinigungskosten u.a.

*Beiträge* – auch Vorzugslasten genannt – sind Zahlungen zur anteilmäßigen Kostendeckung für die Herstellung und Unterhaltung öffentlicher Einrichtungen. Die Einrichtungen sind zwar im öffentlichen Interesse notwendig, aber einzelne haben dadurch besondere Vorzüge und werden deshalb zur Kostendeckung mit herangezogen. Solche Beiträge sind z.B. Straßenanliegerbeiträge, Kanalisationsbeiträge, Flurbereinigungskosten, Schulgeld u.a.

### b) Einteilung der Steuern

Allgemein gebräuchlich ist die Einteilung der Steuern in direkte und indirekte Steuern.

*Direkte Steuern* sind solche, die vom Steuerzahler getragen werden und nicht abgewälzt werden können. Hierzu gehören die Personensteuern und die Realsteuern (Einkommen-, Vermögen-, Gewerbe-, Grundsteuer usw.).

*Indirekte Steuern* sind Steuern, die in der Regel auf eine andere Person abgewälzt werden. Hierzu gehören die Umsatzsteuer (Mehrwertsteuer) und alle Verkehrs- und Verbrauchssteuern, ebenso die Zölle.

Die Reichsabgabenordnung teilt die Steuern ein in

1. Bundes-, Landes- und Gemeindesteuern (je nachdem, zu wessen Gunsten die Steuern erhoben werden)
2. Besitz- und Verkehrssteuern, Verbrauchssteuern und Zölle.

*Besitzsteuern* sind: Einkommensteuer, Körperschaftsteuer, Erbschaftsteuer[1]), Vermögensteuer, Gewerbesteuer und die Grundsteuer. Die beiden letztgenannten Steuern bezeichnet man auch als Sachsteuern bzw. Realsteuern, weil sie lediglich an das Vorhandensein einer bestimmten Sache anknüpfen, ohne Rücksicht auf die Person, die Eigentümer oder Inhaber einer Sache ist. Weil die zuerst genannten Steuern an die Leistungsfähigkeit bestimmter natürlicher oder juristischer Personen anknüpfen, spricht man bei diesen auch von Personensteuern.

---

[1]) Die Erbschaftsteuer kann man, je nach der Betrachtungsweise, sowohl unter die Besitzsteuern als auch unter die Verkehrssteuern eingruppieren.

*Verkehrsteuern* sind: Umsatzsteuer (Mehrwertsteuer), Grunderwerbsteuer, Kapitalverkehrsteuer, Beförderungsteuer, Kraftfahrzeugsteuer, Wechselsteuer, Erbschaftsteuer u.a. Sie erfassen Vorgänge des volkswirtschaftlichen Verkehrs mit Gütern und Leistungen.

*Verbrauchsteuern* sind: Kaffee-, Tabak-, Zucker-, Salz-, Bier-, Spielkarten-, Zündwaren-, Leuchtmittel-, Branntweinsteuer u.a. Sie belasten die einzelnen Verbrauchsgüter ohne Rücksicht auf die Leistungsfähigkeit des Verbrauchers.

### c) Steuerverwaltung

*Finanzämter und Hauptzollämter*

Die untersten Behörden, mit denen die Steuerpflichtigen zu tun haben, sind Finanzämter und Hauptzollämter.

Die Finanzämter sind die örtlichen Landesbehörden für Besitz- und Verkehrsteuern, die den Ländern ganz oder teilweise zufließen. Auch die Umsatzsteuer und Beförderungsteuer werden als Bundessteuern von ihnen für ihren Bezirk verwaltet. Zuständig für die Besteuerung nach dem Einkommen und Vermögen ist das Finanzamt, in dessen Bezirk der Steuerpflichtige seinen Wohnsitz hat.

Die Kommunalsteuern (z.B. Gewerbesteuer, Grundsteuer, Hundesteuer, Getränkesteuer) werden von den Stadt- und Gemeindesteuerämtern verwaltet.

*Hauptzollämter* sind die örtlichen Bundesbehörden für die Erhebung der Zölle und Verbrauchsteuern.

*Oberfinanzdirektionen und Finanzgerichte*

Die *Oberfinanzdirektionen* sind Mittelbehörden für Bund und Länder. Ihnen obliegt die Leitung der Finanzverwaltung des Bundes und des Landes für ihren Bezirk. Sie beaufsichtigen die ihnen untergeordneten Finanz- und Zollämter und überwachen die Gleichmäßigkeit der Gesetzesanwendung. Den Oberfinanzdirektionen sind die *Finanzgerichte* als Bundesbehörden angegliedert. Sie entscheiden nur über Rechtsfragen der Besteuerung, nicht über Strafsachen.

*Landesfinanzministerium*

Den Landesfinanzministern – in Berlin, Hamburg und Bremen den Finanzsenatoren – unterstehen alle Finanzbehörden der Länder.

*Bundesfinanzministerium und Bundesfinanzhof*

Dem *Bundesfinanzminister* obliegt die oberste Verwaltung der Finanzbehörden des Bundes. Die oberste Gerichtsbehörde in Steuersachen ist der *Bundesfinanzhof* (BFH) mit seinem Sitz in München.

### d) Steuerverfahren

*Veranlagungsverfahren*

Das Finanzamt fordert in der Regel den Steuerpflichtigen zur Abgabe einer *Steuererklärung* (vorgeschriebener amtlicher Vordruck, z.B. Einkommensteuererklärung) auf. In den einzelnen Steuergesetzen ist bestimmt, wer eine Steuererklärung abzugeben hat. Die Zusendung eines Erklärungsvordrucks gilt als Aufforderung zur Abgabe. Außerdem ist jeder zur Abgabe einer Steuererklärung verpflichtet, der dazu vom Finanzamt durch öffentliche Bekanntmachung aufgefordert wird.

Auf Grund der eingereichten Steuererklärung ermittelt das Finanzamt die Höhe der zu zahlenden Steuer. Das Verfahren, das mit der Festsetzung einer Steuer oder Freistellung endet, nennt man *Veranlagung.* Durch einen *Steuerbescheid* wird dem Steuerpflichtigen die Höhe der Steuerschuld und die Art der Errechnung bekanntgegeben. Ferner enthält der Steuerbescheid eine Rechtsmittelbelehrung, die Zahlungsaufforderung,die Zahlungstermine und eine Mitteilung der Punkte, in denen von der Erklärung abgewichen ist.

Zahlungen von Steuern können gestundet werden, wenn ihre Einziehung mit erheblichen Härten für den Steuerpflichtigen verbunden ist und der Anspruch durch die Stundung nicht gefährdet wird.

*Abzugsverfahren*

Bei Lohn- und Gehaltsbezügen, bei Kapitalerträgen und zum Teil bei Aufsichtsratsvergütungen bekommen die Empfänger nur die Nettobeträge ausbezahlt, nachdem die Steuern (und andere Abzüge) vorher abgezogen wurden. Die einbehaltenen Steuerabzüge müssen vom Unternehmer an das Finanzamt abgeführt werden.

### e) Rechtsmittel

In Steuersachen sind die *Finanzgerichte* und der *Bundesfinanzhof* zuständig. Voraussetzung für die Klage vor den Finanzgerichten ist allgemein ein negativer Ausgang des *Einspruch-* oder *Beschwerdeverfahrens* bei der Finanzverwaltung.
Die außergerichtlichen Rechtsbehelfe sind in folgenden Fällen zulässig (vgl. §§ 229, 230 AO):

1. Der *Einspruch* gegen einen Steuerbescheid des Finanzamtes; z.B. Einkommensteuer-, Steuermeß-, Feststellungs-, Erstattungs-, Kostenbescheid usw.

2. Die *Beschwerde* gegen Verfügungen der Finanzverwaltung, wenn es sich nicht um Steuerbescheide handelt. In Frage kommen z.B. Fälle der Festsetzung von Vorauszahlungen oder der Ablehnung von Stundungsanträgen.

Zuständig für Einspruch und Beschwerde (schriftlich oder mündlich) ist die Behörde, deren Verfügung angefochten oder deren Erlaß begehrt wird. Die Rechtsmittelfrist beträgt einen Monat nach Bekanntgabe der Verfügung.

Als gerichtliche Rechtsbehelfe (vgl. §§ 40 ff FGO) kommen in Frage:

1. Die *Klage* beim Finanzgericht, wenn auf Grund des Einspruchs oder der Beschwerde keine Entscheidung zu Gunsten des Steuerpflichtigen getroffen wurde.
2. Die *Revision* beim Bundesfinanzhof gegen Urteile eines Finanzgerichts.

### f) Steuerstrafrecht

Bei Strafverfahren wegen Steuervergehen sind die ordentlichen Gerichte zuständig. Durch ein Strafverfahren werden gerichtlich u.a. verfolgt:

1. Steuerhinterziehung und Beihilfe dazu;
2. Steuerhehlerei;
3. Steuerzeichenfälschung.

Steuerhinterziehung begeht, wer zum eigenen Vorteil oder zum Vorteil eines anderen nicht gerechtfertigte Steuervorteile erschleicht oder vorsätzlich bewirkt, so daß Steuereinnahmen verkürzt werden.

*Beispiele:* Abgabe falscher Steuererklärungen, falsche Angaben über Familienverhältnisse, Täuschung des Buch- und Betriebsprüfers.

*Steuerhehlerei* begeht, wer seines Vorteils wegen Erzeugnisse oder Waren kauft oder sonst an sich bringt, verheimlicht oder absetzt, von denen er weiß oder annehmen muß, daß Verbrauchsteuern oder Zoll für sie hinterzogen worden sind.

*Beispiel:* Verkauf von Waren, bei denen schon ein anderer Zoll oder Verbrauchsteuer hinterzogen hat, z.B. Handel mit geschmuggelten Zigaretten.

*Steuerzeichenfälschung* begeht, wer Steuerzeichen in der Absicht, daß sie als echte verwendet werden, fälschlich anfertigt oder verfälscht oder wer sich falsche Zeichen verschafft, wer vorsätzlich falsche Zeichen als echte verwendet, anbietet oder in den Verkehr bringt.

*Beispiel:* Fälschung von Tabaksteuerzeichen (Banderolen) oder Wechselsteuermarken.

Die leichteren Steuervergehen (Ordnungswidrigkeiten) werden vom Finanzamt im Bußgeldverfahren geahndet. Eine solche Ordnungswidrigkeit ist u.a. die *Steuergefährdung.* Sie liegt vor bei vorsätzlicher oder leichtfertiger Ausstellung unrichtiger Belege oder bei unrichtiger Verbuchung von Geschäftsvorfällen.

## 2. Steuerarten

### a) Einkommensteuer

**Rechtsgrundlage**

Die Einkommensteuer ist die wichtigste Personensteuer, der alle natürlichen Personen unterliegen. Sie wird im Wege der Veranlagung nach den Vorschriften des Einkommensteuergesetzes (EStG) erhoben.

**Einkommen**

Grundlage für die Besteuerung ist das Einkommen, das der Steuerpflichtige innerhalb eines Kalenderjahres bezogen hat. Einkommen ist der Gesamtbetrag der Einkünfte aus den in § 2 Abs. 3 EStG bezeichneten sieben Einkunftsarten nach Ausgleich mit Verlusten, die sich aus einzelnen Einkunftsarten ergeben, und nach Abzug der Sonderausgaben.

*Einkunftsarten*

Nur folgende Einkunftsarten unterliegen der Einkommensteuer:

1. *Einkünfte aus Land- und Forstwirtschaft,* z.B. aus Weinbau, Gartenbau, Obstbau, Tierzucht, Fischzucht, Teichwirtschaft u.a.
2. *Einkünfte aus Gewerbebetrieb,* z.B. Gewinne aus gewerblichen Unternehmen jeder Art, Gewinnanteile der Gesellschafter von Personengesellschaften, Gewinne aus der Veräußerung des Betriebs
3. *Einkünfte aus selbständiger Arbeit,* z.B. aus freien Berufen als Arzt, Anwalt, Architekt, Schriftsteller, Steuerberater
4. *Einkünfte aus nichtselbständiger Arbeit,* z.B. Gehälter, Löhne, Gratifikationen, Sachbezüge wie freie Wohnung
5. *Einkünfte aus Kapitalvermögen,* z.B. Zinsen aus Kapitalforderungen jeder Art, wie Hypotheken, Bankguthaben, aus festverzinslichen Wertpapieren, Dividenden aus Aktien
6. *Einkünfte aus Vermietung und Verpachtung,* z.B. aus Gebäuden und Grundstücken, Schiffen u.a. mehr. Wie Einkünfte aus Vermietung wird auch der Nutzwert der Wohnung im eigenen Haus oder des eigenen Einfamilienhauses behandelt
7. *Sonstige Einkünfte im Sinne des § 22 EStG,* z.B. wiederkehrende Bezüge wie Renten; Spekulationsgewinne (Freigrenze 1000,–DM).

*Steuerfreie Einkünfte* sind: Einnahmen aus sozialen und anderen Gründen, z.B. Bezüge aus der Krankenversicherung, der gesetzlichen Unfallversicherung, der öffentlichen Fürsorge, Arbeitslosengeld sowie Versorgungsbezüge der Kriegsbeschädigten und Hinterbliebenen.

*Ermittlung der Einkünfte aus Land- und Forstwirtschaft, Gewerbebetrieb und selbständiger Arbeit*

Bei der Ermittlung der Einkünfte aus Land- und Forstwirtschaft, Gewerbebetrieb und selbständiger Arbeit bildet der Gewinn die Grundlage der Einkommenbesteuerung (§§ 4 bis 7 e EStG).

Es gibt drei Arten der Gewinnermittlung:

1. Das Betriebsvermögen (Kapital) am Anfang des Wirtschaftsjahres wird mit dem Betriebsvermögen am Ende des Wirtschaftsjahres verglichen, wobei die Privatentnahmen zum Unterschiedsbetrag hinzuzurechnen und die Einlagen abzuziehen sind (§ 4 Abs. 1 EStG). Der Wert des Grund und Bodens, der zum Anlagevermögen gehört, bleibt dabei unberücksichtigt.

| *Beispiel:* | DM | DM |
|---|---|---|
| Betriebsvermögen 1971 | 110 000 | 110 000 |
| Betriebsvermögen 1970 | 90 000 | 120 000 |
| Unterschiedbsbetrag | (+) 20 000 | (-) 10 000 |
| + Privatentnahmen | 4 000 | 14 000 |
| | 24 000 | 4 000 |
| - Einlagen | 5 000 | 1 000 |
| Steuerpflichtiger Gewinn | 19 000 | 3 000 |

2. Der Gewinn wird als Überschuß der Betriebseinnahmen über die Betriebsausgaben angesetzt (§ 4 Abs. 3 EStG).

*Beispiel:*
Der Obst- und Gemüse-Einzelhändler A. hat im Kalenderjahr folgende Einnahmen und Ausgaben aufgezeichnet:

| | | |
|---|---|---|
| Einnahmen laut Ladenkasse | | 43 607 DM |
| Eigenverbrauch an Obst und Gemüse | + | 190 DM |
| Betriebseinnahmen | | 43 797 DM |
| Betriebsausgaben (Einkauf von Obst und Gemüse, Ladenmiete, Gewerbesteuer, sonstige Kosten, wie Licht, Heizung usw.). | | 36 426 DM |
| Überschuß der Betriebseinnahmen über die Betriebsausgaben (Gewinn) | | 7 371 DM |

3. Als Gewinn wird nach § 5 EStG das Ergebnis des Jahresabschlusses der Buchführung, d.h. der Bilanz und der Gewinn- und Verlustrechnung zugrunde gelegt.

Alle Gewerbetreibenden, die auf Grund gesetzlicher Vorschriften verpflichtet sind, Bücher zu führen und regelmäßige Abschlüsse zu machen, oder die ohne eine solche Verpflichtung Bücher führen und regelmäßige Abschlüsse machen, müssen den Gewinn nach der zuletzt genannten Methode ermitteln.

Um eine gleichmäßige Besteuerung der Steuerpflichtigen zu gewährleisten, sind im § 6 des EStG besondere Bewertungsgrundsätze aufgestellt, da für die Ermittlung des „richtigen“ Gewinns die Bewertung der Vermögensteile und Abschreibungen entscheidend ist (s. J.4).

*Ermittlung der Einkünfte aus nichtselbständiger Arbeit, Kapitalvermögen, Vermietung usw.*

Bei den Einkünften aus nichtselbständiger Arbeit, aus Kapitalvermögen, Vermietung und Verpachtung und sonstigen Einkünften ist der Überschuß der Einnahmen über die Werbungskosten als Einkünfte anzusetzen.

*Werbungskosten* (vgl. § 9 EStG) sind Aufwendungen zur Erwerbung, Sicherung und Erhaltung der Einnahmen. Sie sind bei der Einkunftsart abzuziehen, bei der sie erwachsen sind.

So können z.B. bei den Einkünften aus Vermietung und Verpachtung abgezogen werden: Gezahlte Zinsen, Grundsteuer, Absetzung für Abnutzung, Ausgaben für Reparaturen, Gebühren für Müllabfuhr, Beiträge zu den Hausversicherungen usw. Bei den Einkünften aus nichtselbständiger Arbeit (Lohn und Gehalt) können als Werbungskosten u.a. abgezogen werden: Beiträge zu Berufsständen, Berufsverbänden, z.B. für Gewerkschaft, Aufwendungen für Fahrten zwischen Wohnung und Arbeitsstätte mit öffentlichem Verkehrsmittel oder mit eigenem Kraftfahrzeug, Aufwendungen für Arbeitsmittel, z.B. Werkzeuge, typische Berufskleidung, Fachliteratur usw., Fortbildungskosten (nicht dagegen Ausbildungskosten).

Wenn der Steuerpflichtige nicht höhere Werbungskosten nachweist, kann er mindestens folgende Pauschbeträge jährlich abziehen:

| | |
|---|---|
| Bei Einkünften aus nichtselbständiger Arbeit | 564 DM [1]) |
| Bei Einkünften aus Kapitalvermögen | 150 DM |
| Bei zusammen veranlagten Ehegatten | 300 DM |
| Bei wiederkehrenden Bezügen im Sinne des § 22 Ziff. 1 EStG, z.B. bei Leibrenten, ein Betrag von | 200 DM |

Die Pauschbeträge dürfen nicht höher sein als die Einnahmen aus der jeweiligen Einkunftsart.

**Ermittlung des Einkommens**

Der Gesamtbetrag aller Einkünfte nach Ausgleich mit Verlusten, die sich aus den einzelnen Einkunftsarten ergeben, und nach Abzug der Sonderausgaben (vgl. § 10 bis 10d EStG) ergibt das Einkommen im Sinne des EStG.

Als *Sonderausgaben* faßt das EStG eine Reihe von Aufwendungen zusammen, die weder Betriebsausgaben noch Werbungskosten sind.

Zu den Sonderausgaben gehören:

1. Schuldzinsen, Renten und Dauerlasten, soweit sie nicht mit Einkünften in wirtschaftlichem Zusammenhang stehen, die bei der Veranlagung außer Betracht bleiben.
2. Beiträge und Versicherungsprämien zu Kranken-, Unfall- und Haftpflichtversicherungen, zu den gesetzlichen Rentenversicherungen, der Arbeitslosenversicherung, zur Versicherung auf den Lebens- oder Todesfall und zu Witwen-, Waisen-, Versorgungs- und Sterbekassen.
3. Beiträge an Bausparkassen zur Erlangung von Baudarlehen (falls keine Wohnungsbauprämie beansprucht wird).

---

1) Dieser Betrag ist in der Lohnsteuertabelle berücksichtigt.

4. Kirchensteuer. Abzugsfähig sind die tatsächlich gezahlten Beträge.
5. Vermögensteuer. Abzugsfähig sind die tatsächlich gezahlten Beträge.
6. Ausgaben zur Förderung mildtätiger, kirchlicher, religiöser, wissenschaftlicher und staatspolitischer Zwecke.
7. Berufsausbildungskosten des Steuerpflichtigen oder seines Ehegatten bis 900 DM (bei auswärtiger Unterbringung bis 1 200 DM) im Jahr.

Ebenso wie die Sonderausgaben können Steuerpflichtige mit ordnungsmäßiger Buchführung auch die Verluste der vorangegangenen fünf Wirtschaftsjahre aus Land- und Forstwirtschaft, aus Gewerbebetrieb und aus selbständiger Arbeit vom Gesamtbetrag der Einkünfte abziehen, soweit sie noch nicht ausgeglichen oder abgezogen sind.

Die Beiträge zu Versicherungen und Bausparkassenbeiträge sind im Rahmen folgender *Höchstbeträge* beschränkt abzugsfähig:

| | | |
|---|---|---|
| Für den Steuerpflichtigen selbst | | 1 100 DM |
| Im Fall der Zusammenveranlagung der Ehegatten | | 2 200 DM |
| Für jedes Kind, für das dem Haushaltsvorstand ein Kinderfreibetrag zusteht | je | 500 DM |

Im Fall der getrennten Veranlagung steht jedem Ehegatten ein Höchstbetrag von 1100,–DM zu. Den doppelten Höchstbetrag erhalten Steuerpflichtige, die selbst oder, im Fall der Zusammenveranlagung, auch deren Ehegatte vor Beginn des Veranlagungsjahres das 49. Lebensjahr vollendet haben.

Beträge, die über den Höchstsatz hinaus geleistet sind, können noch mit der Hälfte des überschießenden Betrages, jedoch höchstens mit der Hälfte obiger Höchstbeträge festgesetzt werden.

In bestimmten Fällen ist der Höchstbetrag durch den „Vorweg-Abzug" noch höher (vgl. § 10 Abs. 3 Ziff. 3 d EStG).

Werden Sonderausgaben nicht im einzelnen nachgewiesen, dann werden mindestens folgende *Pauschbeträge* abgesetzt:

| | |
|---|---|
| Wenn der Steuerpflichtige Einnahmen aus nichtselbständiger Arbeit oder aus wiederkehrenden Bezügen versteuert | 936 DM |
| Bei Leibrenten und anderen wiederkehrenden Bezügen | 636 DM |
| In allen anderen Fällen | 200 DM |

**Steuerermäßigung für außergewöhnliche Belastungen (§ 33 EStG)**

Erwachsen einem Steuerpflichtigen zwangsläufig größere Aufwendungen als der überwiegenden Mehrzahl der Steuerpflichtigen gleicher Einkommensverhältnisse, gleicher Vermögensverhältnisse und gleichen Familienstandes (außergewöhnliche Belastung), so wird auf Antrag die Einkommensteuer dadurch ermäßigt, daß der Teil der Aufwendungen, der die dem Steuerpflichtigen zumutbare Eigenbelastung übersteigt, vom Einkommen abgezogen wird. Die Höhe der zumutbaren Eigenbelastung ist nach der Höhe des Einkommens und nach dem Familienstand in Prozentsätzen (bis 7 %) vom Einkommen gestaffelt.

*Beispiele:* Belastungen durch besonders hohe Krankheitskosten, Unglücksfall, Körperbehinderung, Unterstützung mittelloser Angehöriger.

Für besondere Fälle außergewöhnlicher Belastung können Pauschbeträge ohne Kürzung um zumutbare Eigenbelastung vom Einkommen abgezogen werden, z.B.:

1. 1200 DM für Aufwendungen für den Unterhalt und eine etwaige Berufsausbildung von Personen, für die der Steuerpflichtige keinen Kinderfreibetrag erhält; für die auswärtige Unterbringung solcher Personen erhöht sich der Betrag von 1200 DM um weitere 1200 DM.
2. 1200 DM für ein Kind, für das bereits ein Kinderfreibetrag gewährt wird, wenn für auswärtige Unterbringung zusätzliche Aufwendungen erwachsen.
3. 1200 DM unter bestimmten Voraussetzungen für die Beschäftigung einer Hausgehilfin; 600 DM für Haushaltshilfe stundenweise.
4. 420 DM bis 1920 DM für Körperbehinderte, gestaffelt je nach dem Grad der Minderung der Erwerbsfähigkeit.

Nicht abzugsfähige Ausgaben sind die Kosten der Lebenshaltung.

### Veranlagung

Die Einkommensteuer wird nach Ablauf des Kalenderjahres nach dem Einkommen veranlagt, das der Steuerpflichtige in diesem Veranlagungszeitraum bezogen hat. Um die Veranlagung durchführen zu können, hat jeder Steuerpflichtige zu dem jährlich besonders bestimmten Zeitpunkt auf vorgeschriebenem Vordruck eine Einkommensteuererklärung dem zuständigen Finanzamt einzureichen.

Nach dem Einkommensteuergesetz gibt es vier Möglichkeiten der Veranlagung:

1. *Die Veranlagung von alleinstehenden Personen;*
2. *Die Zusammenveranlagung von Ehegatten* (§ 26b EStG). Die Ehegatten können zwischen getrennter Veranlagung und Zusammenveranlagung wählen. Geben die Ehegatten keine Erklärung über ihre Wahl ab, so wird unterstellt, daß sie Zusammenveranlagung wünschen. In diesem Fall werden die Einkünfte der Eheleute zusammengerechnet; dabei werden etwaige Verluste des einen Ehegatten mit den Einkünften des anderen Ehegatten ausgeglichen. Von dem Gesamtbetrag der Einkünfte werden die Sonderausgaben abgezogen. Für das nach der Verminderung um Kinderfreibeträge und sonstige tarifliche Freibeträge sich ergebende Einkommen ist die Einkommensteuer nach dem Splittingverfahren (Halbierungsverfahren) zu ermitteln. Es besteht darin, daß das zusammengerechnete Einkommen der Ehegatten halbiert, von dem halbierten Betrag die Einkommensteuer nach der Tabelle berechnet und der errechnete Steuerbetrag sodann verdoppelt wird.

   Nach dem Splittingverfahren werden also Ehegatten tariflich wie zwei Ledige behandelt, von denen jeder ein Einkommen in Höhe der Hälfte des gemeinsamen Einkommens beider Ehegatten bezogen hat.

3. *Die getrennte Veranlagung von Ehegatten.* Hierbei wird für jeden Ehegatten die Summe der Einkünfte ermittelt und danach die Steuer errechnet.

*Berechnung der Einkommensteuer*

Die Höhe der Steuer ergibt sich aus der Einkommensteuertabelle laut EStG. Vor Anwendung der Tabelle wird das Einkommen um die gesetzlich vorgesehenen Freibeträge und Steuerermäßigung für eventuell außergewöhnliche Belastung gemindert.

Man unterscheidet folgende Freibeträge:

1. Kinderfreibeträge für Kinder unter 18 Jahren: für das 1. Kind 1200 DM, für das 2. Kind 1680 DM und für jedes weitere Kind 1800 DM. Sie werden dem Steuerpflichtigen auf Antrag auch für Kinder bis zum noch nicht vollendeten 27.Lebensjahre gewährt (bei Berufsausbildung, Wehrdienst), ferner für Kinder, die wegen körperlicher oder geistiger Gebrechen dauernd erwerbsunfähig sind.
2. Für Alleinstehende über 50 Jahre ein Freibetrag von 840 DM jährlich (z.B. Ledige, Geschiedene usw.)
3. Für die sogenannte Halbfamilie ein Freibetrag von 1200 DM (z.B. für ledige Mutter mit Kind, Geschiedene mit Kind usw.)
4. Altersfreibetrag von 720 DM für den Steuerpflichtigen oder dessen Ehegatten, der das 65. Lebensjahr vollendet hat. Wenn beide Ehegatten 65 Jahre alt sind und zusammenveranlagt werden, erhöht sich der Altersfreibetrag auf 1440 DM.

*Beispiel:* Ein Handelsvertreter, 54 Jahre alt, verheiratet, hat einen Sohn von 16 Jahren (Lehrling), einen Sohn von 22 Jahren, der noch eine Fachschule besucht, und eine berufstätige Tochter von 27 Jahren. Im abgelaufenen Jahr betragen seine Einkünfte aus Gewerbebetrieb 24600 DM; aus Vermietung und Verpachtung (Mietwohnhaus) 4800 DM; An Sonderausgaben werden geltend gemacht 5950 DM. Diese können in voller Höhe abgezogen werden, da der Höchstbetrag von insgesamt 8400 DM nicht überschritten wird (Vorweg-Abzug 2000 DM, Steuerpflichtiger 2200 DM, Ehefrau 2200 DM, 22jähriger Sohn 1000 DM, 16jähriger Sohn 1000 DM).

| | |
|---|---|
| Einkünfte aus Gewerbebetrieb | 24 600 DM |
| Einkünfte aus Vermietung und Verpachtung | 4 800 DM |
| Gesamtbetrag der Einkünfte | 29 400 DM |
| -Sonderausgaben | 5 950 DM |
| Einkommen | 23 450 DM |
| -Kinderfreibeträge (1200 + 1680 DM) | 2 880 DM |
| Zu versteuernder Einkommensbetrag | 20 570 DM |
| halbierter Einkommensbetrag[1]) | 10 285 DM |
| davon Einkommensteuer lt. Tabelle[2]) | 1 669 DM |
| dieser Betrag verdoppelt (an das Finanzamt zu zahlende Steuer) | 3 338 DM |

1) Splittingverfahren

2) Von dem 1680 DM übersteigenden Betrag beträgt der Steuersatz bis 8000 DM 19 %, dann steigt der progressiv an (bis 53 %).

Zur veranlagten Einkommensteuer wird eine Ergänzungsabgabe in Höhe von 3 % der Einkommensteuerschuld erhoben, wenn bei zusammenveranlagten Eheleuten der zu versteuernde Einkommensbetrag 32040 DM, bei anderen Personen 16020 DM oder mehr beträgt (vgl. ErgAbgG).

*Entrichtung der Einkommensteuer*

Auf die durch die Veranlagung zu errechnende Steuerschuld sind grundsätzlich vierteljährliche Vorauszahlungen am 10. März, 10. Juni, 10. September und 10. Dezember zu leisten. Diese bemessen sich nach der Steuerschuld der letzten vorausgegangenen Veranlagung. Der Restbetrag, der sich bei Anrechnung der Vorauszahlungen auf die Steuerschuld ergibt, ist als Abschlußzahlung zu entrichten. Ein eventuell zuviel gezahlter Betrag wird aufgerechnet oder zurückgezahlt.

### b) Lohnsteuer

Die Lohnsteuer ist eine Unterart der Einkommensteuer. Deshalb ist das Einkommensteuergesetz auch für Lohn- und Gehaltsempfänger Rechtsgrundlage (vgl. §§ 38 bis 42a EStG).

*Steuerpflicht*

Alle Einkünfte, die dem Arbeitnehmer aus einem gegenwärtigen oder früheren Arbeitsverhältnis (nichtselbständiger Arbeit) zufließen, sind lohnsteuerpflichtig. Die Lohnsteuer wird vom Bruttolohn oder Bruttogehalt abgezogen, vom Arbeitgeber einbehalten und an das Finanzamt abgeführt. Dem Steuerabzug unterliegen alle laufenden und einmaligen Geld- oder Sachbezüge.

*Geldbezüge* sind z.B. Löhne, Gehälter, Provisionen, Gratifikationen, Tantiemen, Wartegelder, Ruhegelder usw. *Sachbezüge* sind z.B. freie Wohnung, freie Heizung, Kost.

Alle für die Berechnung der Lohnsteuer notwendigen Angaben enthält die Lohnsteuerkarte. Sie wird jedem Arbeitnehmer von der Gemeindebehörde des Wohnsitzes ausgestellt und zugesandt. Bei Beginn des Dienstverhältnisses oder des Kalenderjahres muß der Arbeitnehmer die Steuerkarte dem Arbeitgeber unverzüglich aushändigen. Bei Änderungen der Steuerklasse, nach Eheschließung und Geburt eines Kindes, muß der Arbeitnehmer die Lohnsteuerkarte bei der Gemeindebehörde abändern lassen. Hat ein Arbeitnehmer mehrere Dienstverhältnisse, so wird für jedes Dienstverhältnis eine besondere Lohnsteuerkarte ausgestellt.

*Steuerfreie Beträge*

Bei besonderen Verhältnissen wird auf Antrag des Steuerpflichtigen auf der Lohnsteuerkarte ein steuerfreier Betrag eingetragen für:

1. Werbungskosten, soweit sie jährlich den Pauschbetrag von 564 DM übersteigen.
2. Sonderausgaben, soweit sie den Pauschbetrag von 936 DM jährlich übersteigen.
3. Außergewöhnliche Belastung.

4. Alter (nach Vollendung des 65. Lebensjahres)
5. Verluste aus Vermietung und Verpachtung, die durch die Inanspruchnahme der erhöhten Abschreibung für neue Wohngebäude (§ 7 b EStG), z.B. Einfamilienhäuser, entstanden sind.

Bezüglich weiterer Einzelheiten sei auf den Abschnitt Einkommensteuer (2.a) verwiesen.

*Lohnsteuerberechnung*

Die Höhe der Lohnsteuer wird bei laufendem Arbeitslohn aus der Lohnsteuertabelle abgelesen. Dabei sind die Eintragungen auf der Lohnsteuerkarte maßgebend. In den Lohnsteuertabellen sind die Pauschbeträge für Werbungskosten und Sonderausgaben von insgesamt 1500 DM bereits berücksichtigt. Außerdem enthält die Lohnsteuertabelle sechs Steuerklassen, die die nach dem EStG jeweils in Frage kommenden Freibeträge berücksichtigen, z.B. für Kinder unter 18 Jahren, für Ledige, Geschiedene sowie dauernd getrennt lebende verheiratete Arbeitnehmer, die Kinderermäßigung erhalten oder das 50. Lebensjahr vollendet haben (s. 2.a).

Arbeitnehmer ohne Freibetrag in der Lohnsteuerkarte zahlen bis etwa zu folgendem Lohn (Gehalt) keine Lohnsteuer:

1. Ledige 1680 DM + 1500 (Werbungskosten, Sonderausgaben) + 240[1]) DM = 3420 DM jährlich = 285 DM monatlich
2. Verheiratete, wenn die Frau nicht mitarbeitet (sonst etwa wie Ledige) 1680 + 1680 + 1500 + 240[1]) DM = 5100 DM jährlich = 425 DM monatlich
3. Verheiratete mit einem Kind (Frau arbeitet nicht) = 1680 + 1680 + 1200 (1. Kind) + 1500 + 240[1]) = 6300 DM jährlich = 525 DM monatlich
4. Verheiratete mit zwei Kindern 1680 + 1680 + 1200 (1. Kind) + 1680 (2. Kind) + 1500 + 240[1]) = 7980 DM jährlich = 665 DM monatlich
5. Verheiratete mit drei Kindern 1680 + 1680 + 1200 (1. Kind) + 1680 (2. Kind) + 1800 (3. Kind) + 1500 + 240[1]) = 9780 DM jährlich = 815 DM monatlich.

Im Dezember sind 100 DM mehr steuerfrei. Vom übersteigenden Gehalt wird etwa 19 % Lohnsteuer (bei hohem Gehalt progressiv mehr) abgezogen.

*Lohnsteuerjahresausgleich*

Arbeitnehmern, die aus besonderen Gründen zuviel Lohnsteuer entrichtet haben, wird die Überzahlung durch den Lohnsteuerjahresausgleich erstattet. Dieser wird entweder vom Arbeitgeber oder auf Antrag vom Finanzamt durchgeführt. Anträge sind mittels Formblatt bis zum 30. April des folgenden Jahres beim Finanzamt einzureichen.

Überzahlungen an Lohnsteuer können vorliegen bei unständiger Beschäftigung (z.B. wenn der Lohnsteuerpflichtige sein Arbeitsverhältnis wegen Fachschulbesuch unterbricht), bei schwankendem Arbeitslohn, bei Eintragung, Änderung oder Aufhebung von Freibeträgen, bei Änderung des Personenstandes (z.B. bei Eheschließung), bei nachträglicher Geltendmachung von Werbungskosten, Sonderausgaben, außergewöhnlichen Belastungen oder Freibeträgen usw.

---

[1]) Arbeitnehmerfreibetrag in der Lohnsteuertabelle bereits berücksichtigt

### c) Kapitalertragssteuer

Der Steuerabzug vom Kapitalertrag, die Kapitalertragsteuer, ist keine selbständige Steuer, sondern, wie die Lohnsteuer, eine besondere Erhebungsform der Einkommensteuer.

Der Kapitalertragsteuer unterliegen Gewinnanteile (Dividenden), Zinsen, Ausbeuten und sonstige Bezüge aus Aktien, Kuxen, Genußscheinen, Anteilen an Gesellschaften mbH, an Erwerbs- und Wirtschaftsgenossenschaften sowie Einkünfte aus einem Handelsgewerbe als stiller Gesellschafter. Die Steuersätze betragen für Gewinnanteile, z.B. Dividenden und Einkünfte aus stiller Beteiligung 25 %, für Erträge aus Schuldverschreibungen und Obligationen 30 %.

Die Kapitalertragsteuer ist durch den Schuldner, d.h. die ausschüttende Gesellschaft, z.B. die AG, die GmbH, für den Empfänger der Ausschüttung („Gläubiger") einzubehalten und an das Finanzamt abzuführen. Bei der Veranlagung zur Einkommensteuer wird die entrichtete Kapitalertragsteuer auf die zu zahlende Einkommensteuer angerechnet.

### d) Körperschaftsteuer

*Steuerpflicht*

Natürliche Personen werden zur Einkommensteuer veranlagt. Juristische Personen, z.B. Kapitalgesellschaften, Erwerbs- und Wirtschaftsgenossenschaften, Versicherungsvereine auf Gegenseitigkeit, Betriebe gewerblicher Art von Körperschaften, unterliegen mit ihren Einkünften der Körperschaftsteuer (KSt).

*Befreiungen*

Befreiungen sind aus staatswirtschaftlichen und sozialen Gründen vorgesehen. Befreit sind: verschiedene Unternehmen der öffentlichen Hand, z.B. Bundespost, Bundesbahn, Bundesbank; Körperschaften, die kirchlichen, gemeinnützigen oder mildtätigen Zwecken dienen; rechtsfähige Pensions-, Witwen-, Waisen-, Sterbe-, Kranken- und Unterstützungskassen und Hilfskassen für Fälle der Not u.a.

*Einkommen der Körperschaften*

Dieses Einkommen ist nach den Vorschriften des Einkommensteuergesetzes zu ermitteln (s.a.). Grundlage für die Besteuerung ist das Einkommen, das die Körperschaft innerhalb eines Wirtschaftsjahres bezogen hat.

*Veranlagung und Steuersätze*

Der Steuerpflichtige hat, wie bei der Einkommensteuer, dem Finanzamt eine Steuererklärung auf amtlichem Vordruck einzureichen. Der Steuersatz ist unterschiedlich. Er beträgt bei Kapitalgesellschaften für den ausgeschütteten Gewinn

15 %, für den nicht ausgeschütteten Gewinn 51 %. Mit dieser unterschiedlichen Besteuerung soll erreicht werden, höhere Dividenden auszuschütten und die Selbstfinanzierung der Unternehmen zu erschweren. Bei personenbezogenen Kapitalgesellschaften gilt ein progressiver Steuersatz für den nicht ausgeschütteten Gewinn von 39 % bis 59 % für die ersten 50 000 DM des Einkommens, darüber hinaus ein Durchschnittssteuersatz von 49 %. Für ausgeschüttete Gewinne sind einheitlich 26,5 % zu zahlen.

Personenbezogen sind solche Kapitalgesellschaften, deren Anteile sich mindestens zu 76 % in der Hand natürlicher Personen befinden und deren Vermögen 5 Mill. DM nicht übersteigt bei weiteren Voraussetzungen.

Körperschaften, Personenvereinigungen und Vermögensmassen, die nicht zu den Kapitalgesellschaften gehören, z.B. Genossenschaften, Versicherungsvereine, nicht rechtsfähige Vereine, Anstalten, Stiftungen, zahlen einheitlich 49 % des Einkommens an Körperschaftsteuer.

Zur Körperschaftsteuer wird eine Ergänzungsabgabe in Höhe von 3 % der Körperschaftsteuerschuld erhoben (vgl. ErgAbgG).

### e) Vermögensteuer

*Steuerpflicht*

Nach dem Vermögensteuergesetz sind alle natürlichen Personen, die im Bundesgebiet ihren Wohnsitz oder gewöhnlichen Aufenthalt haben, und die juristischen Personen, die Geschäftsleitung oder Sitz im Bundesgebiet haben, unbeschränkt steuerpflichtig. Zu den juristischen Personen (Körperschaften) gehören hinsichtlich der Steuerpflicht beispielsweise Kapitalgesellschaften, Erwerbs- und Wirtschaftsgenossenschaften, Versicherungsvereine auf Gegenseitigkeit, nicht rechtsfähige Vereine, Anstalten und Stiftungen, Kreditanstalten des öffentlichen Rechts.

Steuerfrei sind die gleichen Institute wie bei der Körperschaftssteuer (s.d). Besteuert wird das Gesamtvermögen, das nach den Vorschriften des Bewertungsgesetzes zu ermitteln und zu bewerten ist.

*Freibeträge für natürliche Personen*

Folgende Beträge bleiben vermögensteuerfrei:

1. 20 000 DM für den Steuerpflichtigen selbst
2. 20 000 DM für die Ehefrau, wenn die Eheleute zusammenveranlagt werden
3. 20 000 DM für jedes Kind bis zur Vollendung des 18. Lebensjahres (bis zum 27. Lebensjahr, wenn es unterhalten und für einen Beruf ausgebildet wird)
4. Weitere 5 000 DM, wenn der Steuerpflichtige über 60 Jahre alt oder voraussichtlich für mindestens drei Jahre erwerbsunfähig ist. Das Gesamtvermögen darf aber in diesem Falle nicht mehr als 100 000 DM betragen. Sind beide Ehegatten über 60 Jahre alt, so verdoppeln sich diese Beträge.

Der Freibetrag in Höhe von 5 000 DM (lt. Ziff. 4) erhöht sich auf 25 000 DM, wenn

a) der Steuerpflichtige das 65. Lebensjahr vollendet hat oder voraussichtlich für mindestens drei Jahre erwerbsunfähig ist und
b) das Gesamtvermögen nicht mehr als 100 000 DM beträgt und
c) die Ansprüche des Steuerpflichtigen an Witwen-, Waisen- und Pensionskassen oder an die Sozialversicherung, Arbeitslosenversicherung, sonstige Kranken- und Unfallversicherung oder Rentenversicherung oder auf gesetzliche Versorgungsbezüge einen Jahreswert von 3 600 DM nicht übersteigen.

*Veranlagung und Steuersatz*

Die Hauptveranlagung erfolgt für drei Kalenderjahre. Ehegatten und ihre Kinder unter 18 Jahren werden grundsätzlich gemeinsam veranlagt (Haushaltbesteuerung).

Der Steuersatz beträgt jährlich 1 % des steuerpflichtigen Vermögens. Er beträgt jedoch nur 7,5‰, wenn das steuerpflichtige Vermögen den Betrag der Vermögensabgabeschuld nach dem Lastenausgleichsgesetz nicht übersteigt.

Bei Luxus- und Kunstgegenständen sowie bei Sammlungen gibt es bei zusammenveranlagten Ehegatten eine Freigrenze von 20 000 DM, bzw. 40 000 DM.

### f) Gewerbesteuer

Die Gewerbesteuer ist eine Gemeindesteuer. Belastet wird der Betrieb selbst, unabhängig davon, wer Inhaber ist. Sie wird deshalb auch als Objekt-, Sach- oder Realsteuer bezeichnet.

*Steuergegenstand*

Besteuert wird jeder stehende Gewerbebetrieb und auch das Wandergewerbe. Als Gewerbebetrieb gilt stets die Tätigkeit der Personen- bzw. Kapitalgesellschaften des Handelsrechts.

Die Ausübung eines freien Berufs unterliegt nicht der Gewerbesteuer.

*Steuerbefreiungen*

Von der Gewerbesteuer sind hauptsächlich die gleichen Unternehmen befreit, die auch von der Körperschaftsteuer befreit sind (s.d).

*Besteuerungsgrundlagen*

Grundlage der Besteuerung sind in der Regel Gewerbeertrag und Gewerbekapital sowie ausnahmsweise (mit Zustimmung der Landesregierung) die an die Arbeitnehmer gezahlte Lohnsumme.

*Gewerbeertrag* ist der nach den Vorschriften des Einkommen- oder Körperschaftsteuergesetzes ermittelte Gewinn aus Gewerbebetrieb (vgl. § 7 GewStG)

1. vermehrt um die Zurechnungen nach § 8 GewStG, z.B. Zinsen für Dauerschulden, Hälfte der Miet- und Pachtzinsen für gemietete Wirtschaftsgüter usw.
2. vermindert um die Kürzungen nach § 9 GewStG, z.B. 3 % des Einheitswertes des zum Betriebsvermögen des Unternehmens gehörenden Grundbesitzes.

*Gewerbekapital* ist der Einheitswert des gewerblichen Betriebs (vgl. § 12 GewStG) unter

1. Hinzurechnung bestimmter Beträge, z.B. Dauerschulden.
2. Kürzung von Einheitswerten, z.B. von Betriebsgrundstücken, und Teilwerten, z.B. Beteiligung an irgendeiner Personengesellschaft.

*Steuerberechnung*

Zur Steuerberechnung setzt das Finanzamt einen Steuermeßbetrag fest. Dieser wird durch Anwendung einer Steuermeßzahl auf den Gewerbeertrag (1 . . . 5 % bei natürlichen Personen und Personengesellschaften und 5 % bei juristischen Personen vom Gewerbeertrag) und einer Steuermeßzahl vom Gewerbekapital (2‰) ermittelt. Die beiden so ermittelten Meßbeträge werden zusammengerechnet, und dadurch wird ein einheitlicher Meßbetrag gebildet. Auf diesen Steuermeßbetrag wird der von der Gemeinde festgesetzte Hebesatz angewendet und dadurch die Gewerbesteuer errechnet.

Die ***Steuermeßzahlen für den Gewerbeertrag*** betragen bei natürlichen Personen und Personengesellschaften:

| | |
|---|---|
| für die ersten | 7 200 DM des Gewerbeertrags = 0 % (Steuerfrei) |
| für die nächsten | 2 400 DM des Gewerbeertrags = 1 % |
| für die nächsten | 2 400 DM des Gewerbeertrags = 2 % |
| für die nächsten | 2 400 DM des Gewerbeertrags = 3 % |
| für die nächsten | 2 400 DM des Gewerbeertrags = 4 % |
| für alle Beträge über | 16 800 DM des Gewerbeertrags = 5 % |

bei juristischen Personen immer 5 %

*Beispiel:*

| | |
|---|---|
| Gewerbeertrag | 11 400 DM |
| 0 % von 7 200 = 0 | |
| 1 % von 2 400 = 24 | |
| 9 600 | |
| 2 % von 1 800 = 36 | |
| 11 400 | |
| Steuermeßbetrag für Gewerbeertrag | 60 DM |
| Gewerbekapital | 90 000 DM |
| Steuermeßbetrag für Gewerbekapital (2‰ von 90 000 DM) | 180 DM |
| Einheitlicher Steuermeßbetrag | 240 DM |

Beträgt der Hebesatz 200 % des einheitlichen Steuermeßbetrages, sind an Gewerbesteuer 480 DM zu zahlen.

## g) Grundsteuer

Die Grundsteuer ist eine Gemeindesteuer. Ihr unterliegt der bebaute und unbebaute Grundbesitz. Besteuerungsgrundlage ist der nach den Vorschriften des Bewertungsgesetzes festgestellte *Einheitswert* des Grundstücks. Genau wie bei der

Gewerbesteuer wird vom Finanzamt ein Steuermeßbetrag (allgemein 10‰ des Einheitswertes) festgesetzt. Auf diesen Meßbetrag wenden die Gemeinden ihren Hebesatz (Hundertsatz des Meßbetrages) in ähnlicher Weise wie bei der Gewerbesteuer an. Von den Gemeinden wird jedem Steuerpflichtigen jährlich ein Grundsteuerbescheid erteilt. Steuerpflichtig ist der Eigentümer eines Grundstücks.

### h) Umsatzsteuer (Mehrwertsteuer)

Die Mehrwertsteuer (Umsatzsteuer) ist neben der Einkommensteuer die bedeutendste Abgabe im deutschen Steuersystem. Die Mehrwertsteuer ist eine allgemeine Verbrauchssteuer, bei der immer der Endverbraucher belastet wird.

*Steuerbare Umsätze (§ 1 UStG)*

1. Die Lieferungen und sonstigen Leistungen, die ein Unternehmer im Inland gegen Entgelt im Rahmen seines Unternehmens ausführt,
2. der Eigenverbrauch, d.h. Entnahme von Gegenständen aus dem eigenen Unternehmen für außerbetriebliche Zwecke,
3. die Einfuhr von Gegenständen in das Zollgebiet (Einfuhr-Umsatzsteuer).

*Steuerbefreiungen (§ 4 UStG)*

Von den steuerbaren Umsätzen sind u.a. folgende umsatzsteuerfrei:

1. Ausfuhrlieferungen, d.h. Lieferungen an einen ausländischen Abnehmer,
2. Lohnveredelungen und Leistungen für ausländische Auftraggeber,
3. Beförderung auf Wasserstraßen (Binnenschiffahrt),
4. Umsätze der Bundespost,
5. Umsätze im Geld- und Kapitalverkehr,
6. Umsätze, die anderen Verkehrssteuern unterliegen, z.B. der Grunderwerb-, der Versicherungs-, der Kapitalverkehrssteuer,
7. Umsätze aus der Tätigkeit als Bausparkassenvertreter, Versicherungsvertreter und Versichungsmakler,
8. Umsätze aus der Tätigkeit als Arzt, Zahnarzt, Heilpraktiker, Dentist, Krankengymnast, Hebamme oder aus einer ähnlichen heilberuflichen Tätigkeit,
9. Umsätze der gesetzlichen Sozialversicherung, der Krankenanstalten und Altersheime.

*Steuerberechnung*

Bemessungsgrundlage ist grundsätzlich das vereinbarte Entgelt (Soll-Besteuerung), bei der Einfuhr der Zollwert.

Die Steuer beträgt für jeden steuerpflichtigen Umsatz 11 Prozent der Bemessungsgrundlage.

Die Steuer ermäßigt sich auf 5,5 Prozent beispielsweise

a) für Lieferungen, Eigenverbrauch, Vermietung und Einfuhr der in der Anlage 1 des Gesetzes aufgeführten Gegenstände (z.B. Lebensmittel, Bücher),
b) für Umsätze aus freiberuflicher Tätigkeit,
c) für Umsätze im Kultur- und Unterhaltungsbereich,
d) für Leistungen, die gemeinnützigen, mildtätigen oder kirchlichen Zwecken dienen,
e) für die unmittelbar mit dem Betrieb der Schwimmbäder und der Verabreichung von Heilbädern verbundenen Umsätze,
f) für die Beförderung von Personen im Schienenverkehr.

Das wesentliche Merkmal der Mehrwertsteuer ist der *Vorsteuerabzug.* Die Steuer wird nicht nur von der letzten Stufe erhoben, sondern auf alle in den Warenweg eingeschalteten Unternehmen verteilt. Dies geschieht so, daß jeder Umsatz der Mehrwertsteuer unterworfen wird, aber von dem sich ergebenden Steuerbetrag jeweils die Vorsteuer, also diejenigen Steuerbeträge, die die Vorlieferanten schon entrichtet haben, abgezogen wird.

*Beispiel:*

| | Nettowarenpreis | + | 11 % MwSt | = | Gesamtbetrag |
|---|---|---|---|---|---|
| Unternehmer A | | | | | |
| Einkauf | 282,– DM | + | 31,02 DM | = | 313,02 DM |
| + Wertschöpfung | 132,– DM | | | | |
| = Verkauf | 414,– DM | + | 45,54 DM | = | 459,54 DM |
| | (Zahllast | | 14,52 DM) | | |
| Unternehmer B | | | | | |
| Einkauf | 414,– DM | + | 45,54 DM | = | 459,54 DM |
| + Wertschöpfung | 126,– DM | | | | |
| = Endverkauf | 540,– DM | + | 59,40 DM | = | 599,40 DM |
| | (Zahllast | | 13,86 DM) | | |

Die Entrichtung der Steuer erfolgt aufgrund einer Voranmeldung des Unternehmers binnen 10 Tagen nach Ablauf des Kalendermonats. Nach Ablauf des Kalenderjahres ist eine Steuererklärung abzugeben, an die sich die Veranlagung anschließt.

### i) Erbschaftsteuer (Schenkungsteuer)

Der Erbschaftsteuer unterliegen nicht nur der Erwerb von Todes wegen, sondern auch freiwillige Zuwendungen unter Lebenden, insbesondere Schenkungen. Steuerschuldner ist der Erwerber, bei der Schenkung der Beschenkte und neben ihm auch der Schenker bei einer Zweckzuwendung.

*Steuersätze*

Die Höhe der Steuer ist nach dem Verwandtschaftsgrad und der Größe des Erwerbs verschieden. Es gibt fünf Steuerklassen:

| | |
|---|---|
| Steuerklasse I | Ehegatte und Kinder; Steuersätze 2 . . . 15 % |
| Steuerklasse II | Abkömmlinge der Kinder; Steuersätze 4 . . . 25 % |
| Steuerklasse III | Eltern, Voreltern, Stiefeltern, Geschwister; Steuersätze 6 . . . 40 % |
| Steuerklasse IV | Geschwisterkinder, Schwiegereltern und Schwiegerkinder; Steuersätze 8 . . . 50 % |
| Steuerklasse V | alle übrigen Erwerber (z.B. Onkel, Tante, Vetter, Base, Schwager); Steuersätze 14 . . . 60 % |

*Steuerbefreiungen*

Die wichtigsten Steuerbefreiungen sind:

1. Der Erwerb des Ehegatten, wenn im Zeitpunkt der Entstehung der Steuerschuld gemeinsame Kinder leben und der Erwerb 250 000 DM nicht übersteigt
2. Für Personen der Steuerklasse I der Erwerb bis zu 30 000 DM
3. Für Personen der Steuerklasse II der Erwerb bis zu 20 000 DM

Übersteigt der Wert des Erwerbs den Freibetrag, dann ist nur der überschießende Betrag steuerpflichtig.

4. Für Personen der Steuerklassen III und IV der Erwerb bis zu 3 000 DM
5. Für Personen der Steuerklasse V der Erwerb bis zu 1 000 DM.

Im Gegensatz zu den Freibeträgen für Personen der Steuerklasse I und II ist bei Personen der Steuerklasse III, IV und V der Wert des ganzen Erwerbs, wenn er die Freigrenze übersteigt, voll steuerpflichtig, also nicht nur der überschießende Betrag.

Die Erbschaft-(Schenkung-)steuer kann nicht etwa dadurch umgangen werden, daß man, die Freigrenzen ausnützend, jährlich Schenkungen macht. Nach § 13 ErbStG werden die innerhalb der letzten zehn Jahre von derselben Person anfallenden Vermögensvorteile in der Weise zusammengerechnet, daß dem letzten Erwerb die früheren Erwerbe nach ihrem früheren Wert zugerechnet werden und daraus dann die Gesamtsteuer berechnet wird.

*Veranlagung*

Jeder erbschaftsteuerpflichtige Erwerb ist binnen drei Monaten von den beteiligten Behörden, wie Standesamt, Gericht usw., dem Finanzamt zu melden. Die Steuer wird auf Grund der Steuererklärung durch Steuerbescheid festgesetzt.

### k) Grunderwerbsteuer

Diese Steuer umfaßt den Umsatz von Grundstücken. Die Steuer wird vom Wert der Gegenleistung berechnet. Ist eine Gegenleistung nicht feststellbar, so wird der Steuerberechnung der Einheitswert des Grundstücks zugrunde gelegt.

Der Steuersatz beträgt 7 %. Davon erhält das Land 3 %, die Gemeinde 4 %. In Ausnahmefällen ermäßigt sich der Steuersatz auf zusammen 4 %, z.B. wenn ein Gesellschafter in eine Kapitalgesellschaft statt der Geldeinlage ein Grundstück einbringt.

Um Doppelbesteuerung zu verhindern, ist u.a. der Anfall durch Erbfolge oder Schenkung steuerfrei, da in diesem Fall bereits Erbschaftsteuer erhoben wird. Außerdem sind eine Reihe anderer Vorgänge frei, so nach landesrechtlichen Vorschriften der Erwerb im Rahmen des Wiederaufbaues, des sozialen Wohnungsbaues und des steuerbegünstigten Wohnungsbaues.

### l) Kapitalverkehrsteuern

Im Kapitalverkehrsteuergesetz werden zwei Steuerarten geregelt:

1. Gesellschaftssteuer
2. Börsenumsatzsteuer

Es wird der Umsatz des beweglichen Kapitals erfaßt, der von der allgemeinen Umsatzsteuer ausgenommen ist.

*Gesellschaftsteuer*

Der Gesellschaftsteuer unterliegen u.a.

1. Der Erwerb von Gesellschaftsrechten an einer inländischen Kapitalgesellschaft durch den ersten Erwerber.
2. Weitere Einzahlungen, Nachschüsse, Zubußen auf Grund einer im Gesellschaftsverhältnis begründeten Verpflichtung.
3. Freiwillige Leistungen eines Gesellschafters an eine inländische Kapitalgesellschaft, um erhöhte Gesellschaftsrechte zu erhalten, z.B. Zuzahlungen von Aktionären bei Umwandlung von Aktien in Vorzugsaktien.
4. Folgende freiwillige Leistungen eines Gesellschafters an eine Kapitalgesellschaft: Zuschüsse, Verzicht auf Forderungen, Überlassung von Gegenständen an die Gesellschaft zu einer den Wert nicht erreichenden Gegenleistung. Übernahme von Gegenständen der Gesellschaft zu einer den Wert übersteigenden Gegenleistung. Voraussetzung ist, daß die Leistungen geeignet sind, den Wert der Gesellschaftsrechte zu erhöhen.
5. Veräußerung eigener Gesellschaftsrechte durch die Kapitalgesellschaft, wenn ihr diese Rechte unter Wert überlassen worden sind.

Der Steuersatz beträgt im allgemeinen 2,5 % vom Geldbetrag oder Wert der Leistung. In besonderen Fällen ermäßigt sich auf 1 % (z.B. bei Kapitalzuführung zur Deckung einer Überschuldung).

Steuerschuldner ist die Kapitalgesellschaft.

*Börsenumsatzsteuer*

Während die Gesellschaftsteuer und die Wertpapiersteuer den ersten Erwerb von Gesellschafts- und Forderungsrechten besteuern, unterliegt der Börsenumsatzsteuer jeder weitere Umsatz von Effekten.

Steuerfrei sind die Zuteilungen von Wertpapieren an den ersten Erwerber, da diese schon der Gesellschaft- oder Wertpapiersteuer unterliegen. Der Steuersatz ist je nach der Art der Wertpapiere verschieden (1 bis 2,5 ‰). Steuerschuldner sind beide Vertragsteile als Gesamtschuldner.

## m) Wechselsteuer

Nach dem Wechselsteuergesetz ist Wechselsteuer für jeden im Inland umlaufenden Wechsel zu entrichten. Die Steuer beträgt 15 Pfennig für je angefangene 100 DM der Wechselsumme (s. E.4).

## n) Kraftfahrzeugsteuer

Steuergegenstand ist das Halten eines Kraftfahrzeuges zum Verkehr auf öffentlichen Straßen.

Steuerfrei ist das Halten von Kraftfahrzeugen, solange sie für ein Land oder eine Gemeinde zugelassen sind und ausschließlich im Feuerlöschdienst, zur Krankenbeförderung, zum Wegebau oder zur Straßenreinigung verwendet werden, sowie Fahrzeuge der Polizei (nicht Pkw) und Obusse.

Eine Ermäßigung bzw. ein Erlaß kann für Schwerbeschädigte und für Körperbehinderte gewährt werden.

Steuerschuldner ist derjenige, für den das Fahrzeug zugelassen ist, eventuell der Benutzer.

Steuermaßstab ist für Personenwagen und für Zwei- und Dreiradfahrzeuge der Hubraum[1]), bei den übrigen Fahrzeugen das zulässige Gesamtgewicht. Die Steuersätze sind je nach der Größe des Hubraumes bzw. des Gesamtgewichts unterschiedlich. Die Steuer ist im voraus für die Dauer eines Jahres an das Finanzamt zu entrichten. Bei Zahlungen für einen kürzeren Zeitabschnitt – für 1/2 Jahr, 1/4 Jahr oder 1 Monat – wird ein Aufgeld erhoben.

Die vom Finanzamt festgesetzte Steuer wird dem Steuerschuldner durch Steuerbescheid bekanntgegeben.

## o) Weitere Verkehrsteuern

*Versicherungsteuer*

Der Steuer unterliegt die Zahlung des Versicherungsentgelts (Prämie, Umlagen, Nebenkosten usw.) aus einem Versicherungsverhältnis mit einem inländischen Versicherungsnehmer oder über einen Gegenstand, der zur Zeit der Begründung des Versicherungsverhältnisses im Inland war. Ausgenommen sind Lebens-, Sozial- und Krankenversicherungen.

---

[1]) Bei PKW mit Drehkolben-(Wankel-)-motor das Gesamtgewicht

Der Steuersatz beträgt in der Regel 5 % des Versicherungsentgelts (Prämie) zu Lasten des Versicherungsnehmers.

*Feuerschutzsteuer*

Steuergegenstand ist die Entgegennahme von Versicherungsentgelten auf Feuerversicherungen. Die Steuersätze betragen 4 . . . 12 % des Versicherungsentgelts. Steuerschuldner ist der Versicherer.

*Rennwett- und Lotteriesteuer*

Die Rennwettsteuer umfaßt das Wetten beim Totalisator[1]) und beim Buchmacher aus Anlaß öffentlicher Pferderennen und anderer öffentlicher Leistungsprüfungen für Pferde.

Der Lotteriesteuer unterliegen alle im Inland veranstalteten öffentlichen Lotterien und Ausspielungen (auch Fußballtoto).

## p) Kirchensteuer

Die öffentlich-rechtlichen Religionsgemeinschaften sind durch besondere Ländergesetze ermächtigt, von ihren Zugehörigen Kirchensteuer zu erheben. Die Kirchensteuerordnungen unterliegen der staatlichen Genehmigung.

Die Kirchensteuer kann als Zuschlag[2]) zur Einkommensteuer oder Lohnsteuer erhoben werden sowie als Zuschlag zur Grundsteuer oder als Kirchgeld. Auch von Steuerpflichtigen, die einkommen- oder lohnsteuerfrei sind, kann eine Mindeststeuer erhoben werden.

Steuergläubiger ist die jeweilige Kirchengemeinde. Steuerschuldner sind alle Angehörigen der Kirche, israelitischen Kultusgemeinde usw. Eintritt und Austritt aus einer Religionsgemeinschaft werden in der Regel mit dem Beginn des folgenden Kalenderjahres wirksam.

## q) Verbrauchsteuern

Mit Ausnahme der Getränkesteuern der Gemeinden und der Biersteuer der Länder, sind die Verbrauchsteuern Bundessteuern, die von den Zollbehörden verwaltet werden. Die Verbrauchsteuern belasten den Verbraucher. Sie werden regelmäßig aus Anlaß des Übergangs der Güter vom Hersteller in den freien Verkehr bzw. (bei den Zöllen) mit der zollamtlichen Abfertigung erhoben. Steuerpflichtig ist der Inhaber des Herstellerbetriebes. Gegenstand der Besteuerung sind Waren des Massenkonsums, z.B. Bier, Branntwein, Kaffee, Zucker, Salz, Tabak, Zigarren, Zigaretten, Zündwaren.

---

[1]) Ein Totalisator ist eine amtliche Wettstelle auf Rennplätzen

[2]) Je nach Bundesland 8 . . . 10 % der Einkommen- bzw. Lohnsteuer

Verbrauchsteuern sind:

1. Steuern auf Lebensmittel: Zuckersteuer, Süßstoffsteuer, Salzsteuer
2. Steuern auf Genußmittel: Biersteuer, Kaffeesteuer (neben dem Einfuhrzoll), Teesteuer Schaumweinsteuer
3. Steuern auf sonstige Gebrauchsgüter: Leuchtmittelsteuer, Zündwarensteuer, Mineralölsteuer, Spielkartensteuer.

## 3. Vermögensbildung der Arbeitnehmer

Das Dritte Vermögensbildungsgesetz[1]) (sogenanntes 624-DM-Gesetz) fördert die Vermögensbildung der Arbeitnehmer.

### a) Vergünstigungen des Dritten Vermögensbildungsgesetzes

Zur Förderung der Vermögensbildung gewährt das Gesetz den Arbeitnehmern (einschl. Beamten, Richtern, Berufssoldaten, Soldaten auf Zeit, Auszubildenden) *Arbeitnehmer-Sparzulagen.* Diese betragen 30 % der vermögenswirksam angelegten Beträge, höchstens von 624 DM im Jahr.

Bei Arbeitnehmern mit steuerlichen Kinderfreibeträgen für drei oder mehr Kinder erhöht sich die Zulage auf 40 %. Die Arbeitnehmer-Sparzulage ist steuer- und sozialabgabenfrei und wird vom Arbeitgeber ausgezahlt (dieser kürzt den Betrag von der Lohnsteuerschuld gegenüber dem Finanzamt). Arbeitnehmer, deren zu versteuernder Einkommensbetrag (s.S. 218) 24 000 DM bzw. bei Zusammenveranlagung der Ehegatten 48 000 DM im Jahr übersteigt, erhalten keine Arbeitnehmer-Sparzulage.

Rechtsgrundlage der vermögenswirksamen Leistungen können Betriebsvereinbarungen, Tarifverträge (bei Beamten Gesetze) oder Einzelvereinbarungen zwischen Arbeitgeber und Arbeitnehmer sein.

*Beispiel:* Ein Arbeitnehmer erhält jährlich eine tarifliche vermögenswirksame Leistung von 156 DM (monatlich 13 DM). Zusätzlich kann er gem. § 4 des 3. VermBG vom Arbeitgeber verlangen, daß dieser bis zu 468 DM vom Arbeitslohn für eine vermögenswirksame Anlage abzweigt. Es kann sich hierbei um laufende Leistungen (z.B. monatliche Raten von 39 DM) oder um einmalige Abzweigungén (z.B. von der Weihnachtsgratifikation) handeln.

Ein besonderer Vorteil liegt darin, daß der Arbeitnehmer zusätzlich zu der Arbeitnehmer-Sparzulage je nach der gewählten Anlageform in den Genuß weiterer gesetzlicher Vergünstigungen kommen kann, z.B. Spar- oder Wohnungsbauprämie und gegebenfalls Zusatzprämie bzw. Steuervergünstigung für das Bau- oder Lebensversicherungssparen. Darüber hinaus erhält er die Zinsen, Gewinnanteile oder Dividenden auf die Anlage. Dadurch ist ein Vermögenszuwachs möglich,, der bei gleichen Beträgen und gleicher Sicherheit der Anlage auf andere Weise nicht zu erreichen ist. Auf die Höchstbeträge nach dem Sparprämien- oder dem Wohnungsbauprämiengesetz (600 . . . 1600 DM) werden die Leistungen nach dem 3. VermBG nicht angerechnet.

---

[1]) Drittes Gesetz zur Förderung der Vermögensbildung der Arbeitnehmer (Drittes Vermögensbildungsgesetz – 3. VermBG) i. d. F. v. 27.6.1970.

*Beispiel:* Ein Ehepaar mit Bausparvertrag kann, falls beide Ehegatten als Arbeitnehmer tätig sind, im Jahr 1 600 + 624 + 624 = 2 848,–DM prämienbegünstigt sparen.

Die Vergünstigungen sind von Fall zu Fall unterschiedlich. Sie hängen von der Höhe des Einkommens, vom Familienstand, von Zahl und Alter der Kinder und von der gewählten Anlageform ab.

### b) Anlageform

Gem. § 2 des 3. VermBG sind als Anlageformen für vermögenswirksame Leistungen möglich:

1. Anlage nach dem Spar-Prämiengesetz (z.B. Sparkonto, Wertpapierkauf);
2. Anlage nach dem Wohnungsbau-Prämiengesetz (Bausparkonto);
3. Aufwendungen für Bau, Erwerb oder Erweiterung eines Wohngebäudes, einer Eigentumswohnung usw.;
4. Lebensversicherungsvertrag bei Erfüllung gewisser Voraussetzungen. Ferner können folgende Formen gewählt werden, wenn der Arbeitgeber zustimmt:
5. Erwerb von Aktien des Arbeitgebers zu einem Vorzugskurs;
6. Begründung einer Darlehensforderung des Arbeitnehmers gegen den Arbeitgeber.

Die Wahl der Anlageform steht dem Arbeitnehmer frei. Er wird sich bei dieser Wahl von seinen Bedürfnissen und Zukunftsabsichten leiten lassen.

### c) Festlegungsfristen

Die Festlegungsfrist (Sperrfrist) beträgt:

| | |
|---|---|
| für Darlehensforderungen gegenüber dem Arbeitgeber | 5 Jahre, |
| für allgemeine Sparverträge | 6 Jahre, |
| für Sparverträge mit festgelegten Sparraten und Bausparverträge | 7 Jahre, |
| für Bausparverträge bei Inanspruchnahme von Steuervergünstigungen | 10 Jahre, |
| für Lebensversicherungen | 12 Jahre. |

Bei Sparverträgen beginnt die Frist am 1. Januar, wenn die Einzahlung oder erste Ratenzahlung vor dem 1. Juli vorgenommen wurde, sonst am 1. Juli.

Auskünfte erteilen die einschlägigen Institute wie Banken, Sparkassen, Bausparkassen, Lebensversicherungen.

## 4. Die Abhängigkeit der Steuerbilanz von der Handelsbilanz

### Wertansätze in der Bilanz[1])

Für die Aufstellung der Handelsbilanz gibt das HGB mit den §§ 39, 40 zwar nur dürftige, aber doch richtunggebende, das Aktiengesetz dagegen mit den §§ 153 ff ausführliche Vorschriften. Der Hauptinhalt der aktienrechtlichen Regelung ist in

1) Vgl. Zimmermann, W.: Erfolgs- und Kostenrechnung, in der Reihe „Das moderne Industrieunternehmen", Friedr. Vieweg + Sohn, Braunschweig, 1971.

der steuerlichen Rechtsprechung auch für die Bilanzen der Personengesellschaften und der Einzelunternehmungen als verbindlich anerkannt. Auch nach der ausdrücklichen Vorschrift von § 160 AO sind die im Handelsrecht normierten Verpflichtungen auch im Interesse der Besteuerung zu erfüllen.

Im Folgenden werden die für die Aktiengesellschaften geltenden Vorschriften zugrunde gelegt, weil sie als Niederschlag der betriebswirtschaftlichen Bilanzierungsgrundsätze überhaupt betrachtet werden können.

Das Ziel der handelsrechtlichen Bilanzvorschriften ist, zunächst bei Einzelkaufleuten (und Personengesellschaften) für Vollständigkeit der Aktiva und Passiva zu sorgen und durch vorsichtige Bewertungsvorschriften der Gefahr zu begegnen, daß Vermögenslage und Geschäftserfolg zu günstig eingeschätzt werden. Bei Kapitalgesellschaften gilt es, außer diesem Ziel der Sicherung der Unternehmung und ihrer Gläubiger auch die Aktionäre u.a. gegen Verkürzung der Dividende, das Verstecken von Gewinnen, aber auch gegen Verheimlichung einer ungünstigen Geschäftsentwicklung zu schützen. Diesen Zielsetzungen entsprechen vor allem die Grundsätze der Bilanzklarheit und Bilanzwahrheit und der Grundsatz der vorsichtigen Bewertung.

Nach dem Grundsatz der vorsichtigen Geschäftsbewertung darf das Vermögen – und damit der Gewinn – nicht günstiger ausgewiesen werden als es der Wahrheit entspricht, wohl aber vom Standpunkt des Handelsrechts aus ungünstiger. Dieser Grundsatz der Vorsicht ermöglicht es, bei der Handelsbilanz mit den Wertansätzen unter der wirklichen Höhe zurückzubleiben und bewußt stille Reserven[1]) zu bilden. Dies wird zum Ausdruck gebracht durch Vorschriften darüber, wie für die verschiedenen Gruppen von Vermögensgegenständen von den verschiedenen Bewertungsmaßstäben Gebrauch zu machen ist.

Das Handelsrecht kennt in der Fassung der §§ 153 bis 155 AktG im Grunde nur zwei Werte: den Anschaffungswert („Anschaffungs- oder Herstellungskosten") und den Börsen- oder Marktpreis, an dessen Stelle bei nicht marktgängigen Waren der auf andere Weise ermittelte wirkliche Wert („Wert, der den Gegenständen am Bilanzstichtag beizulegen ist") genommen werden soll; den letzten Wert nennt die Buchführungspraxis auch Zeitwert, den man für Gegenstände, die zu einem Betriebe gehören, so ziemlich mit dem Teilwert[2]) gleichsetzen kann. Nach den handelsrechtlichen Bewertungsvorschriften dürfen höchstens die Anschaffungs- oder Herstellungskosten angesetzt werden (Höchstwertvorschriften). Eine untere Grenze ist nicht gesetzt. Die Grundsätze ordnungsmäßiger Buchführung gelten aber bei allen Bewertungsfragen (vgl. § 149 AktG).

---

[1]) stille Rücklagen (stille Reserven) = Unterschied zwischen dem niedrigeren Buchwert und dem höheren Zeitwert von Vermögenswerten

[2]) „Teilwert ist der Betrag, den ein Erwerber des ganzen Betriebs im Rahmen des Gesamtkaufpreises für das einzelne Wirtschaftsgut ansetzen würde. Dabei ist davon auszugehen, daß der Erwerber den Betrieb fortführt" (§ 6 EStG)

Das Aktienrecht legt in den §§ 153 bis 156 im einzelnen folgende Bewertungen fest:

*Anlagevermögen (vgl. § 153 f AktG)*

Anzusetzen ist nur der Anschaffungswert (= Anschaffungs- oder Herstellungskosten ./. Abschreibungen bzw. Wertberichtigungen), auch wenn die Wiederbeschaffungskosten höher liegen, damit buchmäßig keine nicht realisierten Gewinne entstehen. Zu beachten ist, daß sich die Anschaffungskosten eines Wirtschaftsgutes nicht nur aus dem Kaufpreis (Rechnungspreis), sondern auch aus allen Nebenkosten zusammensetzen, die mit der Beschaffung im Zusammenhang stehen, bis die Betriebsbereitschaft des Vermögensgegenstandes erreicht ist.

Unter Abschreibungen (steuerlich: Absetzung für Abnutzung = AfA) versteht man den wertmäßigen Ausdruck der Abnutzung der Anlagegüter. Grundsätzlich bemißt man die Höhe der Abschreibungen nach der betriebsgewöhnlichen Nutzungsdauer.

*Beispiel:* Anschaffungskosten einer Maschine 20 000,–DM, voraussichtliche Nutzungsdauer 10 Jahre. Bei linearer Abschreibung werden jedes Jahr 2000,–DM abgeschrieben, im 10. Jahr allerdings nur 1999,–DM, damit noch ein Erinnerungswert von 1,–DM bestehen bleibt.

Statt der linearen Abschreibung (Abschreibung mit gleichbleibenden Quoten) werden von manchen Unternehmen andere Abschreibungsmethoden angewandt.

*Beispiele:* Degressive Abschreibung = Abschreibung in fallenden Quoten, progressive Abschreibung = Abschreibung mit steigenden Quoten, digitale Abschreibung = Abschreibung mit schwach fallenden Quoten, Abschreibung nach Maschinenstunden usw.

Wertpapiere des Anlagevermögens, Patente, Lizenzen und Konzessionen dürfen auch dann zu den Anschaffungskosten abgesetzt werden wenn der gemeine Wert[1]) niedriger ist, soweit die Grundsätze ordnungsmäßiger Buchführung nicht Abschreibungen fordern, weil die Wertminderung aller Voraussicht nach dauernd ist (vgl. § 154 Abs. 2 AktG). Der niedrigere Wertansatz darf beibehalten werden, auch wenn die Gründe der außerplanmäßigen Abschreibung oder Wertberichtigung nicht mehr bestehen.

*Umlaufvermögen (vgl. § 155 AktG)*

Für die Bewertung der Wirtschaftsgüter des Umlaufvermögens gilt das strenge Niederstwertprinzip. Dieses Prinzip gibt zwei Höchstgrenzen an: Es darf höchstens der niedrigste von zwei Werten – den Anschaffungs- oder Herstellungskosten einerseits, dem Markt- oder Börsenwert (Tageswert) andererseits – angesetzt werden. Die Anschaffungs- bzw. Herstellungskosten sind die absolute Höchstgrenze der Bewertung. Nach unten ist jedoch keine Grenze gesetzt. Die kaufmännische

---

1) „Der gemeine Wert wird durch den Preis bestimmt, der im gewöhnlichen Geschäftsverkehr nach der Beschaffenheit des Wirtschaftsgutes bei einer Veräußerung zu erzielen wäre. Dabei sind alle Umstände, die den Preis beeinflussen, zu berücksichtigen. Ungewöhnliche und persönliche Verhältnisse sind nicht zu berücksichtigen" (vgl. § 10 Bewertungsgesetz).

Vorsicht verlangt, daß die noch nicht realisierten Gewinne nicht ausgewiesen werden, während andererseits Verluste aus der Bewertung der Bestände zu berücksichtigen sind. (Dieser Grundsatz wird auch steuerlich weitgehend berücksichtigt.) Von wirklichen Gewinnen kann erst dann die Rede sein, wenn sie durch Umsatz bzw. Verkauf realisiert worden sind.

Ist ein Börsen- oder Marktpreis nicht festzustellen und übersteigen die Anschaffungskosten oder Herstellungskosten den Wert, der den Gegenständen am Abschlußstichtag beizulegen ist, so ist dieser Wert anzusetzen. Bei Roh-, Hilfs- und Betriebsstoffen ist er vom Beschaffungsmarkt abzuleiten (Wiederbeschaffungswert), bei unfertigen Erzeugnissen, für die vom Absatzmarkt kein Wertansatz abgeleitet werden kann, dürfen die Herstellungskosten nur unterschritten werden, wenn inzwischen durch Senkung der Rohstoffpreise die Produktionskosten des Abschlußstichtages niedriger geworden wären.

*Maßgeblichkeit der Handelsbilanz mit Vorbehalten*

Die Handelsbilanz ist als Grundlage der Besteuerung nur bedingt brauchbar. Das Handelsrecht hat keine Einwendungen zu machen, wenn der Kaufmann weniger als Gewinn ausweist und entnimmt als er wirklich verdient hat, wenn er vorsichtig bilanziert und immer wieder stille Rücklagen bildet. Das gilt für Einzelkaufleute wie für Handelsgesellschaften. So ist es nach dem Handelsrecht nicht zu beanstanden und vielleicht sogar erwünscht, daß ein gutgehendes Geschäft mehr abschreibt, als tatsächlich notwendig wäre, so daß schließlich Millionenwerte nur noch mit 1 Mark zu Buch stehen können. Im Geschäftsbericht der Aktiengesellschaft sind aber „die Bewertungs- und Abschreibungsmethoden so vollständig anzugeben wie es zur Vermittlung eines möglichst sicheren Einblicks in die Vermögens und Ertragslage der Gesellschaft erforderlich ist". (Vgl. § 160 Abs. 2 AktG.) Stärkere als nur pflichtmäßige oder angemessene Abschreibungen vorzunehmen, ist handelsrechtlich ja stets erlaubt, und entspricht noch immer weithin geübtem Gebrauch; er bedeutet Bildung stiller Reserven und ist dann einer der Fälle und sogar einer der wichtigsten, in denen sich die Steuerbilanz mit der Handelsbilanz nicht deckt.

Die Grundtendenz der Vorschriften des Einkommensteuerrechts geht im Gegensatz dazu eindeutig in der Richtung, den wahren Gewinn voll zum Vorschein zu bringen. So kommt es, daß bei einer Reihe der für die Erfolgsrechnung einschneidenden Posten das Steuerrecht eigene Grundsätze aufstellt, so den, daß Aufwendungen für Gegenstände, die mehrere Jahre genutzt werden, nicht einem Jahr zur Last gelegt werden dürfen. Steuerrechtlich dürfen Anlageverbesserungen nicht als Erhaltungsaufwand verbucht werden. Es darf auch nicht mit den Werten beliebig in steuerverkürzender Weise heruntergegangen und mit mehreren an sich zur Wahl stehenden Wertmaßstäben beliebig gewechselt werden.

Wenn die steuerlichen Bestimmungen mit Vorrang gegenüber den handelsrechtlichen ausgestattet sind, so hat dies zur Folge, daß ein vom Handelsrecht gelassener Spielraum, der es für die Handelsbilanz ermöglicht, einen geringeren Gewinn erscheinen zu lassen, von der Steuerbilanz nicht ausgenutzt werden kann: steuerrechtliche Aktivierungspflicht, wo das Handelsrecht die Aktivierung freistellt; steuerrechtlich nur angemessene Abschreibungen, wo das Handelsrecht keine Grenze setzt.

*Die grundsätzliche Maßgeblichkeit der Handelsbilanz und ihre Wirkungen*

Wenn man von der Maßgeblichkeit der Handelsbilanz für die Steuerbilanz spricht, so setzt man eigentlich voraus, daß neben der Steuerbilanz eine besondere Handelsbilanz aufgestellt wird. Dies trifft wohl für die Kapitalgesellschaften grundsätzlich zu, dagegen wird für Einzelunternehmungen und Personengesellschaften nur noch selten zusätzlich eine eigene Steuerbilanz aufgestellt.

Die steuerliche Maßgeblichkeit der Handelsbilanz bezieht sich nach dem Wortlaut der §§ 4 und 5 EStG auf die Bilanz im ganzen. Sie wirkt sich aber auch auf die Bewertung der einzelnen Bilanzposten aus.

Soweit die Handelsbilanz für die Besteuerung maßgeblich ist, hat das für die Einkommensermittlung die folgenden praktischen Auswirkungen:

Auch für das Steuerrecht kommt wegen der Maßgeblichkeit der Handelsbilanz der Grundsatz zur Geltung, von dem die handelsrechtlichen Bewertungsvorschriften diktiert sind, daß nicht realisierte Gewinne nicht ausgewiesen werden dürfen – sie werden vielmehr auch von der Steuer immer erst nach ihrer Realisierung erfaßt. Die zweite Regel, daß umgekehrt entstandene, aber noch nicht realisierte Verluste doch schon berücksichtigt werden müssen, wird im Handelsrecht beim Umlaufvermögen streng befolgt (strenges Niederstwertprinzip), bei Anlagewerten aber nicht, sofern hier Einsetzung bis zum Anschaffungswert gestattet wird, auch wenn der gemeine Wert niedriger ist. Auch dieser Maßstab gilt für das Steuerrecht.

Auch die Art, wie der Steuerpflichtige von seinem kaufmännischen Ermessen in der Handelsbilanz Gebrauch macht, ist für die Steuerbilanz bindend. Dies konnte vom Gesetz deshalb zugelassen werden, weil sich auf längere Sicht die steuerlichen Vorteile und Nachteile, die mit dieser Ermessensfreiheit verbunden sind, wieder ausgleichen: Ein zu früh gebuchter Aktivposten mindert den Gewinn des nächsten Jahres, zu rasche Abschreibungen ergeben schließlich ein Abschreibungsmanko usw.

Zum Beispiel steht es im Ermessen des Kaufmanns, ob für eine Maschine 20 % oder 25 % Abschreibung das richtige ist, ob eine Forderung als zweifelhaft zu betrachten ist oder nicht, ob Verpflichtungen aus Gewährleistungen dem Jahr der Produktion oder erst dem Jahr der Geltendmachung zur Last gelegt werden sollen usw.; über all das gibt weder das Handelsrecht noch die Betriebswirtschaftslehre eine eindeutige Antwort, in all diesen Beziehungen greifen auch die Korrekturposten des Steuerrechts nicht ein.

Der Steuerpflichtige kann, soweit nicht steuerrechtliche Korrekturposten eingreifen, nicht gezwungen werden, in der Steuerbilanz mehr Gewinn auszuweisen, als er in der Handelsbilanz ausweist. Er kann von jenen Ermessensmöglichkeiten in verschiedener Art Gebrauch machen, aber der Gebrauch, den er für die Handelsbilanz von ihnen macht, soll grundsätzlich zugleich für die Steuerbilanz maßgeblich sein.

Der Pflichtige kann umgekehrt nicht verlangen, in der Steuerbilanz günstiger rechnen zu dürfen als in der Handelsbilanz. So, wie er von dem ihm belassenen Ermessen für seine Handelsbilanz durch die Wahl des anzuwendenden Werts, durch Bestimmung des Abschreibungssatzes, durch Aktivierung von Anlagen auch ohne nachweisbare Werterhöhung, durch Passivierung von Pensionsverpflichtungen usw. Gebrauch macht, so muß er es auch bei der Steuerveranlagung halten: darin liegt die Schutzwirkung der Maßgeblichkeit der Handelsbilanz für die Steuerverwaltung.

Der Grundsatz der Wertgleichheit für Handelsbilanz und Steuerbilanz bezieht sich auch auf Wertart und Werthöhe und bewirkt, daß der Pflichtige die Bewertungsmöglichkeit, die ihm das Handelsrecht läßt, nur insoweit mit Erfolg für die Steuer nutzbar machen kann, als er in der Handelsbilanz mitgeht. Dieser Grundsatz hat im Regelfall auch Geltung für Abschreibungen, namentlich auch für die Sofortabschreibung auf geringwertige Anlagegegenstände[1]).

Steuerrechtlich sind gemäß §§ 6 und 7 EStG statthaft:

a) *Mindestabschreibungen:* die nach der betriebsgewöhnlichen Nutzungsdauer der Anlagegüter von den Anschaffungs- oder Herstellungskosten berechnete normale AfA und die außergewöhnliche AfA; die Mindest-AfA ergibt sich zwingend aus § 6 EStG;

b) *Höchstabschreibungen:* Ansetzen des niedrigeren Teilwerts oder auch gegebenenfalls eines Zwischenwerts zwischen dem sich nach Vornahme der Mindestabschreibungen ergebenden Wert (bzw. dem letzten Buchwert) und dem niedrigeren Teilwert;

c) *Sonderabschreibungen* (= Bewertungsfreiheit): in Ausnahmefällen zulässig in Höhe des Unterschieds zwischen dem letzten Bilanzwert, vermindert um die Mindest-AfA (bzw. den Anschaffungs- oder Herstellungskosten oder dem niedrigeren Teilwert oder dem Buchwert) und 1,–DM (in Einzelfällen sind aber auch nur bestimmte prozentuale oder betragsmäßige Sonderabschreibungen zulässig) für bestimmte abnutzbare Anlagegüter; auch Zwischenwerte sind ansetzbar. Durch die Zulassung von Sonderabschreibungen weicht das Steuerrecht von der betriebswirtschaftlichen Betrachtungsweise ab.

Auch bei der Verbuchung regelmäßig wiederkehrender Betriebsausgaben wird die Bindung der Steuerbilanz an die Handelsbilanz oft praktisch. Versicherungsprämien, Mieten, Gebühren, Abgaben, insbesondere auch Steuern, müssen eigentlich so verbucht werden, daß sie den Erfolg des Jahres belasten, dem sie wirtschaftlich angehören[2]). Es wird aber als nicht gegen die Ordnungsmäßigkeit verstoßend angesehen,

---

[1]) z.Z. können Anlagegegenstände bis 800,–DM Anschaffungswert sofort abgeschrieben werden (§ 6 EStG)

[2]) Bildung von Rechnungsabgrenzungsposten

wenn die Verbuchung nach der tatsächlichen Zahlung erfolgt. Aber dieses Wahlrecht kann in Handelsbilanz und Steuerbilanz nur in gleicher Weise ausgeübt werden. Auch bei der Wahl des niedrigeren Teilwerts ist die handelsrechtliche Bewertung maßgebend. Die Steuerbehörde muß dem niedrigen Ansatz in der Bilanz folgen, wenn der Sachverständige bestätigt, daß nach den objektiven Verhältnissen der Ansatz angemessen ist.

*Beispiel:* Der Unternehmer setzt eine erst gegen Ende des Jahres zu 100 000 DM gelieferte Maschine von mehr als fünfjähriger Nutzungsdauer nicht zu diesem Anschaffungswert, sondern nur zu 50 000 DM ein, weil er annimmt, daß er sich bei der Bestellung in den Konjunkturaussichten geirrt hat und weil diese Maschine ihm kaum von Nutzen sein wird.

Die Bilanzansätze, insbesondere die Abschreibungssätze werden deshalb von der Steuerbehörde immer überprüft, ob sie den – verständlicherweise nicht zu eng zu begrenzenden – Ermessungsspielraum nicht nach oben oder unten überschreiten. So erscheint es grundsätzlich nicht zulässig, bei Berechnung der Absetzung für Abnutzung in der Steuerbilanz eine kürzere Lebensdauer der Betriebsgegenstände zugrunde zu legen als es für die Handelsbilanz geschehen ist. Ist jedoch in der Handelsbilanz zu wenig abgeschrieben oder sind aus sonstigen Gründen die Werte zu hoch genommen und die Grundsätze ordnungsmäßiger Buchführung offenbar verletzt, so muß die einen solchen Verstoß gegen zwingendes Handelsrecht enthaltende Handelsbilanz insoweit für die Steuerveranlagung berichtigt werden. Auch in diesem Fall macht sich die Abhängigkeit der Steuerbilanz von der Handelsbilanz geltend.

*Bewertungsobjekte und Wertmaßstäbe*

Bewertungsobjekte eines Betriebes sind die Posten der Jahresbilanz (vgl. § 151 AktG) oder „Wirtschaftsgüter", wie das Einkommensteuergesetz sagt.

Die Wirtschaftsgüter aller Art teilt die Betriebswirtschaftslehre und kaufmännische Übung hauptsächlich in zwei große Gruppen ein:

1. *Anlagewerte* – „Gegenstände des Anlagevermögens" – nennt sie § 153 AktG und „Wirtschaftsgüter" des Anlagevermögens § 6 EStG.
2. *Umlaufwerte,* die § 155 AktG als „Gegenstände des Umlaufvermögens" und § 6 EStG als „Umlaufvermögen" bezeichnet.

Das Steuerrecht kennt diese beiden Gruppen von Wirtschaftsgütern auch, aber die Haupteinteilung in § 6 EStG folgt doch nicht genau dieser Unterscheidung; hier sind vielmehr, weil die steuerliche Regelung vor allem unter dem Gesichtspunkt der Abschreibungsmöglichkeiten erfolgte, die nicht abnutzbaren Anlagewerte, nämlich Grund und Boden, Beteiligungen und Geschäftswert mit den Umlaufwerten zusammengefaßt, so daß wir als steuerrechtliche Hauptgruppen erhalten:

1. *Abnutzbare Wirtschaftsgüter:* Der größte Teil aller Anlagewerte § 6 Nr. 1 EStG.

2. *Nicht abnutzbare Wirtschaftsgüter:* Umlaufwerte und nicht abnutzbare Anlagewerte (§ 6 Nr. 2 EStG), nämlich Grund und Boden, Beteiligungen und Geschäfts- oder Firmenwert.

Für die Wirtschaftsgüter aller Kategorien, der betriebswirtschaftlich-handelsrechtlichen und der steuerrechtlichen, kommen zwei Werte in Betracht:

1. *Der Anschaffungswert* = Anschaffungs- oder Herstellungskosten vermindert um Absetzungen für Abnutzung, so im wesentlichen übereinstimmend §§ 153 und 155 AktG und § 6 EStG;
2. *der gemeine Wert*[1]) = objektiver normaler Verkaufswert, den die Steuergesetze (vgl. § 10 BewG), vor allem das Einkommensteuergesetz in den wichtigsten Fällen in der Abart des Teilwerts[1]) (= anteiliger gemeiner Wert) gebraucht, vgl. § 6 Nr. 1 Satz 2 und 3 EStG, während das Aktiengesetz vom Börsen- oder Marktpreis am Abschlußstichtag und, wenn dieser nicht festzustellen ist, einfach von dem „Wert, der den Gegenständen am Abschlußstichtag beizulegen ist", spricht und damit dasselbe meint, vgl. § 155 AktG.

Einsetzung zum Anschaffungswert heißt Zugrundelegung dessen, was ein Gegenstand gekostet hat, ohne Rücksicht darauf, was er jetzt wert ist.

Einsetzung zum gemeinen Wert (= Verkaufswert zur Zeit der Bilanzaufstellung, betriebswirtschaftlich auch Zeitwert genannt) bedeutet Bewertung nach dem, was ein Gegenstand augenblicklich wert ist, ohne Rücksicht darauf, was er gekostet hat; das gilt auch für den Teilwert.

Auf dieser Unterscheidung sind die Vorschriften für die laufenden Jahresabschlüsse im Handelsrecht und im Steuerrecht aufgebaut.

Tabellarische Übersicht siehe Seite 195 ff

---

[1]) vgl. Fußnote Seite 188 und 189

Tabelle 5: Handelsrechtliche und steuerrechtliche Bewertungsvorschriften für Aktiengesellschaften

| Gliederung der Jahresbilanz<br>§ 151 AktG | Bewertung nach Handelsrecht<br>§§ 153 bis 156 AktG | Bewertung nach Steuerrecht<br>§§ 6 und 7 EStG |
|---|---|---|
| Auf der Aktivseite:<br>I. Ausstehende Einlagen auf das Grundkapital | Nennbetrag, soweit Grundsätze ordnungsmäßiger Bilanzierung nichts anderes verlangen. Vgl. § 149 AktG. | Nennbetrag, soweit Grundsätze ordnungsmäßiger Bilanzierung nichts anderes verlangen. Vgl. § 5 EStG. |
| II. Anlagevermögen:<br>A. Sachanlagen und immaterielle Anlagewerte:<br>1. Grundstücke und grundstücksgleiche Rechte mit Geschäfts-, Fabrik- und anderen Bauten;<br>2. Grundstücke und grundstücksgleiche Rechte mit Wohnbauten;<br>3. Grundstücke und grundstücksgleiche Rechte ohne Bauten;<br>4. Bauten auf fremden Grundstücken, die nicht zu Nr. 1 oder 2 gehören;<br>5. Maschinen und maschinelle Anlagen;<br>6. Betriebs- und Geschäftsausstattung;<br>7. Anlagen im Bau und Anzahlungen auf Anlagen;<br>8. Konzessionen, gewerbliche Schutzrechte und ähnliche Rechte sowie Lizenzen an solchen Rechten.<br>B. Finanzanlagen:<br>1. Beteiligungen;<br>2. Wertpapiere des Anlagevermögens, die nicht zu Nr. 1 gehören;<br>3. Ausleihungen mit einer Laufzeit von mindestens vier Jahren. | II. A. 1., 2., 4., 5., 6., 7.,<br>*Höchstwerte:* Anschaffungs- oder Herstellungskosten ./. Absetzung für Abnutzung in Form von Abschreibungen oder Wertberichtigungen, soweit nicht nach den Grundsätzen ordnungsmäßiger Bilanzierung über die AfA hinaus Sonderabschreibungen vorzunehmen sind. Vgl. §§ 153 und 154 AktG.<br><br>II. A. 3., 8., B. 1., 2., 3.<br>*Höchstwert:* Anschaffungskosten – ein niedrigerer Betrag ist dann anzusetzen, wenn es die Grundsätze ordnungsmäßiger Bilanzierung erforderlich machen. Für immaterielle Anlagewerte darf ein Aktivposten nur angesetzt werden, wenn sie entgeltlich erworben wurden. Vgl. § 153 f AktG. | II. A. 1., 2., 4.,<br>II. A. 3.: wie bei II. A. 1-7<br>II. A. 5., 6., 7.:<br>Anschaffungs- oder Herstellungskosten, gegebenenfalls um die erforderliche Absetzung für Abnutzung (AfA) gekürzt, oder niedrigerer Teilwert – § 6 Ziff. 1, § 7 EStG – oder ein zwischen diesen beiden Ansätzen liegender sog. Zwischenwert, sofern nicht von der Bewertungsfreiheit für geringwertige Anlagegüter (§ 6 Abs. 2 EStG) Gebrauch gemacht wird. Letzter Bilanzansatz darf nicht überschritten werden.<br><br>II. A. 8., B. 1. bis 3.:<br>Anschaffungskosten oder niedrigerer Teilwert – § 6 Ziff. 2 EStG – oder ein zwischen diesem beiden Ansätzen liegender sog. Zwischenwert. Der letzte Bilanzansatz darf überschritten werden, aber nicht die Anschaffungskosten. |

| Gliederung der Jahresbilanz<br>§ 151 AktG | Bewertung nach Handelsrecht<br>§§ 153 bis 156 AktG | Bewertung nach Steuerrecht<br>§§ 6 und 7 EStG |
|---|---|---|
| III. Umlaufvermögen:<br>A. Vorräte:<br>1. Roh-, Hilfs- und Betriebsstoffe;<br>2. unfertige Erzeugnisse;<br>3. fertige Erzeugnisse, Waren.<br>B. Andere Gegenstände des Umlaufvermögens:<br>1. Geleistete Anzahlungen, soweit sie nicht zu II A Nr. 7 gehören;<br>2. Forderungen aus Lieferungen und Leistungen;<br>3. Wechsel;<br>4. Schecks;<br>5. Kassenbestand, Bundesbank- und Postscheckguthaben;<br>6. Guthaben bei Kreditinstituten;<br>7. Wertpapiere, die nicht zu Nr. 3, 4, 8 oder 9 oder zu II B gehören;<br>8. eigene Aktien unter Angabe ihres Nennbetrages;<br>9. Anteile an einer herrschenden oder an der Gesellschaft mit Mehrheit beteiligten Kapitalgesellschaft oder bergrechtlichen Gewerkschaft unter Angabe ihres Nennbetrages, bei Kuxen ihrer Zahl;<br>10. Forderungen an verbundene Unternehmen;<br>11. Forderungen aus Krediten, die<br>a) unter § 89,<br>b) unter § 115 AktG fallen;<br>12. Sonstige Vermögensgegenstände. | III. A. 1. bis 3.; B. 1. bis 12.<br>Strenges Niederstwertprinzip;<br>Höchstens: Anschaffungs- oder Herstellungskosten, falls der Börsen- oder Marktpreis niedriger ist, zu diesem, und mangels eines Börsen- oder Marktpreises zu dem etwa niedrigen Wert.<br>Vgl. § 155 Abs. 1 und 2 AktG.<br><br>Ein niedrigerer Wert als der Wert nach § 155 Abs. 1 und 2 AktG darf angesetzt werden, soweit der niedrigere Wertansatz:<br>a) bei vernünftiger kaufmännischer Beurteilung notwendig ist, um zu verhindern, daß in der nächsten Zukunft der Wertansatz dieser Gegenstände auf Grund von Wertschwankungen geändert werden muß oder<br>b) für Zwecke der Steuern vom Einkommen und vom Ertrag für zulässig gehalten wird.<br>Vgl. § 155, Abs. 3.<br><br>Ein niedrigerer Wertansatz darf beibehalten werden, auch wenn seine Gründe nicht mehr bestehen.<br>Vgl. § 155, Abs. 4 AktG. | III. A. 1. bis 3.; B. 1 bis 12.<br>Strenges Niederstwertprinzip;<br>Höchstwert: Anschaffungs- oder Herstellungskosten; wenn Teilwert niedriger (z.B. bei niedrigerem Wiederbeschaffungspreis), muß er genommen werden; Bindung an die Handelsbilanz. Vgl. § 6 Nr. 2 EStG<br>Keine regelmäßigen Abschreibungen, nur Herabgehen auf den Teilwert.<br><br>Werterhöhung bis Anschaffungs- oder Herstellungskosten möglich. Der letzte Bilanzansatz darf überschritten werden. Vgl. § 6 Nr. 2 Satz 3 EStG.<br><br>Für Teilwert ist bei Waren mit Börsen- oder Marktpreis dieser Preis maßgebend. Vgl. § 6 Nr. 2 EStG |
| IV. Rechnungsabgrenzungsposten<br>V. Bilanzverlust | nach den Grundsätzen ordnungsmäßiger Buchführung, vgl. § 149 AktG | |

| Gliederung der Jahresbilanz § 151 AktG | Bewertung nach Handelsrecht §§ 153 bis 156 AktG | Bewertung nach Steuerrecht §§ 6 und 7 EStG |
|---|---|---|
| Auf der Passivseite:<br>I. Grundkapital | Nennbetrag vgl. § 156 AktG | Nennbetrag vgl. § 5 EStG |
| II. Offene Rücklagen:<br>1. Gesetzliche Rücklage;<br>2. andere Rücklagen (freie Rücklagen). | Nach den Grundsätzen ordnungsmäßiger Buchführung. Vgl. § 149 AktG | In der Steuerbilanz keine Rücklagen |
| III. Wertberichtigungen | s. Anlagevermögen II. A. Vgl. § 154 AktG | s. Anlagevermögen II. A. |
| IV. Rückstellungen:<br>1. Pensionsrückstellungen;<br>2. andere Rückstellungen. | Wertansatz nach vernünftiger kaufmännischer Beurteilung. Vgl. § 156 Abs. 4 AktG | Maßgeblichkeit der Handelsbilanz |
| V. Verbindlichkeiten mit einer Laufzeit von mindestens vier Jahren:<br>1. Anleihen;<br>2. Verbindlichkeiten gegenüber Kreditinstituten;<br>3. sonstige Verbindlichkeiten;<br>VI. Andere Verbindlichkeiten:<br>1. Verbindlichkeiten aus Lieferungen und Leistungen;<br>2. Verbindlichkeiten aus der Annahme gezogener Wechsel und der Ausstellung eigener Wechsel;<br>3. Verbindlichkeiten gegenüber Kreditinstituten, soweit sie nicht zu V gehören;<br>4. erhaltene Anzahlungen;<br>5. Verbindlichkeiten gegenüber verbundenen Unternehmen;<br>6. sonstige Verbindlichkeiten. | Strenges Höchstwertprinzip. Rückzahlungsbetrag; Rentenverpflichtungen zum Barwert.<br><br>Ist der Rückzahlungsbetrag von Verbindlichkeiten oder Anleihen höher als der Ausgabebetrag, so darf der Unterschied unter die Rechnungsabgrenzungsposten der Aktivseite aufgenommen werden. Der Betrag ist gesondert auszuweisen und durch planmäßige jährliche Abschreibungen, die auf die gesamte Laufzeit verteilt werden dürfen, zu tilgen. | Strenges Höchstwertprinzip.<br><br>Bei Anleihen mindestens zugeflossener Betrag;<br>Damnum muß aktiviert und auf Laufzeit verteilt getilgt werden.<br><br>Sinngemäße Anwendung der Vorschriften zu III. A. B.<br>Vgl. § 6 Nr. 3 EStG |
| VII. Rechnungsabgrenzungsposten<br>VIII. Reingewinn | Nach den Grundsätzen ordnungsmäßiger Buchführung. Vgl. § 149 AktG. | |

## K. Gewerblicher Rechtsschutz

### 1. Allgemeines

Die Grundlage des Gewerblichen Rechtsschutzes sind folgende Gesetze:

Das Patentgesetz (PatG), Gebrauchsmustergesetz (GebrMG), Gesetz über Arbeitnehmererfindungen (ArbnErfG), Warenzeichengesetz (WZG), Geschmacksmustergesetz (GeschmMG) und das Urheberrechtsgesetz (UrhG).

Alle Schutzrechte berechtigen ausschließlich den Inhaber zur Nutzung dieser Rechte. Die erteilende Behörde macht diese Rechte bekannt im Patentblatt, Warenzeichenblatt und im Bundesanzeiger; außerdem wird jede Patentanmeldung in einer gedruckten Auslegeschrift bzw. nach der Erteilung des Patentes in einer gedruckten Patentschrift vom Patentamt herausgegeben und in bestimmten Auslegestellen (z.B. Technischen Hochschulen, Landesgewerbeämtern, größeren Industrie- und Handelskammern) zur Einsichtnahme von Interessenten ausgelegt.

An diesen Stellen kann sich jeder über die bestehenden geschützten Erfindungen informieren; es ist jedoch üblich, sich von einem Patentanwalt (mit technischer und juristischer Ausbildung) die entsprechenden Untersuchungen *(Recherchen)* anstellen zu lassen.

### 2. Patent[1])

Gemäß § 1 PatG (in der Fassung vom 2.1.1968) werden Patente erteilt „für neue Erfindungen, die eine gewerbliche Verwertung gestatten".

#### a) Patentfähigkeit

Voraussetzungen für die *Patentfähigkeit* einer Erfindung[2]) (nicht Entdeckung) sind insbesondere *Neuheit, technischer Fortschritt, Erfindungshöhe* und *gewerbliche Verwertbarkeit.*

*Neuheit:* „Eine Erfindung gilt nicht als neu, wenn sie zur Zeit der Anmeldung in öffentlichen Druckschriften aus den letzten hundert Jahren bereits derart beschrieben oder im Inland bereits so offenkundig benutzt ist, daß danach die Benutzung durch andere Sachverständige möglich erscheint. Eine innerhalb von sechs Monaten vor der Anmeldung erfolgte Beschreibung oder Benutzung bleibt außer Betracht, wenn sie auf der Erfindung des Anmelders oder seines Rechtsnachfolgers beruht." (§ 2 PatG).

---

1) Verfasser dieses Abschnittes: Dr.-Ing. Werner Zimmermann, Siegen

2) Unterschied zwischen Erfindung und Entdeckung: Entdeckt werden kann nur etwas bereits Vorhandenes (wenngleich es bisher noch verdeckt war), z.B. elektrischer Strom, ein neues chemisches Element. Erfunden werden kann nur etwas noch nie Dagewesenes, z.B. Maschine zum Erzeugen des elektrischen Stromes oder ein Verfahren zur Gewinnung eines neuen Stoffes.

Zu *Öffentlichen Druckschriften* gehören außer Büchern, Zeitschriften und Patentschriften auch Firmen-Prospekte, bei öffentlichen Vorträgen verteilte Manuskripte, ja sogar Veröffentlichungen des Erfinders selbst, wenn diese zum Zeitpunkt der Anmeldung älter als 6 Monate („Erfinder-Schonfrist") sind.

Neuheitsschädlich ist jede *offenkundige Vorbenutzung* des Erfindungsgegenstandes im Inland z.B. Ausstellung auf einer Messe[1]), Feilhalten des noch nicht hergestellten Gegenstandes (wenn aus dem Angebot alle Einzelheiten ersichtlich sind) ja sogar Vorbenutzung durch den Erfinder selbst, wenn sie länger als 6 Monate vor der Anmeldung erfolgte.

*Technischer Fortschritt:*

Was unter technischem Fortschritt oder Fortschrittlichkeit zu verstehen ist, läßt sich mit wenigen Worten nicht leicht ausdrücken. Die Rechtsprechung vertritt etwa folgende Ansicht: „Der technische Fortschritt soll eine erhebliche Bereicherung der Technik, eine sprunghafte Förderung der Technik sein. Der Vorschlag soll für den Fachmann überraschend sein[2])".

*Erfindungshöhe:*

Über die Erfindungshöhe entscheidet das Patentamt. Als Maß hierfür könnte die Höhe der Erfindung über dem jeweiligen *Stand der Technik* angesehen werden. Dabei geht es um die Beurteilung, wie weit die Erfindung „der Zeit voraus" ist.

*Gewerbliche Verwendbarkeit:*

Unter gewerblicher Verwendbarkeit (unglückliche Definition) versteht man, daß die patentfähige Erfindung sich beziehen muß auf eine technisch-gewerbliche Anwendung. Wirtschaftlichkeit fordert das Gesetz nicht. Sogenannte *Anweisungen an den menschlichen Geist* z.B. Lehrmethoden, Buchführungsmethoden, Diagramme, Logarithmentafeln usw. können zwar Erfindungen sein, sind aber nicht patentfähig.

Ausdrücklich nicht patentfähig sind Erfindungen, deren Verwertung den Gesetzen oder den guten Sitten zuwiderlaufen, wie z.B. Verbrecherwerkzeuge, Minispione.

Bis zum 31.12.1967 waren außerdem ausdrücklich ausgenommen: „Erfindungen von Nahrungs-, Genuß- und Arzneimittel sowie von Stoffen, die auf chemischem Wege hergestellt werden, soweit die Erfindungen nicht ein bestimmtes Verfahren zur Herstellung der Gegenstände betreffen" (alte Fassung: § 1, Absatz 2, Satz 2 PatG).

Dieses Stoffschutzverbot ist seit 1. Jan. 1968 außer Kraft gesetzt. Mit der Aufhebung dieses Stoffschutzverbotes wurde einem Bedürfnis der chemischen Industrie Rechnung getragen; außerdem bringt die Einführung des Stoffschutzes auch eine Angleichung an das Patentrecht vieler anderer Industriestaaten.

---

1) Im Falle einer Vorbenutzung durch den Erfinder auf einer Ausstellung wird der Beginn der Messe, (falls diese vom Bundesjustizminister im Blatt für Patentzeichen und Warenmuster veröffentlicht wurde) als der Prioritätstag (Tag der Anmeldung) angesehen. (Nach dem Gesetz betr. Schutz von Erfindungen, Mustern und Warenzeichen auf Ausstellungen vom 18.3.1904.)

2) Baumgarten, J. Der Schutz von Erfindungen ist Triebkraft für den technischen Fortschritt, in: Das Industrieblatt, 1963, Nr. 5, S. 309

### b) Patentanmeldung

Zur Patenterteilung, die das geistige Eigentum des Erfinders schützen soll, ist eine schriftliche Anmeldung der Erfindung beim Patentamt[1]) erforderlich. „In einer Anlage ist die Erfindung so zu beschreiben, daß danach ihre Benutzung durch andere Sachverständige möglich erscheint. Am Schluß der Beschreibung ist anzugeben, was als patentfähig unter Schutz gestellt werden soll (Patentanspruch). Die erforderlichen Zeichnungen, bildlichen Darstellungen, Modelle und Probestücke sind beizufügen" (§ 26 PatG).

Der Anmeldezeitpunkt ist wichtig; denn wenn mehrere die Erfindung unabhängig voneinander gemacht haben, dann steht das Recht dem zu, der die Erfindung zuerst beim Patentamt angemeldet hat (§ 3 PatG).

Mit der Anmeldung ist eine Gebühr von z.Z. 50,–DM zu entrichten. Innerhalb von drei Monaten nach der Anmeldung hat der Anmelder den oder die Erfinder zu benennen. „Ist der Anmelder nicht oder nicht allein der Erfinder, so hat er auch anzugeben, wie das Recht auf das Patent an ihn gelangt ist" (§ 26 (6) PatG).

Die Patentanmeldung ist unter dem Gesichtspunkt des Nachweises der Patentfähigkeit abzufassen.

In einer *Einleitung* ist Aufgabe und Zweck der Erfindung und der Fortschritt der Erfindung gegenüber dem Stand der Technik zu umreißen.

Sodann erfolgt die eigentliche *Beschreibung* der Erfindung anhand von Zeichnungen, Modellen und erläuternden Texten.

In einem dritten Abschnitt ist der *Patentanspruch* zu formulieren, d.h. es ist herauszustellen, für was bzw. für welche Details, Funktionsweisen usw. der Erfinder den Rechtsschutz beansprucht.

### c) Patenterteilungsverfahren

Es gibt grundsätzlich zwei Arten von patentrechtlichen Erteilungsverfahren:

**Das Registrierverfahren:** Alle Anmeldungen werden ohne Prüfung auf Patentfähigkeit registriert, die Patente erteilt und veröffentlicht. Ohne große Aufwendungen für die erteilende Behörde ist dadurch eine schnelle Patenterteilung und Information der Fachwelt möglich. Die interessierte Fachwelt kann die so erteilten Patente angreifen bzw. zu Fall bringen, indem sie den Nachweis erbringt, daß eine Patentfähigkeit nicht vorliegt. Die eigentliche Prüfung ist somit von der erteilenden Behörde auf die Fachwelt abgewälzt. In Frankreich ist dieses Patenterteilungsverfahren üblich.

---

[1]) Sitz des Deutschen Patentamtes ist München. Am Sitz des Patentamtes hat auch das Bundespatentgericht seinen Sitz

**Das Prüfungsverfahren:** Die Anmeldungen werden vom Patentamt auf Patentfähigkeit geprüft und dann entweder bekanntgemacht oder abgelehnt. Somit wird zunächst die Spreu vom Weizen getrennt und die Fachwelt hat es nur mit ernstzunehmenden, bereits vorgeprüften Bekanntmachungen zu tun. Das Patentamt benötigt bei dieser Verfahrensweise jedoch viele sachverständige Prüfer und bis zur Bekanntmachung vergehen u.U. einige, wenn nicht sogar viele, Jahre. Bei allen Anmeldungen, die bis zum 30. Sept. 1968 beim Deutschen Patentamt eingingen, wurde dieses Prüfungsverfahren angewendet.

Bei allen Anmeldungen, die nach diesem Termin eingehen, wird die sogenannte *Verschobene Prüfung* eingeführt. Das Patentamt prüft vorerst nur die Form der Anmeldung. Genügt sie den vorgeschriebenen Anforderungen nicht, wird der Anmelder aufgefordert, die Mängel innerhalb einer bestimmten Frist zu beseitigen. Die Anmeldung wird zurückgewiesen, wenn die Mängel nicht beseitigt werden. Dagegen prüft das Patentamt die Anmeldung hinsichtlich der Patentfähigkeit nur auf Antrag. Die Gebühr für den Prüfungsantrag beträgt DM 300,–

Vor dem Prüfungsantrag kann auch ein Antrag auf Ermittlung der öffentlichen Druckschriften (d.h. nur auf Neuheit der Anmeldung) gestellt werden (Gebühr DM 100,–, die auf die Prüfungsgebühr für volle Patentfähigkeit angerechnet wird). Beide Anträge können auch von Dritten gestellt werden, z.B. von der interessierten Fachwelt.

Der Prüfungsantrag kann bis zum Ablauf von 7 Jahren nach der Einreichung der Anmeldung gestellt werden; wird der Prüfungsantrag in dieser Zeit nicht gestellt, so gilt die Anmeldung als zurückgenommen.

Auch wenn kein Prüfungsantrag gestellt ist, wird die Anmeldung nach Ablauf von 18 Monaten ab Einreichungstag bzw. Prioritätstag offengelegt. Mit der *Offenlegung* entsteht gegenüber dem Verletzer des in der Anmeldung beantragten Patentes ein Anspruch auf angemessene Vergütung, die jedoch erst nach Abschluß des Prüfungsverfahrens durch die Bekanntmachung des vorläufigen Rechtes geltend gemacht werden kann.

Die Jahresgebühren sind nach den neuen Bestimmungen nicht nur für erteilte Patente, sondern auch bereits für Patentanmeldungen, die ja bereits einen vorläufigen Schutz genießen, zu entrichten.

Durch die *verschobene Prüfung* will man den Arbeitsanfall beim Patentamt verringern, da die meisten Patente bisher (wegen der progressiv ansteigenden Gebühren oder weil sie technisch überholt waren) nicht länger als 7 Jahre aufrecht erhalten wurden. Eine Prüfung auf Patentfähigkeit ist nun in diesen Fällen nicht mehr erforderlich.

Mit der verschobenen Prüfung will der Gesetzgeber außerdem dem dringenden Wunsch der Wirtschaft nachkommen, sich möglichst frühzeitig über vorliegende Anmeldungen orientieren zu können, und zu wissen, welche Ausschlußrechte ihren wirtschaftlichen Dispositionen etwa entgegenstehen können.

Wird der Prüfungsantrag gestellt, so erfolgt die Prüfung auf Patentfähigkeit.

„Genügt die Anmeldung den vorgeschriebenen Anforderungen und erachtet das Patentamt die Erteilung eines Patents nicht für ausgeschlossen, so beschließt es die Bekanntmachung der Anmeldung" (§ 30 PatG). Dadurch erfolgt für den Anmelder bereits ein einstweiliger Schutz.

Die Bekanntmachung im Patentblatt enthält den Namen des Patentsuchers und den wesentlichen Inhalt des Patentantrages. Die Beschreibungen und Zeichnungen liegen beim Patentamt zur Einsicht für jedermann aus. Keinerlei Bekanntmachung erfolgt natürlich, wenn die Erfindung ein Staatsgeheimnis ist – Geheimpatent (§ 30 a PatG).

Erfolgt innerhalb von drei Monaten nach der Bekanntmachung kein Einspruch (§ 32 PatG), so wird das Patent erteilt (Bekanntmachung im Patentblatt, Aushändigung einer Urkunde und Eintragung in die öffentliche Patentrolle.

Das Patenterteilungsverfahren ist mit dem Erteilungsbeschluß bzw. dem Druck der Patentschrift abgeschlossen. Die Dauer des Patentschutzes beträgt höchstens 18 Jahre.

„Die Wirkung des Patents tritt gegen den nicht ein, der zur Zeit der Anmeldung bereits im Inland die Erfindung in Benutzung genommen oder die dazu erforderlichen Veranstaltungen getroffen hatte" (Beschränkung der Wirkung gegenüber Benutzer – § 7 PatG). Außerdem ist gegen Vergütung eine Beschränkung der Patentwirkung im Interesse der öffentlichen Wohlfahrt oder der Staatssicherheit möglich (§ 8 PatG).

Die Patentgebühren steigen überproportional zur Dauer des Schutzrechtes:

Gebühr für Anmeldung 50 DM, Gebühr für Prüfung der Patentfähigkeit 300 DM, Gebühr für die Prüfung hinsichtlich öffentlicher Druckschriften 100 DM, Bekanntmachung 60 DM, 3. Jahr 50 DM, 4. Jahr 50 DM, 5. Jahr 80 DM, 6. Jahr 125 DM, 7. Jahr 175 DM, 8. Jahr 250 DM, . . . 16. Jahr 1350 DM, 17. Jahr 1525 DM, 18. Jahr 1700 DM (§ 1 Gesetz über die Gebühren des Patentamts und des Patentgerichts i.d.F.v.2.1.1968). Die hohen Gebühren sind dadurch gerechtfertigt, daß ein Patent, für das 18 Jahre Schutz beansprucht wird, wohl auch entsprechend viel Nutzen einbringen dürfte.

Durch die Erteilung eines Patentes wird ein nicht nur zeitlich, sondern auch regional begrenztes Recht gewährt. Ein vom Patentamt in München erteiltes Patent wirkt nur in der Bundesrepublik Deutschland einschl. West-Berlin. Wenn ein Schutz auch in einem anderen Land gewünscht wird, bedarf es der Patenterteilung auch in dem betreffenden Land. Um den internationalen Patentschutz zu erleichtern, besteht zwischen den meisten Staaten eine Prioritätsvereinbarung (Pariser Verbandsübereinkunft zum Schutze des gewerblichen Eigentums v. 20.3.1883 – heutige Fassung von Lissabon 31.10.1958). Diese Vereinbarung gibt allen Angehörigen der Verbandstaaten das Recht, innerhalb eines Jahres nach der ersten Anmeldung weitere Anmeldungen in anderen Verbandstaaten mit der Priorität der Erstanmeldung zu tätigen.

*Beispiel:* Ein Erfinder meldete seine Erfindung am 2. Januar 1969 in München zum Patent an. Wenn er spätestens am 2. Januar 1970 seine Erfindung in England, USA, Frankreich usw. anmeldet, genießt er auch in diesen Ländern die Rechte des Erstanmelders, falls er auch in Deutschland der Erstanmelder ist.

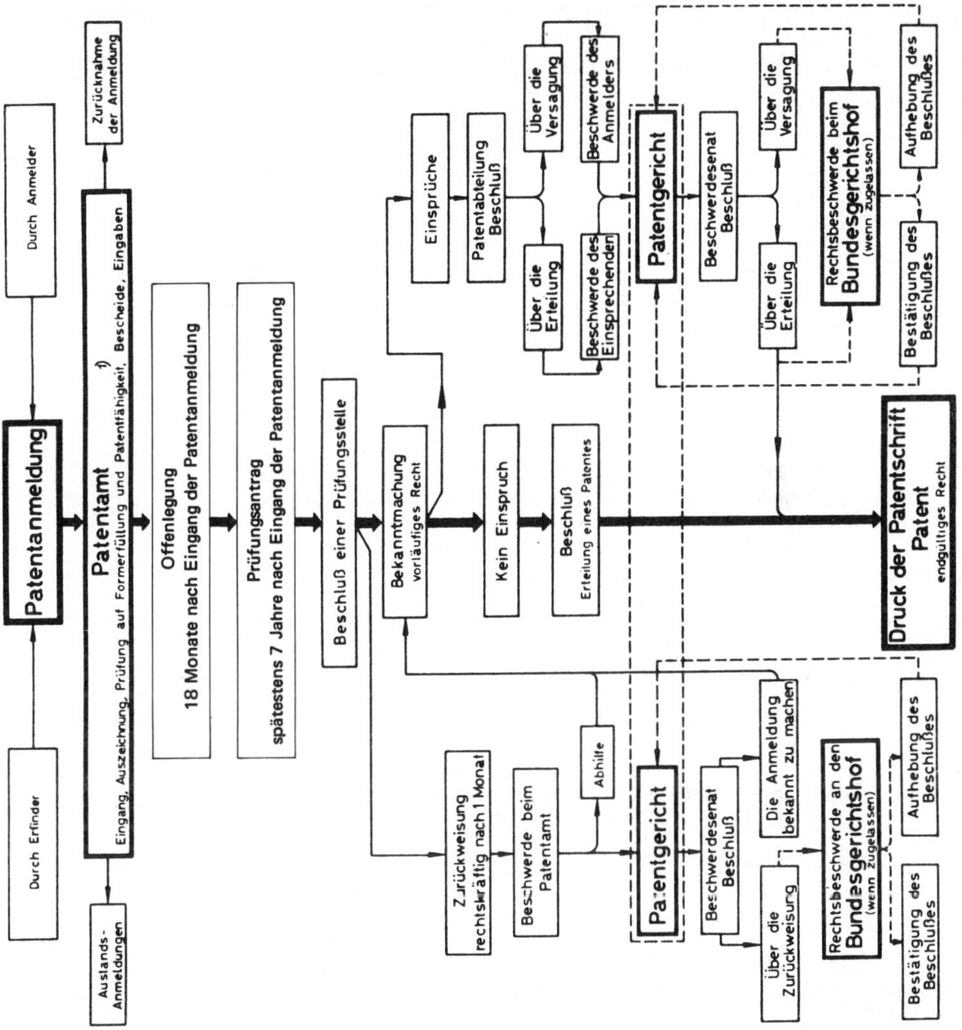


Bild 6: Werdegang eines Patentes, Patenterteilungsverfahren[2]

[1] Seit 1.10.1968 „verschobene Prüfung" gemäß § 28 b PatG

[2] Quelle: Jochem Baumgarten: „Der Schutz von Erfindungen ist Triebkraft für den technischen Fortschritt" in Zeitschrift „Das Industrieblatt", Bd. 63 (1963) Nr. 6 (Juni), Seite 392

Entsprechendes gilt natürlich auch, wenn ein Ausländer in Deutschland eine Erfindung anmeldet. Gem. § 27 PatG ist in diesem Fall innerhalb von zwei Monaten nach der Anmeldung beim Patentamt eine Prioritätserklärung abzugeben. Ausländer müssen sich beim Verfahren vor dem Patentamt oder dem Patentgericht durch einen inländischen Patentanwalt oder Rechtsanwalt vertreten lassen (§ 16 PatG).

### d) Patentnutzung

„Das Patent hat die Wirkung, daß allein der Patentinhaber befugt ist, gewerbsmäßig den Gegenstand der Erfindung herzustellen, in Verkehr zu bringen, feilzuhalten oder zu gebrauchen. Ist das Patent für ein Verfahren erteilt, so erstreckt sich die Wirkung auch auf die durch das Verfahren unmittelbar hergestellten Erzeugnisse" (§ 6 PatG).

Der Patentschutz bezieht sich also auf vier verschiedene Benutzungsarten. Es sind geschützt:

1. Das Herstellen (wichtig für Fabrikationsbetriebe),
2. Das Inverkehrbringen (das Auf-den-Markt-bringen),
3. Das Feilhalten (ausdrückliches Anbieten im Sinne eines kaufmännischen Angebotes oder Ausstellen im Sinne eines stillschweigenden Angebotes),
4. Das Gebrauchen (des geschützten Gegenstandes oder Verfahrens, d.h. den Gegenstand oder das Verfahren seiner funktionsmäßigen Bestimmung zuführen).

Diese Benutzungsarten sind ausschließlich dem Schutzrechtsinhaber vorbehalten; er kann die Rechte allerdings auch verkaufen, verschenken, in eine Gesellschaft einbringen oder Dritten die Nutzung des Rechtes gegen Entgelt erlauben. Die Erlaubniserteilung zur Auswertung eines Patentes nennt man Lizenzvergabe.

Man spricht von einer *ausschließlichen* Lizenz, (auch Generallizenz) wenn nur ein Lizenznehmer das Recht zur Nutzung hat. Wird eine *nichtausschließliche* Lizenz (einfache Lizenz) vergeben, so wird damit deutlich gemacht, daß der Lizenzgeber auch noch anderen Lizenznehmern die Nutzung des Patentes gestattet hat oder noch gewähren will.

Lizenzen können auch auf nur eine der oben angeführten Benutzungsarten oder auf bestimmte territoriale Gebiete beschränkt werden. Falls die Benutzung des Patentes im öffentlichen Interesse geboten ist, kann der Schutzrechtsinhaber vom Patentgericht oder vom Bundesgerichtshof zur Vergabe einer Lizenz gezwungen werden. (*Zwangslizenz* nach § 15 PatG).

### e) Patentstreitigkeiten

**Beschwerde und Einspruchsklage gegen Beschlüsse des Patentamtes:**
Gegen die Beschlüsse des Patentamtes während des Erteilungsverfahrens kann der Erfinder oder sein Rechtsnachfolger *Beschwerde* beim Patentamt erheben. Ebenso kann die Öffentlichkeit, insbesondere die Konkurrenz, *Einspruch* erheben.

Gründe für den Einspruch können sein:

1. Es liegt nach Meinung des Einsprechenden keine Patentfähigkeit vor (z.B. vorveröffentlicht oder offenkundig vorbenutzt).
2. Es liegen ältere Rechte vor (z.B. ältere Patente oder Anmeldungen).
3. Die Erfindung ist widerrechtlich entnommen (§ 4, Absatz 3 PatG).

Führen Einspruch und Beschwerde beim Patentamt nicht zu einer Änderung des den Einspruch oder die Beschwerde auslösenden Beschlusses, so ist Beschwerde beim Patentgericht und anschließend eventuell Rechtsbeschwerde beim Bundesgerichtshof möglich. (Vgl. Bild 6.)

**Verletzungsklage des Patentinhabers beim Landgericht:**
Der Patentinhaber kann nach der Bekanntmachung des Patentes gegen einen Verletzer des Patentes (jemand, der das Patent widerrechtlich nutzt) Verletzungsklage beim Landgericht erheben. (Zuständig sind dafür nur Patentsenate, die an jeweils einem Landgericht in jedem Bundesland existieren.)

Die Verletzungsklage zielt auf die Verurteilung des Verletzers, bestimmte Handlungen zu unterlassen, Abrechnungen zu geben und Schadenersatz zu leisten. (Der Schadenersatz kann z.B. in der Zahlung einer angemessenen Lizenzgebühr bestehen.)
Gegen das Urteil des Landgerichtes ist Berufung beim Oberlandesgericht und Revision beim Bundesgerichtshof möglich. (Vgl. Bild 7.)

**Nichtigkeitsklage beim Patentgericht:**
Der Beklagte beim Verletzungsprozeß kontert häufig mit einer Nichtigkeitsklage beim Patentgericht, die darauf abzielt, wichtige Ansprüche des Patentes oder gar das ganze Patent zu vernichten. Die ordentlichen Gerichte setzen den Patentverletzungsprozeß dann meist so lange aus, bis über die Nichtigkeitsklage rechtskräftig entschieden ist. Gegen das Urteil des Patentgerichtes im Nichtigkeitsverfahren ist Berufung beim Bundesgerichtshof zulässig.

**Beschränkungsantrag beim Patentamt:**
Der Beschränkungsantrag kann von den Vorbenutzern (nach § 7 PatG), von der Bundesregierung (wenn Beschränkung im Interesse von Wohlfahrt und Sicherheit nach § 8 PatG) und vom Patentinhaber selbst gestellt werden.

Ist der Patentinhaber von der Durchschlagkraft der z.B. vom Kläger in einem Nichtigkeitsprozeß vorgebrachten, die Patentfähigkeit erschütternden neuen Tatbestände überzeugt, so ist er gut beraten, die strittigen Ansprüche aus seinem Patent zu eliminieren. Er kann einen Nichtigkeitsantrag beim Patentamt stellen. Entspricht das Patentamt seinem Antrag, das Patent auf die nichtstrittigen Ansprüche zu beschränken, so wird die häufig für den Patentinhaber gefährliche Nichtigkeitsklage gegenstandslos.

Gegen den Beschluß des Patentamtes im Beschränkungsverfahren ist wiederum Beschwerde beim Patentgericht und gegen dessen Beschluß eventuell Rechtsbeschwerde beim Bundesgerichtshof zulässig.

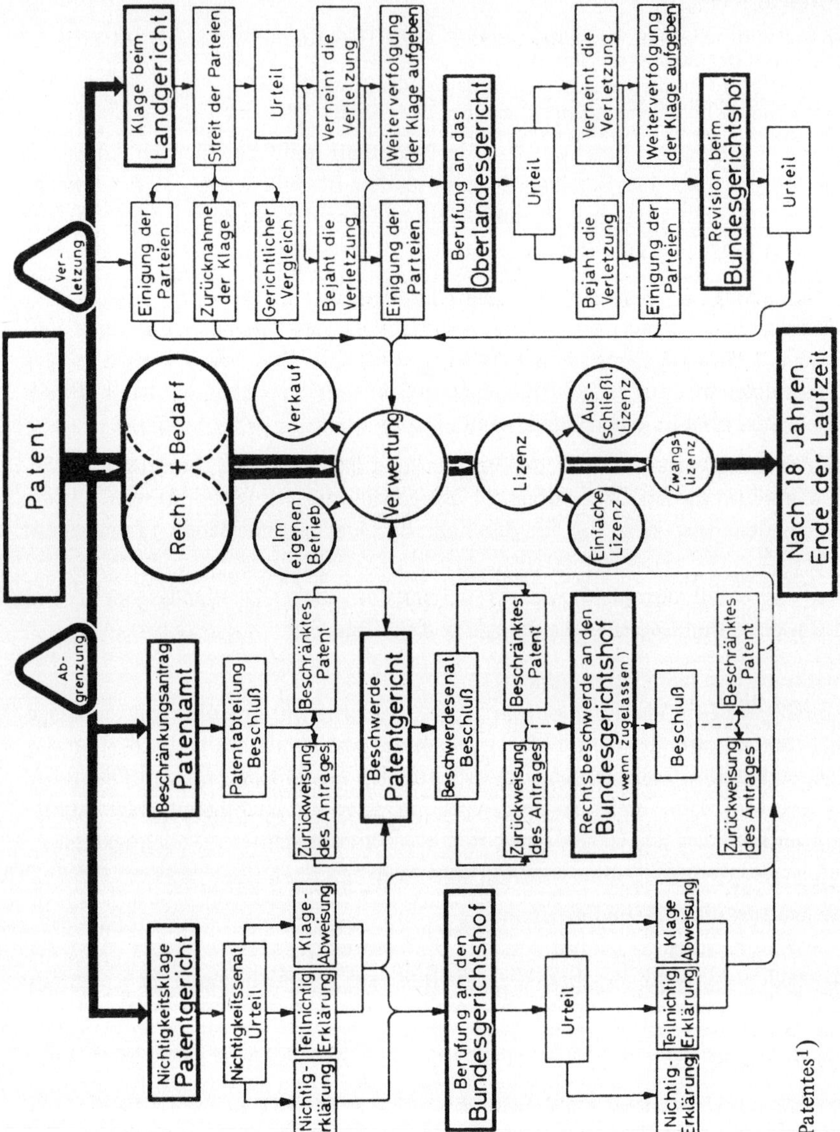


Bild 7: Weg eines Patentes[1])

[1]) Quelle: J. Baumgarten a.a.O., Seite 394

## 3. Gebrauchsmuster

Gemäß § 1 des Gebrauchsmustergesetzes in der Fassung vom 2.1.1968 (GebrMG) können Arbeitsgerätschaften oder Gebrauchsgegenstände oder Teile davon insoweit als Gebrauchsmuster geschützt werden, „als sie dem Arbeits- oder Gebrauchszweck durch eine neue Gestaltung, Anordnung oder Vorrichtung dienen sollen".

Das Gebrauchsmuster wird auch als „kleines Patent" angesehen. Es werden keine eigentlichen Erfindungen geschützt, sondern nur neue Gestaltungen, Anordnungen oder Vorrichtungen, z.B. ein besonders kleiner Radioapparat, ein besonderes Kartoffelschälmesser evtl. aber auch ein neu gestaltetes Flugzeug. Schaltungen und Verfahren sind nicht schutzfähig.

Das Anmeldeverfahren beim Patentamt ist für das Gebrauchsmuster ähnlich dem des Patentes. Die Gebühr beträgt z.Z. 30 DM. Wenn die Anmeldung den Anforderungen (§ 2 GebrMG) entspricht, verfügt das Patentamt die Eintragung in die Gebrauchsmusterrolle (§ 3 GebrMG). Die Schutzdauer beträgt drei Jahre. Gegen Zahlung einer Gebühr von z.Z. 150 DM ist eine Verlängerung um drei Jahre möglich (§ 14 GebrMG).

Die sonstigen Vorschriften über das Gebrauchsmuster sind dem des Patentes sehr ähnlich.

In der gleichen Angelegenheit kann mit der Patentanmeldung auch vorsorglich ein Gebrauchsmuster beantragt werden („Hilfsgebrauchsmuster" gem. § 2 Abs. 6 GebrMG). Nur für den Fall, daß keine Patenterteilung erfolgt bzw. das Patent vor Ablauf von sechs Jahren fallen gelassen wird, erfolgt Gebrauchsmusterantrag. Die Anmeldegebühr beträgt dann vorerst nur die Hälfte, nämlich 15,–DM.

## 4. Geschmacksmuster

Gemäß § GeschmMG[1]) steht das Recht, für gewerbliche Erzeugnisse bestimmte Muster oder Modelle ganz oder teilweise nachzubilden, ausschließlich dem Urheber zu. Als Muster oder Modelle werden nur neue und eigentümliche Erzeugnisse angesehen.

*Beispiele:* Modelle für Schmuckstücke; ein besonderes, neuartiges Teppich oder Tapeten muster, typische Flaschenform usw.

Die Eintragung des Geschmacksmusters erfolgt in der Musterrolle des Amtsgerichts. Die Schutzdauer beträgt ein bis drei Jahre. Eine Verlängerung bis zur Höchstdauer von 15 Jahren ist möglich.

## 5. Warenzeichen

„Wer sich in seinem Geschäftsbetrieb zur Unterscheidung seiner Waren von den Waren anderer eines Warenzeichens bedienen will, kann dieses Zeichen zur Eintragung in die Zeichenrolle anmelden" (§ 1 WZG[2])). Die Zeichenrolle wird beim Patentamt geführt.

---

[1]) Gesetz betreffend das Urheberrecht an Mustern und Modellen („Geschmacksmustergesetz") i.d.F. v. 26.7.1957

[2]) Warenzeichengesetz i.d.F. v. 2.1.1968

Das Warenzeichen kann in einem Wort (z.B. Blendax, Persil), in Buchstaben (z.B. VW, BMW), Zahlen (z.B. 4711) oder Bildern (z.B. Mercedes-Stern) bestehen.

Nicht eingetragen werden dürfen z.B. Zeichen ohne Unterscheidungskraft, Hoheitszeichen, ärgerniserregende Darstellungen, für gleiche oder gleichartige Waren bisher verwendete Zeichen, amtliche Prüf- und Gewährzeichen (§ 4 WZG).

Das Warenzeichen ist besonders für die Werbung bedeutend. Die Dauer des Schutzes beträgt zehn Jahre. Eine Verlängerung um jeweils zehn Jahre ist möglich (§ 9 WZG).

## 6. Arbeitnehmererfindungen

Falls im Betrieb beschäftigte Arbeitnehmer, z.B. Ingenieure, Techniker, Chemiker, Erfindungen[1]) oder technische Verbesserungsvorschläge[2]) machen, ist das Gesetz über Arbeitnehmererfindungen vom 25.7.1957 anzuwenden. Das Gesetz gilt nicht nur für die Arbeitnehmer im privaten Dienst, sondern auch im öffentlichen Dienst sowie für Beamte und Soldaten. Bei den Erfindungen unterscheidet man Diensterfindungen und freie Erfindungen.

*Diensterfindungen* (gebundene Erfindungen) „sind während der Dauer eines Arbeitsverhältnisses gemachte Erfindungen, die entweder aus der dem Arbeitnehmer im Betrieb oder in der öffentlichen Verwaltung obliegenden Tätigkeit entstanden sind oder maßgeblich auf Erfahrungen oder Arbeiten des Betriebes oder der öffentlichen Verwaltung beruhen“ (§ 4).

*Freie Erfindungen* sind alle sonstige Erfindungen von Arbeitnehmern.

*Beispiel:* Ein Elektro-Ingenieur der Rundfunkindustrie erfindet ein Spezialgerät, um den Honig aus den Bienenwaben zu holen.

Der Arbeitnehmer hat Diensterfindungen unter genauer Beschreibung unverzüglich dem Arbeitgeber schriftlich zu melden (§ 5). Dieser kann sie unbeschränkt oder beschränkt in Anspruch nehmen oder freigeben. Spätestens innerhalb von vier Monaten muß der Arbeitgeber hierüber eine schriftliche Erklärung abgeben, sonst wird die Erfindung frei. Bei einer unbeschränkten Inanspruchnahme gehen alle Rechte an der Diensterfindung auf den Arbeitgeber über. Dieser muß sie als Patent bzw. Gebrauchsmuster anmelden und dem Arbeitnehmer eine angemessene Vergütung zahlen. „Für die Bemessung der Vergütung sind insbesondere die wirtschaftliche Verwertbarkeit der Diensterfindung, die Aufgaben und die Stellung des Arbeitnehmers im Betrieb sowie der Anteil des Betriebes an dem Zustandekommen der Diensterfindung maßgebend“ (§ 9).

---

[1]) Erfindungen sind patentfähig oder gebrauchsmusterfähig

[2]) Technische Verbesserungsvorschläge sind Vorschläge für sonstige technische Neuerungen, die nicht patent- oder gebrauchsmusterfähig sind

Die Vergütung soll in angemessener Frist nach Inanspruchnahme der Diensterfindung durch Vereinbarung zwischen Arbeitgeber und Arbeitnehmer festgesetzt werden (§ 12). Vom Bundesminister für Arbeit wurden umfangreiche Richtlinien erlassen[1]). Steuerlich werden die Vergütungen begünstigt[2]). Wenn zwischen Arbeitgeber und Arbeitnehmer innerhalb angemessener Zeit keine Vereinbarung zustande kommt, hat der Arbeitgeber innerhalb von drei Monaten nach Erteilung des Schutzrechtes durch eine begründete schriftliche Erklärung die Vergütung festzusetzen. Widerspricht der Arbeitnehmer nicht innerhalb weiterer zwei Monate schriftlich, wird die Festsetzung für beide Teile verbindlich. Bei einem Streit ist vor einem Gerichtsverfahren eine Schiedsstelle (beim Patentamt in München bzw. bei der Dienststelle Berlin des Patentamtes) anzurufen. Diese versucht, eine gütliche Einigung herbeizuführen.

Bei beschränkter Inanspruchnahme durch den Arbeitgeber kann der Arbeitnehmer selbst die Erfindung auch noch anderweitig verwerten. Auch hier steht ihm von dem Arbeitgeber eine angemessene Vergütung zu.

„Wird durch das Benutzungsrecht des Arbeitgebers die anderweitige Verwertung unbillig erschwert, so kann der Arbeitnehmer verlangen, daß der Arbeitgeber innerhalb von zwei Monaten die Diensterfindung entweder unbeschränkt in Anspruch nimmt oder sie dem Arbeitnehmer freigibt" (§ 7).

Auch freie Erfindungen hat der Arbeitnehmer zu melden, damit der Arbeitgeber beurteilen kann, ob die Erfindung frei ist (§ 18).

„Eine Verpflichtung zur Mitteilung freier Erfindungen besteht nicht, wenn die Erfindung offensichtlich im Arbeitsbereich des Betriebes des Arbeitgebers nicht verwendbar ist" (§ 18 Abs. 3).

Wenn die freie Erfindung in den Arbeitsbereich des Arbeitgeberbetriebes fällt, muß der Arbeitnehmer die Erfindung vor einer anderweitigen Verwertung dem Arbeitgeber mindestens zur nichtausschließlichen Benutzung (Lizenzvertrag) zu angemessenen Bedingungen anbieten.

Auch für wertvolle technische Verbesserungsvorschläge hat der Arbeitnehmer einen Anspruch auf angemessene Vergütung, wenn der Arbeitgeber die Vorschläge verwertet.

Für die Vergütung bei technischen Verbesserungsvorschlägen gelten analog die Bestimmungen über die Vergütung bei Arbeitnehmererfindungen. Auch steuerlich sind diese Vergütungen begünstigt. Prämien bis 200,–DM sind z.B. gänzlich steuerfrei[3]).

---

[1]) „Richtlinien für die Vergütung von Arbeitnehmererfindungen im privaten Dienst" vom 20.7.1959 (Beil. z. Bundesanzeiger Nr. 156); sie sind auf Arbeitnehmer im öffentlichen Dienst sowie auf Beamte und Soldaten entsprechend anzuwenden.

[2]) Verordnung über die steuerliche Behandlung der Vergütungen für Arbeitnehmererfindungen v. 6.6.1951.

[3]) Verordnung über die steuerliche Behandlung von Prämien für Verbesserungsvorschläge v. 18.2.1957. Diese Verordnung und die Verordnung gem. Fußnote 2 erhielten durch das SteuerÄndG 1968 v. 20.2.1969 Gesetzeskraft.

## 7. Unlauterer Wettbewerb

Auch ein scharfer Konkurrenzkampf darf nicht zur Verwendung unlauterer Mittel führen.

Gemäß § 1 UWG[1]) kann, „wer im geschäftlichen Verkehr zu Zwecken des Wettbewerbs Handlungen vornimmt, die gegen die guten Sitten verstoßen, . . . auf Unterlassung und Schadenersatz in Anspruch genommen werden". Neben dieser Generalklausel führt das UWG noch eine Reihe von verbotenen Handlungen unter Strafandrohung auf.

*Beispiele:* Falsche Angaben über Beschaffenheit und Ursprung der Waren, über die Art des Bezugs oder die Bezugsquellen von Waren, den Besitz von Auszeichnungen, den Anlaß und Zweck des Verkaufs; unzulässige Ausverkäufe und Räumungsverkäufe; Verwendung unzulässiger Verkaufseinheiten; Bestechung von Angestellten, um durch unlauteres Verhalten des Angestellten Vorteile gegenüber der Konkurrenz zu haben (Strafe: Gefängnis bis zu einem Jahr und Geldstrafe bis zu 10 000,–DM); Anschwärzung eines Konkurrenten oder dessen Ware; Hervorrufen einer Verwechselungsgefahr; Verrat von Geschäftsgeheimnissen durch einen Arbeitnehmer (Strafe: Gefängnis bis zu drei Jahren und Geldstrafe); Verleiten zum Verrat.

Auch das Rabattgesetz[2]) (höchstzulässiger Nachlaß bei Barzahlung 3 %), die Zugabeverordnung[3]) (Zugaben sind allgemein verboten, wenn sie nicht gerade von geringerem Wert sind) und das Gesetz gegen Wettbewerbsbeschränkungen[4]) (vgl. D.3.b) sind den Wettbewerb regelnde Rechtsnormen.

Das Urheberrechtsgesetz[5]) schützt die Urheber von Werken der Literatur, Wissenschaft und Kunst. Zu den geschützten Werken gehören insbesondere: 1. Sprachwerke, wie Schriftwerke und Reden; 2. Werke der Musik; 3. pantomimische Werke einschl. der Werke der Tanzkunst; 4. Werke der bildenden Kunst einschl. Werke der Baukunst und der angewandten Kunst und Entwürfe solcher Werke; 5. Lichtbildwerke und ähnliche Werke; 6. Filmwerke und ähnliche Werke; 7. Darstellungen wissenschaftlicher oder technischer Art, wie Zeichnungen, Pläne, Karten, Skizzen, Tabellen und plastische Darstellungen (§ 2 UrhG).

---

[1]) Gesetz gegen den unlauteren Wettbewerb v. 7.6.1909 (UWG) (zuletzt am 21.7.1965 geändert).

[2]) Gesetz über Preisnachlässe (Rabattgesetz) v. 25.11.1933.

[3]) Verordnung des Reichspräsidenten zum Schutz der Wirtschaft, Erster Teil: Zugabewesen („Zugabeverordnung") v. 9.3.1932.

[4]) Gesetz gegen Wettbewerbsbeschränkungen i.d.F.v.3.1.1966 (GWB).

[5]) Gesetz über Urheberrecht und verwandte Schutzrechte (Urheberrechtsgesetz) v.9.9. 1965 (UrhG).

## Anhang

## Literatur zum Weiterstudium

*Gesetzestexte*

Als Loseblatt-Ausgaben (im Ordner) besonders:

*Schönfelder,* Deutsche Gesetze; *Nipperdey,* Arbeitsrecht; Steuergesetze; alle drei Sammlungen Verlag C.H. Beck, München und Berlin.

Besonders preiswert sind Taschenbuchausgaben von Gesetzestexten in verschiedenen Verlagen, z.B. dtv-Beck-Texte, Verlag C.H. Beck, München:

dtv Nr. 5001 BGB (Bürgerliches Gesetzbuch u.a.)
dtv Nr. 5002 HGB (Handelsgesetzbuch mit Wechsel- und Scheckgesetz)
dtv Nr. 5003 GG (Grundgesetz u.a.)
dtv Nr. 5004 GewO (Gewerbeordnung u.a.)
dtv Nr. 5005 ZPO (Zivilprozeßordnung u.a.)
dtv Nr. 5006 ArbG (Arbeitsgesetze)
dtv Nr. 5007 StGB (Strafgesetzbuch)
dtv Nr. 5008 EStG (Einkommensteuergesetz)
dtv Nr. 5009 WettbewG (Wettbewerbsgesetze)
dtv Nr. 5010 AktG, GmbHG (Aktiengesetz, GmbH-Gesetz).

*Schröder, Bartholomäus,* Deutscher Rechtsspiegel, Das praktische Rechtsbuch für jedermann, Han Verlag, München

*Schaeffers Grundriß* des Rechts und der Wirtschaft, Verlag L. Schwann, Düsseldorf und W. Kohlhammer, Stuttgart. Es erschien eine Reihe von Bänden aus allen Rechtsgebieten. Besonders kommen in Frage die Bände der Abteilung I: Privat- und Prozeßrecht

*Bobrowski – Gaul,* Das Arbeitsrecht im Betrieb, Verlag Recht und Wirtschaft, Heidelberg

*Darwig – Bleistein,* Taschenlexikon arbeitsrechtlicher Entscheidungen (Lose-Blatt-Sammlung) E. Schmidt Verlag, Berlin

*Arbeitsrechts-Blattei* – Handbuch für die Praxis (Lose-Blatt-Sammlung) Forkel Verlag, Stuttgart-Degerloch

*Schleßmann,* Rechtshandbuch der Personalleitung, Verlag moderne Industrie, München

*Weber – Bitzer,* Arbeitsrechts- und Sozialfibel, Bund-Verlag, Köln

*Hochstetter – Seipp,* Rechts- und Staatskunde, Hermann Luchterhand Verlag, Neuwied

*Schmidt, A.,* Was der Ingenieur vom gewerblichen Rechtsschutz wissen muß, VDI – Verlag, Düsseldorf

## Aufgaben

1. Der 18jährige Hans kauft sich ohne Wissen seiner Eltern ein Moped zum Preise von 600,–DM auf Teilzahlung. Wie ist die Rechtslage?
2. Ein 20jähriger Werkzeugmacher kündigt ohne Wissen seiner Eltern (gesetzl. Vertreter) sein Arbeitsverhältnis und schließt einen neuen Arbeitsvertrag als Artist in einem Zirkus ab. Sind Kündigung und Vertragsschluß gültig?
3. Um welche Sachen, Bestandteile u.ä. handelt es sich in folgenden Fällen:
   a) Wasserfläche mit Faltboot,
   b) Installation einer Wohnung,
   c) Lampen einer Wohnung,
   d) herausoperierter Blinddarm (Wurmfortsatz) eines Menschen,
   e) Teerdecke (bituminöse Oberfläche) einer Landstraße?
4. Kaufmann A. kaufte am 1. August 1968 beim Lampenhändler B. zwei Lampen, eine für sein Büro und eine für sein Wohnzimmer. Für beide blieb er den Kaufpreis schuldig. B. mahnte am 15. Oktober 1968 und 25. Januar 1969 durch eingeschriebene Briefe. A. rührt sich nicht. Am 15. Januar 1971 verlangt B. von A. ernstlich sein Geld für beide Lampen, worauf A. die Einrede der Verjährung geltend macht.
   a) Kann A. noch zur Bezahlung der beiden Lampen gezwungen werden?
   b) Wie wäre die Rechtslage, wenn A. auf den Brief vom 25. Januar 1969 in einem Antwortbrief am 31. Januar 1969 um Geduld gebeten hätte?
   c) Wie kann man allgemein als Gläubiger verhindern, daß eigene Ansprüche verjähren?
5. A. erklärt in einem Gasthaus unter Zeugen, für die Zechschuld des B. haften zu wollen. Kann er im Falle der Zahlungsunfähigkeit des B. in Anspruch genommen werden?
6. C. verspricht seinem Neffen D. auf einer Postkarte einen Motorroller für den Fall des Bestehens der Ingenieurprüfung. Ist C. an sein Versprechen rechtlich gebunden?
7. E. vereinbart den Verkauf eines Grundstückes an F. zum Preise von 50 000,–DM. Um Grunderwerbssteuer und Kosten zu „sparen", wird beim Notar ein Kaufpreis von 25 000,–DM beurkundet. Ist ein Kaufvertrag mit einem Kaufpris von 50 000,–DM, von 25 000,–DM oder ist überhaupt kein Kaufvertrag zustande gekommen?
8. G. kauft von H. einen Gebrauchtwagen. Auf Befragen erklärt H., es handele sich um kein Unfallfahrzeug. Nachträglich stellt sich heraus, daß der Wagen ein Unfallauto ist.
   a) Ist der Kaufvertrag zustande gekommen?
   b) Was kann G. unternehmen, wenn er den Wagen nicht mehr haben möchte?
9. J. bestellte bei K. Werkstoffe. Versehentlich schrieb er jedoch statt Bestell-Nr. 32836 die falsche Bestell-Nr. 32638 auf die Bestellung. Da bei K. eine Auftragsbestätigung nicht üblich ist, bemerkte J. sein Versehen erst bei Erhalt der Lieferung. J. sendet die Lieferung sofort zurück und bittet unter Schilderung seines Versehens um Umtausch in Bestell-Nr. 32836.
   a) Ist K. rechtlich zur Rücknahme verpflichtet?
   b) K. entstanden durch den Umtausch zusätzliche Versandkosten von 50,–DM. Kann er diese von J. erstattet verlangen?
   c) Wie wäre die Rechtslage, wenn J. die Sendung nach Erkennen des Versehens vier Wochen liegen gelassen und dann erst K. von dem Versehen verständigt hätte?

10. Um welche Verträge handelt es sich in folgenden Fällen:

a) A. vereinbart mit den Stadtwerken die Lieferung von Strom und Gas.
b) B. schenkt dem C. eine Kiste Zigarren, damit dieser ihm die Kohlen in den Keller schaufele.
c) D. leiht sich von einer Leihbücherei gegen eine Leihgebühr von 40 Pf. einen Kriminalroman.
d) Waldeigentümer E. erlaubt dem Jäger F. in seinem Wald zu jagen.
e) Eine Brauerei stellt dem Gastwirt G. eine eingerichtete Gastwirtschaft zur Verfügung.
f) Ingenieurstudent H. läßt sich von einem Kommilitonen ein Blatt Zeichenpapier geben. Am nächsten Tage will er „dieses" zurückerstatten.
g) Patient I. läßt sich vom Zahnarzt J. beraten und ein Gebiß anfertigen.
h) K. läßt sich vom Tischler L ein Regal bauen. K. stellt die Bretter.
i) Fall h), L. stellt die Bretter.
j) Theaterbesucher M. gibt seinen Mantel an der Garderobe ab.
k) N. und O. teilen sich die Einsätze im Fußballtoto und wollen sich auch einen eventuellen Gewinn teilen.
l) Herr P. und Fräulein Q. versprechen sich heimlich die Ehe.

11. A., B. und C. erhalten von einem Versandgeschäft unbestellte Ware zugesandt. A. nimmt die Ware in Gebrauch, B. läßt sie liegen und C. sendet sie zurück. Sind hierbei Kaufverträge zustande gekommen?

12. Fabrikant D. bestellte am 7. November bei den E.-Werken bestimmte Werkstoffe. In einer Auftragsbestätigung vom 10. November versprechen die E.-Werke eine Lieferzeit von etwa vier Wochen. Am 18. Dezember mahnte D. die Werkstofflieferung an und bat dringend um baldige Lieferung. Die E.-Werke antworteten nicht. Um nicht noch länger warten zu müssen, bestellte D. am 18. Januar die dringend benötigten Werkstoffe von einem anderen Lieferanten. Den säumigen E.-Werken schrieb er, daß er die Annahme der Lieferung nunmehr ablehne. Die E.-Werke, die gerade die Werkstoffe absandten, bestehen jedoch auf der Abnahme, da es sich bei der Werkstofflieferung um eine Spezialherstellung handele. Wie ist die Rechtslage?

13. Privatmann A. gewährte dem Privatmann B. ein Darlehen in Höhe von 400,–DM. Über Rückzahlung und Verzinsung wurde nichts vereinbart. Nach einem Jahr verlangt A. von B. die Rückzahlung zuzüglich 5 % Zinsen innerhalb von 6 Wochen. B. glaubt dagegen, die Kündigungsfrist betrage 6 Monate und er brauche nur 4 % Zinsen zahlen. Entscheiden Sie!

14. a) Entwerfen Sie die Bürgschaftserklärung für eine selbstschuldnerische Bürgschaft.
b) Besorgen Sie von einem Kreditinstitut einen Bürgschaftsvordruck.

15. Ein Kind wirft mit einem Ball auf einen Radfahrer. Dieser stürzt dadurch so unglücklich, daß er sich den Arm bricht. Nach welchen Gesichtspunkten ist die Haftpflicht a) des Kindes selbst, b) der Eltern zu untersuchen?

16. A. leiht seinem „Freund" B. für eine Reise zwei Koffer. Der undankbare B. stiehlt noch die Aktentasche des A. Den einen Koffer und die Aktentasche verkauft und übergibt B. an C., der glaubt, B. sei der rechtmäßige Eigentümer. Den anderen Koffer verkauft und übergibt B. an D., der ihn als das Eigentum des A. erkennt, wegen des niedrigen Preises aber nichts sagt. Die Angelegenheit kommt heraus und A. verlangt von C. und D. „seine" Sachen zurück. Mit Recht?

17. A. kaufte bei B. eine Maschine unter Eigentumsvorbehalt. Vor der Bezahlung (also vor dem Eigentumsübergang) übereignete A. die Maschine zur Sicherung eines Kredites an C. Da A.

die Maschine braucht, wird die Übergabe an C. durch einen Leihvertrag ersetzt. C. weiß nichts von dem Eigentumsvorbehalt.

A. erfüllt weder die Zahlungsverpflichtung gegenüber B. noch gegenüber C. Wie sind die Eigentumsverhältnisse an der Maschine, wenn

a) B. sich die Maschine von A. herausgeben ließ,
b) C. sich die Maschine von A. herausgeben ließ,
c) A. die Maschine an D. verkaufte und übergab (D. waren weder Eigentumsvorbehalt noch Sicherungsübereignung bekannt)?

18. Besteht rechtlich ein Unterschied, ob man eine Geldbörse in oder vor einem Fernsprechhäuschen findet?

19. Warum gelten von Hypothekenbanken ausgestellte Pfandbriefe als mündelsicher, d.h. als geeignet zur Anlegung von Mündelgeldern durch den Vormund?

20. Prüfen Sie bei folgenden Personen die Kaufmannseigenschaft (einschließlich Frage, ob Voll- oder Minderkaufmann):

a) Schuhfabrikant,
b) Gemüsehändler mit kleinem Geschäftsumfang,
c) Gärtner, der nur selbst angebautes Gemüse verkauft,
d) Kinobesitzer,
e) Diplom-Kaufmann im Angestelltenverhältnis mit Prokura,
f) Waldbesitzer, der ein großes Sägewerk als Nebengewerbe betreibt,
g) landwirtschaftlicher Gutsbetrieb in der Rechtsform einer AG.

21. Ein Bauunternehmer vereinbart für den Fall des verspäteten Fertigstellens einer bestimmten Bauleistung die Zahlung einer sehr hohen Konventionalstrafe (Vertragsstrafe). Da er tatsächlich die Bauleistung nicht pünktlich erstellen kann und ihm die Konventionalstrafe unverhältnismäßig hoch erscheint, möchte er sie gemäß § 343 BGB herabsetzen lassen. Spielt es bei der Frage der Herabsetzung eine Rolle, ob der Bauunternehmer im Handelsregister eingetragen ist oder nicht?

22. Ein Handlungsbevollmächtigter kauft für den Unternehmer Waren im Werte von 10 000,–DM und akzeptiert einen vom Verkäufer ausgestellten Wechsel in gleicher Höhe. Ist der Unternehmer an diese Rechtsgeschäfte gebunden?

23. Ein Einzelunternehmer möchte seinen Betrieb erweitern und erwägt

a) die Aufnahme von Vollhaftern in das Unternehmen (Umwandlung in OHG),
b) die Aufnahme von Kommanditisten (Umwandlung in KG),
c) die Aufnahme von stillen Gesellschaftern.

Stellen Sie Überlegungen über die Zweckmäßigkeit dieser Unternehmungsformen an.

24. Eine OHG mit drei Gesellschaftern, A. mit 100 000,–DM Kapitaleinlage, B. mit 150 000,–DM Kapitaleinlage, C. mit 250 000,–DM Kapitaleinlage, hat einen Reingewinn von 50 000,–DM. Wie ist dieser auf die Gesellschafter zu verteilen, wenn nichts anderes vereinbart wurde?

25. Wie sind die Arbeitnehmer im Aufsichtsrat

a) einer AG der Montanindustrie,
b) einer kleineren Familien-AG,
c) einer sonstigen AG,
d) einer GmbH

vertreten?

26. Worin unterscheidet sich die GmbH von der AG?

27. Welche Konzerne müssen einen Konzernabschluß (konsolidierten Abschluß) aufstellen? Welche Unternehmen sind in diesen Abschluß einzubeziehen?

28. Welche Bedeutung hat das Stillschweigen im Handelsverkehr?

29. Ein neuer Kunde wünscht Lieferung von Waren auf Ziel. Er gibt die Anschrift von zwei Lieferanten als Referenzen für seine Kreditwürdigkeit an.

    a) Wie wird ein Schreiben mit der Bitte um Auskunft aussehen?
    b) Welche Gefahren birgt das alleinige Verlassen auf Referenzenauskünfte für den Kreditgeber?

30. Besorgen Sie Kreditantragsformulare von Teilzahlungsunternehmen und untersuchen Sie hieran, worauf es den Unternehmen bei der Prüfung der Kreditwürdigkeit ankommt.

31. Warum schreibt die Bank einen einzulösenden Wechsel nur E.v. (Eingang vorbehalten) gut?

32. Warum betonen manche Fahrzeughändler, daß sie nicht auf der Eingehung von Wechselverbindlichkeiten bestehen?

33. Was muß der Inhaber eines Wechsels veranlassen, wenn der Bezogene am Verfalltag den Wechsel nicht einlöst, damit Rückgriff auf einen anderen Wechselverpflichteten genommen werden kann?

34. Teilen Sie die Wertpapiere nach der Person des Berechtigten ein.

35. A. gewährte einem Bekannten ein Darlehen über 500,–DM, das dieser bereits vor zwei Monaten zurückzahlen sollte. Mehrere gütige Mahnungen nutzten nichts. Es liegt offensichtlich Zahlungsunwilligkeit vor. Füllen Sie einen Zahlungsbefehlsantrag aus.

36. Welche Konkursdividende erhält ein Lieferant (nicht bevorrechtigter Gläubiger) in einem Konkursverfahren, wenn nach Bezahlung der Massekosten und Masseschulden einer restlichen Konkursmasse von 120 000,–DM 20 000,–DM bevorrechtigte und 500 000,–DM nicht bevorrechtigte Gläubigerforderungen gegenüberstehen? Mit welchem Betrag kann dieser Lieferant rechnen, wenn er 5 000,–DM zu erhalten hätte?

37. In der Metallindustrie streiken die Arbeiter. Kann ein Ingenieur die Anfertigung von Konstruktionsarbeiten verweigern, wenn diese der Fertigung durch streikende Arbeiter dienen?

38. Ein Ingenieur erklärt in einer Gastwirtschaft öffentlich, daß sein Arbeitgeber bei der technischen Diplomprüfung durchgefallen und außerdem wegen Ehebruchs geschieden sei. Verstößt der Ingenieur gegen das Arbeitsverhältnis, falls die Behauptungen der Wahrheit entsprechen?

39. Ein Arbeitgeber verbietet seinen Arbeiterinnen zu heiraten, weil er fürchtet, durch das Mutterschutzgesetz finanzielle Belastungen zu erleiden. Sind die Arbeiterinnen an das Verbot gebunden?

40. Ein Arbeitnehmer bleibt am Freitag, 16. Mai 1969, unentschuldigt der Arbeit fern. Am Vortag (15.5.1969) ist der gesetzliche Feiertag Christi Himmelfahrt. Welche Folgen kann das Verhalten für den Arbeitnehmer haben?

41. Dem 30jährigen Ingenieur A., der bereits ein Jahr im Betrieb tätig ist, kündigt der Arbeitgeber das Arbeitsverhältnis, weil er statt A. einen Bekannten einstellen möchte. Was kann A. gegen die Kündigung unternehmen?

42. Ingenieur B. kündigt nach einem persönlichen Streit mit dem Arbeitgeber das Arbeitsverhältnis. Aus Verärgerung darüber schreibt der Arbeitgeber im Zeugnis u.a. „... war nicht immer pünktlich". Tatsächlich kam B. im Laufe der dreijährigen Beschäftigung zweimal zu spät zur Arbeit. Muß sich B. diesen Vermerk im qualifizierten Zeugnis gefallen lassen?

43. In der bayerischen Metallindustrie wurden mit Wirkung vom 1. April die Gehälter der Angestellten erhöht. Für den betreffenden Tarifvertrag liegt keine „Allgemeinverbindlichkeitserklärung" vor. Hat Ingenieur C., der in einer Metallwarenfabrik in München beschäftigt ist und keiner Gewerkschaft angehört, Anspruch auf diese Gehaltserhöhung?

44. Der Arbeitgeber kündigt das Arbeitsverhältnis der zwei Betriebsmitglieder D. und E. D. hatte sich gegen den Willen des Arbeitgebers für einen entlassenen Arbeitnehmer eingesetzt und E. wurde beim Diebstahl von Werkstoffen ertappt. D. und E. machen geltend, daß sie als Betriebsratsmitglieder einen besonderen Kündigungsschutz genießen. Sind sie im Recht?

45. Ein sonst als sehr sozial bekannter Betrieb mit übertariflicher Bezahlung erleidet einen erheblichen geschäftlichen Rückschlag. Arbeitgeber und Betriebsrat beschließen darauf eine Betriebsvereinbarung, nach der die in Arbeitsverträgen getroffenen Vereinbarungen über übertarifliche Bezahlung hinfällig seien und nur noch die Tariflöhne bzw. -gehälter gezahlt werden. Ingenieur F. glaubt sich an die Betriebsvereinbarung nicht gebunden, weil er nicht an der Betriebsratswahl teilgenommen habe. Wie ist die Rechtslage?

46. Wie sollte sich eine schwangere Arbeitnehmerin verhalten, wenn ihr Arbeitsverhältnis gekündigt wird, der Arbeitgeber aber noch nichts von ihrem Zustand weiß?

47. In welchen Sozialversicherungszweigen ist

    a) Ein Arbeiter,
    b) ein technischer Angestellter

    der Metallindustrie bei einem Monatslohn (Gehalt) von 2 000,– DM pflichtversichert?

48. Ist es für einen Verletzten von Bedeutung, ob er auf dem Weg zur Arbeit oder auf einem Spaziergang verunglückte?

49. Erläutern Sie das Schaubild „Der öffentliche Haushalt der Bundesrepublik" (J.1.a).

50. A. trinkt in einer Gaststätte eine Tasse Kaffee und ißt dazu ein Stück Kuchen. Mit welchen direkten und indirekten Steuern wird A. belastet?

51. B. erhält von seinem Onkel schon zu Lebzeiten erhebliche Schenkungen. Es soll dadurch verhindert werden, daß sein Neffe (als einziger Erbe) nach seinem Tode sehr viel Erbschaftssteuer entrichten muß. Beurteilen Sie diesen Fall!

52. Nennen Sie Beispiele der Lizenzerteilung eines Unternehmens an ein anderes Unternehmen.

53. Ein Ingenieur, angestellt in einem Industriebetrieb, machte eine Diensterfindung. Welche Pflichten und Rechte erwachsen ihm daraus?

54. Der Vertreter eines Kaltwalzwerkes schenkt dem Einkäufer eines verarbeitenden Unternehmens einen Farbfernsehempfänger, damit der Einkäufer ihn bei den Bestellungen berücksichtige. Wie ist der Fall wettbewerbsrechtlich zu beurteilen?

## Sachwortverzeichnis